Kostensteuerung für Gesundheitseinrichtungen

Andreas Frodl

Kostensteuerung für Gesundheitseinrichtungen

Instrumente, Methoden und Beispiele

Andreas Frodl
Erding, Bayern, Deutschland

ISBN 978-3-658-32538-1   ISBN 978-3-658-32539-8   (eBook)
https://doi.org/10.1007/978-3-658-32539-8

Die Deutsche Nationalbibliothek verzeichnet diese Publikation in der Deutschen Nationalbibliografie; detaillierte bibliografische Daten sind im Internet über http://dnb.d-nb.de abrufbar.

Planung/Lektorat: Margit Schlomski
Springer Gabler ist ein Imprint der eingetragenen Gesellschaft Springer Fachmedien Wiesbaden GmbH und ist ein Teil von Springer Nature.
Die Anschrift der Gesellschaft ist: Abraham-Lincoln-Str. 46, 65189 Wiesbaden, Germany

Vorwort

Die betrieblichen Kosten sind in Krankenhäusern, Arzt- und Zahnarztpraxen, Medizinischen Versorgungszentren oder Pflegeeinrichtungen ein Dauerthema. Personal-, Material- oder Energiekosten steigen scheinbar unaufhaltsam und wirken sich negativ auf die wirtschaftlichen Ergebniszahlen aus. Gerade vor dem Hintergrund von Erlösbudgetierungen, Honorardeckelungen und begrenzter Einnahmeerzielungsmöglichkeiten ist es daher wichtig, die vorhandenen Potenziale auf der Aufwandseite zu nutzen und die Ausgaben im Griff zu behalten. Nicht alle Kosten sind „gottgegeben", und man ist gegenüber bestimmten Kostenentwicklungen auch nicht völlig machtlos. Wichtig ist dabei, die Balance zu halten, zwischen dem medizinisch Notwendigen und dem wirtschaftlich Sinnvollen. Bei allen Kostenüberlegungen steht im Vordergrund immer das Patientenwohl, dessen Sicherstellung es allerdings leistungsfähiger und wirtschaftlich stabiler Gesundheitseinrichtungen bedarf.

Während noch vor zehn Jahren auf einigen Gebieten des Kostenmanagements in Gesundheitseinrichtungen Neuland betreten wurde, lassen sich mittlerweile viele Beispiele anführen, wie das ein oder andere Thema zur betrieblichen Kostensteuerung erfolgreich angewendet und umgesetzt wird. Eine Vielzahl von aufgeführten Beispielen, Tabellen und Abbildungen verdeutlicht die Aktualität und die Relevanz der dargestellten Sachverhalte. Nicht wenige Themen, die in früheren Jahren womöglich noch einen „exotischen" Eindruck vermittelten, sind heute selbstverständlich und aus dem betriebswirtschaftlichen Alltag in Krankenhäusern, Pflegeeinrichtungen oder Arztpraxen nicht mehr wegzudenken.

Anhand von 8 Leitfragen und daraus abgeleiteten Kapiteln werden die vielfältigen Möglichkeiten zur Kostensteuerung und anhand von zahlreichen Beispielen konkrete Handlungsanleitungen für Gesundheitseinrichtungen aufgezeigt.

Für den „Schnellzugriff" enthält ein Glossar am Ende des Buches Kurzbeschreibungen wichtiger Kostenfachbegriffe.

Jedes Kapitel enthält eine Zusammenfassung sowie die jeweiligen weiterführenden Literaturhinweise.

Erding   Dr. Andreas Frodl
im Oktober 2020

Inhaltsverzeichnis

Abkürzungsverzeichnis

ÄApprO	Approbationsordnung für Ärzte
ÄD	Ärztlicher Dienst
AfA	Absetzung für Abnutzung
AIP	Arzt im Praktikum
ArbnErfG	Gesetz über Arbeitnehmererfindungen
BAB	Betriebsabrechnungsbogen
BäderFAngAusbV	Verordnung über die Berufsausbildung zum/zur Fachangestellten für Bäderbetriebe
BKB	Betriebswirtschaftliche Kurzberichte
BPflV	Bundespflegesatzverordnung
BSC	Balanced Scorecard
BstatG	Bundesstatistikgesetz
BVW	Betriebliches Vorschlagwesen
BWA	Betriebswirtschaftliche Auswertungen
CMS	Cost-Minimization-Studies
DB	Deckungsbeitrag
DBR	Deckungsbeitragsrechnung
DiätAss-APrV	Ausbildungs- und Prüfungsverordnung für Diätassistentinnen und Diätassistenten
DKI	Deutsches Krankenhausinstitut
DRG	Diagnosis Related Group
DVKC	Deutscher Verein für Krankenhauscontrolling
EBA	Erweiterter Bewertungsausschuss
EÜR	Einnahmenüberschussrechnung
FD	Funktionsdienst
FDA	Fixkostendegressionsabschlag
G-BA	Gemeinsamer Bundesausschuss
G-DRG	German Diagnosis Related Groups
GK	Gesamtkosten
GKV	Gesetzliche Krankenversicherung

GoB	Grundsätze ordnungsmäßiger Buchführung
GuV	Gewinn- und Verlustrechnung
GWA	Gemeinkostenwertanalyse
HGB	Handelsgesetzbuch
IFRS	International Financial Reporting Standards
IGeL	Individuelle Gesundheitsleistungen
InEK	Institut für das Entgeltsystem im Krankenhaus
IQWiG	Institut für Qualität und Wirtschaftlichkeit im Gesundheitswesen
K	Kosten
KBV	Kassenärztliche Bundesvereinigung
Kf	Fixkosten
KflDiAusbV	Verordnung über die Berufsausbildung für Kaufleute in den Dienstleistungsbereichen Gesundheitswesen sowie Veranstaltungswirtschaft
KHBV	Krankenhaus-Buchführungsverordnung
KHEntgG	Krankenhausentgeltgesetz
KHG	Krankenhausfinanzierungsgesetz
KHStatV	Krankenhausstatistikverordnung
KIS	Krankenhausinformationssystem
KoStrukStatG	Gesetz über die Kostenstrukturstatistik
KLR	Kosten- und Leistungsrechnung
KMU	Kleine und mittlere Unternehmen
KNA	Kosten-Nutzen-Analyse
KST	Kostenstelle
Kv	Variable Kosten
KV	Kassenärztliche Vereinigung
KVP	Kontinuierlicher Verbesserungsprozess
KWA	Kosten-Wirksamkeits-Analyse
KZBV	Kassenzahnärztliche Bundesvereinigung
KZVB	Kassenzahnärztliche Vereinigung Bayern
LFZG	Lohnfortzahlungsgesetz
M	Gesamtmenge Behandlungs- bzw. Pflegefälle
MAPI	Machinery Allied Products Institute
MDK	Medizinischer Dienst der Krankenversicherung
MedFAngAusbV	Verordnung über die Berufsausbildung zum Medizinischen Fachangestellten/zur Medizinischen Fachangestellten
MedInfoFAngAusbV	Verordnung über die Berufsausbildung zum Fachangestellten für Medien- und Informationsdienste/zur Fachangestellten für Medien- und Informationsdienste
MVZ	Medizinisches Versorgungszentrum
NWA	Nutzwertanalyse
PBV	Pflege-Buchführungsverordnung

PD	Pflegedienst
PflBG	Pflegeberufegesetz
PflegStatV	Pflegestatistikverordnung
PKR	Prozesskostenrechnung
PKV	Private Krankenversicherung
PpSG	Pflegepersonal-Stärkungsgesetz
RoI	Return on Investment
SGB	Sozialgesetzbuch
STE	Sterilguteinheit
SVLFG	Sozialversicherung für Landwirtschaft, Forsten und Gartenbau
Tsd.	Tausend
ZahnmedAusbV	Verordnung über die Berufsausbildung zum Zahnmedizinischen Fachangestellten/zur Zahnmedizinischen
ZBB	Zero-Base-Budgeting
Zi	Zentralinstitut für die Kassenärztliche Versorgung in Deutsch-
land	

Grundlagen und Kostendefinition: Was bedeuten Kostenentwicklungen für Gesundheitseinrichtungen und deren Betriebsführung wirklich?

1

1.1 Entwicklung und Bedeutung der Kosten in Gesundheitseinrichtungen

Regelmäßig wird mehr oder weniger umfangreiches statistisches Zahlenmaterial zur ökonomischen Entwicklung von Gesundheitseinrichtungen veröffentlicht.

So zeigt beispielsweise das Statistische Bundesamt (Destatis) in seiner Fachserie 12, Reihe 6.3, den jährlichen Kostennachweis der **Krankenhäuser** auf: Danach betrugen im Jahr 2017 die Gesamtkosten der Krankenhäuser (einschließlich Kosten der Ausbildungsstätten und der Aufwendungen für den Ausbildungsfonds) 105,7 Mrd. €, in denen auch Kosten für nichtstationäre Leistungen (unter anderem Kosten für die Ambulanz sowie wissenschaftliche Forschung und Lehre) mit einem Gesamtvolumen von 14,5 Mrd. € enthalten sind. Da 19,4 Mio. Patienten und Patientinnen im Jahr 2017 vollstationär im Krankenhaus behandelt wurden, betrugen die bereinigten Kosten (ergeben sich aus der Differenz zwischen den Gesamtkosten und den Abzügen für nichtstationäre Leistungen) je Behandlungsfall im Bundesdurchschnitt 4695 €, wobei in großen Krankenhäusern mit 800 und mehr Betten mit durchschnittlich 5717 € die mit Abstand höchsten bereinigten Kosten je Behandlungsfall entstanden und Krankenhäuser mit 300 bis 399 Betten die niedrigsten bereinigten Fallkosten in Höhe von 4186 € aufwiesen. Die Kosten je Behandlungsfall variierten auch je nach der Trägerschaft, z. B. zwischen durchschnittlich 4433 € bei Privatkliniken und 5038 € bei Krankenhäusern in öffentlicher Trägerschaft. Während allgemeine Krankenhäuser im Durchschnitt 4578 € aufwendeten, wiesen psychiatrische Krankenhäuser (ohne reine Tages- und Nachtkliniken) durchschnittlich 8 138 € bereinigte Kosten je Behandlungsfall auf.

Mit 63,8 Mrd. € hatten die Personalkosten 2017 einen Anteil von 61,6 % an den Gesamtkosten aller Krankenhäuser (ohne Kosten der Ausbildungsstätten und ohne Aufwendungen für den Ausbildungsfonds). Die Sachkosten lagen bei 39,1 Mrd. €, wobei

© Der/die Autor(en), exklusiv lizenziert durch Springer Fachmedien Wiesbaden GmbH, ein Teil von Springer Nature 2021
A. Frodl, *Kostensteuerung für Gesundheitseinrichtungen*,
https://doi.org/10.1007/978-3-658-32539-8_1

knapp die Hälfte davon (19,2 Mrd. €) auf Kosten für den medizinischen Bedarf entfielen. Geht man von 1942 Krankenhäusern im Jahr 2017 aus, so betrugen die durchschnittlichen bereinigten Kosten je Krankenhaus 47 Mio. € (vgl. Statistisches Bundesamt 2018, S. 6). Betrachtet man die Zeitreihe seit Einführung der Krankenhausstatistikverordnung (KHStatV) und damit die langfristige Entwicklung der durchschnittlich bereinigten Kosten insgesamt, je Krankenhaus und Behandlungsfall, so lässt sich eine durchgehende Steigerung feststellen (siehe Tab. 1.1).

In Befragungen von Krankenhausführungskräften zählen nach der Steigerung der Erlöse (93 %) die Reduktion der Kosten des medizinischen Sachbedarfs (83 %), die Senkung des nichtmedizinischen Sachbedarfs (52 %), die Reduktion der Personalkosten (42 %) sowie ein verstärktes Liquiditätsmanagement (40 %) zu den wichtigsten Themen (vgl. Roland Berger 2019, S. 8).

Die Kostenentwicklung von **Zahnarztpraxen** weist ebenfalls einen insgesamt steigenden Verlauf auf. Hier werden beispielsweise die Kosten als steuerliche Betriebsausgaben bezogen auf einzelne Praxisinhaber von der Kassenzahnärztlichen Bundesvereinigung (KZBV) im Rahmen von statistischen Basisdaten zur vertragszahnärztlichen Versorgung ermittelt und in einem Jahrbuch veröffentlicht (siehe Tab. 1.2).

Bei **Arztpraxen** zeigt sich nach Angaben des Statistischen Bundesamtes ebenfalls ein vergleichbarer Verlauf der Kostenentwicklung. Dazu werden in vierjährlichem Turnus bei Arztpraxen repräsentative Untersuchungen zur Kostenstruktur auf der Basis des Gesetzes über die Kostenstrukturstatistik (KoStrukStatG) in Verbindung mit dem Bundesstatistikgesetz (BStatG) durchgeführt, wobei eine Auskunftspflicht der für die Befragung ausgewählten Praxen bei dieser Erhebung besteht (siehe Tab. 1.3).

Unterteilt man die angefallenen Aufwendungen nach Personalaufwand (z. B. Bruttoentgelte, Sozialaufwendungen des Arbeitgebers) und Sachaufwand (z. B. Materialaufwendungen in eigener Praxis und eigenem Labor sowie Aufwendungen für Mieten und Leasing), so ergibt sich im Durchschnitt für die einzelne Praxis im Laufe der Zeit eine Erhöhung des Anteils für den Personalaufwand, bei gleichzeitiger Verringerung des Anteils für den Sachaufwand (siehe Tab. 1.4).

Einen genaueren Einblick in die Entwicklung einzelner Praxiskostenarten gibt das Praxis-Panel des von den Kassenärztlichen Vereinigungen (KV) und der Kassenärztlichen Bundesvereinigung getragen Zentralinstituts für die Kassenärztliche Versorgung in Deutschland (Zi), an dem sich 2017 über 6500 Ärzte und Psychotherapeuten beteiligt haben (siehe Tab. 1.5).

Die allgemeine Kostenentwicklung wird beispielsweise geprägt durch die inflationsbedingten Preissteigerungsraten oder die Höhe von Tarifabschlüssen im Gesundheitswesen. Das Niedrigzinsumfeld wirkt sich ebenso aus, wie steigende Miet- und Immobilienpreise. Über die individuelle Kostensituation einzelner Krankenhäuser, Arzt- und Zahnarztpraxen, Pflegeeinrichtungen oder Medizinischen Versorgungszentren sagen die in offiziellen Statistiken erhobenen Durchschnittswerte jedoch eher wenig aus. Kostensteigerungen sind verkraftbar, wenn sich gleichzeitig auch die Einnahmenerzielung verbessert, sodass das wirtschaftliche Ergebnis zumindest stabil bleibt.

Tab. 1.1 Entwicklung der durchschnittlichen bereinigte Kosten von Krankenhäusern in Tsd. Euro. (Vgl. Statistisches Bundesamt 2018, S. 9)

Jahr/Kosten	Insgesamt	Je Krankenhaus	Je Behandlungsfall
1991	37.420.709	15.521	2567
1992	41.266.727	17.332	2756
1993	43.268.276	18.381	2848
1994	45.247.583	19.361	2920
1995	47.846.070	20.579	3003
1996	48.359.216	21.313	2992
1997	48.684.650	21.561	2963
1998	49.629.670	21.931	2946
1999	50.599.442	22.469	2960
2000	51.603.471	23.017	2989
2001	52.940.317	23.634	3056
2002	54.715.328	24.635	3139
2003	55.664.518	25.337	3218
2004	56.126.142	25.912	3341
2005	56.732.375	26.523	3430
2006	58.080.678	27.605	3450
2007	60.440.251	28.960	3518
2008	63.233.840	30.357	3609
2009	67.189.765	32.241	3771
2010	69.641.979	33.741	3862
2011	72.641.142	35.521	3960
2012	75.591.241	37.477	4060
2013	78.004.821	39.081	4152
2014	81.174.771	40.997	4239
2015	84.231.047	43.063	4378
2016	87.837.117	45.022	4497
2017	91.290.441	47.008	4695

Für die einzelne Gesundheitseinrichtung ist es daher von mindestens ebenso großer Bedeutung, *wie* sich einzelne Kosten entwickeln. So birgt beispielsweise ein zunehmender Fixkostenblock die Gefahr, in Zeiten geringerer Einnahmen nicht kurzfristig genug gegensteuern zu können. Denn Fixkosten wie Personalaufwendungen oder Mieten entstehen weitgehend unabhängig von Auslastungsgraden und somit prinzipiell auch dann, wenn kein einziger Behandlungsfall vorliegt, mit dem Einnahmen erzielt werden könnten. Auch kann ein progressiver Kostenverlauf, bei dem die Kosten stärker

Tab. 1.2 Entwicklung der Kosten je Inhaber von Zahnarztpraxen. (Vgl. Kassenzahnärztliche Bundesvereinigung 2018, S. 116)

Jahr	Kosten (steuerliche Betriebsausgaben) in Euro	Veränderung in % zum Vorjahr
1992	237.836	
1995	244.104	1992–1995 durchschnittl. +0,9
2000	239.980	1995–2000 durchschnittl. −0,3
2005	224.605	2000–2005 durchschnittl. −1,3
2006	233.348	+3,9
2007	237.309	+1,7
2008	249.627	+5,2
2009	256.948	+2,9
2010	268.137	+4,4
2011	276.981	+3,3
2012	283.762	+2,4
2013	297.900	+5,0
2014	308.200	+3,5
2015	321.400	+4,3
2016	334.200	+4,0

als die Einnahmen steigen, ohne Gegenmaßnahmen zu Problemen führen. Im Gegensatz zu linearen Entwicklungen sind sie schwieriger berechenbar und damit hinsichtlich mittel- und langfristiger Planungen schwerer einzuschätzen. Ferner können sich einzelne Kostenarten unterschiedlich entwickeln, wie es aus Tab. 1.5 zu entnehmen ist: Während der Aufwand für Fremdkapitalzinsen um 32,5 % abnahm, stieg der Personalaufwand in den Jahren 2013 bis 2016 um 18,4 % an. Der Rückgang des Aufwands für Fremdkapitalzinsen kann unterschiedliche Ursachen haben. Beispielsweise kann er auf die für die kapitalaufnehmende Arztpraxis günstige allgemeine Zinsentwicklung zurückzuführen sein oder aber auf eine verringerte Investitionstätigkeit hinweisen. Es kann aber auch daran liegen, dass für die erforderlichen Praxisinvestitionen ausreichend Eigenkapital zur Verfügung steht, sodass weniger Fremdmittel aufgenommen werden müssen.

Es ist daher wichtig, die Kostenentwicklung zu beobachten und insbesondere sprunghafte Abweichungen genau zu analysieren.

Beispiel

Um Einflussfaktoren auf die Kostenentwicklung in Arztpraxen im Zusammenhang mit der Festlegung gemäß § 87 SGB V und Anpassung des Orientierungswertes zu überprüfen, wurde beispielsweise durch den Erweiterten Bewertungsausschuss und das Institut des Bewertungsausschusses geprüft, inwieweit durch das Infektionsschutz-

Tab. 1.3 Aufwendungen je Arztpraxis (ohne fachübergreifende Berufsausübungsgemeinschaften und Medizinische Versorgungszentren – MVZ) im Zeitvergleich. (vgl. Statistisches Bundesamt 2017, S. 2)

Fachgebiete/Jahr	2003 in Euro	2007 in Euro	2011 in Euro	2015 in Euro
Allgemeinmedizin	135.000	145.000	162.000	178.000
Innere Medizin	248.000	261.000	313.000	301.000
Frauenheilkunde und Geburtshilfe	181.000	179.000	183.000	198.000
Kinder- und Jugendmedizin	141.000	161.000	180.000	199.000
Augenheilkunde	202.000	214.000	276.000	358.000
Hals-Nasen-Ohren-Heilkunde	166.000	163.000	208.000	201.000
Orthopädie	281.000	296.000	319.000	358.000
Chirurgie, Mund-, Kiefer-, Gesichtschirurgie, Neurochirurgie	271.000	286.000	533.000	330.000
Haut- und Geschlechtskrankheiten	179.000	206.000	245.000	259.000
Radiologie, Nuklearmedizin, Strahlentherapie	1.142.000	1.367.000	1.942.000	1.493.000
Neurologie, Psychiatrie und Psychotherapie, Kinder- und Jugendpsychiatrie und -psycho-therapie, Psychosomatische Medizin und Psychotherapie	122.000	159.000	209.000	144.000
Urologie	199.000	225.000	262.000	262.000
Arztpraxen insgesamt	190.000	206.000	249.000	249.000

Tab. 1.4 Personal- und Sachaufwendungen je Arztpraxis (ohne fachübergreifende Berufsausübungsgemeinschaften und Medizinische Versorgungszentren – MVZ) im Zeitvergleich. (vgl. Statistisches Bundesamt 2017, S. 3)

Jahr	Personalaufwand in Euro	Sachaufwand in Euro	Aufwand insgesamt in Euro
2003	86.000	104.000	190.000
2007	95.000	111.000	206.000
2011	121.000	128.000	249.000
2015	129.000	120.000	249.000

gesetz und die Landeshygieneverordnungen in den Arztpraxen Änderungen der Kosten entstanden sind bzw. entstehen sowie Änderungen der Kosten für den Datenschutz in den Arztpraxen aufgrund der Umsetzung der Datenschutz-Grundverordnung entstanden sind bzw. entstehen. Dabei wurde auch berücksichtigt, wann etwaige Änderungen der Kosten entstanden sind bzw. entstehen, inwieweit sich etwaige Änderungen der Kosten zwischen den Arztgruppen sowie Regionen unterscheiden, inwieweit sie Fixkostencharakter haben, mit der Größe der Praxen variieren und inwieweit sie einmalig oder laufend anfallen (vgl. Erweiterter Bewertungsausschuss 2018, S. 3). ◄

Tab. 1.5 Aufwendungen nach Art je Arztpraxisinhaber. (Vgl. Zentralinstitut für die Kassenärztliche Versorgung in Deutschland 2019, S. 12)

Aufwandsart/Jahr	2013 in Euro	2014 in Euro	2015 in Euro	2016 in Euro
Abschreibungen	10.700	10.300	10.100	9400
Fremdkapitalzinsen	2900	2600	2300	2000
Leasing und Mieten von Geräten	2000	2000	1800	1700
Material und Labor	9100	9500	9700	9900
Miete einschließlich Nebenkosten für Praxisräume	17.600	18.000	18.100	18.300
Nutzung externer Infrastruktur	900	900	900	900
Personal	68.900	73.400	77.400	81.500
Versicherungen, Beiträge und Gebühren	6900	7300	7500	8000
Wartung und Instandhaltung	4000	4500	4500	4800

Während eine stetige und gleichmäßige Entwicklung auf eine stetige Entwicklung der Leistungsfähigkeit der gesamten Gesundheitseinrichtung hinweist, kann ein plötzlicher Anstieg darauf hindeuten, dass die Einrichtung mit den Leistungen die verlangt werden, überfordert ist. Insbesondere ist zu prüfen, ob mit dem erhöhten Kosteneinsatz zumindest mittelfristig auch Leistungsoptimierungen und Einnahmeverbesserungen zu erzielen sind, oder ob nur Kosten produziert werden, die den gesamten wirtschaftlichen Erfolg infrage stellen. Ebenso kann eine sprunghafte Abweichung nach unten das Ergebnis erfolgreicher Sanierungsmaßnahmen, aber auch auf das Zurückfahren des investiven Engagements zurückzuführen sein. Möglicherweise liegt dann eine stärkere Investitionstätigkeit in den Vorperioden zugrunde oder es stellt sich die Frage, ob genügend investiert und nicht beispielsweise der Anschluss an medizintechnische Entwicklungen verpasst wird (vgl. Pelizäus 2018, S. 247 f.).

1.2 Gesundheitsbetriebliche Kosten, Aufwendungen und Ausgaben

Befasst man sich mit dem Kostenbegriff in Gesundheitseinrichtungen, so erscheinen zunächst die auf der Hand liegenden Zahlungsströme plausibel dazugehörig, wie beispielsweise die monatlichen Gehaltszahlungen und Sozialabgaben für das medizinische Personal. Muss hingegen ein geplanter operativer Eingriff verschoben werden, weil hierzu notwendiges medizinisches Verbrauchsmaterial nicht rechtzeitig geliefert wurde, so stellt sich möglicherweise die Frage nach Fehlmengenkosten, obwohl keine direkten Zahlungsströme zu verzeichnen sind. Ebenso verhält es sich beispielsweise mit Kapitalbindungskosten für in zu hohen Lagermengen medizinischen Verbrauchsmaterials gebundenes Kapital, das nicht für andere Zwecke zur Verfügung steht.

Die **Kosten** in Gesundheitseinrichtungen lassen sich somit als bewerteter Verzehr von wirtschaftlichen Gütern materieller und immaterieller Art zur Erstellung und zum Absatz von Sach- und/oder Gesundheitsdienstleistungen sowie zur Schaffung und Aufrechterhaltung der dafür notwendigen Teilkapazitäten beschreiben, die üblicherweise aus dem Aufwand in der Finanzbuchhaltung hergeleitet werden. Die meisten Kostendefinitionen stellen auf den bewerteten Güter- oder Leistungsverbrauch ab bzw. auf den Verbrauch von Produktionsfaktoren für die betriebliche Leistungserstellung (vgl. Hesse et al. 2013, S. 81): Nach dem *wertmäßigen* Kostenbegriff stellen sie einen bewerteten sachzielbezogenen Güterverbrauch dar, wobei grundsätzlich je nach Zweckbezogenheit unterschiedliche Bewertungsansätze zur Anwendung gelangen können. Der *pagatorische* Kostenbegriff hingegen orientierte sich ursprünglich an den tatsächlichen Anschaffungsauszahlungen und definiert Kosten als die im Rahmen des gesundheitsbetrieblichen Prozesses entrichteten Entgelte. Für bestimmte dispositive Zwecke geht der pagatorische Kostenbegriff jedoch mitunter vom strengen Anschaffungsprinzip ab und umfasst im Gegensatz zum wertmäßigen Kostenbegriff keine kalkulatorischen Kosten oder Verrechnungspreise. Nach dem *entscheidungsorientierten* Kostenbegriff stellen die Kosten die durch die Entscheidung über ein bestimmtes gesundheitsbetriebliches Kalkulationsobjekt, insbesondere über Beschaffung und Verwendung von Gütern, die Erstellung von Gesundheitsleistungen sowie über Aufbau, Aufrechterhaltung und Anpassung der Kapazität und Leistungsbereitschaft von Gesundheitseinrichtungen ausgelösten Auszahlungen einschließlich der Auszahlungsverpflichtungen dar (vgl. Weber et al. 2018, S. 1).

Um die kostenbegrifflichen Diskussionen in Gesundheitseinrichtungen hinsichtlich der unterschiedlichen Ansätze einzuschränken und für den betrieblichen Alltag ein möglichst pragmatisches Verständnis vorzuschlagen, wird folgende Beschreibung formuliert:

▶ **Definition** Unter den **Kosten einer Gesundheitseinrichtung** ist der Wert aller verbrauchten Materialien und Behandlungs-, Pflege- und Dienstleistungen pro Zeitperiode, die zur Erstellung der eigentlichen betrieblichen Leistung der Gesundheitseinrichtung nötig sind, zu verstehen (vgl. Frodl 2011, S. 20 ff.).

Darüber hinaus werden themenrelevant und bei Bedarf beispielsweise spezielle Kostenarten, wie die erwähnten Fehlmengen- oder Kapitalbindungskosten einbezogen und die besonderen wertmäßigen, pagatorischen oder entscheidungsorientierten Ausprägungen berücksichtigt.

Zur Kostendefinition in Gesundheitseinrichtungen mit einem überwiegend im internen Rechnungswesen und in der Kosten- und Leistungsrechnung verwendeten Kostenbegriff, trägt somit eine Vielzahl von Merkmalen bei:

- *Wert der verbrauchten Materialien, Behandlungs-, Pflege- und Dienstleistungen:* Beispielsweise in Euro ausdrückbarer Anschaffungswert als Betrag, der beim Kauf der Materialien bezahlt wurde, oder der Betrag bspw. der Vergütungen für die in Anspruch genommenen externen Dienstleistungen.

- *Verbrauchsmaterialien:* Alle Materialien, die verbraucht werden und damit nicht erhalten bleiben. Dazu zählt der Bedarf an Wundschnellverbänden, Pflaster, Mullbinden, Wundauflagen, Injektionspflaster, Tupfer, Einmalhandschuhen, Desinfektionsmittel, Kanülen, Briefumschlägen, Kugelschreibern, Briefpapier und vieles andere mehr. Ebenso zählen zu den verbrauchten Dienstleistungen beispielsweise von außerhalb benötigte Dienstleistungen, wie die Dienstleistung des Steuerberaters, Laboruntersuchungen, Wartung des CRT oder des Technikers für die Instandsetzung eines Praxiscomputers.
- *Zeitperiode:* Zeitliche Beschränkung in der Regel auf ein Betriebs- oder Arbeitsjahr oder auch auf einen einzelnen Monat, um beispielsweise Vergleiche der Höhe der Kosten in unterschiedlichen Zeiträumen anstellen zu können.
- *Eigentliche betriebliche Leistungserstellung:* Umfasst als weitere Einschränkung zur Bestimmung, was alles zu den Kosten zählt, nur die tätigkeitsrelevanten Kosten in Zusammenhang mit den Behandlungs- und Pflegeleistungen der Gesundheitseinrichtung, sowie den Leistungen, die mittelbar dazu beitragen (bspw. Wäschereikosten, Kosten einer Krankenhausapotheke, Laborkosten etc.), um nur diejenigen Beträge als Kosten anzusehen, die auch im Zusammenhang mit der Tätigkeit der Gesundheitseinrichtung entstehen.

Zu den **Aufwendungen** einer Gesundheitseinrichtung zählen die Werte aller verbrauchten Materialien und Dienstleistungen pro Zeitperiode. Der Begriff Aufwand entstammt aus dem externen Rechnungswesen und wird zur Erstellung der Gewinn- und Verlustrechnung, die vor allen Dingen gegenüber Außenstehenden die Ergebniserzielung dokumentieren soll, verwendet. Hierzu zählen neben den Auszahlungen und Ausgaben der jeweiligen Zeitperiode auch etwa die Abschreibungswerte von medizinischen Geräten und Instrumenten, die in einer früheren Zeitperiode gekauft wurden und gegenwärtig noch der Nutzung unterliegen.

Die **Abschreibungen** stellen ein buchtechnisches Instrument zur rechnerischen Verteilung des Werteverzehrs zuvor angeschaffter Güter dar. Ihre Funktion besteht darin, die leistungsabhängig oder zeitbezogen auftretende Wertminderung zu erfassen, die Anschaffungskosten und Herstellungskosten auf eine bestimmte Zeitdauer zu verteilen oder nicht planmäßig eintretenden Wertminderungen Rechnung zu tragen. Die Abschreibung erfasst den Werteverzehr von Vermögensteilen in der Kostenrechnung als Kosten, in der Handelsbilanz als Aufwand und in der Steuerbilanz als Betriebsausgaben (bzw. Werbungskosten). In der Kostenrechnung sollen die kalkulatorischen Abschreibungen den Gebrauchs- und Zeitverschleiß verursachungsgerecht erfassen. Gebrauchsverschleiß ist auf die Nutzung der Betriebsmittel zurückzuführen und den variablen Kosten zuzurechnen. Zeitverschleiß entsteht unabhängig von der Betriebsmittelnutzung und gehört zu den Fixkosten. Kalkulatorische Abschreibungen mindern den Betriebserfolg. In der Handels- und Steuerbilanz werden die Abschreibungen zur Beeinflussung des Gewinns eingesetzt, da wegen der Unsicherheit über den zutreffenden Abschreibungspfad Gestaltungsspielräume bestehen. Die buchhalterischen

Abschreibungen mindern den Jahresüberschuss, die steuerlichen Abschreibungen (Absetzung für Abnutzung, AfA) die Steuerbemessungsgrundlage.

Die planmäßigen Abschreibungen dienen der Abschreibung von Vermögensgegenständen mit zeitlich begrenzter Nutzung entsprechend einem Abschreibungsplan, in dem die Abschreibungsbasis, das Abschreibungsvolumen, die Abschreibungsdauer (Nutzungsdauer) und das Abschreibungsverfahren festgelegt sind. In der Kostenrechnung ist das Abschreibungsverfahren frei wählbar; verwendet wird die Methode, die die Abschreibungsursachen am besten erfasst. In der Handelsbilanz sind alle Abschreibungsmethoden zulässig, die die Anschaffungs- oder Herstellungskosten nach einem Plan verteilen. In der Steuerbilanz sind nur die lineare und die geometrisch-degressive Abschreibung erlaubt, bei Nachweis auch die Leistungsabschreibung. Nicht planmäßige Abschreibungen sind Sonderabschreibungen und haben die Funktion, ungeplante Wertminderungen zu erfassen oder anders begründete Abwertungen buchtechnisch durchzuführen.

Beispiel

Für eine neue Behandlungseinheit in einer Zahnarztpraxis betragen die Anschaffungskosten 50.000 €. Die Einheit wird in der Kostenrechnung über 5 Jahre linear abgeschrieben. Der jährliche Abschreibungsbetrag beläuft sich somit auf 10.000 €. ◄

Eine **Auszahlung** stellt immer eine Bargeldzahlung beispielsweise aus der Handkasse in der Klinikverwaltung oder eine Abbuchung vom Praxiskonto (oder anderen Sichtguthaben, wie Sparbücher, Termingelder usw.) dar. Die Auszahlung stellt überwiegend eine Rechengröße dar, wie sie bspw. in der Investitionsrechnung verwendet wird.

Die **Ausgaben** einer Gesundheitseinrichtung setzen sich aus den Anschaffungswerten aller zugegangenen Materialien und Dienstleistungen pro Zeitperiode zusammen. Sie können durch eine sofortige Auszahlung oder aber auch durch eine spätere Zahlung, Ratenzahlung usw. beglichen worden sein. Ausgaben werden somit immer dann zu Auszahlungen, wenn auch tatsächlich Zahlungen in den genannten Formen erfolgen. Die Ausgabe ist ein Begriff aus der Buchführung und entsteht somit immer dann, wenn etwas gekauft bzw. verkauft wurde. Es spielt dabei keine Rolle, ob schon bezahlt wurde oder nicht.

Die Begriffe Kosten, Aufwand, Ausgabe und Auszahlung überschneiden sich somit inhaltlich und ihre Verwendung richtet sich nach dem angestrebten Rechnungszweck (siehe Tab. 1.6).

Die Steuerung gesundheitsbetrieblicher Kosten stellt somit die Beeinflussung und Gestaltung von Strukturen der Gesundheitseinrichtungen, ihrer Prozesse und ihrer medizinischen und pflegerischen Leistungen unter Kostengesichtspunkten und unter Verwendung von Informationen aus den Kostenrechnungssystemen der Gesundheitseinrichtungen dar. Wesentliches Ziel ist dabei, ein optimales Kosten-Nutzen-Verhältnis zu erreichen und nicht das alleinige Kostensparen, welches mit negativen Folgen für die Qualität der Erstellung medizinischer und pflegerischer Leistungen verbunden sein kann. Die Steuerung gesundheitsbetrieblicher Kosten ist somit immer auch ein

Tab. 1.6 Abgrenzung von Aufwendungen, Ausgaben und Auszahlungen einer Gesundheitseinrichtung

Bezeichnung	Beschreibung	Sachverhalt	Beispiel
Auszahlung	Abgang liquider Mittel (Bargeld und Sichtguthaben) der Gesundheitseinrichtung je Periode	Auszahlung ist keine Ausgabe	Bezahlung einer Rechnung aus dem Vorjahr (vorherige Abrechnungsperiode)
		Auszahlung und Ausgabe sind gleich	Barzahlung postalischer Frankierung
Ausgabe	Wert aller der Gesundheitseinrichtung zugegangen Güter und Dienstleistungen je Periode (Liquide Mittel + Forderungen – Verbindlichkeiten)	Ausgabe ist keine Auszahlung	Einkauf von medizinischem Verbrauchsmaterial auf Rechnung (späteres Zahlungsziel)
		Ausgabe ist kein Aufwand	Einkauf und Einlagerung von Büromaterial, das erst in der nächsten Abrechnungsperiode verbraucht wird
Aufwand	Wert aller durch die Gesundheitseinrichtung verbrauchten Güter und Dienstleistungen je Periode (Geldvermögen + Sachvermögen)	Ausgabe und Aufwand sind gleich	Einkauf von medizinischem Verbrauchsmaterial für den unmittelbaren Bedarf (direkter Verbrauch)
		Aufwand ist keine Ausgabe	Verbrauch von Büromaterial ab Lager, das in der vorherigen Abrechnungsperiode eingekauft wurde

Abwägungsprozess, der insbesondere die Handlungsfelder der Beeinflussung von Kostenstrukturen, Ausgabeverhalten und Kostenverursachung umfasst (vgl. Zapp et al. 2017, S. 199 f.).

Während gewinnorientierte Unternehmen anstreben, ein Gewinnziel zu erreichen und ihr Ziel an Kosten und Erträgen messen, orientieren gemeinwirtschaftliche Pflegeeinrichtungen und Krankenhäuser als ideell orientierte Unternehmen ihr Ziel in Form von Leistungen oder gesellschaftlichen Mehrwert. Allerdings lässt sich ein wirtschaftlicher Verlust ebenso wenig als Maßstab für den ideellen Auftrag definieren, wie das Erzielen von Verlust als Ziel einer sozialen Einrichtung.

Beispiel

Ideeller Auftrag bedeutet nicht gleichzeitige Kostenfreiheit:

„Gleichzeitig werden wir in ideell orientierten Unternehmen bestimmte Ineffizenzen auch aus ideellen Gründen akzeptieren – das innovative Projekt, die Weiterbeschäftigung von leistungsgeminderten Mitarbeiter/innen, der Erhalt des Hauses des Gründers, die zusätzlichen Einkehrtage usw. Diese sind jedoch ebenfalls real – sie kosten reales Geld und müssen an anderer Stelle durch Effizienzgewinne oder durch den Einsatz des zu erwirtschaftenden Gewinns realisiert werden. Akzeptierten Ineffizienzen müssen also hohe

Effizienzen an anderer Stelle und nicht-akzeptieren Ineffizienzen gegenüber stehen." (vgl. Kaspers et al. 2017, S. 18). ◄

1.3   Einordnung der Kostensteuerung in die Betriebsführung

Die **Betriebsführung** von Gesundheitseinrichtungen beruht im Wesentlichen auf unterschiedlichen Aufgabenstellungen, die, stark vereinfacht dargestellt, einerseits die Leitung eines Unternehmens im Gesundheitswesen beinhalten und andererseits den Umgang mit den Mitarbeitern zum Gegenstand haben. Sie besteht hauptsächlich aus der Steuerung und Lenkung von Gesundheitseinrichtungen unterschiedlicher Größenordnung oder Teilen davon. Dabei geht es um die Gestaltung der Einrichtung, ihrer Organisation und ihrer Abläufe, aber auch um die Realisierung ihrer Ziele unter Nutzung der ihr zur Verfügung stehenden Ressourcen.

Unter der Betriebsführung sind sowohl die Führung durch die Leitung einer Gesundheitseinrichtung (institutionale Führung) zu verstehen, als auch die unterschiedlichen Führungstätigkeiten und Führungsprozesse (funktionale Führung). Von der Gestaltung von Rahmenbedingungen und Führungsstrukturen (indirekte Führung) unterscheidet sich die Führung durch persönlichen Kontakt (direkte Führung). Während sich die langfristig ausgerichtete Führung der Gesundheitseinrichtung als strategische Führung bezeichnen lässt, stellt die Abwicklung des Tagesgeschäfts eher die operative Führung dar.

Die Kostensteuerung in Gesundheitseinrichtungen ist Gegenstand in all diesen Führungsbereichen: Für sie sind Prozesse, Rahmenbedingungen und Strukturen zu gestalten, und sie ist umzusetzen sowohl im operativen Tagesgeschäft als auch in Form langfristig strategischer Planungen.

Da sich die eigentliche Führungsfunktion erst ergibt, wenn die gezielte Beeinflussung auf die Geführten mit dem Zweck einer Zielerreichung erfolgt und wenn diese auch durch beabsichtigte Verhaltensänderungen die Führungsrolle anerkennen und akzeptieren, stellen sich auch echte Führungserfolge im Bereich der Kostensteuerung nur dann ein, wenn die Rolle der Führungskraft auch mit Führungskompetenz, der Anwendung geeigneter Führungsstile und Vorbildfunktionen ausgefüllt werden.

Je höher die Führungsebene in einer Gesundheitseinrichtung ist, desto mehr wird die jeweilige Führungsrolle von Managementaufgaben, wie strategischer Kostenplanung, Grundsatzentscheidungen, Rahmenkonzeptionen und der Schaffung von Kostenstrukturen dominiert. So unterscheidet sich die Führungsrolle der Leitung eines Krankenhauses von der eines in einer dortigen Station beschäftigten Arztes zumindest im Hinblick auf die Art der Führungsaufgaben, wobei sich hinsichtlich der Führungsfunktion in der direkten Mitarbeiterführung und Kostenbeeinflussung allerdings keine Unterschiede ergeben. Ein Zahnarzt als Praxisinhaber und –leiter hat hingegen eine umfassendere Führungsrolle, da er im Hinblick auf die Kostensteuerung in seinem Praxisbetrieb in der Regel alle betriebswichtigen Entscheidungen selbst treffen muss.

Die Anforderungen an die Betriebsführung von Gesundheitseinrichtungen in Sachen Kostenmanagement sind somit hoch:

„Den Erwartungen an eine hochwertige Gesundheitsversorgung, Wirtschaftlichkeit und Unternehmenserfolg stehen begrenzte finanzielle und personelle Ressourcen, stetig steigende Anforderungen an die Leistungserbringer, eine zunehmende Arbeitsbelastung und Stresssymptomatik bei den Mitarbeitern, erschwerte Arbeitsorganisation und -bedingungen und Konflikte mit der kaufmännischen Geschäftsführung oder Vertragspartnern gegenüber. Chef- und Oberärzte sowie Praxisinhaber sind zunehmend mit Führungs- und Management-aufgaben in einem sich ständig wandelnden Umfeld bzw. mit der als widersprüchlich empfundenen Frage „Chefarzt – Arzt oder Manager?" konfrontiert."

… „Im Mittelpunkt der ärztlichen Tätigkeit steht die Behandlung der Patienten. Dies ist der Arbeitsschwerpunkt, auf den sich die Ärztinnen und Ärzte heute wie früher konzentrieren wollen." …

„Um der ärztlichen Führungsverantwortung auch weiterhin gerecht werden zu können, muss und sollte der Arzt nicht zum Manager oder Kaufmann werden. Unter den gewandelten Rahmenbedingungen ist es jedoch erforderlich, ein Grundverständnis von ökonomisch-unternehmerischen Prozessen und von Organisationswandel zu erwerben sowie Auf-geschlossenheit gegenüber Managementmethoden mitzubringen. Es geht also um die Herstellung einer Balance, wie ökonomische und organisatorische Bedingungen selbst-bestimmt und zum Nutzen der Patienten eingesetzt werden können. Dies gilt für Ärzte in Leitungspositionen in besonderem Maße." (Bundesärztekammer 2007, S. 9 ff.). ◄

Auf das Thema Kostensteuerung sind medizinische und pflegerische Fachkräfte häufig nur unzureichend vorbereitet. Oft werden ihnen entsprechende Aufgaben übertragen, ohne dass sie sich vorher darin hätten üben und Erfahrung sammeln können. Da die Kostenbeeinflussung komplexe Vorgänge umfassen, ist eine Vorbereitung darauf durch Seminare, Schulungs- und Trainingsmaßnahmen allerdings auch eher nur im Grund-lagenbereich möglich.

Für die Führungskraft im Gesundheitswesen ist es wichtig zu wissen, dass für die zielgerichtete Einwirkung auf das Arbeitsverhalten ihrer Mitarbeiter im Sinne einer Kostenbeeinflussung nicht nur deren Arbeitsproduktivität im Vordergrund steht, sondern dass einerseits die eigenen sozialen Einstellungen dabei eine bedeutende Rolle spielen und andererseits auch die menschlichen Beziehungen, in deren Rahmen sich das Arbeits-verhalten vollzieht: Je überzeugender, glaubhafter, authentischer und vorbildlicher das Kostensteuerungsverhalten der Führungskraft auf die Geführten wirkt, desto eher werden die Mitarbeiter bereit sein, in deren Steuerungsmaßnahmen und Zielsetzungen zu ver-trauen. Dazu müssen Führungskräfte im Gesundheitswesen zum Thema Kosten und Nutzen eine Einstellung bzw. Haltung entwickeln und Position beziehen, die zugleich medizinische, ökonomische, ethische und juristische Dimensionen und damit möglicher-weise unter anderem folgende Aspekte umfasst:

- Erhebliche medizinische Verbesserungen zur Erhaltung der Lebensqualität und zur Verlängerung der Lebenszeit von Patientinnen und Patienten führen unvermeidbar zu Kostensteigerungen.
- Im Hinblick auf die Gesundheitsversorgung gibt es Grenzen kollektiver Finanzierungsbereitschaft, die nicht gleichzusetzen sind, mit einer moralisch bedenklichen Einschränkung gesellschaftlicher Solidarität.
- Jede Form einer verdeckten Rationierung medizinischer Leistungen ist abzulehnen. Notwendige Rationierungsentscheidungen dürfen nicht an den einzelnen Arzt oder die einzelne Pflegekraft delegiert und müssen klar benannt werden.
- Sich auf das Problem der Verteilung knapper Ressourcen im Gesundheitswesen einzulassen, bedeutet keine Festlegung auf eine Ökonomisierung von Entscheidungen.
- Entscheidungen über den Umfang solidarisch finanzierter Leistungen sind ethische Entscheidungen, die im gesellschaftlichen Diskurs und auf politischem Wege getroffen werden müssen.
- Menschenwürde und Grundrechte erfordern einen durch Rechte gesicherten Zugang jedes Bürgers zu einer angemessenen Gesundheitsversorgung, die nicht hinter etwaige Erwägungen zur Steigerung des kollektiven Nutzens zurückgestellt werden dürfen.
- Der verantwortliche Einsatz knapper Ressourcen erfordert es, sie für Maßnahmen einzusetzen, die unter den alltäglichen Versorgungsbedingungen tatsächlich einen Nutzen erbringen.
- Eine ausführliche Nutzenbewertung unabhängig von Kostenerwägungen vor allem in Bezug auf die patientenrelevanten Endpunkte (Mortalität, Morbidität, Lebensqualität) muss jederzeit möglich sein.
- Ein Leistungsausschluss wegen fehlenden Nutzens muss aus Gründen des Patientenschutzes möglich sein.
- Im Kontext der Kosten-Nutzen-Bewertung medizinischer Leistungen gibt es aus ethischer und gerechtigkeitstheoretischer Sicht gewichtige Gründe dafür, nicht das Prinzip einer patientengruppenübergreifenden Nutzenmaximierung zu verfolgen (vgl. Deutscher Ethikrat 2011, S. 94 ff.).

Die Mitarbeiter orientieren sich jedoch nicht nur an der medizinischen, pflegerischen Führungskraft, deren Haltung und Einstellung, sondern auch an den sie umgebenden Arbeits- oder Patientengruppen und nicht selten an deren Meinungsmehrheit, was den Kostensteuerungsprozess für die Führungskraft erschweren kann.

Insofern muss die Führungskraft die organisatorischen Rahmenbedingungen in der Gesundheitseinrichtung berücksichtigen, insbesondere die Organisationskultur, die Strukturen, Kommunikationswege und Rituale. Zu ihren Aufgaben gehört es, diese zu kennen, zu berücksichtigen und für die Kostensteuerungszwecke zu nutzen.

Dabei darf jedoch nicht die Vorgehensweise der Organisationsplanung vorherrschen, indem die Führungskraft im Gesundheitswesen ihre Vorstellungen bezüglich der Kostensteuerung durch Anweisungen „diktiert". Kostenprobleme lassen sich nicht immer mit vollständiger Genauigkeit beschreiben, und die Meinungen über Art und Ausmaß des Problems und die Lösungsmöglichkeiten gehen nicht selten auseinander. Es ist daher wichtig, die unterschiedlichen Wahrnehmungen und Vorstellungen zu strukturieren und dafür zu sorgen, dass der Weg zu einer Problemlösung und die dabei erforderliche Kommunikation im Pflege-, Stations- oder Praxisteam zustande kommen. So werden beispielsweise durch eine fragende Haltung die Beteiligten füreinander und für das Thema Kosten geöffnet und aktiviert. Dazu sind auch die kostenrelevanten Daten zu sammeln und aufzubereiten, um das Problem für die Arztpraxis, die Station oder den Pflegebereich möglichst zu objektivieren. Bei der anschließenden Umsetzung von strukturellen, materiellen oder auch personellen Veränderungen in der Gesundheitseinrichtung ist es wichtig, die eingeleiteten Maßnahmen fortlaufend zu überprüfen und wenn nötig durch ergänzende Aktivitäten in ihrer Wirkung abzusichern.

Jede Führungskraft und somit auch das leitende Personal im Gesundheitswesen, steht im Arbeitsalltag unter „Beobachtung". Ob sie wollen oder nicht, wird ihr Verhalten und damit auch das, was sie in Sachen Kostenverursachung tun oder lassen, von ihrem Arbeitsumfeld, den Mitarbeitern und Patienten registriert. Insofern muss eine Führungskraft in ihrer **Vorbildfunktion** damit rechnen, das ihr Kostenverhalten bewusst oder unbewusst nachgeahmt wird und sich andere damit oder sogar mit ihrer Person identifizieren, zumal wenn sie gerade, wie Umfragen häufig belegen, im medizinischen Bereich ein hohes gesellschaftliches Ansehen genießt.

Für die Führungskraft und die Kostensteuerung in einer Gesundheitseinrichtung bedeutet dies zum einen, sich der Verantwortung als Vorbild und dem möglichen Nacheiferns des eigenen Verhaltens durch Andere bewusst zu sein und andererseits, die Vorbildfunktion aber auch gezielt für positive Verhaltensbeeinflussungen bei Mitarbeitern nutzen zu können.

Von großer Bedeutung ist die Vorbildfunktion insbesondere bei der Kostenverursachung, da sich positives Verhalten verstärken kann, wenn die Führungskräfte als Vorbild voran gehen. Sie sind in der Regel auf ihre Unterstützung, Kooperation und das Mitwirken Aller angewiesen, denn ein gewünschtes Verhalten lässt sich nicht immer erzwingen. Somit ist die Vorbildfunktion ein wichtiger Erfolgsfaktor, der bestimmt, ob Mitarbeiter langfristig ihr Kostenverhalten ändern.

Orientierung über Werte und Prinzipien in Gesundheitseinrichtungen geben auch Leitbilder, mithilfe derer sich der einzelne Mitarbeiter, aber auch die Führungskraft selbst in ihrer Vorbildfunktion zurechtfinden kann. Das **Leitbild** gibt als dokumentierter Handlungsrahmen Selbstverständnis, Grundprinzipien und gemeinsame Ziele einer Einrichtung im Gesundheitswesen wieder. Insofern hat es nicht nur eine Außenwirkung, um zu zeigen, für was die betreffende Gesundheitseinrichtung steht und wie sie sich und ihre Aufgaben in der Gesellschaft sieht, sondern es wirkt vor allen Dingen auch nach innen und bildet die Basis für Themen wie Kostenbewusstsein und Organisationskultur, sowie den Handlungsrahmen für alle medizinischen und pflegenden Aufgaben.

Gerade die Führungskräfte tragen wesentlich dazu bei, dass Leitbilder ihre Funktion erfüllen. Wenn sie selbst Elemente des Leitbildes offen ablehnen, sich nicht daran halten oder das Leitbild als unrealistisches Idealbild kritisieren, besteht die Gefahr, dass ihr in dieser Hinsicht negatives Vorbild wünschenswertes Kostenbewusstsein in einer Gesundheitseinrichtung behindert oder gar zunichte macht.

Das Treffen von **Kostenentscheidungen** zählt zu den wichtigen Aufgaben einer Führungskraft in Gesundheitseinrichtungen. Im Vergleich zu beispielsweise produzierenden Unternehmen ist die Bedeutung dieser Aufgabe im Gesundheitswesen jedoch weitaus größer, da dabei stets das Patientenwohl zu berücksichtigen ist. Eine Kostenentscheidung stellt somit nicht zwangsläufig immer eine bewusste Wahl zwischen zwei oder mehreren Alternativen anhand bestimmter Entscheidungskriterien oder Präferenzen dar. Oftmals ist auch nicht die Wahl einer bestimmten Alternative, sondern die Unterlassung einer Handlung als Entscheidungsergebnis anzusehen. Die Führungskräfte als Entscheidungsträger sind dabei nicht nur die behandelnden Ärzte, Chirurgen, Kieferorthopäden oder Krankenhausmanager, sondern, sie sind auf allen Ebenen angesiedelt und somit können sich Kostenentscheidungen, unabhängig von Hierarchie und organisatorischer Einordnung, direkt auswirken. Risiko und Tragweite von Kostenentscheidungen nehmen in der Regel mit aufsteigender Führungshierarchie zu. So kann man im Allgemeinen davon ausgehen, dass beispielsweise in den unteren Ebenen tragbare Entscheidungsrisiken mit hoher Eintrittswahrscheinlichkeit, aber begrenzter Schadenshöhe und auf der Führungsebene Risiken mit erheblicher Tragweite, geringer Eintrittswahrscheinlichkeit, aber existenzbedrohender Schadenshöhe existieren.

Auch die möglichen Folgen von Kostenentscheidungen sind von wesentlicher Bedeutung und damit die Möglichkeit, die Güte einer Entscheidung zu einem späteren Zeitpunkt zu messen oder aus einer Fehleinschätzung zu lernen, bzw. das Anstreben der absoluten Verlässlichkeit und Richtigkeit der Entscheidung. Oftmals verfügen die Führungskräfte als Entscheidungsträger im Gesundheitswesen in Bezug auf die Kostensituation nicht über die vollständige Information und über alle potenziell entscheidungsrelevanten Faktoren. Für die Entscheidungspraxis in Gesundheitseinrichtungen bedeutet das Dargelegte, dass Kostenentscheidungen umso leichter getroffen werden, je größer die Sicherheit scheint. Mit dem Ausmaß der Unsicherheit, nimmt auch die Schwierigkeit der Entscheidung zu, da die Entscheidungsfolgen oft nicht absehbar sind. Die Sicherheit nimmt in der Regel zu, je mehr Informationen zur Entscheidungsfindung vorliegen. Auf der Grundlage dieser Annahmen ergeben sich beispielsweise folgende Entscheidungsmodelle für Kostenentscheidungen:

- *Sicherheitsentscheidung:* Die Kostenentscheidung unter völliger Sicherheit bildet in einer Gesundheitseinrichtung eher die Ausnahme, da sich in den seltensten Fällen sämtliche Konsequenzen aus einer Handlung voraussagen lassen. Die Annahme, dass alle denkbaren Kostenfolgen einer Handlung im Voraus bekannt sind, erscheint schließlich nicht gerade realistisch, sodass sich ein theoretisches Restrisiko daher kaum ausschließen lässt.
- *Unsicherheitsentscheidung:* Mit Unsicherheit behaftete Kostenentscheidungen dürften häufiger vorkommen, insbesondere diejenigen, bei denen die Auswirkungen einer

Kostenentscheidung und/oder deren Eintrittswahrscheinlichkeiten nicht mit völliger Sicherheit vorausgesagt werden können.

- *Ungewissheitsentscheidung:* Bei der Kostenentscheidung unter Ungewissheit sind zumindest deren möglichen Auswirkungen bekannt, aber nicht die jeweiligen Eintrittswahrscheinlichkeiten. In dieser Situation lassen sich beispielsweise folgende Handlungsalternativen auswählen:
  - Pessimistische Kostenentscheidung (Maximin-Modell): Die einzelnen Entscheidungsalternativen werden anhand der ungünstigsten Auswirkung miteinander verglichen.
  - Optimistische Kostenentscheidung (Maximax-Modell): Die einzelnen Entscheidungsalternativen werden anhand der günstigsten Auswirkung miteinander verglichen.
- *Risikoentscheidung:* Bei diesen Kostenentscheidungen sind die Eintrittswahrscheinlichkeiten beispielsweise durch Berechnung ermittelbar oder lassen sich aus Vergangenheitswerten ableiten. Auch können mehrpersonale Entscheidungsprozesse zur Risikominimierung beitragen, indem Informationen und Kenntnisse über mögliche Auswirkungen von Entscheidungsalternativen durch die Einbeziehung mehrerer Experten, Gutachter bzw. Entscheidungsträger in die Kostenentscheidung einfließen.

Beispiel

In einem stark vereinfachten Beispiel soll eine Entscheidung zwischen zwei mit Kosten verbundenen Maßnahmenalternativen (A1, A2) getroffen werden, bei deren Anwendung sich bei K1 als mögliche Nebenwirkung eine Kostensteigerung (K1), eine Kostensenkung (K2) oder ein gleich bleibender Kostenwert (K3) bzw. bei A2 folgende Werte ergeben können:

Alternative/Auswirkung	K1	K2	K3
A1	Kostensteigerung von 5000 auf 8000 €	Kostensenkung von 5000 auf 3000 €	Kostenstabilität bei 5000 €
A2	Kostenstabilität bei 5000 €	Kostenstabilität bei 5000 €	Kostenstabilität bei 5000 €

Bei der pessimistischen Kostenentscheidung würde die Alternative A2 bevorzugt, da sie zumindest einen stabilen Kostenwert garantiert, denn bei A1 könnte sich auch eine deutliche Steigerung als Auswirkung ergeben. Die optimistische Kostenentscheidung würde zugunsten von A1 ausfallen, da sie auch die Möglichkeit einer Kostensenkung einschließt. ◄

1.4   Kostensteuerung als Führungsprozess

Insbesondere bei der Kostensteuerung in Gesundheitseinrichtungen ist es wichtig, sich Ziele zu setzen und Strategien zu entwickeln. Für die Führungskräfte im Gesundheitswesen ist ein **Handlungsbedarf** in diesem Bereich nicht immer eindeutig als solcher erkennbar: Es gibt beispielsweise anlassbezogene Handlungsbedarfe, als Führungskraft dann einzugreifen, wenn die Kosten spürbar aus dem Ruder laufen oder sich sogar möglich Zahlungsschwierigkeiten abzeichnen. Führung bedeutet aber auch, frühzeitig von sich aus aktiv zu werden, zu steuern und zu lenken, ohne dass ein besonderes Auslösungsmoment bei den Kosten dafür notwendig wäre (vgl. Frodl 2013, S. 189 ff.).

Um den permanenten Kostensteuerungsbedarf besser einschätzen zu können, eignen sich zunächst **Erhebungsinstrumente,** bei denen es sich beispielsweise um Methoden zur Ermittlung der aktuellen Kostensituation einer Gesundheitseinrichtung handelt, die insbesondere zur Informationsbeschaffung für die Problemlösung dienen.

So lassen sich beispielsweise mit Daten- und Dokumentenanalysen bereits vorhandene Kostendaten aus Monats- oder Quartalsberichten auswerten. Die Informationsquellen können sämtliche Arten von Datensammlungen, Unterlagen oder Berichte einer Gesundheitseinrichtung sein, in denen Kostenangaben enthalten sind. Die Vorteile dieser Art von Erhebung liegen in der Regel bei dem verhältnismäßig geringem Aufwand und der Tatsache, dass die Abläufe in der Gesundheitseinrichtung ungestört bleiben. Die Nachteile liegen im Wesentlichen in einer möglicherweise geringeren Aktualität der Daten, sowie der Unvollständigkeit nötiger Kosteninformationen.

Auch die Interviewtechnik ist eine möglich Ist-Aufnahmemethode, die sich als persönliche Befragung durch eine Führungskraft oder eine von ihr beauftragte Person einsetzen lässt, um insbesondere die Kostenentstehung, Datenflüsse oder komplexe Sachverhalte zu erheben. Die wichtigsten Vorteile des Interviews liegen in der Ermittlung des tatsächlichen Ist-Zustands, der Vertiefungsmöglichkeiten durch Zusatz- und Verständnisfragen sowie in der Motivation der befragten Person.

Mit Hilfe von **Analyseverfahren** lassen sich Ursachen von Kostenentstehungen und – entwicklungen, aber auch diesbezügliche Schwachstellen in einer Gesundheitseinrichtung entdecken und Möglichkeiten zu deren Behebung aufzeigen. Dazu zählen insbesondere die

- ABC-Analyse,
- Gemeinkostenwertanalyse (GWA),
- Kosten-Nutzen-Analyse (KNA),
- Kosten-Wirksamkeits-Analyse (KWA) und die
- Nutzwert-Analyse (NWA),

auf deren Anwendung in Kap. 7 im Rahmen des Einsatzes von Kostensteuerungsinstrumenten zur Kostenstabilisierung und –senkung ausführlich eingegangen wird.

Die **Kostenziele,** die sich eine Gesundheitseinrichtung setzt, definieren sich in der Regel über Zielinhalt, Zielausmaß und Zeitpunkt und unterscheiden sich hinsichtlich der Zielart beispielsweise in strategische und operative Kostenziele, oder auch in langfristige und kurzfristige Kostenziele. Sie können zueinander in unterschiedlichen Zielbeziehungen stehen, beispielsweise verschiedene Ränge aufweisen oder unterschiedlich aufeinander einwirken.

Beispiel

Eine Senkung der Personalkosten (Oberziel) lässt sich erreichen, wenn eine Verringerung der Dienstreisekosten (Unterziel) verfolgt wird. Das Ziel der Kostensenkung bei den Dienstreisen wirkt in Bezug auf das Ziel der Verringerung der Personalkosten gleichzeitig komplementär, da es dieses ergänzt bzw. fördert. Behandlungs- oder Qualitätsziele stehen hingegen zu Kostensenkungszielen häufig in einem konkurrierenden, sich gegenseitig behinderten Verhältnis, da qualitätssteigernde, patientenorientierte Maßnahmen häufig mit höherem Aufwand verbunden sind. Eine indifferente Zielbeziehung liegt vor, wenn die Erreichung des einen Kostenziels keinerlei Einfluss auf die Erfüllung eines anderen Kostenziels hat. ◄

Damit einzelne Kostenziele nicht isoliert nebeneinander stehen, sind sie in einem Zielsystem für die Gesundheitseinrichtung zusammenzuführen, aufeinander abzustimmen und aus ihnen resultierende Zielkonflikte zu lösen. Dabei hilft oft ihre Bewertung in Haupt- und Nebenziele, die eine Rangfolge hinsichtlich ihrer Bedeutung darstellt. Langfristige, strategische Kostenziele sind zu operationalisieren und von der Einrichtungsleitung über die einzelnen Bereiche hinweg bis zu Zielen für den einzelnen Mitarbeiter und die einzelne Mitarbeiterin zu konkretisieren. Ihre möglichst genaue Quantifizierung ist zudem von erheblicher Bedeutung für die spätere Messbarkeit des jeweiligen Zielerreichungsgrads.

Die einzelnen Kostenziele müssen operationalisiert und hinsichtlich Zeit (wann?), Erreichungsgrad (wie viel?) und Inhalt (was?) möglichst eindeutig definiert sein. Nur auf diese Weise lässt sich feststellen, ob und wie die Ziele im Zeitablauf erreicht wurden, wie groß mögliche Abweichungen zwischen Soll- und Ist-Zielwerten sind und welche Ursachen es dafür gibt. Anschließend sind Gegensteuerungsmaßnahmen zu ergreifen, aber auch gegebenenfalls Zielkorrekturen, falls einzelne Ziele nicht realisierbar erscheinen.

Zu den wichtigen konzeptionellen Aufgaben einer Betriebsführung im Gesundheitswesen zählen im Rahmen der Strategiebildung auch die Festlegung von **Kostenstrategien.** Auf der Grundlage der strategischen Ziele der Gesundheitseinrichtung lassen sich ausgehend von strategischen Erfolgspotentialen Kostenstrategien entwickeln, die dauerhaft angelegt sind, um eine längerfristig ausgerichtete Kostensteuerung zu planen.

Beispiel

Im Bereich der Beschaffung medizinischen Verbrauchsmaterials können eine strategische Partnerschaft oder Einkaufsgemeinschaft aufgrund größerer Abnahmemengen Kostensenkungspotentiale ermöglichen. Bei Arzt- oder Zahnarztpraxen kann die langfristige Entscheidung für eine Berufsausübungsgemeinschaft kostendämpfende Synergieeffekte beim Patientenempfang oder der Kassen- bzw. Privatliquidation ergeben. ◀

Für die Ableitung von Kostenstrategien eignen sich zudem Analysetechniken, die in erster Linie zur Standortbestimmung, Einschätzung der eigenen Situation und Bestimmung der Marktposition dienen. Ein Beispiel hierzu ist das Lebenszykluskonzept, das ursprünglich auf die Marketingliteratur zurückgeht und die allgemeine Entwicklung einer Gesundheitseinrichtung als eine Art „Lebensweg" betrachten lässt. In der Gründungsphase sind durch die Betriebsführung häufig Entscheidungen zu treffen, die die Größe der Einrichtung, das Investitionsvolumen, die Mitarbeiterzahl, die Rechtsform, den Standort, die genaue fachliche Ausrichtung sowie die Marketingkonzeption und die Patientenzielgruppen betreffen. Die Kostenstrategie muss daher in dieser Phase dazu beitragen, möglichst schnell eine dauerhafte Organisation strukturieren zu können, ohne dass die Kosten aus dem Ruder laufen. Das gilt auch für wichtige strategische Entscheidungen in der Wachstumsphase, die sich auf zukünftige Behandlungsschwerpunkte, die Personal- und Organisationsentwicklung und die Investition in Behandlungskonzepte bezieht. Die Konsolidierungsphase ist in der Regel die längste Phase und gekennzeichnet durch eine Stabilisierung des Leistungsangebots sowie des Patientenaufkommens. In diese Phase fallen auch Veränderungen (beispielsweise Umorganisationen, Rechtsformwechsel, Bildung einer Gemeinschaftspraxis, Klinikumbauten, Spezialisierung auf bestimmte Behandlungsmethoden etc.), die langfristig wirksam sind. Kostenstrategische Entscheidungen beziehen sich in dieser Phase überwiegend auf Kostenstabilität, um den wirtschaftlichen Erfolg durch geeignete Kontrollmechanismen und Maßnahmen langfristig zu sichern. Gelingt es nicht, die Gesundheitseinrichtung wirtschaftlich dauerhaft stabil zu halten, sind in einer Restrukturierungsphase mitunter einschneidende Maßnahmen zur Kostensenkung in das Behandlungs- und Pflegeangebot, die Kapazitätsvorhaltung bzw. die Personalausstattung erforderlich. Die Maßnahmen können dazu beitragen, die Kosten wieder zu stabilisieren, sie können sich aber auch als unzureichend erweisen oder ihre Wirkung auch verfehlen. Dies ist insbesondere dann der Fall, wenn die Restrukturierungsmaßnahmen zu spät eingeleitet werden. Die Degenerierungsphase beschreibt die Situation, wenn die Gesundheitseinrichtung ihre Tätigkeit einstellt, sei es beispielsweise durch Insolvenz und Auflösung einer Klinik oder altersbedingte Aufgabe einer Arztpraxis. In dieser Phase geht es somit hauptsächlich um Nachfolgeregelungen oder die Verwertung und Veräußerung der Einrichtung, bei gleichzeitiger Kostenminimierung für die damit zusammenhängenden Aktivitäten.

Die vorschnelle Lösung von Kostenproblemen ist keine Führungsstärke, sondern ver-hindert unter Umständen den Einsatz von Problemlösungsalternativen, die vorzeitig ver-worfen oder gar nicht erst entdeckt und einbezogen wurden. Zur **Alternativensuche** und Bewertung von Alternativen sind als Verfahren, die bei der Suche nach Handlungs- oder Lösungsalternativen Unterstützung leisten, häufig Kreativitätsmethoden zum Auffinden möglichst innovativer Lösungsideen zweckdienlich. Sie ermöglichen es, sorgfältig nach Lösungsalternativen zu suchen. Auch ist diese Phase strikt von der Bewertung der Alter-nativen zu trennen, damit diese nicht voreilig aussortiert werden.

Zu den bekanntesten und gleichzeitig einfachen Techniken lösungsorientierter Such-verfahren für Kostenprobleme zählen beispielsweise

- *Brainstorming:* Es dient zur Ideenfindung und beruht auf der Schaffung einer kreativen Situation, bei der möglichst viele Ideen zur Kostensenkung oder – stabilisierung in kürzester Zeit durch möglichst freies Assoziieren und Fantasieren entwickelt werden sollen. Alle Ideen werden zunächst protokolliert und erst später durch alle Teilnehmer im Hinblick auf ihre Relevanz zur Problemstellung bewertet. Das Verfahren eignet sich insbesondere für einfachere Kostenproblemstellungen, die keine allzu komplexen Lösungsvorschläge erforderlich machen.
- *Morphologische Analysetechnik:* Sie stellt beispielsweise ein Verfahren zur Generierung von Lösungsalternativen für Kostenprobleme dar, wobei es dabei ins-besondere um eine möglichst vollständige Erfassung der Lösungsalternativen für eine bestimmte Kostenproblemstellung geht. Dazu werden Lösungsmerkmale und ihre möglichen Ausprägungen in einer Matrix gegenübergestellt, sodass man durch die Kombination aller Merkmale mit allen Ausprägungen eine maximale Anzahl von Möglichkeiten erhält, mit denen Lösungsideen entwickelt werden können.
- *Relevanzbaum-Analysetechnik:* Sie eignet sich insbesondere für Kostenproblem-stellungen mit großer Komplexität und versucht ähnlich wie eine Ursache-Wirkungs-Analyse die Problemstellung zu strukturieren. Sie umfasst dazu die Schritte Abgrenzung und Definition der Kostenproblemstellung, Festlegung geeigneter Beurteilungskriterien, Sammlung verschiedener Merkmale, hierarchische Ordnung und Gewichtung der Merkmale im Hinblick auf die Problemstellung, grafische Dar-stellung der Beurteilungskriterien und Merkmale in einer Baumstruktur, Auswertung der Baumstruktur sowie Ableitung von Problemlösungsalternativen aus den einzelnen Verästelungen (siehe auch Abschn. 5.3).

Es bedarf als Führungskraft in Gesundheitseinrichtungen einiger Übung, die Suche nach Handlungs- oder Lösungsalternativen für Kostenprobleme von deren Bewertung zu trennen. Geradezu instinktiv werden Alternativen üblicherweise im gleichen Moment, in dem sie gefunden wurden, auf ihre „Brauchbarkeit" im Hinblick auf die zu erreichenden Kostenziele überprüft. Auch auf den ersten Blick aussichtslose Lösungs-alternativen sollten allerdings in einer separaten **Alternativenbewertung** berücksichtigt werden, mit dem Ziel, möglichst quantitativ begründbare Entscheidungen zu erreichen.

Oftmals ergibt sich dann als Überraschung, dass derartige Problemlösungsvorschläge bei genauerer Betrachtung gar nicht so schlecht abschneiden. Hierzu bietet sich die Nutzwertanalyse (NWA) (siehe auch Kap. 7), Kostenvergleichs- oder Amortisationsrechnungen (siehe auch Kap. 4) oder andere Möglichkeiten zur quantitativen Bewertung von Entscheidungsalternativen an.

Im weiteren Verlauf der Kostensteuerung als Führungsprozess sind im Anschluss an die Alternativenbewertung Entscheidungen zu treffen (siehe auch Abschn. 1.3). Die Umsetzung von Kostenentscheidungen ist häufig Gegenstand von Projekten und sonstigen Vorhaben (siehe hierzu Kap. 5). Der Führungsprozess zur Kostensteuerung umfasst schließlich noch das Controlling, das unter anderem eine Erfolgskontrolle der umgesetzten Maßnahmen beinhaltet (siehe hierzu Kap. 6).

Literatur

Bundesärztekammer. (Hrsg.). (2007). *Curriculum Ärztliche Führung, Texte und Materialien der Bundesärztekammer zur Fortbildung und Weiterbildung (Bd. 26)*. Berlin: Bundesärztekammer.

Deutscher Ethikrat. (Hrsg.). (2011). *Nutzen und Kosten im Gesundheitswesen – Zur normativen Funktion ihrer Bewertung – Stellungnahme*. Berlin: Deutscher Ethikrat.

Erweiterter Bewertungsausschuss – EBA. (Hrsg.). (2018). Beschluss des Erweiterten Bewertungsausschusses nach § 87 Abs. 4 SGB V in seiner 57. Sitzung am 21. August 2018 – Teil B zur Überprüfung von Einflussfaktoren auf die Kostenentwicklung in Arztpraxen im Zusammenhang mit der Festlegung gemäß § 87 Absatz 2e SGB V und Anpassung gemäß § 87 Abs. 2g SGB V des Orientierungswertes mit Wirkung zum 21. August 2018. Berlin.

Frodl, A. (2011). *Kostenmanagement und Rechnungswesen im Gesundheitsbetrieb*. Wiesbaden: Gabler .

Frodl, A. (2013). *Betriebsführung im Gesundheitswesen – Führungskompendium für Gesundheitsberufe*. Wiesbaden: Gabler.

Hesse, S., Boyke, J., & Zapp, W. (2013). *Innerbetriebliche Leistungsverrechnung im Krankenhaus – Verrechnungskonstrukte und Wirkungen für Management und Controlling*. Wiesbaden: Springer Fachmedien.

Kaspers, U., Kennerknecht, S., & Schellenberg, K. (2017). *Kostenmanagement in Sozialunternehmen – Grundlagen, Methoden, Instrumente* (2. Aufl.). Regensburg: Walhalla & Praetoria Verlag.

Kassenzahnärztliche Bundesvereinigung. (Hrsg.). (2018). *Jahrbuch 2018 – Statistische Basisdaten zur vertragszahnärztlichen Versorgung*. Köln: Kassenzahnärztliche Bundesvereinigung.

Pelizäus, R. (2018). *Multidimensionales Controlling und Kostenmanagement*. Wiesbaden: Springer Gabler.

Roland Berger. (Hrsg.). (2019). *Krankenhausstudie 2019*. München: Roland Berger.

Statistisches Bundesamt – Destatis. (Hrsg.). (2017). Kostenstruktur bei Arztpraxen – Zusammenfassende Statistik der Fachserie 2 Reihe 1.6.1 Kostenstruktur bei Arzt-und Zahnarztpraxen sowie Praxen von psychologischen Psychotherapeuten 2015. Wiesbaden: Statistisches Bundesamt.

Statistisches Bundesamt – Destatis. (Hrsg.). (2018). Gesundheit – Kostennachweis der Krankenhäuser 2017. Fachserie 12. Reihe 6.3. Wiesbaden: Statistisches Bundesamt.

Weber, J., Piekenbrock, D., & Wischermann, B. (2018). Kosten – wertmäßiger, pagatorischer und entscheidungsorientierter Kostenbegriff. Gabler Wirtschaftslexikon. https://wirtschaftslexikon. gabler.de/definition/kosten-39327/version-262738. Wiesbaden: Springer Gabler/Springer Fachmedien. Zugegriffen: 27. Okt. 2019.

Zapp, W., Dues, C., Kempenich, E., & Oswald, J. (2017). *Rechnungswesen und Finanzierung in Krankenhäusern und Pflegeeinrichtungen*. Stuttgart: Kohlhammer.

Zentralinstitut für die Kassenärztliche Versorgung in Deutschland. (Hrsg.). (2019). Zi-Praxis-Panel – Jahresbericht 2017: Wirtschaftliche Situation und Rahmenbedingungen in der vertragsärztlichen Versorgung der Jahre 2013 bis 2016 (8. Jahrg.). Berlin.

Ermittlung der Kosten: Woher erhält man die richtigen Kostenangaben?

2.1 Ableitung aus der Buchführung

Das Rechnungswesen in einer Gesundheitseinrichtung zeichnet in seiner Buchführung anhand von Belegen (Patientenzahlungen und –überweisungen, Laborrechnungen, Kassenbons, Kontoauszügen, Buchungsbelegen etc.) und des daraus hervorgehenden Zahlenmaterials alle Geschäftsvorgänge geordnet und lückenlos auf. Diese oft auch als **Buchhaltung** bezeichnete Funktion lässt sich unterteilen in

- die Finanzbuchhaltung, die das Zahlenmaterial für den Jahresabschluss, die Bilanz sowie die Gewinn- und Verlustrechnung liefert und
- die Betriebsbuchhaltung, welche die innerbetriebliche Kostenrechnung mit Zahlenmaterial unterstützt.

Ihre rechtliche Grundlage bildet in erster Linie das Handelsgesetzbuch (HGB), nach dem jeder Kaufmann verpflichtet ist, Bücher zu führen und in diesen seine Handelsgeschäfte und die Lage seines Vermögens nach den Grundsätzen ordnungsmäßiger Buchführung ersichtlich zu machen. Die Buchführung muss so beschaffen sein, dass sie einem sachverständigen Dritten innerhalb angemessener Zeit einen Überblick über die Geschäftsvorfälle und über die Lage des Unternehmens vermitteln kann. Die Geschäftsvorfälle müssen sich in ihrer Entstehung und Abwicklung verfolgen lassen (vgl. § 238 HGB). Die Eintragungen in Büchern und die sonst erforderlichen Aufzeichnungen müssen vollständig, richtig, zeitgerecht und geordnet vorgenommen werden. Eine Eintragung oder eine Aufzeichnung darf nicht in einer Weise verändert werden, dass der ursprüngliche Inhalt nicht mehr feststellbar ist. Die Handelsbücher und die sonst erforderlichen Aufzeichnungen können auch in der geordneten Ablage von Belegen bestehen oder auf

© Der/die Autor(en), exklusiv lizenziert durch Springer Fachmedien Wiesbaden GmbH, ein Teil von Springer Nature 2021
A. Frodl, *Kostensteuerung für Gesundheitseinrichtungen*, https://doi.org/10.1007/978-3-658-32539-8_2

Datenträgern geführt werden, soweit diese Formen der Buchführung einschließlich des dabei angewandten Verfahrens den Grundsätzen ordnungsmäßiger Buchführung (GoB) entsprechen. Bei der Führung der Handelsbücher und der sonst erforderlichen Aufzeichnungen auf Datenträgern muss insbesondere sichergestellt sein, dass die Daten während der Dauer der Aufbewahrungsfrist verfügbar sind und jederzeit innerhalb angemessener Frist lesbar gemacht werden können (vgl. § 239 HGB).

Größere Gesundheitseinrichtungen, die neben dem HGB auch nach internationalen Rechnungslegungsvorschriften arbeiten, erstellen beispielsweise einen Konzernabschluss nach den International Financial Reporting Standards (IFRS), sodass die entsprechenden Aufzeichnungsregelungen gelten.

Die Rechnungs- und Buchführungspflichten von **Krankenhäusern** regeln sich nach den Vorschriften der Krankenhaus-Buchführungsverordnung (KHBV) und deren Anlagen, unabhängig davon, ob das Krankenhaus Kaufmann im Sinne des Handelsgesetzbuchs ist, und unabhängig von der Rechtsform des Krankenhauses. Ausgenommen hiervon sind die Bundeswehrkrankenhäuser, die Krankenhäuser der Träger der gesetzlichen Unfallversicherung und andere in der KHBV aufgeführte Einrichtungen (vgl. § 1 KHBV).

Für **Pflegeeinrichtungen** richten sich die Rechnungs- und Buchführungspflichten nach der Pflege-Buchführungsverordnung (PBV), unabhängig davon, ob die Pflegeeinrichtung Kaufmann im Sinne des Handelsgesetzbuchs ist, und unabhängig von der Rechtsform der Pflegeeinrichtung. Zu den zugelassenen Pflegeeinrichtungen im Sinne der PBV zählen Pflegedienste als ambulante Pflegeeinrichtungen, sowie Pflegeheime als teilstationäre und vollstationäre Pflegeeinrichtungen, mit denen ein Versorgungsvertrag nach SGB XI besteht.

Der außerbetriebliche Wertetransfer einer Gesundheitseinrichtung aus den Geschäftsbeziehungen mit Patienten, Lieferanten, Gläubigern und die dadurch bedingten Veränderungen der Vermögens- und Kapitalverhältnisse werden in der Finanzbuchhaltung erfasst. Während ein Arzt, Zahnarzt oder Heilpraktiker als Freiberufler ihre Geschäfte nach einer relativ einfachen Einnahmenüberschussrechnung (EÜR) abrechnen können, ist die doppelte Buchführung die übliche und für Kaufleute gesetzlich vorgeschriebene, ordnungsgemäße Methode. Diese kaufmännische Buchhaltung ermittelt das Ergebnis der Gesundheitseinrichtung über einen Reinvermögensbestandsabgleich und eine Aufwands-/Ertragssaldierung. Das Prinzip der doppelten Buchführung in Konten (Doppik) vollzieht sich in erster Linie durch

- Buchungen und Gegenbuchungen,
- zweifache Gewinnermittlung in der Bilanz bzw. Gewinn- und Verlustrechnung,
- doppelte Aufzeichnung von Geschäftsvorfällen nach Leistung und Gegenleistung im Grundbuch/Journal (chronologisch) und Hauptbuch (sachlich).

Eine Wertegleichheit zwischen der Summe der Soll- und Habenbuchungen ergibt sich dadurch, dass jeder buchungsfähige Geschäftsvorfall in einer Gesundheitseinrichtung als

Wertezugang und Werteabgang (Soll- und Habenbuchung) auf mindestens zwei Konten erfasst wird.

Jede Buchung in einer Gesundheitseinrichtung wird im Grundbuch/Journal chronologisch mit laufender Nummer, Buchungsdatum, Buchungsbetrag, Buchungserläuterung, Belegverweis und Kontierung auf das jeweilige Soll- bzw. Habenkonto erfasst. Im Hauptbuch bzw. den Kontenblättern der Gesundheitseinrichtung werden alle Buchungen des Grundbuchs auf den in den Buchungssätzen genannten Konten eingetragen. Ferner kann es in der Gesundheitseinrichtung Nebenbücher geben, die bestimmte Hauptbuchkonten erläutern, wie beispielsweise ein Anlagebuch, das das Anlagevermögen enthält, oder ein Kassenbuch, welches den Bestand an Zahlungsmitteln wiedergibt.

Für den Vorschriften der KHBV unterliegende Krankenhäuser ergeben sich die Aufwendungen beispielsweise nach den Kontenklassen 6 und 7 des vorgegebenen Kontenrahmens (siehe Tab. 2.1), es sei denn, dass durch ein ordnungsmäßiges Überleitungsverfahren die Umschlüsselung auf den Kontenrahmen sichergestellt wird (vgl. § 3 KHBV).

Beispiel

Ergänzt wird der Kontenrahmen durch Zuordnungsvorschriften. So sind beispielsweise dem Konto 6002 folgende Aufwendungen für Löhne und Gehälter des medizinisch-technischen Dienstes zuzuordnen: Vergütungen an Apothekenpersonal (Apotheker, pharmazeutisch-technische Assistentinnen, Apothekenhelferinnen, Laborantinnen, Dispensierschwestern), Arzthelfer, Audiometristen, Bio-Ingenieure, Chemiker, Chemotechniker, Cytologieassistenten, Diätassistenten, EEG-Assistenten, Gesundheitsingenieure, Kardiotechniker, Krankengymnasten, Krankenhausingenieure, Laboranten, Logopäden, Masseure, Masseure und medizinische Bademeister, Medizinphysiker, Medizinisch-technische Assistenten, Medizinisch-technische Gehilfen, Medizinisch-technische Laboratoriumsassistenten, Medizinisch-technische Radiologieassistenten, Orthoptisten, Personal für die medizinische Dokumentation, Physiker, Physikalisch-technische Assistenten, Psychagogen, Psychologen, Nichtärztliche Psychotherapeuten, Schreibkräfte im ärztliche und medizinisch-technischen Bereich, Sonstige Kräfte im medizinisch-technischen Bereich Sozialarbeiter, Tierpfleger und Sektionsgehilfen, Zahnärztliche Helferinnen sowie vergleichbares medizinisch-technisches Personal. Hingegen fallen Vergütungen für Krankenpflegepersonal für Operationsdienst, Krankenpflegepersonal für Anästhesie, Krankenpflegepersonal in der Ambulanz, Krankenpflegepersonal in Polikliniken, Krankenpflegepersonal im Bluttransfusionsdienst, Krankenpflegepersonal in der Funktionsdiagnostik, Krankenpflegepersonal in der Endoskopie, Kindergärtnerinnen (soweit zur Betreuung kranker Kinder eingesetzt), Krankentransportdienst, Beschäftigungstherapeuten (einschließlich Arbeitstherapeuten), Personal der Zentralsterilisation, Hebammen und Entbindungspfleger unter das Konto 6003. An fremde Hebammen und Entbindungspfleger gezahlte Honorare sind dem Konto 6617 zuzuordnen (vgl. Anlage 4 KHBV). ◄

Tab. 2.1 Kontenklassen für Aufwendungen nach dem Kontenrahmen der KHBV (vgl. Anlage 4 KHBV)

Kontenklasse	Bezeichnung
6	Aufwendungen
60	Löhne und Gehälter
6000	Ärztlicher Dienst
6001	Pflegedienst
6002	Medizinisch-technischer Dienst
6003	Funktionsdienst
6004	Klinisches Hauspersonal
6005	Wirtschafts- und Versorgungsdienst
6006	Technischer Dienst
6007	Verwaltungsdienst
6008	Sonderdienste
6010	Personal der Ausbildungsstätten
6011	Sonstiges Personal
6012	Nicht zurechenbare Personalkosten
61	Gesetzliche Sozialabgaben (Aufteilung wie 6000–6012)
62	Aufwendungen für Altersversorgung (Aufteilung wie 6000–6012)
63	Aufwendungen für Beihilfen und Unterstützungen (Aufteilung wie 6000–6012)
64	Sonstige Personalaufwendungen (Aufteilung wie 6000–6012)
65	Lebensmittel und bezogene Leistungen
650	Lebensmittel
651	Bezogene Leistungen
66	Medizinischer Bedarf
6600	Arzneimittel (außer Implantate und Dialysebedarf)
6601	Kosten der Lieferapotheke
6602	Blut, Blutkonserven und Blutplasma
6603	Verbandmittel, Heil- und Hilfsmittel
6604	Ärztliches und pflegerisches Verbrauchsmaterial, Instrumente
6606	Narkose- und sonstiger OP-Bedarf
6607	Bedarf für Röntgen- und Nuklearmedizin
6608	Laborbedarf
6609	Untersuchungen in fremden Instituten
6610	Bedarf für EKG, EEG, Sonographie
6611	Bedarf der physikalischen Therapie

(Fortsetzung)

Tab. 2.1 (Fortsetzung)

Kontenklasse	Bezeichnung
6612	Apothekenbedarf, Desinfektionsmaterial
6613	Implantate
6614	Transplantate
6615	Dialysebedarf
6616	Kosten für Krankentransporte (soweit nicht Durchlaufposten)
6617	Sonstiger medizinischer Bedarf
6618	Honorare für nicht im Krankenhaus angestellte Ärzte
67	Wasser, Energie, Brennstoffe
68	Wirtschaftsbedarf
680	Materialaufwendungen
681	Bezogene Leistungen
69	Verwaltungsbedarf
7	Aufwendungen
70	Aufwendungen für zentrale Dienstleistungen
700	Zentraler Verwaltungsdienst
701	Zentraler Gemeinschaftsdienst
71	Wiederbeschaffte Gebrauchsgüter (soweit Festwerte gebildet wurden)
72	Instandhaltung
720	Pflegesatzfähige Instandhaltung
7200	Instandhaltung im Sinne des § 17 Abs. 4b Satz 2 KHG, soweit nicht gefördert
7201	Instandhaltung Medizintechnik
7202	Instandhaltung Sonstiges
721	Nicht aktivierungsfähige, nach dem KHG geförderte Maßnahmen
73	Steuern, Abgaben, Versicherungen
730	Steuern
731	Sonstige Abgaben
732	Versicherungen
74	Zinsen und ähnliche Aufwendungen
740	Zinsen und ähnliche Aufwendungen für Betriebsmittelkredite
741	Zinsen und ähnliche Aufwendungen an verbundene Unternehmen
742	Zinsen und ähnliche Aufwendungen für sonstiges Fremdkapital
75	Auflösung von Ausgleichsposten und Zuführungen der Fördermittel nach dem KHG zu Sonderposten oder Verbindlichkeiten
750	Auflösung des Ausgleichspostens aus Darlehensförderung

(Fortsetzung)

Tab. 2.1 (Fortsetzung)

Kontenklasse	Bezeichnung
751	Auflösung des Ausgleichspostens für Eigenmittelförderung
752	Zuführungen der Fördermittel nach dem KHG zu Sonderposten oder Verbindlichkeiten
753	Zuführung zu Ausgleichsposten aus Darlehensförderung
754	Zuführung von Zuweisungen oder Zuschüssen der öffentlichen Hand zu Sonderposten oder Verbindlichkeiten (soweit nicht unter KUGr. 752)
755	Zuführung der Nutzungsentgelte aus anteiligen Abschreibungen medizinisch-technischer Großgeräte zu Verbindlichkeiten nach dem KHG
76	Abschreibungen
760	Abschreibungen auf immaterielle Vermögensgegenstände
761	Abschreibungen auf Sachanlagen
7610	Abschreibungen auf wiederbeschaffte Gebrauchsgüter
762	Abschreibungen auf Finanzanlagen und auf Wertpapiere des Umlaufvermögens
763	Abschreibungen auf Forderungen
764	Abschreibungen auf sonstige Vermögensgegenstände
765	Abschreibungen auf Vermögensgegenstände des Umlaufvermögens, soweit diese die im Krankenhaus üblichen Abschreibungen überschreiten
77	Aufwendungen für die Nutzung von Anlagegütern nach § 9 Abs. 2 Nr. 1 KHG
78	Sonstige Aufwendungen
781	Sachaufwand der Ausbildungsstätten
782	Sonstiges
7821	Aufwendungen aus Ausbildungsstätten-Umlage nach § 15 Abs. 3 BPflV
79	Übrige Aufwendungen
790	Aufwendungen aus Ausgleichsbeträgen für frühere Geschäftsjahre
791	Aufwendungen aus dem Abgang von Gegenständen des Anlagevermögens
792	(weggefallen)
793	Periodenfremde Aufwendungen
794	Spenden und ähnliche Aufwendungen

Für den Vorschriften der PBV unterliegende Pflegeeinrichtungen ergeben sich die Aufwendungen ebenfalls beispielsweise nach den Kontenklassen 6 und 7 des vorgegebenen Kontenrahmens (siehe Tab. 2.2). Auch hier gilt: Bei Verwendung eines abweichenden Kontenplanes hat die Pflegeeinrichtung durch ein ordnungsmäßiges Überleitungsverfahren die Umschlüsselung auf den Kontenrahmen nach PBV zu gewährleisten (vgl. § 3 PBV).

Tab. 2.2 Kontenklassen für Aufwendungen nach dem Kontenrahmen der PBV (vgl. Anlage 4 PBV)

Kontenklasse	Bezeichnung
6	Aufwendungen
60	Löhne und Gehälter
600	Leitung der Pflegeeinrichtung
601	Pflegedienst
602	Betreuungsdienst
603	Hauswirtschaftlicher Dienst
604	Verwaltungsdienst
605	Technischer Dienst
606	Sonstige Dienste
61	Gesetzliche Sozialabgaben (Aufteilung wie 600 bis 606)
62	Altersversorgung (Aufteilung wie 600 bis 606)
63	Beihilfen und Unterstützungen (Aufteilung wie 600 bis 606)
64	Sonstige Personalaufwendungen (Aufteilung wie 600 bis 606)
65	Lebensmittel
66	Aufwendungen für Zusatzleistungen
67	Wasser, Energie, Brennstoffe
68	Wirtschaftsbedarf/Verwaltungsbedarf
680	Materialaufwendungen
6800	Eigenfinanzierung
6801	Finanzierung nach Landesrecht
681	Bezogene Leistungen
682	Büromaterial
683	Telefon
684	Sonstiger Verwaltungsbedarf
685	Aufwendungen für zentrale Dienstleistungen
7	Weitere Aufwendungen
70	Aufwendungen für Verbrauchsgüter gemäß § 82 Abs. 2 Nr. 1, 2. Halbsatz SGB XI (soweit nicht in anderen Konten verbucht)
71	Steuern, Abgaben, Versicherungen
710	Steuern
711	Abgaben
712	Versicherungen
72	Zinsen und ähnliche Aufwendungen

(Fortsetzung)

Tab. 2.2 (Fortsetzung)

Kontenklasse	Bezeichnung
720	Zinsen für Betriebsmittelkredite
721	Zinsen für langfristige Darlehen
722	Sonstige Zinsen
723	Sonstige Aufwendungen
73	Sachaufwendungen für Hilfs- und Nebenbetriebe
74	Zuführung von Fördermitteln zu Sonderposten oder Verbindlichkeiten
740	Zuführung von öffentlichen Fördermitteln zu Sonderposten oder Verbindlichkeiten
741	Zuführung von nicht-öffentlichen Zuwendungen zu Sonderposten oder Verbindlichkeiten
75	Abschreibungen
750	Abschreibungen auf immaterielle Vermögensgegenstände
751	Abschreibungen auf Sachanlagen
752	Abschreibungen auf Finanzanlagen und Wertpapiere des Umlaufvermögens
753	Abschreibungen auf Forderungen
754	Abschreibungen auf sonstige Vermögensgegenstände
76	Mieten, Pacht, Leasing
77	Aufwendungen für Instandhaltung und Instandsetzung, sonstige Aufwendungen
771	Aufwendungen für Instandhaltung und Instandsetzung
772	Sonstige Aufwendungen

Wie bereits erwähnt, gelten auch für die Gesundheitseinrichtung die Grundsätze ordnungsgemäßer Buchführung (GoB), die eng mit den handelsrechtlichen Bewertungsgrundsätzen verknüpft sind, und nach denen beispielsweise keine Buchung der Aufwendungen ohne Beleg und sorgfältige Aufbewahrung der Buchungsunterlagen unter Einhaltung der vorgegebenen Fristen erfolgen darf.

Während das externe Rechnungswesen der Gesundheitseinrichtung an handels- und steuerrechtliche Auflagen geknüpft ist, kann das interne Rechnungswesen davon abweichende Bewertungsansätze oder Kosten berücksichtigen, wie bspw. kalkulatorische Kosten in Form eines Unternehmerlohns für den Praxisinhaber.

Im Bereich von **Arzt- und Zahnarztpraxen** ist die Einnahmenüberschussrechnung (EÜR) wie ebenfalls zuvor erwähnt eine Methode der Gewinnermittlung, die beispielsweise von Praxisinhabern, die nicht aufgrund gesetzlicher Vorschriften zu regelmäßigen Jahresabschlüssen in einer bestimmten Form verpflichtet sind, genutzt werden kann. Dabei ergibt sich als steuerpflichtiger Gewinn die Einnahmen der Praxis abzüglich der Betriebsausgaben, die tatsächlich in dem entsprechenden Wirtschaftsjahr angefallen sind (Zufluss- und Abflussprinzip).

Tab. 2.3 Beispielhafte Auszüge aus dem DATEV-Kontenrahmen SKR 03 (vgl. DATEV 2019, S. 26)

Kontenklasse	Bezeichnung
400.000–0009	Aufwendungen für Roh-, Hilfs- und Betriebsstoffe und für bezogene Waren
400.010	Medikamente Praxisverbrauch
400.020	Praxismaterialverbrauch
400.030	Labormaterialverbrauch
400.040	Röntgenmaterialverbrauch
400.100–9999	Aufwendungen für Roh-, Hilfs- und Betriebsstoffe und für bezogene Waren
410.000	Löhne und Gehälter
411.000	Löhne
412.000	Gehälter
412.005	Kosten für Praxisvertretung
412.010	Gehälter nicht ärztliches Personal
412.020	Gehälter ärztliches Personal ohne Vertretung (Assistent, AIP)
412.030	Lohnsteuer und Kirchensteuer
412.040	Gehälter angestellte Ärzte
412.050	Laborpersonal
412.060	Sonstiges Personal
412.070	Erstattung LFZG
…	…

Ein entsprechender Kontenrahmen für Ärzte ist der DATEV-Kontenrahmen SKR 03. Er sieht beispielsweise für die Erfassung der betrieblichen Aufwendungen die 4er Kontengruppe vor (siehe Tab. 2.3).

2.2 Bedeutung von GuV und Jahresabschluss für die Kostenermittlung

Wesentliche Informationen zur Kostenentwicklung eines abgelaufenen Geschäftsjahres einer Gesundheitseinrichtung lassen sich beispielsweise aus dem **Jahresabschluss** entnehmen. Die handels- und abgaberechtlichen Vorschriften sehen vor, über die Geschäftstätigkeit Buch zu führen, einen Jahresabschluss in Form einer Bilanz bzw. GuV aufzustellen, alle Vermögensgegenstände und Schulden in einem mengenmäßigen Verzeichnis aufzuführen und diese zu bewerten. So hat der Kaufmann hat zu Beginn seines Handelsgewerbes und für den Schluss eines jeden Geschäftsjahres einen das Verhältnis seines Vermögens und seiner Schulden darstellenden Abschluss (Eröffnungsbilanz, Bilanz) aufzustellen und er hat für den Schluss eines jeden Geschäftsjahres eine Gegenüberstellung der Aufwendungen und Erträge des Geschäftsjahres (Gewinn- und Verlust-rechnung) aufzustellen. Die Bilanz und die Gewinn- und Verlustrechnung (GuV) bilden den Jahresabschluss (vgl. § 242 HGB).

Für die Grundlage eines ordnungsgemäßen Jahresabschlusses sorgt ein genaues Bestandsverzeichnis aller Schulden, Forderungen und sonstigen Vermögensgegenstände nach Wert, Art und Menge einer Gesundheitseinrichtung. Krankenhäuser und Pflegeein-richtungen, die der KHBV bzw. PBV unterliegen, haben zum Ende eines Geschäftsjahres daher ein **Inventar** aufzustellen, das den Anforderungen des HGB entspricht (vgl. § 3 KHBV bzw. § 3 PBV). Bei der Aufstellung gelten unter anderem folgende Grundsätze:

- Die Dauer des Geschäftsjahres der Gesundheitseinrichtung darf zwölf Monate nicht überschreiten.
- Vermögensgegenstände des Sachanlagevermögens der Gesundheitseinrichtung sowie Roh-, Hilfs- und Betriebsstoffe können, wenn sie regelmäßig ersetzt werden und ihr Gesamtwert für das Unternehmen von nachrangiger Bedeutung ist, mit einer gleich-bleibenden Menge und einem gleichbleibenden Wert angesetzt werden, sofern ihr Bestand in seiner Größe, seinem Wert und seiner Zusammensetzung nur geringen Veränderungen unterliegt (jedoch ist in der Regel alle drei Jahre eine körperliche Bestandsaufnahme durchzuführen).
- Gleichartige Vermögensgegenstände des Vorratsvermögens der Gesundheitsein-richtung sowie andere gleichartige oder annähernd gleichwertige bewegliche Ver-mögensgegenstände und Schulden können jeweils zu einer Gruppe zusammengefasst und mit dem gewogenen Durchschnittswert angesetzt werden (vgl. § 240 HGB).

Das Inventar wird somit auf der Grundlage einer körperlichen Bestandsaufnahme aller Vermögensgegenstände, der Inventur, erstellt, bei der die Gegenstände des gesundheits-betrieblichen Anlage- und Umlaufvermögens stichtagsbezogen oder permanent durch Zählen, Messen oder Wiegen mengenmäßig erfasst werden. Dadurch wird beispielsweise der Blick auf die Vorräte gerichtet, die für die Ermittlung von Kapitalbindungskosten besonders bedeutsam sind. Dazu sind zunächst Gegenstände des Anlagevermögens von den Vorräten als Bestandteil des Umlaufvermögens für die Aufstellung des Inventars abzu-grenzen. Die Inventur von Vorräten in Krankenhäusern konzentriert sich mengenmäßig überwiegend auf die Roh-, Hilfs- und Betriebsstoffe, die oft dezentral in zahlreichen Hand- und Stationslagern untergebracht sind, was insbesondere von der Größe des Krankenhauses und dessen Outsourcinggrad von Dienstleistungen (Patientenverpflegung, Hygienearbeiten, Wäscherei, Medikamentenversorgung etc.) abhängt (siehe Tab. 2.4).

Betriebswirtschaftliche Analysen der Vorratsbestände auf der Grundlage der im Rahmen der Inventur gewonnen Erkenntnisse und des erstellten Inventars geben Hin-weise auf negative Entwicklungen und Veränderungen, die Auslöser beachtlicher Kostensteigerungen sein können. Der Vergleich mit Vorjahreswerten und die Höhe der Veränderung grenzen Fehlerquellen und Schwachstellen ein, wozu insbesondere nütz-

Tab. 2.4 Beispiel für die Verteilung von Krankenhausvorräten (vgl. Göb 2000, S. 141)

Lagerort	Anteil in %	Materialart	Anteil in %
Apotheke	53,2	Narkose / OP-Bedarf	30,5
OP	24,8	Medikamente	16,3
Wäschekammer	7,0	Ärztl. u. pflegerisches Verbrauchsmaterial	13,0
Küche	6,7	Verbandstoffe	5,2
Werkstätten	5,5	Blut/Blutersatzstoffe	5,0
Röntgen	1,4	Arbeitskleidung	4,3
Verwaltung	1,1	Reparaturmaterial/Ersatzteile	3,9
Physikal. Therapie	0,2	Lebensmittel/Getränke	3,2
Bettenzentrale	0,1	Wäsche	2,7
		Röntgenmaterial	1,9
		Einmaltextilien	1,7
		Geschirr	1,5
		Sonstige Materialarten	10,8

liche Auswertungen wie Aufstellungen der Vorratswerte nach Lagerorten, gestaffelt nach Wertesummen und nach Aufwandsarten beitragen (vgl. Göb, S. 154).

Selbst in kleinen Gesundheitseinrichtungen gibt es eine Vielzahl von Geschäftsvorgängen, die Aufwendungen oder auch Erträge darstellen und direkt auf das Eigenkapitalkonto gebucht werden könnten. Da dies unübersichtlich wäre, wird üblicherweise eine eigens eingerichtete **Gewinn- und Verlustrechnung** (GuV) dem Eigenkapitalkonto vorgeschaltet, aus der Aufwendungen bzw. Erträge saldiert auf das Eigenkapitalkonto gebucht werden. Die Erfolgskonten (Aufwand- und Ertragskonten) der Gesundheitseinrichtung gehen somit in die GuV ein. Sie ist als eine periodische Erfolgsrechnung Bestandteil des Jahresabschlusses, wird nach handelsrechtlichen Bestimmungen erstellt und stellt die Aufwendungen und Erträge eines Geschäftsjahres gegenüber. Die GuV hat im Wesentlichen nur eine Informationsfunktion und hat unter anderem die Aufgabe, die Aufwandsstruktur ersichtlich zu machen.

Für den Vorschriften der KHBV unterliegende Krankenhäuser ist die Struktur der GuV als Bestandteil des Jahresabschlusses vorgegeben (vgl. § 4 KHBV) und entsprechend gegliedert (siehe Tab. 2.5).

Für den Vorschriften der PBV unterliegende Pflegeeinrichtungen ist die Struktur der GuV als Bestandteil des Jahresabschlusses ebenfalls vorgegeben (vgl. § 4 PBV) und entsprechend gegliedert (siehe Tab. 2.6).

Bei den Ziffern 23 und 24 ist nur bei Pflegeeinrichtungen in der Rechtsform von Kapitalgesellschaften eine Ausweisung vorzunehmen, sofern Beteiligungen an verbundenen Unternehmen bzw. Erträge aus Finanzanlagen in verbundenen Unternehmen vorliegen.

Tab. 2.5 Gliederung der Gewinn- und Verlustrechnung eines Krankenhauses nach der KHBV (vgl. Anlage 2 KHBV)

Ziffer	Bezeichnung
1	Erlöse aus Krankenhausleistungen
2	Erlöse aus Wahlleistungen
3	Erlöse aus ambulanten Leistungen des Krankenhauses
4	Nutzungsentgelte der Ärzte
4a	Umsatzerlöse nach § 277 Absatz 1 des Handelsgesetzbuchs), soweit nicht in den Nummern 1 bis 4 enthalten
	Davon aus Ausgleichsbeträgen für frühere Geschäftsjahre
5	Erhöhung oder Verminderung des Bestandes an fertigen und unfertigen Erzeugnissen/ unfertigen Leistungen
6	Andere aktivierte Eigenleistungen
7	Zuweisungen und Zuschüsse der öffentlichen Hand, soweit nicht unter Nr. 11
8	Sonstige betriebliche Erträge
9	Personalaufwand
9a	Löhne und Gehälter
9b	Soziale Abgaben und Aufwendungen für Altersversorgung und für Unterstützung
	Davon für Altersversorgung
10	Materialaufwand
10a	Aufwendungen für Roh-, Hilfs- und Betriebsstoffe
10b	Aufwendungen für bezogene Leistungen
Zwischenergebnis	
11	Erträge aus Zuwendungen zur Finanzierung von Investitionen
	Davon Fördermittel nach dem KHG
12	Erträge aus der Einstellung von Ausgleichsposten aus Darlehensförderung und für Eigenmittelförderung
13	Erträge aus der Auflösung von Sonderposten/Verbindlichkeiten nach dem KHG und aufgrund sonstiger Zuwendungen zur Finanzierung des Anlagevermögens
14	Erträge aus der Auflösung des Ausgleichspostens für Darlehensförderung
15	Aufwendungen aus der Zuführung zu Sonderposten/Verbindlichkeiten nach dem KHG und aufgrund sonstiger Zuwendungen zur Finanzierung des Anlagevermögens
16	Aufwendungen aus der Zuführung zu Ausgleichsposten aus Darlehensförderung
17	Aufwendungen für die nach dem KHG geförderte Nutzung von Anlagegegenständen
18	Aufwendungen für nach dem KHG geförderte, nicht aktivierungsfähige Maßnahmen
19	Aufwendungen aus der Auflösung der Ausgleichsposten aus Darlehensförderung und für Eigenmittelförderung
20	Abschreibungen

(Fortsetzung)

Tab. 2.5 (Fortsetzung)

Ziffer	Bezeichnung
20a	Auf immaterielle Vermögensgegenstände des Anlagevermögens und Sachanlagen
20b	Auf Vermögensgegenstände des Umlaufvermögens, soweit diese die im Krankenhaus üblichen Abschreibungen überschreiten
21	Sonstige betriebliche Aufwendungen
	Davon aus Ausgleichsbeträgen für frühere Geschäftsjahre
Zwischenergebnis	
22	Erträge aus Beteiligungen
	Davon aus verbundenen Unternehmen (Ausweis dieses Postens nur bei Kapitalgesellschaften)
23	Erträge aus anderen Wertpapieren und aus Ausleihungen des Finanzanlagevermögens
	Davon aus verbundenen Unternehmen (Ausweis dieses Postens nur bei Kapitalgesellschaften)
24	Sonstige Zinsen und ähnliche Erträge
	Davon aus verbundenen Unternehmen (Ausweis dieses Postens nur bei Kapitalgesellschaften)
25	Abschreibungen auf Finanzanlagen und auf Wertpapiere des Umlaufvermögens
26	Zinsen und ähnliche Aufwendungen
	Davon für Betriebsmittelkredite
	Davon an verbundene Unternehmen (Ausweis dieses Postens nur bei Kapitalgesellschaften)
27	Steuern
	Davon vom Einkommen und vom Ertrag
28	Jahresüberschuss/Jahresfehlbetrag

Hinsichtlich der Aufwendungen gruppiert bei der Darstellung der GuV

- das Gesamtkostenverfahren die Aufwendungen nach Aufwandsarten, berücksichtigt alle Aufwendungen, die in der betrachteten Rechnungsperiode bei der betrieblichen Leistungserstellung entstanden sind, und stellt ihnen alle erzielten Erträge gegenüber;
- das Umsatzkostenverfahren die Aufwendungen nach Funktionsbereichen und stellt die Umsatzerlöse einer Periode nur denjenigen Aufwendungen gegenüber, die für die tatsächlich verkauften Leistungen der Gesundheitseinrichtung angefallen sind (vgl. Heesen 2019, S. 9).

Aus der **Bilanz** einer Gesundheitseinrichtung lassen sich Informationen zur Mittelverwendung und Mittelherkunft bzw. zu Vermögen (Aktiva)/Eigenkapital und Schulden (Passiva) entnehmen. Für ihre Aufstellung gelten Grundsätze, wie bespielweise

Tab. 2.6 Gliederung der Gewinn- und Verlustrechnung einer Pflegeeinrichtung nach der PBV (vgl. Anlage 2 PBV)

Ziffer	Bezeichnung
1	Erträge aus ambulanter, teilstationärer und vollstationärer Pflege sowie aus Kurzzeitpflege
2	Erträge aus Unterkunft und Verpflegung
3	Erträge aus Zusatzleistungen und Transportleistungen
4	Erträge aus gesonderter Berechnung von Investitionskosten gegenüber Pflegebedürftigen
4a	Umsatzerlöse nach § 277 Absatz 1 des, soweit nicht in den Nummern 1 bis 4 enthalten
5	Zuweisungen und Zuschüsse zu Betriebskosten
6	Erhöhung oder Verminderung des Bestandes an fertigen/unfertigen Erzeugnissen und Leistungen
7	Andere aktivierte Eigenleistungen
8	Sonstige betriebliche Erträge
9	Personalaufwand
9a	Löhne und Gehälter
9b	Sozialabgaben, Altersversorgung und sonstige Aufwendungen
10	Materialaufwand
10a	Lebensmittel
10b	Aufwendungen für Zusatzleistungen
10c	Wasser, Energie, Brennstoffe
10d	Wirtschaftsbedarf/Verwaltungsbedarf
11	Aufwendungen für zentrale Dienstleistungen
12	Steuern, Abgaben, Versicherungen
13	Sachaufwendungen für Hilfs- und Nebenbetriebe
14	Mieten, Pacht, Leasing
Zwischenergebnis	
15	Erträge aus öffentlicher und nicht-öffentlicher Förderung von Investitionen
16	Erträge aus der Auflösung von Sonderposten
17	Erträge aus der Erstattung von Ausgleichsposten aus Darlehns- und Eigenmittelförderung
18	Aufwendungen aus der Zuführung zu Sonderposten/Verbindlichkeiten
19	Aufwendungen aus der Zuführung zu Ausgleichsposten aus Darlehensförderung
20	Abschreibungen
20a	Abschreibungen auf immaterielle Vermögensgegenstände und Sachanlagen
20b	Abschreibungen auf Forderungen und sonstige Vermögensgegenstände

(Fortsetzung)

Tab. 2.6   (Fortsetzung)

Ziffer	Bezeichnung
21	Aufwendungen für Instandhaltung und Instandsetzung
22	Sonstige betriebliche Aufwendungen
Zwischenergebnis	
23	Erträge aus Beteiligungen
24	Erträge aus Finanzanlagen
25	Zinsen und ähnliche Erträge
26	Abschreibungen auf Finanzanlagen und Wertpapiere des Umlaufvermögens
27	Zinsen und ähnliche Aufwendungen
28	(weggefallen)
29	Jahresüberschuss/Jahresfehlbetrag

niedrigste Wertansätze bei Vermögenswerten (Niederstwertprinzip) und höchste Wertansätze bei Verbindlichkeiten (Höchstwertprinzip) zu verwenden oder im Rahmen des Vollständigkeitsgebots sämtliche Vermögensgegenstände, Schulden und Rechnungsabgrenzungsposten zu bilanzieren, was zu einer möglichst genauen, vollständigen Abbildung der tatsächlichen wirtschaftlichen Entwicklung beitragen soll. Auch Bilanzierungsverbote, wie z. B. Aufwendungen für die Gründung und Beschaffung von Eigenkapital sowie für nicht entgeltlich erworbene immaterielle Vermögenswerte des Anlagevermögens nicht bilanzieren zu dürfen, tragen zu einem differenzierten Blick auf die Kostensituation bei.

Den Vermögensteilen und Verbindlichkeiten einer Gesundheitseinrichtung sind zum Zeitpunkt der Bilanzerstellung Werte zuzuordnen. Als Werte ansetzbar sind beispielsweise der Anschaffungspreis von Behandlungseinrichtungen zuzüglich Nebenkosten (Anschaffungskosten) oder alle Ausgaben, die zur Erstellung der Behandlungs- oder Pflegeleistungen entstanden sind (Herstellkosten). Die leistungsabhängig oder zeitbezogen auftretenden Wertminderungen von Behandlungseinrichtungen werden mit Hilfe von Abschreibungen erfasst, die die Anschaffungskosten und Herstellungskosten auf eine bestimmte Zeitdauer verteilen oder den nicht planmäßig eintretenden Wertminderungen Rechnung tragen. Die buchhalterischen Abschreibungen mindern den Jahresüberschuss der Gesundheitseinrichtung, die steuerlichen Abschreibungen (Absetzung für Abnutzung, AfA) die Steuerbemessungsgrundlage. Sonderabschreibungen haben die Funktion, ungeplante Wertminderungen zu erfassen oder anders begründete Abwertungen buchtechnisch durchzuführen.

Für den Vorschriften der KHBV unterliegende Krankenhäuser ist die Struktur der Bilanz als Bestandteil des Jahresabschlusses vorgegeben (vgl. § 4 KHBV) und entsprechend gegliedert (siehe Tab. 2.7).

Tab. 2.7 Bilanzgliederung eines Krankenhauses nach der KHBV (vgl. Anlage 1 KHBV)

AKTIVSEITE	
A	Anlagevermögen:
I	Immaterielle Vermögensgegenstände:
1	Selbst geschaffene gewerbliche Schutzrechte und ähnliche Rechte und Werte
2	Entgeltlich erworbene Konzessionen, gewerbliche Schutzrechte und ähnliche Rechte und Werte sowie Lizenzen an solchen Rechten und Werten
3	Geschäfts- oder Firmenwert
4	Geleistete Anzahlungen
II	Sachanlagen:
1	Grundstücke und grundstücksgleiche Rechte mit Betriebsbauten einschließlich der Betriebsbauten auf fremden Grundstücken
2	Grundstücke und grundstücksgleiche Rechte mit Wohnbauten einschließlich der Wohnbauten auf fremden Grundstücken, soweit nicht unter 1
3	Grundstücke und grundstücksgleiche Rechte ohne Bauten
4	Technische Anlagen
5	Einrichtungen und Ausstattungen
6	Geleistete Anzahlungen und Anlagen im Bau
III	Finanzanlagen:
1	Anteile an verbundenen Unternehmen (Ausweis dieses Postens nur bei Kapitalgesellschaften)
2	Ausleihungen an verbundene Unternehmen (Ausweis dieses Postens nur bei Kapitalgesellschaften)
3	Beteiligungen
4	Ausleihungen an Unternehmen, mit denen ein Beteiligungsverhältnis besteht
5	Wertpapiere des Anlagevermögens
6	Sonstige Finanzanlagen,
	Davon bei Gesellschaftern bzw. dem Krankenhausträger
B	Umlaufvermögen:
I	Vorräte:
1	Roh-, Hilfs- und Betriebsstoffe
2	Unfertige Erzeugnisse, unfertige Leistungen
3	Fertige Erzeugnisse und Waren
4	Geleistete Anzahlungen
II	Forderungen und sonstige Vermögensgegenstände:

(Fortsetzung)

Tab. 2.7   (Fortsetzung)

1	Forderungen aus Lieferungen und Leistungen, davon mit einer Restlaufzeit von mehr als einem Jahr
2	Forderungen an Gesellschafter bzw. den Krankenhausträger,
	Davon mit einer Restlaufzeit von mehr als einem Jahr
3	Forderungen nach dem Krankenhausfinanzierungsrecht,
	Davon nach der BPflV,
	Davon mit einer Restlaufzeit von mehr als einem Jahr
4	Forderungen gegen verbundene Unternehmen (Ausweis dieses Postens nur bei Kapitalgesellschaften),
	Davon mit einer Restlaufzeit von mehr als einem Jahr
5	Forderungen gegen Unternehmen, mit denen ein Beteiligungsverhältnis besteht (Ausweis diese Postens nur bei Kapitalgesellschaften),
	Davon mit einer Restlaufzeit von mehr als einem Jahr
6	Eingefordertes, noch nicht eingezahltes Kapital (Ausweis diese Postens nur bei Kapitalgesellschaften)
7	Sonstige Vermögensgegenstände,
	Davon mit einer Restlaufzeit von mehr als einem Jahr
III	Wertpapiere des Umlaufvermögens,
	Davon Anteile an verbundenen Unternehmen (Ausweis dieses Postens nur bei Kapitalgesellschaften)
IV	Schecks, Kassenbestand, Bundesbank- und Postgiroguthaben, Guthaben bei Kreditinstituten
C	Ausgleichsposten nach dem KHG:
1	Ausgleichsposten aus Darlehensförderung
2	Ausgleichsposten für Eigenmittelförderung
D	Rechnungsabgrenzungsposten:
1	Disagio
2	Andere Abgrenzungsposten
E	Aktive latente Steuern (Ausweis dieses Postens nur bei Kapitalgesellschaften)
F	Aktiver Unterschiedsbetrag aus der Vermögensverrechnung
G	Nicht durch Eigenkapital gedeckter Fehlbetrag
PASSIVSEITE	
A	Eigenkapital:
1	Eingefordertes Kapital
	Gezeichnetes Kapital
	Abzüglich nicht eingeforderter ausstehender Einlagen

(Fortsetzung)

Tab. 2.7   (Fortsetzung)

2	Kapitalrücklagen
3	Gewinnrücklagen
4	Gewinnvortrag/Verlustvortrag
5	Jahresüberschuss / Jahresfehlbetrag
B	Sonderposten aus Zuwendungen zur Finanzierung des Sachanlagevermögens:
1	Sonderposten aus Fördermitteln nach dem KHG
2	Sonderposten aus Zuweisungen und Zuschüssen der öffentlichen Hand
3	Sonderposten aus Zuwendungen Dritter
C	Rückstellungen:
1	Rückstellungen für Pensionen und ähnliche Verpflichtungen
2	Steuerrückstellungen
3	Sonstige Rückstellungen
D	Verbindlichkeiten:
1	Verbindlichkeiten gegenüber Kreditinstituten,
	Davon gefördert nach dem KHG,
	Davon mit einer Restlaufzeit bis zu einem Jahr
2	Erhaltene Anzahlungen,
	Davon mit einer Restlaufzeit bis zu einem Jahr
3	Verbindlichkeiten aus Lieferungen und Leistungen,
	Davon mit einer Restlaufzeit bis zu einem Jahr
4	Verbindlichkeiten aus der Annahme gezogener Wechsel und der Ausstellung eigener Wechsel,
5	Davon mit einer Restlaufzeit bis zu einem Jahr
	Verbindlichkeiten gegenüber Gesellschaftern bzw. dem Krankenhausträger,
	Davon mit einer Restlaufzeit bis zu einem Jahr
6	Verbindlichkeiten nach dem Krankenhausfinanzierungsrecht,
	Davon nach der BPflV,
	Davon mit einer Restlaufzeit bis zu einem Jahr
7	Verbindlichkeiten aus sonstigen Zuwendungen zur Finanzierung des Anlagevermögens,
	Davon mit einer Restlaufzeit bis zu einem Jahr
8	Verbindlichkeiten gegenüber verbundenen Unternehmen (Ausweis dieses Postens nur bei Kapitalgesellschaften),
	Davon mit einer Restlaufzeit bis zu einem Jahr

(Fortsetzung)

Tab. 2.7 (Fortsetzung)

9	Verbindlichkeiten gegenüber Unternehmen, mit denen ein Beteiligungsverhältnis besteht (Ausweis dieses Postens nur bei Kapitalgesellschaften),
	Davon mit einer Restlaufzeit bis zu einem Jahr
10	Sonstige Verbindlichkeiten,
	Davon mit einer Restlaufzeit bis zu einem Jahr
E	Ausgleichsposten aus Darlehensförderung
F	Rechnungsabgrenzungsposten
G	Passive latente Steuern (Ausweis dieses Postens nur bei Kapitalgesellschaften)

Beispiel

Aufgrund von Sonderregelungen, die aus der Verpflichtung zur erfolgsneutralen Buchung öffentlicher Zuschüsse hervorgehen, führt die KHBV beispielsweise zu Unterschieden im Jahresabschluss zwischen Krankenhäusern und üblichen Industrie- oder Handelsunternehmen, die auf der Passivseite direkt unterhalb des Eigenkapitals zu finden sind: Sonderposten aus Zuwendungen zur Finanzierung des Sachanlagevermögens, Verbindlichkeiten nach dem Krankenhausfinanzierungsrecht oder Ausgleichsposten aus Darlehensförderung (vgl. Heesen 2019, S. 3). ◄

Für den Vorschriften der PBV unterliegende Pflegeeinrichtungen ist die Struktur der Bilanz als Bestandteil des Jahresabschlusses vorgegeben (vgl. § 4 PBV) und entsprechend gegliedert (siehe Tab. 2.8).

Die **Bilanzanalyse** bietet die Möglichkeit, sich ein Bild über die wirtschaftliche Situation einer Gesundheitseinrichtung und auch insbesondere über die Mittelverwendung und damit die Kostenseite zu machen. Sie gibt gerade durch den Vergleich über mehrere Jahre wichtige Erkenntnisse über längerfristige Entwicklungen oder auch durch den Vergleich mit anderen Häusern beispielsweise im Rahmen eines Kostenbenchmarkings (siehe Kap. 6) einen Eindruck von der eigenen Wettbewerbsfähigkeit. Allerdings ist ihre Prognosefähigkeit in Bezug auf zukünftige Entwicklungen begrenzt, da das in ihr aufgeführte Zahlenmaterial vergangenheits- und stichtagsbezogen ist. Sie ersetzt somit nicht z. B. monatliche Kennzahlen aus der Kostenrechnung, dem Controlling, Planungsrechnungen, Kalkulationen oder weitere Analysen (vgl. Schmola 2019, S. 4).

Tab. 2.8   Bilanzgliederung einer Pflegeeinrichtung nach der PBV (vgl. Anlage 1 PBV)

AKTIVSEITE	
A	Anlagevermögen:
I	Immaterielle Vermögensgegenstände:
1	Selbst geschaffene gewerbliche Schutzrechte und ähnliche Rechte und Werte
2	Entgeltlich erworbene Konzessionen, gewerbliche Schutzrechte und ähnliche Rechte und Werte sowie Lizenzen an solchen Rechten und Werten
3	Geschäfts- oder Firmenwert
4	Geleistete Anzahlungen
II	Sachanlagen:
1	Grundstücke und grundstücksgleiche Rechte mit Betriebsbauten einschließlich der Betriebsbauten auf fremden Grundstücken
2	Grundstücke und grundstücksgleiche Rechte mit Wohnbauten einschließlich der Wohnbauten auf fremden Grundstücken, soweit nicht unter 1
3	Grundstücke und grundstücksgleiche Rechte ohne Bauten
4	Technische Anlagen
5	Einrichtungen und Ausstattungen ohne Fahrzeuge
6	Fahrzeuge
7	Geleistete Anzahlungen und Anlagen im Bau
III	Finanzanlagen:
1	Anteile an verbundenen Unternehmen (Ausweis dieses Postens nur bei Kapitalgesellschaften)
2	Ausleihungen an verbundene Unternehmen (Ausweis dieses Postens nur bei Kapitalgesellschaften)
3	Beteiligungen
4	Ausleihungen an Unternehmen, mit denen ein Beteiligungsverhältnis besteht (Ausweis dieses Postens nur bei Kapitalgesellschaften)
5	Wertpapiere des Anlagevermögens
6	Sonstige Finanzanlagen
B	Umlaufvermögen:
I	Vorräte
1	Roh-, Hilfs- und Betriebsstoffe
2	Geleistete Anzahlungen
II	Forderungen und sonstige Vermögensgegenstände
1	Forderungen aus Lieferungen und Leistungen,
	Davon mit einer Restlaufzeit von mehr als einem Jahr
2	Forderungen an Gesellschafter oder Träger der Einrichtung,
	Davon mit einer Restlaufzeit von mehr als einem Jahr

(Fortsetzung)

Tab. 2.8   (Fortsetzung)

3	Forderungen gegen verbundene Unternehmen (Ausweis dieses Postens nur bei Kapital-gesellschaften),
	Davon mit einer Restlaufzeit von mehr als einem Jahr
4	Forderungen gegen Unternehmen, mit denen ein Beteiligungsverhältnis besteht (Aus-weis dieses Postens nur bei Kapitalgesellschaften),
	Davon mit einer Restlaufzeit von mehr als einem Jahr
5	Forderungen aus öffentlicher Förderung,
	Davon mit einer Restlaufzeit von mehr als einem Jahr
6	Forderungen aus nicht-öffentlicher Förderung,
	Davon mit einer Restlaufzeit von mehr als einem Jahr
7	Eingefordertes, noch nicht eingezahltes Kapital (Ausweis dieses Postens nur bei Kapitalgesellschaften)
8	Sonstige Vermögensgegenstände
	Davon mit einer Restlaufzeit von mehr als einem Jahr
III	Wertpapiere des Umlaufvermögens,
	Davon Anteile an verbundenen Unternehmen
IV	Kassenbestand, Guthaben bei Kreditinstituten und Schecks
C	Ausgleichsposten:
1	Ausgleichsposten aus Darlehensförderung
2	Ausgleichsposten für Eigenmittelförderung
D	Rechnungsabgrenzungsposten
E	Aktive latente Steuern
F	Aktiver Unterschiedsbetrag aus der Vermögensverrechnung
G	Nicht durch Eigenkapital gedeckter Fehlbetrag
PASSIVSEITE	
A	Eigenkapital:
1	Eingefordertes Kapital
	Gezeichnetes Kapital
	Abzüglich nicht eingeforderter ausstehender Einlagen
2	Kapitalrücklagen
3	Gewinnrücklagen
4	Gewinnvortrag/Verlustvortrag
5	Jahresüberschuss/Jahresfehlbetrag
B	Sonderposten aus Zuschüssen und Zuweisungen zur Finanzierung des Sachanlagever-mögens:

(Fortsetzung)

Tab. 2.8 (Fortsetzung)

1	Sonderposten aus öffentlichen Fördermitteln für Investitionen
2	Sonderposten aus nicht-öffentlicher Förderung für Investitionen
C	Rückstellungen
D	Verbindlichkeiten:
1	Verbindlichkeiten aus Lieferungen und Leistungen,
	Davon mit einer Restlaufzeit bis zu einem Jahr
2	Verbindlichkeiten gegenüber Kreditinstituten,
	Davon mit einer Restlaufzeit bis zu einem Jahr
3	Erhaltene Anzahlungen,
	Davon mit einer Restlaufzeit bis zu einem Jahr
4	Verbindlichkeiten gegenüber Gesellschaftern oder dem Träger der Einrichtung,
	Davon mit einer Restlaufzeit bis zu einem Jahr
5	Verbindlichkeiten gegenüber verbundenen Unternehmen (Ausweis dieses Postens nur bei Kapitalgesellschaften),
	Davon mit einer Restlaufzeit bis zu einem Jahr
6	Verbindlichkeiten gegenüber Unternehmen, mit denen ein Beteiligungsverhältnis besteht,
	Davon mit einer Restlaufzeit bis zu einem Jahr
7	Verbindlichkeiten aus öffentlichen Fördermitteln für Investitionen,
	Davon mit einer Restlaufzeit bis zu einem Jahr
8	Verbindlichkeiten aus nicht-öffentlicher Förderung für Investitionen,
	Davon mit einer Restlaufzeit bis zu einem Jahr
9	Sonstige Verbindlichkeiten,
	Davon mit einer Restlaufzeit bis zu einem Jahr,
	Davon im Rahmen der sozialen Sicherheit
10	Verwahrgeldkonto
E	Ausgleichsposten aus Darlehensförderung
F	Rechnungsabgrenzungsposten
G	Passive latente Steuern (Ausweis dieses Postens nur bei Kapitalgesellschaften)
	Eventualverbindlichkeiten aus Ansprüchen auf Erstattung von Fördermitteln

Literatur

DATEV. (Hrsg.) (2019). DATEV-Kontenrahmen SKR 03 nach dem Bilanzrichtlinie-Umsetzungs-gesetz. Branchenpaket für Ärzte (SKR 03). Gültig für 2020. https://www.datev.de/web/de/datev-shop/material/kontenrahmen-datev-skr-03/. Zugegriffen: 21. Dez. 2019.

Göb, R. (2000). Inventur und Inventar der Vorräte im Krankenhaus. In Kommunaler Prüfungsver-band Bayern (Hrsg.), *Geschäftsbericht 2000* (S. 137–158). München: Kommunaler Prüfungs-verband Bayern.

Handelsgesetzbuch (HGB) in der im Bundesgesetzblatt Teil III, Gliederungsnummer 4100–1, ver-öffentlichten bereinigten Fassung, zuletzt durch Artikel 8 Absatz 4 des Gesetzes vom 8. Juli 2019 (BGBl. I S. 1002) geändert.

Heesen, B. (2019). *Basiswissen Bilanzanalyse im Krankenhaus*. Wiesbaden: Springer Gabler/Springer Fachmedien.

Krankenhaus-Buchführungsverordnung (KHBV) in der Fassung der Bekanntmachung vom 24. März 1987 (BGBl. I S. 1045), zuletzt durch Artikel 2 der Verordnung vom 21. Dezember 2016 (BGBl. I S. 3076) geändert.

Pflege-Buchführungsverordnung (PBV) vom 22. November 1995 (BGBl. I S. 1528), zuletzt durch Artikel 1 der Verordnung vom 21. Dezember 2016 (BGBl. I S. 3076) geändert.

Schmola, G. (2019). *Jahresabschluss, Kostenrechnung und Finanzierung im Krankenhaus -Grund-lagen und Zusammenhänge verstehen*. Wiesbaden: Springer Gabler/Springer Fachmedien.

Durchführung der Kostenrechnung: Welche Systematik ist anzuwenden?

3

3.1 Anwendung allgemeiner Kostenrechnungssysteme

Die betriebliche **Kosten- und Leistungsrechnung** (KLR) ist Bestandteil des internen Rechnungswesens einer Gesundheitseinrichtung, dient unter anderem der Informationsbereitstellung für die kurzfristige Planung der Kosten, deren Kontrolle anhand von Ist-Daten und zur Erfassung bzw. Planung der Erlössituation. Sie erhält die Kostendaten, die nach bestimmten Kriterien der Kostenentstehung und –aufteilung aufbereitet und abgegrenzt werden müssen, überwiegend aus der Buchhaltung. Dies geschieht üblicherweise in drei Stufen, nach den Kostenarten, den Kostenstellen und den Kostenträgern. Entsprechend bezeichnet man diese Stufen auch als Kostenarten-, Kostenstellen- und Kostenträgerrechnung (siehe Abb. 3.1):

- *Kostenartenrechnung:* Plant, erfasst, gliedert und kontrolliert alle für die Erstellung und Verwertung gesundheitsbetrieblicher Leistungen innerhalb einer bestimmten Periode anfallenden Kosten.
- *Kostenstellenrechnung:* Plant, erfasst und kontrolliert die Kosten am Ort ihres Entstehens.
- *Kostenträgerrechnung:* Klärt, für welche Leistungen der Gesundheitseinrichtung die Kosten entstanden sind (vgl. Macha 2011, S. 14).

Das nach diesen Stufen aufbereitete Zahlenmaterial wird anschließend in ein **Kostenrechnungssystem** übernommen. Man unterscheidet dabei

- nach dem Sachumfang (Voll- und Teilkostenrechnung), ob alle oder nur ein Teil der Kosten verrechnet werden, und

A. Frodl, *Kostensteuerung für Gesundheitseinrichtungen,* https://doi.org/10.1007/978-3-658-32539-8_3

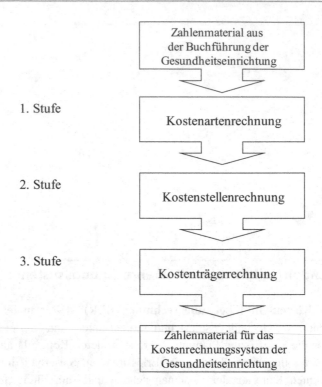

Abb. 3.1 Kostenrechnungsstufen in der Gesundheitseinrichtung

- nach dem Zeitbezug (Ist-, Normal- oder Plankostenrechnung), ob tatsächlich bzw. durchschnittlich in der Vergangenheit angefallene oder für die Zukunft prognostizierte Kosten verrechnet werden (vgl. Barth und Ernst 2018, S. 26 ff.).

Bei einer **Vollkostenrechnung** werden sämtliche Kosten berücksichtigt und über die Kostenartenrechnung auf die Kostenstellen und –träger als jeweilige Bezugsgrößen verteilt. Dies hat den Vorteil, dass bspw. falsche Investitionsentscheidungen aufgrund fehlender oder unberücksichtigter Kosteninformationen vermieden werden können.

Bei der **Teilkostenrechnung** werden nur die für den jeweiligen Zweck der Kostenrechnung relevanten Kosten berücksichtigt. Dabei wird nur einen Teil der insgesamt angefallenen Kosten auf den Kostenträger verrechnet (bspw. variable Kosten, Einzelkosten). Im Vergleich zur Vollkostenrechnung wird dadurch die Verrechnung von bestimmten Kostenarten (bspw. fixe Kosten, Gemeinkosten) vermieden.

Eine spezielle Form der Teilkostenrechnung ist die **Deckungsbeitragsrechnung,** bei der die Erlöse des Kostenträgers mit einbezogen werden. Die Differenz zwischen den zurechenbaren Erlösen und Kosten des Kostenträgers bilden den Deckungsbeitrag.

Die Deckungsbeiträge müssen so groß sein, dass die nicht zugerechneten Kosten gedeckt werden, damit die Gesundheitseinrichtung keinen Verlust erleidet (siehe auch Abschn. 3.3).

Je nach Entscheidungssituation und Zeithorizont eignen sich für kurz- bis mittelfristige Entscheidungen insbesondere die Deckungsbeitrags- und Vollkostenrechnung. Für langfristige Entscheidungen wird in der Regel eine Investitionsrechnung durchgeführt, die allerdings nicht zu den Kostenrechnungsverfahren im engeren Sinne zählt.

Je nachdem, ob die Kostenrechnung zukunfts- oder vergangenheitsorientiert angewendet werden soll, lässt sich zwischen einer Plankosten- und einer Istkostenrechnung unterscheiden.

Die **Plankostenrechnung** ist ein zukunftsbezogenes Kostenrechnungsverfahren, das sich insbesondere zur Lösung von Planungs- und Kontrollaufgaben (bspw. Soll-Ist-Vergleiche) eignet. Die darin eingehenden Kostendaten werden geschätzt oder berechnet. Die klassische Plankostenrechnung stellt eine Vollkostenrechnung dar und lässt sich in die starre und flexible Plankostenrechnung einteilen:

- Bei der starren Plankostenrechnung werden die Kosten nicht auf die tatsächliche Beschäftigung umgerechnet. Da aber manche Kosten in einer Gesundheitseinrichtung beispielsweise vom Patientenaufkommen abhängen, ist ihre Aussagefähigkeit eher gering und auch keine wirksame Kostenkontrolle möglich.
- Bei der flexiblen Plankostenrechnung werden die tatsächlichen Verhältnisse berücksichtigt, indem beispielsweise Beschäftigungsabweichungen und Verbrauchsabweichungen ermittelt werden, wodurch eine wirksame Kostenkontrolle ermöglicht wird.

Die **Grenzplankostenrechnung** ist eine Weiterentwicklung der Plankostenrechnung unter Berücksichtigung von Teilkosten. Sie verwendet das Verursacherprinzip, um die Grenzkosten auf die Kostenträger umzurechnen. Die Grenzkosten sind in einer Gesundheitseinrichtung die Kosten, die aufgrund der Durchführung eines zusätzlichen Behandlungsfalles bzw. Pflegemaßnahme entstehen.

Die **Istkostenrechnung** ist demgegenüber vergangenheitsorientiert. Sie gibt Aufschluss darüber, welche Kostenarten in welcher Höhe in einer abgeschlossenen Periode angefallen sind und unterliegt dabei auch der Gefahr zufälliger Schwankungen. Dadurch liefert sie Informationen über die im Rahmen des externen Rechnungswesens gesetzlich nachzuweisenden tatsächlichen Aufwendungen und ermöglicht Soll-Ist-Vergleiche zur Wahrnehmung der Kontroll- und Steuerungsfunktion der Gesundheitseinrichtung. Sie kann auf Voll- oder Teilkostenbasis erfolgen.

Zwar kommt kein Kostenrechnungssystem ohne Istkostenrechnung aus. Alleine liefert sie jedoch keine ausreichenden Informationen für zukünftige Kalkulationen oder Planungen des Ergebnisses der Gesundheitseinrichtung.

Beispiel

Mit der Einführung des German Diagnosis Related Groups Systems (G-DRG) wurde eine Methodik zur Kalkulation von Behandlungskosten entwickelt. Sie bildet die Basis für das Kalkulationshandbuch, das seit dem Jahr 2002 die methodische Grundlage für die Ermittlung der Behandlungskosten in den Kalkulationskrankenhäusern darstellt. Seit Herausgabe wurden an zahlreichen Stellen im Kalkulationshandbuch über die jährlich vom Institut für das Entgeltsystem im Krankenhaus (InEK) herausgegebenen „Ergänzungen und Anpassungen zum Kalkulationshandbuch" Erläuterungen und Verbesserungen integriert: „Die Kostenzurechnung auf den Kostenträger „Behandlungsfall" folgt einem Vollkostenansatz auf Istkostenbasis. Dabei werden alle Behandlungsfälle, Leistungen und Kosten des Krankenhauses einbezogen, die nach den geltenden rechtlichen Bestimmungen unter den Vergütungsrahmen des G-DRG-Systems fallen." (vgl. Deutsche Krankenhausgesellschaft 2016, S. 2). ◄

Die Nachteile der Istkostenrechnung, wie Vergangenheitsorientierung oder Zufallsschwankungen, versucht die **Normalkostenrechnung** auszugleichen, indem sie durchschnittliche Istkosten mehrerer vergangener Perioden berücksichtigt, wobei erwartete Kostenveränderungen in die Kostenrechnung einfließen können. Sie lässt sich ebenfalls auf Vollkosten- oder Teilkostenbasis durchführen.

Die der Regelungen der KHBV unterliegenden Krankenhäuser haben eine Kosten- und Leistungsrechnung zu führen, die eine betriebsinterne Steuerung sowie eine Beurteilung der Wirtschaftlichkeit und Leistungsfähigkeit erlaubt. Dazu gehören folgende Mindestanforderungen:

- Das Krankenhaus hat die aufgrund seiner Aufgaben und Struktur erforderlichen Kostenstellen zu bilden. Es sollen, sofern hierfür Kosten und Leistungen anfallen, mindestens die Kostenstellen gebildet werden, die sich aus dem Kostenstellenrahmen der KHBV ergeben. Bei abweichender Gliederung dieser Kostenstellen soll durch ein ordnungsmäßiges Überleitungsverfahren die Umschlüsselung auf den Kostenstellenrahmen sichergestellt werden.
- Die Kosten sind aus der Buchführung nachprüfbar herzuleiten.
- Die Kosten und Leistungen sind verursachungsgerecht nach Kostenstellen zu erfassen; sie sind darüber hinaus den anfordernden Kostenstellen zuzuordnen, soweit dies für die genannten Zwecke erforderlich ist (vgl. § 8 KHBV).

Entsprechende Regelungen gelten für den Vorgaben der PBV unterliegende Pflegeeinrichtungen: Sie haben eine Kosten- und Leistungsrechnung zu führen, die eine betriebsinterne Steuerung sowie eine Beurteilung der Wirtschaftlichkeit und Leistungsfähigkeit ermöglicht. Die Kosten- und Leistungsrechnung muss die Ermittlung und Abgrenzung der Kosten der jeweiligen Betriebszweige sowie die Erstellung der Leistungsnachweise nach den Vorschriften des Sozialgesetzbuchs ermöglichen. Dazu gehören folgende Mindestanforderungen:

- Die Pflegeeinrichtungen haben die aufgrund ihrer Aufgaben und Strukturen erforderlichen Kostenstellen zu bilden, wobei ein Kostenstellenrahmen nach PBV angewendet werden kann.
- Die Kosten sind aus der Buchführung nachprüfbar herzuleiten.
- Die Kosten und Leistungen sind verursachungsgerecht nach Kostenstellen zu erfassen; sie sind darüber hinaus den anfordernden Kostenstellen zuzuordnen, soweit dies für die genannten Zwecke erforderlich ist.
- Die Kosten und Leistungen sind verursachungsgerecht den Kostenträgern zuzuordnen, wobei die Kostenträgerübersicht nach der PBV angewendet werden kann.
- Soweit ein Träger mehrere Pflegeeinrichtungen betreibt, die keine Vollkaufleute im Sinne des HGB sind, oder bei gemischten Einrichtungen muss eine verursachungsgerechte Abgrenzung der Kosten und Erträge mit anteiliger Zuordnung auf die verschiedenen Einrichtungen erfolgen (vgl. § 7 PBV).

Arzt- und Zahnarztpraxen oder Medizinische Versorgungszentren (MVZ) sind bei der Ausgestaltung ihrer Kostenrechnungssysteme hingegen weitestgehend frei von mit der KHBV oder PBV vergleichbaren rechtlichen Vorgaben. Jedoch können beispielsweise für MVZ in der Trägerschaft von zugelassenen Krankenhäusern oder anderer gemeinnütziger Trägerorganisationen entsprechende Auflagen vorhanden sein.

3.2 Anwendung von Kostenarten-, -stellen- und -trägerrechnung

Am Anfang jeder Kostenrechnung für eine Gesundheitseinrichtung steht die **Kostenartenrechnung**. Sie dient der Erfassung und Gliederung aller im Laufe der jeweiligen Abrechnungsperiode angefallenen Kostenarten und beantwortet die Fragestellung, welche Kosten für die Gesundheitseinrichtung angefallen sind (siehe Tab. 3.1).

Die Einteilung der Kosten in die einzelnen Kostenarten kann beispielsweise folgendermaßen vorgenommen werden:

- *Kapitalbindungskosten:* Kosten für Ersatz von Kapital, dass im Anlagevermögen der Gesundheitseinrichtung gebunden ist (bspw. Zinsen für Fremdkapital).
- *Kosten für Versicherungen und Beiträge:* Beiträge an Kammern, Ausgaben für Versicherungen, Vereinigungen, Verbände.
- *Lagerkosten:* Kosten, die für die Lagerung von medizinischem Verbrauchsmaterial entstehen.
- *Kosten für Verwaltungs- und Laborbedarf:* Medikamente, Behandlungsmaterial, Labormaterial, Büromaterial etc.

Tab. 3.1 Beispiele für Kostenarten in Zahnarztpraxen (vgl. Kassenzahnärztliche Bundesvereinigung 2018, S. 120)

Kostenart	Höhe in 2016 in Euro	Gesamtanteil an den Betriebsausgaben
Personalausgaben	157.500	38,6
Ausgaben für Arbeiten von Fremdlaboratorien	101.400	24,9
Ausgaben für Material für Praxis u. Labor	39.600	9,7
Restliche Betriebsausgaben, davon:	109.100	26,8
Raumkosten (Miete bzw. anteilige steuerlich absetzbare Hauskosten, Strom, Gas, Wasser usw.)	27.200	6,7
Zinsen für Praxisdarlehen	4500	1,1
Abschreibungen	20.400	5,0
Übrige Betriebsausgaben	57.000	14,0
Betriebsausgaben insgesamt	407.600	100,0

- *Allgemeine Betriebskosten:* Porto, Telefon, Wartezimmerausstattung, Führung der Konten.
- Personalkosten: Ausbildungsvergütungen, Gehälter, freiwillige Zusatzleistungen, Personalnebenkosten, geringfügige Beschäftigungen etc.
- *Fehlmengenkosten:* Kosten, die entstehen, weil beispielsweise benötigtes medizinisches Verbrauchsmaterial nicht vorhanden ist (bspw. Verschiebung von Behandlungsterminen, Kosten für ungenutzte OP-Kapazitäten).
- *Raumkosten:* Heizung, Strom, Gas, Miete, Hypothekenbelastung, Wasser, Reinigung, Instandhaltung, Renovierung etc.
- Reise- und Fortbildungskosten: Fortbildungsveranstaltungen, Fortbildungsmaterialien, Übernachtungskosten, Reisekosten etc.
- *Gerätekosten:* Abschreibungen, Wartung, Anschaffungen medizinischer Geräte und Behandlungseinrichtungen, Reparaturen etc.

Beispiel

Fehlmengenkosten entstehen dann, wenn dringend benötigtes medizinisches Verbrauchsmaterial, das aufgrund einer fehlenden Bestandsüberwachung nicht mehr in ausreichender Menge vorhanden ist, unter großem Aufwand und zu hohen Preisen kurzfristig beschafft werden muss. Sie können sich aus folgenden Kostenanteilen zusammensetzen: Erhöhter Nachfrageaufwand, da das Material nicht bei allen Lieferanten vorrätig ist, Differenz zu Preisangeboten, da nach Gültigkeit des Angebots gekauft werden muss, Differenz zu günstigerem Äquivalenzprodukt, das nicht bevorratet wurde, und ausbleibende Behandlungseinnahmen, da geplante Therapien verschoben werden müssen. ◄

Sieht man einmal von den Materialkosten ab, lassen sich alle übrigen Kosten der unterschiedlichen Kostenarten recht einfach anhand von Überweisungsbelegen, Quittungen, Rechnungen etc. ermitteln. Um die Materialkosten für eine bestimmte Zeitperiode (einen Monat, ein Jahr) feststellen zu können, sind zunächst die Verbrauchsmengen zu ermitteln und anschließend kostenmäßig zu bewerten. Dadurch lässt sich der Umfang des tatsächlichen Verbrauchs an Behandlungs-, Büro- und sonstigem Material bestimmen.

Zur Verbrauchsermittlung lassen sich im Wesentlichen die Inventur- und die Skontrationsmethode anwenden. Bei der Inventurmethode wird der Materialverbrauch in einem Zeitraum (Monat/Jahr) als Differenz zwischen Anfangsbestand und Endbestand ermittelt: Anfangsbestand – Endbestand = Verbrauch. Dazu muss zu Beginn und zum Ende des Zeitraumes der Materialbestand gezählt werden. Die Skontrationsmethode benötigt zur Anwendung eine dauerhafte, ständige Führung des Materialbestandes. Aus dieser Materialbestandsführung werden die jeweils entnommenen Materialmengen addiert, wobei die Summe den Materialverbrauch je kontrollierten Zeitraum ergibt: Summe der Materialentnahmen = Verbrauch. Wird in einer Gesundheitseinrichtung eine Materialbestandsführung vorgenommen, ist die Skontrationsmethode ohne allzu großen Aufwand anwendbar. Der Materialverbrauch lässt sich dadurch monatlich oder zumindest vierteljährlich recht einfach ermitteln. Aufgrund der durchzuführenden Zählungen ist die Inventurmethode sehr aufwendig und somit lediglich für jährliche Ermittlungen des Materialverbrauchs geeignet.

Eine Besonderheit stellen die kalkulatorischen Kosten dar. Sie sind

- Zusatzkosten, denen entweder überhaupt kein Aufwand oder
- Anderskosten, denen Aufwand in anderer Höhe gegenübersteht.

Beispiele für Zusatzkosten sind kalkulatorische Löhne (z. B. unbezahlte Mitarbeit von Familienangehörigen in der Arztpraxis), Mieten (z. B. Mietwert für von der Zahnarztpraxis genutzter privater Räume) oder Eigenkapitalzinsen (z. B. Zinsen für das in der Privatklinik des Inhabers eingesetzte Kapital). Anderskosten ergeben sich beispielsweise in der pagatorischen und kalkulatorischen Rechnung aufgrund von unterschiedlichen Bewertungen des Güterverbrauchs (vgl. Schweitzer et al. 2015, S. 42).

Kosten, die einem Leistungsobjekt in einer Gesundheitseinrichtung direkt zugerechnet werden können, werden als Einzelkosten bezeichnet. So lassen sich beispielsweise die anteiligen Kosten bei einer Behandlungsleistung unmittelbar zuordnen (siehe Tab. 3.2). Einzelkosten bezeichnet man daher auch als direkte Kosten.

Bei der Berechnung der Einzelkosten in Tab. 3.2 wurde von durchschnittlichen Beschaffungsmengen und -preisen zur Deckung des Praxis- und Laborbedarfs ausgegangen. Bei den Personalkosten wurde für die Helferin ein Personalaufwand (Personaleinzel- + Personalgemeinkosten) von 66,00 €/Stunde und für den (angestellten)

Tab. 3.2 Beispiel für die Einzelkostenrechnung in einer Zahnarztpraxis: Kontrolluntersuchung bei einem Kassenpatienten mit Füllung an 16 mit Zahnsteinentfernung und Röntgenbild (01, Zst, Rö2, I, F3 mod)

Vorgang	Dauer	Personalbedarf	Materialbedarf	Kosten in €
	(min = Minuten)			(P = Personalkosten)
Patientenempfang: Anforderung der Versichertenkarte Einlesen der Karte Anmelden im Praxis-Computer	10 min	1 ZFA	–	11,00 (P)
				Zwischensumme: 11,00
Behandlung I: Geleiten ins Behandlungszimmer Patientenumhang anlegen Bereitlegen der Instrumente für Behandlung Begrüßung Befunderhebung	15 min (ZFA) 10 min (Zahnarzt)	1 ZFA 1 Zahnarzt	Spülbecher Patientenumhang Einmalhandtuch Seife Desinfektionsmittel 4 Stck. Einmalhandschuhe 2 Stck. Mundschutz Einmalspeichelsauger	16,50 (P) 17,00 (P) 0,06 0,04 0,04 0,03 0,15 1,10 2,20 0,04
				Zwischensumme: 37,16
Röntgen Röntgengerät einstellen Röntgenbild anfertigen	10 min	1 ZFA	Röntgenbild, digital	11,00 (P)
				Zwischensumme: 11,00
Zahnstein: Zahnstein entfernen	10 min (ZFA)	1 ZFA		11,00 (P)
				Zwischensumme: 11,00
Behandlung II: Röntgenbild anschauen Injektion Entfernen der alten Füllung Kavität säubern Unterfüllung legen Füllung legen Kaufläche ausarbeiten Ausspülen, säubern Verabschiedung Desinfizierung, Aufräumen, Herrichten Evtl. neue Terminvergabe	20 min (ZFA) 15 min (Zahnarzt)	1 ZFA 1 Zahnarzt	Kanüle Ampulle 3 Stck. Wattepellets 2 Stck. Watteröllchen Füllmaterial für Unterfüllung Kunststofffüllun g Bohrerbad Desinfektionsmittel	22,00 (P) 25,00 (P) 0,2 0,8 0,04 0,4 1,10 3,50 1,60 0,6
				Zwischensumme: 55,24
Abrechnungsarbeiten: Erfassung der Leistung im PVS Quartalsabrechnung	15 min (einschl. Quartalsabrechnung)	1 ZFA	evtl. neuer Adressaufkleber	16,00 (P) 0,2
				Zwischensumme: 16,20
				Gesamte Einzelkosten: 141,60

Zahnarzt von 98,00 €/Stunde ausgegangen. Abschreibungen auf Anlagen und Geräte sind nicht berücksichtigt. Die Einzelkosten können anhand durchschnittlicher Beschaffungs-mengen und -preise ermittelt werden. Die Personalkosten einer Zahnarztpraxis lassen sich zur möglichst genauen Kostenermittlung ebenfalls als Einzelkosten betrachten. Häufig werden sie jedoch als Gemeinkosten angesehen und über einen Schlüssel anteilig verrechnet. Je nach Behandlungsart und –verlauf weichen die Einzelkosten auch gleich-artiger Behandlungsmaßnahmen insbesondere bei erhöhtem zeitlichen Aufwand oder Komplikationen erheblich voneinander ab.

Im Gegensatz zu den Einzelkosten lassen sich die Gemeinkosten der Gesundheits-einrichtung nur indirekt, unter Zuhilfenahme von Verteilungsschlüsseln einzelnen Behandlungs- oder Pflegeleistungen zurechnen. Die einer einzelnen Kostenstelle nicht direkt zurechenbaren Gemeinkosten werden mithilfe der Verteilungsschlüssel (beispiels-weise über den Betriebsabrechnungsbogen, BAB) auf die einzelnen Kostenstellen der Gesundheitseinrichtung umgelegt. Gemeinkosten wie Miete, Klimatisierung, Wasser-bedarf Reinigung etc. sind somit nur indirekt auf die einzelnen Organisationsbereiche der Gesundheitseinrichtung verteilbar, während sich beispielsweise die Gehälter für das medizinische Personal recht einfach einer Kostenstelle zuordnen lassen. Als ein gebräuchlicher Verteilungsschlüssel lässt sich beispielsweise die Quadratmeterfläche des jeweiligen Organisationsbereiches anwenden, etwa zur Verteilung der Mietkosten einer Gesundheitseinrichtung anhand des Verteilungsschlüssels „beanspruchte Raumfläche" (siehe Tab. 3.3). Die Zahl der Behandlungs- bzw. Pflegefälle pro Monat oder Jahr kann als ein weiterer in einer Gesundheitseinrichtung gebräuchlicher Verteilungsschlüssel angesehen werden.

Die Fixkosten einer Gesundheitseinrichtung sind konstante Kosten und ent-stehen unabhängig von ihrer Leistungsausbringung. Somit stellen sie beschäftigungs-unabhängige Kosten dar, fallen beispielsweise auch bei Nichtbehandlung von Patienten an und bleiben bei unterschiedlicher Leistungsmenge konstant. Ihre Schwankungen in der Höhe werden durch andere Kosteneinflussfaktoren als der Beschäftigung bewirkt (bspw. durch Neuabschluss von Reinigungs- oder Wartungsverträgen etc.). Sie hängen also nicht davon ab, ob am Tag 15 oder 20 Patienten behandelt werden, oder ob

Tab. 3.3 Beispiel für die Verteilung der Mietgemeinkosten in einer Arztpraxis

Kostenstellen	qm	Mietanteil
Verwaltung (Büro, Rezeption)	17	368
Behandlung (drei Behandlungszimmer)	60	1300
Patientenservice (Wartezimmer, Garderobe, Patiententoiletten)	20	433
Labor	15	325
EKG-Raum	8	173
Gesamtsumme qm / Miete	120	2600

verschiedene Behandlungsarten mit unterschiedlichen Leistungsvergütungen durchgeführt werden. Zu den fixen Kosten zählen beispielsweise die Raumkosten einer Arztpraxis, wie Miete, Reinigung, Instandhaltung usw., die Kosten für die Unterhaltung eines eigenen Labors, Kosten für Beiträge und Versicherungen aber auch der Großteil der Personalkosten, die ja beispielsweise auch dann anfallen und konstant weiterlaufen, wenn aufgrund von Feiertagen, Praxisurlaub usw. nicht gearbeitet wird. Somit ist ersichtlich, dass der Verlauf Fixkosten sich auch bei zunehmender Behandlungsmenge nicht ändert und in der Höhe konstant bleibt.

Ein Sonderfall sind sprungfixe Kosten, die ab einem bestimmten Zeitpunkt oder einer bestimmten Maßnahme „sprunghaft" ansteigen. Dies kann beispielsweise dann der Fall sein, wenn in einer Zahnarztpraxis eine zusätzliche Assistentin eingestellt wird. Die Personalfixkosten erhöhen sich ab diesem Zeitpunkt um den Kostenanteil für die neue Arbeitskraft. Sprungfixe Kosten bleiben somit nur innerhalb einer bestimmten Kapazitätsstufe konstant und steigen bzw. fallen an der Grenze dieser Stufe auf das nächsthöhere bzw. –niedrigere Niveau (vgl. Grünstäudl 2013, S. 24).

Die variablen Kosten hängen von Kosteneinflussgrößen ab. Eine zentrale Kosteneinflussgröße ist die Beschäftigung bzw. Leistungsausbringung, die über unterschiedliche Bezugsgrößen gemessen werden kann (vgl. Friedl et al. 2017, S. 47). So hängen die variablen Kosten ganz wesentlich von der Menge der Behandlungs- bzw. Pflegeleistungen der Gesundheitseinrichtung ab. Hierzu zählen beispielsweise die Materialkosten: Je mehr Behandlungen durchgeführt werden, desto höher steigt der Verbrauch beispielsweise von Verbrauchsmaterial wie Einmalhandtüchern, Kanülen, Tupfern, Desinfektionsmitteln usw. und damit die Materialkosten. an. Die variablen Kosten sind veränderliche, beschäftigungsabhängige Kosten, deren Höhe sich im Gegensatz zu den Fixkosten bei Schwankungen der Beschäftigung bzw. der Leistungserstellungsmenge ändert.

Eine Erhöhung der Behandlungsmenge (Anzahl der Behandlungen) führt somit nicht nur zu einer gleichzeitigen Erhöhung des Umsatzes der Gesundheitseinrichtung, sondern auch aufgrund des Mehrverbrauchs insbesondere an Material-, Energiekosten usw. zu einer Erhöhung der variablen Kosten. Diese erhöhen sich jedoch nicht zwangsläufig gleichmäßig, denn in den seltensten Fällen verlaufen die Kosten proportional zur mengenmäßigen Erstellung von Behandlungs- und Pflegeleistungen. Je nach Kostenverlauf lassen sich daher proportionale variable Kosten, degressive (unterproportionale) variable Kosten und progressive (überproportionale) variable Kosten unterscheiden (vgl. Krüger 2016, S. 26 ff.).

Die Gesamtkosten einer Gesundheitseinrichtung setzen sich aus der Summe der fixen und variablen Kosten zusammen: Fixe Kosten (Kf_G) + Variable Kosten (Kv_G) = Gesamtkosten (GK_G). Der in Abb. 3.2 dargestellte Verlauf der Gesamtkosten einer Gesundheitseinrichtung zeigt, dass bereits zu Beginn eines Jahres Fixkosten anfallen, ohne dass die Behandlungs- bzw. Pflegetätigkeit begonnen wurde. Der auch bei zunehmender Behandlungs- bzw. Pflegemenge gleich bleibende Fixkostenanteil wird im Laufe des Jahres durch den behandlungsabhängigen variablen Kostenanteil erhöht, sodass sich zum

Ende des Jahres die Gesamtkosten der Gesundheitseinrichtung als Summe aller fixen und variablen Kosten des gesamten Kalenderjahres ergeben.

Die Grenzkosten sind in einer Gesundheitseinrichtung die Kosten, die aufgrund der Durchführung eines zusätzlichen Behandlungsfalles bzw. Pflegemaßnahme entstehen.

Beispiel

Je Behandlungsfall wird ein Heilmittel für 10 € benötigt (variable Kosten). Gewährt ein Lieferant für medizinische Verbrauchsmaterialien Mengenrabatt in Höhe von 1 € ab 2000 Einheiten und 2 € für eine Abnahme ab 5000 Einheiten, so betragen die Grenzkosten bis zu einer Behandlungsfallzahl von 1999 10 €, zwischen 2000 und 4999 Fällen 9 € und ab 5000 Fällen 8 €. Dies führt somit zu fallenden Grenzkosten. ◄

Die **Kostenstellenrechnung** der Gesundheitseinrichtung beantwortet die Frage, wo bzw. in welchem Verantwortungsbereich die Kosten angefallen sind. Dazu werden die vorher erfassten und nach Arten gegliederten Kosten auf die einzelnen Organisationsbereiche verteilt, wodurch eine Zuordnung von Kosten auf abgegrenzte Verantwortungsbereiche nach dem Verursachungsprinzip erfolgt. Bei verursachungsgerechter Zuordnung dient die Kostenstellenrechnung der Kontrolle der Wirtschaftlichkeit in der Gesundheitsein-richtung (vgl. Horsch 2018, S. 90 ff.).

Die Kostenstellenrechnung erfasst somit die Kosten am Ort ihrer Entstehung. Ihr Zweck ist die Kontrolle der Wirtschaftlichkeit an den Stellen in der Gesundheitsein-richtung, an denen die Kosten zu beeinflussen sind. So kann beispielsweise die im Eigen-labor angestellte Laborantin zwar zur Kostensenkung im Labor beitragen, aber in der Regel recht wenig zur Senkung der Verwaltungskosten. Kostenstellen sind hierbei die Orte der Kostenentstehung und damit die Orte, denen die Kosten zugerechnet werden können.

Zur Bildung von Kostenstellen wird in einer Aufgabenanalyse eine schrittweise Zer-legung oder Aufspaltung der Gesamtaufgabe in ihre einzelnen Bestandteile anhand von alternativen Gliederungsmerkmalen wie Verrichtung, Objekt, Rang, Phase, Zweck-beziehung durchgeführt. In der anschließenden Aufgabensynthese werden die in der Aufgabenanalyse ermittelten Einzelaufgaben so zusammengefügt, dass sie von einem Mitarbeiter mit Normalkapazität und der erforderlichen Eignung bzw. Übung bewältigt werden können. Das Ergebnis dieser Zuordnung wird als Stelle bezeichnet. Um die Auf-bauorganisation vollständig zu gestalten und den Aufgabenumfang so zu bemessen, dass er durch Mitarbeiter und Mitarbeiterinnen auf dieser Stelle auch kapazitativ bewältigt werden kann, sind jeder Stelle immaterielle und materielle Elemente zuzuordnen. Zu den immateriellen Stellenelementen zählt beispielsweise die Verfügungsbefugnis und somit das Recht auf Verfügung über Sachen und Werte der Einrichtung. Dies ist eine wesent-liche Voraussetzung für die Kostenstellenfunktion.

Bei der Zuordnung der Kosten zu einzelnen Kostenstellen in der Gesundheitsein-richtung ist es zudem wichtig, dass die Kostenstelle einen selbstständigen, abgegrenzten

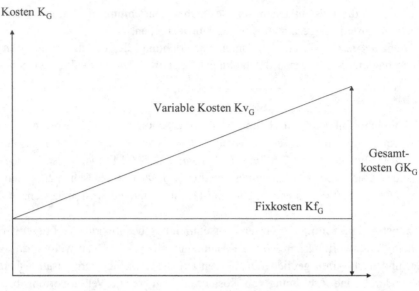

Abb. 3.2 Beispiel für die Gesamtkostenentwicklung einer Gesundheitseinrichtung

Verantwortungsbereich darstellt, um eine wirksame Kontrolle durchführen zu können. Ferner müssen sich die Kostenbelege der jeweiligen Kostenstelle genau zuordnen lassen.

Ein individueller Kostenstellenplan (auch: Kostenstellenrahmen) ist daher eine wesentliche Grundlage für die Kostenstellenrechnung. Er legt fest, wie die in der Kostenartenrechnung erfassten Kostenarten als Stelleneinzelkosten und Stellengemeinkosten einer Gesundheitseinrichtung ermittelt und welchen Stellen sie zugeordnet werden.

Für den Vorschriften der KHBV unterliegende Krankenhäuser ist der Kostenstellenrahmen vorgegeben (vgl. § 8 KHBV), aus dem die Kostenstellen mindestens zu bilden sind (siehe Tab. 3.4).

Für den Vorschriften der PBV unterliegende Pflegeeinrichtungen gibt es ebenfalls einen Kostenstellenrahmen, der verwendet werden kann (vgl. § 7 PBV) und aus dem die Kostenstellen hervorgehen (siehe Tab. 3.5).

Bei den Stelleneinzelkosten handelt es sich um die Kosten, die verursachungsgerecht und nachweisbar durch die Leistungserstellung innerhalb einer Kostenstelle entstanden sind. Als Stellengemeinkosten werden die Kosten bezeichnet, die durch die Leistungserstellung innerhalb mehrerer Kostenstellen entstanden sind und durch Kostenschlüsselungen so weit wie möglich verursachungsgerecht auf mehrere Kostenstellen aufgeteilt werden.

Da in der Kostenstellenrechnung nur die Stelleneinzelkosten der jeweiligen Kostenstelle einer Gesundheitseinrichtung direkt zugeordnet werden können, müssen die

Tab. 3.4 Kostenstellenrahmen eines Krankenhauses nach der KHBV (vgl. Anlage 5 KHBV)

Ziffer	Bezeichnung
90	Gemeinsame Kostenstellen
900	Gebäude einschließlich Grundstück und Außenanlagen
901	Leitung und Verwaltung des Krankenhauses
902	Werkstätten
903	Nebenbetriebe
904	Personaleinrichtungen (für den Betrieb des Krankenhauses unerlässlich)
905	Aus-, Fort- und Weiterbildung
906	Sozialdienst, Patientenbetreuung
907	Frei
908	Frei
909	Frei
91	Versorgungseinrichtungen
910	Speisenversorgung
911	Wäscheversorgung
912	Zentraler Reinigungsdienst
913	Versorgung mit Energie, Wasser, Brennstoffen
914	Innerbetriebliche Transporte
915	Frei
916	Frei
917	Apotheke/Arzneimittelausgabestelle (ohne Herstellung)
918	Zentrale Sterilisation
919	Frei
92	Medizinische Institutionen
920	Röntgendiagnostik und -therapie
921	Nukleardiagnostik und -therapie
922	Laboratorien
923	Funktionsdiagnostik
924	Sonstige diagnostische Einrichtungen
925	Anästhesie, OP-Einrichtungen und Kreißzimmer
926	Physikalische Therapie
927	Sonstige therapeutische Einrichtungen
928	Pathologie
929	Ambulanzen
93–95	Pflegefachbereiche – Normalpflege
930	Allgemeine Kostenstelle

(Fortsetzung)

Tab. 3.4 (Fortsetzung)

Ziffer	Bezeichnung
931	Allgemeine Innere Medizin
932	Geriatrie
933	Kardiologie
934	Allgemeine Nephrologie
935	Hämodialyse/künstliche Niere (alternativ 962)
936	Gastroenterologie
937	Pädiatrie
938	Kinderkardiologie
939	Infektion
940	Lungen- und Bronchialheilkunde
941	Allgemeine Chirurgie
942	Unfallchirurgie
943	Kinderchirurgie
944	Endoprothetik
945	Gefäßchirurgie
946	Handchirurgie
947	Plastische Chirurgie
948	Thoraxchirurgie
949	Herzchirurgie
950	Urologie
951	Orthopädie
952	Neurochirurgie
953	Gynäkologie
954	HNO und Augen
955	Neurologie
956	Psychiatrie
957	Radiologie
958	Dermatologie und Venerologie
959	Zahn- und Kieferheilkunde, Mund- und Kieferchirurgie
96	Pflegefachbereiche – abweichende Pflegeintensität
960	Allgemeine Kostenstelle
961	Intensivüberwachung
962	Intensivbehandlung
963	Frei
964	Intensivmedizin

(Fortsetzung)

Tab. 3.4 (Fortsetzung)

Ziffer	Bezeichnung
965	Minimalpflege
966	Nachsorge
967	Halbstationäre Leistungen – Tageskliniken
968	Halbstationäre Leistungen – Nachtkliniken
969	Chronisch- und Langzeitkranke
97	Sonstige Einrichtungen
970	Personaleinrichtungen (für den Betrieb des Krankenhauses nicht unerlässlich)
971	Ausbildung
972	Forschung und Lehre
973–979	Frei
98	Ausgliederungen
980	Ambulanzen
981	Hilfs- und Nebenbetriebe
982–989	Frei
99	Frei

einer einzelnen Kostenstelle nicht direkt zurechenbaren Stellengemeinkosten mit Hilfe von Verteilungsschlüsseln auf die einzelnen Kostenstellen der Gesundheitseinrichtung umgelegt werden. Der Betriebsabrechnungsbogen (BAB) stellt hierzu ein Hilfsinstrument zur Verrechnung der Gemeinkosten dar. Er lässt sich digitalisiert als tabellarisch strukturiertes Formular mit einem Tabellenkalkulationsprogramm anlegen und verteilt die Gemeinkosten anteilig auf die einzelnen Verbrauchsstellen. Im Sinne einer Matrix werden in den Tabellenzeilen in der Regel die einzelnen Kostenarten mit den jeweils angefallenen Werten aufgeführt und in den Spalten die einzelnen Kostenstellen. Je Kostenart werden die Kosten mit einem Verteilungsschlüssel in jeder Zeile auf die Kostenstellen verursachungsgerecht verteilt und in der Schlusszeile je Kostenstelle zusammengezählt (siehe Tab. 3.6).

Die Verrechnung im BAB erfolgt in vier Stufen:

- *Stufe 1:* Übernahme aller Gemeinkosten aus der Kostenartenrechnung und Verteilung auf die einzelnen Kostenstellen über Verteilungsschlüssel (Kostenstellengemeinkosten); Zuordnung von Kostenstelleneinzelkosten mit klarer Verursachung (Einzelkostennachweis); Summe ergibt primäre Kostenstellenkosten;
- *Stufe 2:* Verrechnung der einrichtungsinternen Leistungen innerhalb der Hauptkostenstellen, weshalb die Kosten der allgemeinen Kostenstellen und der Hilfskostenstellen auf die Hauptkostenstellen verteilt werden;

Tab. 3.5 Kostenstellenrahmen einer Pflegeeinrichtung nach der PBV (vgl. Anlage 5 PBV)

Ziffer	Bezeichnung
90	Allgemeine Kostenstellen
900	Gebäude einschließlich Grundstücke
901	Außenanlagen
902	Leitung und Verwaltung der Pflegeeinrichtung
903	Hilfs- und Nebenbetriebe
904	Ausbildung, Fortbildung
905	Personaleinrichtungen (soweit für Betrieb der Einrichtung notwendig)
906	Sonstige
91	Versorgungseinrichtungen
910	Wäscherei (Versorgung)
911	Küche (Versorgung)
912	Hol- und Bringedienst (Transporte innerbetrieblich)
913	Zentrale Sterilisation
914	Zentraler Reinigungsdienst
915	Energieversorgung (Wasser, Energie, Brennstoffe)
916	Sonstige
92	Häusliche Pflegehilfe
920	Pflegebereich – Pflegegrad 1
921	Pflegebereich – Pflegegrad 2
922	Pflegebereich – Pflegegrad 3
923	Pflegebereich – Pflegegrad 4
924	Pflegebereich – Pflegegrad 5
93	Teilstationäre Pflege (Tagespflege)
930	Pflegebereich – Pflegegrad 1
931	Pflegebereich – Pflegegrad 2
932	Pflegebereich – Pflegegrad 3
933	Pflegebereich – Pflegegrad 4
934	Pflegebereich – Pflegegrad 5
94	Teilstationäre Pflege (Nachtpflege)
940	Pflegebereich – Pflegegrad 1
941	Pflegebereich – Pflegegrad 2
942	Pflegebereich – Pflegegrad 3
943	Pflegebereich – Pflegegrad 4
944	Pflegebereich – Pflegegrad 5

(Fortsetzung)

Tab. 3.5 (Fortsetzung)

Ziffer	Bezeichnung
95	Vollstationäre Pflege
950	Pflegebereich – Pflegegrad 1
951	Pflegebereich – Pflegegrad 2
952	Pflegebereich – Pflegegrad 3
953	Pflegebereich – Pflegegrad 4
954	Pflegebereich – Pflegegrad 5
96	Kurzzeitpflege
960	Pflegebereich – Pflegegrad 1
961	Pflegebereich – Pflegegrad 2
962	Pflegebereich – Pflegegrad 3
963	Pflegebereich – Pflegegrad 4
964	Pflegebereich – Pflegegrad 5
97	Weitere Leistungen
970	Zusätzliche Betreuung und Aktivierung nach SGB XI
971	Leistungen nach SGB XI
98, 99	Frei

- *Stufe 3:* Bildung von Zuschlagsätzen in Prozent oder Verrechnungssätzen für Aus- und Einlagerungen der Einzelkosten auf der Basis von Kostenstelleneinzelkosten oder von Kostentreibern (Ein- und Auslagerungen);
- *Stufe 4:* Kostenkontrolle durch Vergleich von Sollvorgaben und ermittelten Ist-Kosten.

In der Praxis gehört das Schema des BAB zu den wichtigsten Abrechnungs- und Steuerungsinstrumenten, das benutzt wird, um den Kostenstellen ihre Einzelkosten zuzuordnen, die Gemeinkosten verursachungsgerecht auf die Kostenstellen zu verteilen, Leistungsverrechnungen zwischen einzelnen Organisationseinheiten der Gesundheitseinrichtung vorzunehmen, im Rahmen der Voll- und Teilkostenrechnung Zuschlagsätze zu ermitteln sowie den Vergleich, die Kontrolle und die Steuerung der Soll- und Ist-Kosten einzelner Kostenstellen durchzuführen (vgl. Macha 2011, S. 93 f.).

Gerade bei größeren medizinischen Einrichtungen ist es wichtig zu wissen, wo die Kosten tatsächlich anfallen, um möglichst zielgenaue Maßnahmen ergreifen zu können. Zur Durchführung einer wirksamen Kontrolle, ist es bei der Zuordnung der Kosten zu einzelnen Kostenstellen von großer Bedeutung, dass die jeweilige Kostenstelle einen selbstständigen Verantwortungsbereich darstellt. Auch müssen sich die Kostenbelege der jeweiligen Kostenstelle genau zuordnen lassen, um nicht zu einer Zuordnung

Tab. 3.6 Beispiel eines vereinfachten Betriebsabrechnungsbogens für eine Zahnarztpraxis

Kostenstelle Gemeinkostenart; Kostenhöhe; Verteilungs- schlüssel	Prophylaxe	Verwaltung	Behandlung	Eigenlabor	Patientenservice
Personalgemein- kosten; 15.000; 1/2/5/1/1	1500	3000	7500	1500	1500
Miete; 50.000; 1/1/5/2/1	5000	5000	25.000	10.000	5000
Strom; 3000; 1/1/3/4/1	300	300	900	1200	300
Heizung; 4000; 1/1/4/1/3	400	400	1600	400	1200
Versicherung; 800; 1/3/4/1/1	80	240	320	80	80
Summen: 72.800	7280	8940	35.320	13.180	8080

zur falschen Stelle und damit auch zu unrichtigen Ergebnissen zu führen. In diesem Zusammenhang macht es auch wenig Sinn, Sammelkostenstellen einzurichten, da ihre Aussagekraft sehr gering ist.

Bei der **Kostenträgerrechnung** gilt es, die Kosten den einzelnen Kostenträgern in einer Gesundheitseinrichtung verursachungsgerecht zuzuordnen. Kostenträger sind insbesondere die Leistungen am Patienten, alle medizinischen Dienstleistungen der Patientenberatung, der Prophylaxe, der Behandlung, der Pflege sowie auch alle weiteren Leistungserstellungen, die in einer Gesundheitseinrichtung erforderlich sind (siehe Tab. 3.7).

Die eigentliche Aufgabe der Kostenträgerrechnung ist es, die Kosten für die Erstellung dieser Leistungen durch Kalkulation zu bestimmen. Die Divisionskalkulation zählt dabei zu den einfachen Kalkulationsverfahren zur Bestimmung der Kosten je Behandlungsleistung und damit der Ermittlung der Behandlungsfallkosten, die durch Division beispielsweise der gesamten jährlichen Kosten der Gesundheitseinrichtung durch die Gesamtzahl der Behandlungsfälle pro Jahr (= jährliche Behandlungsmenge) errechnet werden.

Tab. 3.7 Kostenträgerübersicht für ambulante, teil- und vollstationäre Pflegeeinrichtungen nach der PBV (vgl. Anlage 6)

Nr	Kostenträger
Teil- und vollstationäre Pflegeeinrichtungen	
1	Pflegegrad 1
11	Pflegeleistungen
12	Unterkunft und Verpflegung
2	Pflegegrad 2
21	Pflegeleistungen
22	Unterkunft und Verpflegung
3	Pflegegrad 3
31	Pflegeleistungen
32	Unterkunft und Verpflegung
4	Pflegegrad 4
41	Pflegeleistungen
42	Unterkunft und Verpflegung
5	Pflegegrad 5
51	Pflegeleistungen
52	Unterkunft und Verpflegung
6	Zusatzleistungen Pflege
7	Zusatzleistungen Unterkunft und Verpflegung
Ambulante Pflegeeinrichtungen	
Kostenträger sind die in den Vergütungsempfehlungen der Spitzenverbände der Pflegekassen aufgeführten Leistungskomplexe	

Beispiel

Für die Einführung einer Kostenträgerrechnung im Marien-Hospital GmbH in Wesel wurde zunächst die Ermittlung, Sammlung und Aufarbeitung von Leistungs- und Strukturdaten gemäß Krankenhausentgeltgesetz (KHEntgG), Kostendaten, differenziert nach Kostenstellen und –arten und fallbezogene Leistungsdaten (zum Beispiel OP-/Anästhesie-Minuten, Intensivstunden, diverse Leistungspunkte und Einzelkosten) durchgeführt. Der Referenzdatensatz für eine Fallkostenkalkulation wurde dabei dem KHEntgG entnommen und als deren kostenmäßige Grundlage eine einfache Kostenstellen-/Kostenartenauswertung des zu kalkulierenden Jahres. Die Abgrenzung nicht DRG-relevanter Kosten erfolgte sowohl auf der Ebene der Kostenarten, als auch auf Ebene der Kostenstellen, beispielsweise durch Abgrenzung eines Anteils der Kostenstelle „Röntgen" in dem Umfang, in dem dort auch ambulante oder krankenhausfremde Patienten behandelt wurden, sodass nur noch DRG-relevante Kosten und somit „pflegesatzfähige" Kosten vorlagen. Da die Personalkosten insbesondere des ärztlichen Dienstes (ÄD), teilweise auch des Funktionsdienstes (FD) und des Pflegedienstes (PD), üblicherweise auf Sammel-/Fachabteilungskostenstellen gebucht wurden, während die entsprechenden Mitarbeiter jedoch Leistungen für verschiedene Kostenstellen erbrachten, beispielsweise auf den Stationen, im OP-Bereich oder in der zentralen Notfallaufnahme und die Kostenträger (Fälle) die Kosten aus eben diesen Kostenstellen zugeordnet bekommen, wart es notwendig, die Sammelkostenstelle von den Personalkosten der Ärzte zu entlasten und die Kostenstellen „Intensiv", „Station 1,2,3…", „OP", „Notaufnahme" etc. verursachungsgerecht zu belasten, auf Basis der geschätzten anteiligen Einsatzzeit der Mitarbeiter in den einzelnen Kostenstellen. Zur innerbetriebliche Kostenverrechnung wurde zwischen direkten Kostenstellen, ihre Leistungen direkt am Patienten erbringen (bspw. Pflegefachbereiche sowie die Untersuchungs- und Behandlungsbereiche) und indirekten Kostenstellen, die ihre Leistungen dagegen ohne Patientenbezug an direkte Kostenstellen abgeben (bspw. Apotheke, Zentralsterilisation, Bettenaufbereitung, Wirtschafts- und Versorgungsbereiche, Verwaltungsbereiche) unterschieden. Die Kosten dieser indirekten KST wurden mithilfe des simultanen Gleichungsverfahrens und Verrechnungsschlüssels (bspw. Statistik der Sterilguteinheiten (STE) für die Zentralsterilisation, Kostentragfähigkeitsprinzip). Abschließend erfolgte die Ermittlung der Einzelkosten aus der Materialwirtschaft oder der OP-EDV, die direkt den jeweiligen Fällen zugeordnet und aus der Kostenstellenrechnung herausgenommen wurden, um eine Doppelverrechnung zu vermeiden (vgl. Hennke et al. 2004, S. 901 f.). Mit den gesetzlichen Änderungen im Pflegepersonal-Stärkungsgesetz (PpSG) werden die Pflegepersonalkosten der Krankenhäuser aus den DRG-Fallpauschalen ausgegliedert und parallel zu den DRG-Fallpauschalen über ein krankenhausindividuelles Pflegebudget nach dem Selbstkostendeckungsprinzip finanziert. Der Fallpauschalen-Katalog, der Pflegeerlöskatalog sowie die dazugehörigen Abrechnungsbestimmungen werden als DRGs ohne Pflegepersonalkosten bezeichnet (aG-DRG, „a" für „ausgegliedert"). Aufgrund der Ausgliederung der Pflegepersonalkosten wird das G-DRG-System als aG-DRG-System benannt (vgl. GKV Spitzenverband 2020, S. 1). ◄

Die Behandlungsfallkosten sind somit die Kosten der Gesundheitseinrichtung, die bei dem jeweiligen Behandlungsvorgang und somit bei gleichen Behandlungsvorgängen in gleicher Höhe entstehen.

Nachteilig ist dabei, dass die Art der erbrachten Behandlungsleistung nicht berücksichtigt wird, sodass die Divisionskalkulation zu ungenauen und wenig aussagekräftigen Ergebnissen führt. Da diejenigen Behandlungen besonders kostenintensiv sind, bei denen hochwertige, teure medizintechnische Geräte zum Einsatz kommen, werden die errechneten durchschnittlichen Behandlungsfallkosten dabei in der Regel deutlich übertroffen. Die Annahme, dass eine Gesundheitseinrichtung umso wirtschaftlicher arbeitet, je größer ihre Behandlungsmenge und damit die Anzahl der Behandlungsfälle pro Jahr sind, erscheint nicht zwangsläufig richtig, denn es wird dabei nicht berücksichtigt, dass die Kosten nicht stetig steigen, sondern beispielsweise die Fixkosten einen sprunghaften Verlauf annehmen können.

Da man erst bei einer Zuordnung der Einzelkosten zu den einzelnen Behandlungsfällen genauere Aussagewerte erhält, führt die Zuschlagskalkulation im Vergleich zur Divisionskalkulation zu aussagekräftigeren und genaueren Ergebnissen der Kostenträgerrechnung. Dabei werden zunächst die Einzelkosten für die jeweilige Leistung (beispielsweise Behandlungsfallkosten) ermittelt und die Gemeinkosten dann gemäß den in der Kostenstellenrechnung erarbeiteten Verteilungsschlüsseln der jeweiligen Leistung zugeschlagen (siehe Tab. 3.8).

3.3 Durchführung der Erfolgsrechnung

In der Bilanz wird der Erfolg einer Abrechnungsperiode als Saldo durch Gegenüberstellung von Vermögens- und Kapitalpositionen am Bilanzstichtag ermittelt. Die GuV hingegen saldiert jeweils die Summe aller Erträge und Aufwendungen einer Abrechnungsperiode und ermittelt somit den Erfolg nicht nur als Saldo, sondern zeigt je nach Umfang der Aufgliederung der Aufwands- und Ertragsarten auch die Ursachen des Erfolgs auf. Die **Erfolgsrechnung** ist somit keine Zahlungsrechnung, sondern eine Aufwands- und Ertragsrechnung, die zur Ermittlung des wirtschaftlichen Erfolgs der

Tab. 3.8 Vereinfachtes Beispiel für den Zuschlag der Gemeinkosten im Rahmen der Zuschlagskalkulation

Gemeinkostenart	Kosten pro Monat (in €)	Verteilungsschlüssel	Gemeinkostenanteil des Behandlungsfalls
Miete	3500	Durchschnittliche Zahl an Behandlungsfällen pro Monat: 300	11,70
Strom	300		1,00
Wasser	200		0,70
Heizung	350		1,20
Reinigung	450		1,50
Verwaltungskosten (Telefon, Porto, Büromaterial usw.)	600		2,00
Abschreibungen (Behandlungseinrichtungen, Geräte)	2500		8,30
		Gesamte Gemeinkosten:	26,40

Gesundheitseinrichtung innerhalb eines bestimmten Zeitabschnitts dient (vgl. Kußmaul und Wöhe 2018, S. 6). Sie basiert auf der Kostenrechnung und gibt Aufschluss darüber, ob die Gesundheitseinrichtung positiv erfolgreich einen Gewinn erwirtschaftet oder, als Misserfolg, einen Verlust als Jahresergebnis erzielt hat. Der Begriff Erfolgsrechnung stammt aus dem Rechnungswesen der Gesundheitseinrichtung und liefert Antworten auf Fragestellungen, wie etwa nach dem Mindestumsatz, damit die Kosten überhaupt gedeckt werden, nach Behandlungsarten, die nicht kostendeckend sind oder nach gewinnbringenden Behandlungsarten.

Dazu werden in einer Wirtschaftsperiode die Aufwendungen und Erträge einander gegenübergestellt. Während in der Kostenrechnung die Kosten ermitteltet werden, werden in der Erfolgsrechnung die erzielten Erlöse gegenüber gestellt. Dieser Vergleich der Kosten und Erlöse ist regelmäßig monatlich und nach Abschluss eines Rechnungsjahres durchzuführen, um den wirtschaftlichen Erfolg zu erreichen und sicherzustellen. Während man beispielsweise die Steuerbilanz als eine externe steuerliche Erfolgsrechnung bezeichnen könnte, stellt die Gewinn- und Verlustrechnung (GuV) eine externe Erfolgsrechnung zur Ermittlung des wirtschaftlichen Erfolgs der Gesundheitseinrichtung dar. Die GuV hat im Wesentlichen nur eine Informationsfunktion: Sie vermittelt ein den tatsächlichen Verhältnissen entsprechendes Bild der Ertragslage. Die GuV hat dabei die Aufgabe, die Quelle der Erträge und die Aufwandsstruktur ersichtlich zu machen (siehe Abschn. 2.2).

Werden den Gesamtleistungen der Gesundheitseinrichtung die Gesamtkosten, gegliedert nach Kostenarten, gegenübergestellt, so erhält man eine **Gesamtkostenrechnung.** Sie ist ein Verfahren der Kostenrechnung zur Ermittlung des Betriebsergebnisses im Rahmen einer kurzfristigen Erfolgsrechnung und wird folgendermaßen durchgeführt: Nettoerlöse aus Kassen- und Privatliquidation + Sonstige Erlöse − Gesamtkosten der Periode = Betriebserfolg.

Als wesentlicher Vorteil der Gesamtkostenrechnung ist die einfache Art und Weise der Bestimmung des Gewinns oder Verlustes der Gesundheitseinrichtung anzusehen. Die in der Kostenrechnung ermittelten Kosten lassen sich ohne allzu großen Rechenaufwand den Erlösen aus Kassen- und Privatliquidation sowie sonstigen Einnahmequellen gegenüberstellen.

Die mangelnde Aussagefähigkeit ist der entscheidende Nachteil dieses Verfahrens: Es ist kaum feststellbar, welche Leistungen in welchem Umfang zum wirtschaftlichen Erfolg beigetragen haben und welche Leistungen mehr Kosten als Erlöse verursachen. Die Gesamtkostenrechnung lässt keine Aussage darüber zu, in welchem Maße einzelne Behandlungs- bzw. Pflegeleistungen zum Erfolg der Gesundheitseinrichtung beigetragen haben, da die Gesamtkosten nur nach Kostenarten aufgeteilt werden. Für eine Beurteilung der Gewinnträchtigkeit einzelner Behandlungsleistungen ist eine kostenträgerbezogene Kostengliederung (Ermittlung der Behandlungs- bzw. Pflegefallkosten) vorzunehmen. Das Gesamtkostenverfahren mit seiner kostenartenbezogenen Kostenaufteilung bietet lediglich eine pauschale Ermittlung des Betriebserfolgs.

Als kurzfristige Erfolgsrechnung wird häufig auch die **Deckungsbeitragsrechnung** (DBR) bezeichnet, indem sie die Kosten und Leistungen der Gesundheitseinrichtung für einen festgelegten Zeitraum gegenüberstellt. Dadurch kann der wirtschaftliche Erfolg der Gesundheitseinrichtung und seine Zusammensetzung nach Behandlungsfallgruppen, Ertragsquellen etc. ermittelt werden. Daher ist die kurzfristige Erfolgsrechnung auch ein Instrument der laufenden betrieblichen Steuerung und Kontrolle. Mit ihrer Hilfe der Deckungsbeitragsrechnung lassen sich die quantitativen Beziehungen zwischen Behandlungsmenge, Kosten und Gewinn verdeutlichen und für die Erfolgsanalyse bzw. die Gewinnplanung nutzen.

Die Deckungsbeitragsrechnung ist eine Teilkostenrechnung, bei der die Erlöse des Kostenträgers in die Betrachtung einbezogen werden: Die Differenz zwischen zurechenbarem Erlös und zurechenbaren Kosten des Kostenträgers bildet den Deckungsbeitrag (DB). Er gibt für eine Gesundheitseinrichtung den Betrag an, um den sich der Erfolg bei der Mehr- oder Mindererstellung einer Behandlungs- bzw. Pflegeleistung ändert. Die Deckungsbeiträge müssen so groß sein, dass die nicht zugerechneten Kosten gedeckt werden und kein Verlust erzeugt wird.

Man unterscheidet dabei die einstufige und die mehrstufige Deckungsbeitragsrechnung. Die einstufige Deckungsbeitragsrechnung ermittelt zunächst die aufsummierten Deckungsbeiträge und zieht von diesen dann die kompletten Fixkosten ab. Dieses Verfahren wird auch als Direct Costing bezeichnet, wobei unter den direkten Kosten die variablen Kosten und nicht die Einzelkosten (Direktkosten) zu verstehen sind. Bei der mehrstufigen Deckungsbeitragsrechnung werden die Fixkosten weiter aufgespalten und die Kosten den verursachenden Bereichen der Gesundheitseinrichtung zugerechnet. Dies ermöglicht eine genauere Analyse des Fixkostenblocks. (siehe Tab. 3.9).

Beispiel

In einem Krankenhaus werden von der Erlössumme jeder DRG die variablen Kosten abgezogen (DB I). Davon werden die DRG-Fixkosten beispielsweise für ein spezielles OP-Gerät subtrahiert (DB II). Alle erbrachten DRGs werden je Krankenhausabteilung zusammengefasst und die Abteilungsfixkosten abgezogen, sodass sich DB III ergibt. Zum Schluss werden die Kosten die einer Abteilung nicht einzeln, sondern dem Krankenhaus insgesamt nur zurechenbar sind (Krankenhausfixkosten), von der Summe aller DB III abgezogen und man erhält das Betriebsergebnis. Da eine Verteilung der Abteilungsfixkosten auf einzelne DRGs nicht verursachungsgerecht möglich ist, verzichtet die DBR als Teilkostenrechnungsverfahren darauf (vgl. Fleßa und Weber 2017, S. 455). ◄

Die Deckungsbeitragsrechnung mit relativen Einzelkosten basiert auf der Einzelkostenrechnung und –zuordnung. Hierbei erfolgt die Kostenaufspaltung in Einzel- und

Gemeinkosten sowie deren Zuordnung zu Bezugsobjekten wie beispielsweise Kostenträger und Kostenstellen. Als weitere Teilkostenrechnung berücksichtigt die Grenzplankostenrechnung nur die von der Erstellung von Behandlungs- und Pflegeleistungen abhängigen Kosten, indem sie die Verbrauchsabweichung zwischen variablen Soll- und Istkosten ermittelt. Sie ist somit eine flexible Plankostenrechnung und wird bei der Planung und Kontrolle von Kosten und Erlösen eingesetzt (vgl. Pohl, S. 4 ff.).

Eine **Break-Even-Analyse** beantwortet die Frage, ab welchen Umsatz zusätzlich auch die variablen Kosten und somit die Gesamtkosten gedeckt werden. Es handelt sich dabei um ein Verfahren zur Bestimmung der Gewinnschwelle: Der Break-Even-point ist der Schnittpunkt von Gesamterlös- und Gesamtkostenkurve, das heißt, fixe und variable Kosten werden bei einem Gewinn von null gerade durch die Erlöse (Umsatz) gedeckt. Unterhalb des Break-Even-points befindet man sich in der Verlust-, oberhalb in der Gewinnzone (vgl. Weber und Pape 2018, S. 1).

So lässt sich mit der Break-Even-Analyse beispielsweise ermitteln, bei welchem Umsatz und bei welcher Behandlungs- bzw. Pflegemenge die Verlustzone verlassen und ein Gewinn erwirtschaftet wird. Zur Ermittlung des Break-Even-Points, in dem alle Kosten gedeckt werden, ist der Umsatz mit den Gesamtkosten in eine in Abb. 3.3 dargestellte Beziehung zu setzen.

Aus dem Beispiel in Abb. 3.3 ist ersichtlich, dass ab einer bestimmten Behandlungs- bzw. Pflegemenge und einem damit erzielten Umsatz ein Gewinn in der Gesundheitseinrichtung erwirtschaftet wird. Bei weniger Behandlungs- bzw. Pflegefällen erzielt die Einrichtung Verluste. Jeder zusätzliche Behandlungsfall über den „Durchbruchspunkt" (Break-Even-Point) hinaus trägt zum Gewinn bei.

Diese Analyse ist jedoch idealtypisch. Zum einen wurde bereits erwähnt, dass die Kosten nicht kontinuierlich, sondern sprunghaft ansteigen können. Bei einem plötzlichen

Tab. 3.9 Ein- und mehrstufige Deckungsbeitragsrechnung. (In Anlehnung an Pohl 2019, S. 5)

Methode	Schritt	Vorgehensweise
Einstufige Deckungsbeitragsrechnung	1	Umsatzerlöse je Fall − variable Kosten je Fall = DB je Fall
	2	Summe aller Fall-DB − gesamte Fixkosten = Unternehmensergebnis
Mehrstufige Deckungsbeitragsrechnung	1	Umsatzerlöse je Fall − variable Kosten je Fall = DB I (Fall-DB)
	2	Summe aller Fall-DB − Fallfixe Kosten = DB II (Klinik-DB)
	3	Klinik DB − Klinikfixkosten = DB III (Krankenhaus-DB)
	4	Krankenhaus DB − Krankenhausfixkosten = Unternehmensergebnis

Anstieg der Kosten, etwa durch Neueinstellung einer zusätzlichen Pflegekraft, wird die Gewinnzone der Gesundheitseinrichtung erst bei einem entsprechend höheren Umsatz und einer größeren Behandlungsmenge bzw. Pflegezahl erreicht. Des Weiteren ist das Verhältnis zwischen Behandlungsmenge und Umsatz entscheidend von der Art der Behandlungs- bzw. Pflegefälle abhängig. Überwiegt die Menge an Fällen, die vergleichsweise geringe Erlöse erzielen, so wird die Gewinnzone erst später erreicht, als bei einer Gesundheitseinrichtung, die mit einer geringeren Anzahl von Fällen höhere Einnahmen erzielt.

Entscheidend ist somit die Frage, welchen Deckungsbeitrag der einzelne Behandlungs- bzw. Pflegefall erzielt und in welcher Höhe er zum Gewinn beiträgt. Um die Frage zu beantworten, welchen Deckungsbeitrag der einzelne Behandlungs- bzw. Pflegefall erzielt und in welcher Höhe er zum Gewinn beiträgt, sind durch Anwendung der Zuschlagskalkulation die Einzelkosten für die jeweilige Behandlungsart zu ermitteln und um die Gemeinkostenanteile zu erhöhen. Mit den im Rahmen der Kassen- bzw. Privatliquidation erzielbaren Erlösen sind die so errechneten Kosten pro Behandlungsart anschließend zu vergleichen. Bei einem positiven Vergleichsergebnis erwirtschaftet die Gesundheitseinrichtung bei Durchführung dieser Behandlungsart Gewinne. Verluste werden bei einem negativen Ergebnis des Vergleichs erzielt.

Die Ermittlung der Kosten und Erlöse für die jeweilige Behandlungsart lassen sich nur für jede der Gesundheitseinrichtung individuell durchführen. Sie sind von vielen Faktoren und Einflussgrößen abhängig, wie Personalumfang der Gesundheitseinrichtung, Arbeitsstil und -tempo der Mitarbeiter, der individuelle Materialverbrauch je Behandlung, die Patientenstruktur (vorwiegend Privat- oder Kassenpatienten), die Größe, die Ausstattung der Gesundheitseinrichtung, verwendete medizinische Geräte und Instrumente und vieles andere mehr.

Die **Prozesskostenrechnung** (PKR) wird bisweilen ebenfalls zur Erfolgsrechnung gezählt, obwohl sie in erster Linie die Kosten der indirekten Leistungsbereiche einer Gesundheitseinrichtung (z. B. Wäscherei, Krankenhausküche, Privat- und Kassenliquidation, Patientenverwaltung etc.) abbildet und eine verursachungsgerechtere Verteilung dieser Gemeinkosten durchführt. Sie ist eine Vollkostenrechnung, die sowohl variable als auch fixe Kosten auf die Kostenträger verrechnet. Dabei wird die kostenstellenweise Zuordnung der Kosten durch eine kostenstellenübergreifende Betrachtungsweise ersetzt. Die PKR stellt somit kein eigenständiges Kostenrechnungsverfahren dar, sondern ergänzt die herkömmlichen Systeme um eine verbesserte Gemeinkostenverteilung.

> **Beispiel**
>
> Die PKR setzt eine Abkehr von der reinen Ablauforganisation voraus:
>
> „Sinn und Inhalt der Prozesskostenrechnung im Krankenhaus muss es sein, einerseits die Kostenträgerrechnung zu ersetzen und andererseits die Optimierung der abgebildeten Prozesse mit einer Simulation von geplanten Veränderungen zu ermöglichen. Darüber hinaus

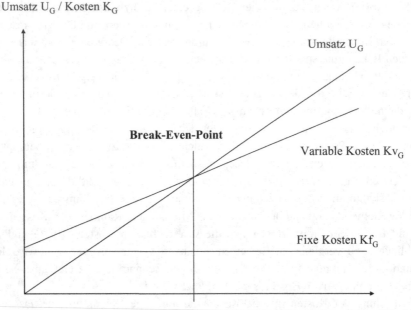

Umsatz U_G / Kosten K_G

Umsatz U_G

Break-Even-Point

Variable Kosten Kv_G

Fixe Kosten Kf_G

Zahl der Behandlungs- bzw. Pflegefälle M_G

Abb. 3.3 Schematisches Beispiel einer Break-Even-Analyse

sollen die abgebildeten Prozesse als Patientenpfad/Leitlinie genutzt werden und so die Dokumentation des medizinischen Personals erheblich vereinfachen helfen. Es sollen also mit der Prozesskostenrechnung nicht nur die direkt damit verbundenen Vorteile erzielt werden, sondern viele der bisher bestehenden Defizite dauerhaft und effizient sowie ohne zusätzlichen Erfassungsaufwand behoben werden." (vgl. Kothe-Zimmermann 2006, S. 64) ◄

Bei den traditionellen Kostenrechnungssystemen werden die Gemeinkosten der Gesundheitseinrichtung über Zuschlagssätze oder Verrechnungsschlüssel auf die Kostenträger verrechnet. Solange die Gemeinkosten nur einen geringen Anteil an den Gesamtkosten ausmachen ist diese Art der Verrechnung wirtschaftlich. Bei höheren Verrechnungssätzen sind die auf diese Weise ermittelten Kosten jedoch eingeschränkt aussagekräftig, was zu Fehlentscheidungen führen kann.

Die PKR versucht, die Gemeinkosten den ablaufenden Prozessen zuzuordnen. Nach dem Beanspruchungsprinzip geschieht dies über die mengenmäßige Inanspruchnahme von Teilprozessen. Dazu sind die Hauptprozesse in einer Gesundheitseinrichtung zu identifizieren und von anderen abzugrenzen. In der PKR erfolgt die Aufschlüsselung der Gemeinkosten durch angemessene Einheiten (z. B. Energieverbrauch, Zeitintensität etc.).

Um sie möglichst verursachungsgerecht zuzuordnen, ist es oft sinnvoller, sie nach Cost Drivers (Kostentreibern) zu bemessen. Bei einem größeren Lager mit medizinischem Verbrauchsmaterial kann es bspw. sinnvoller sein, die Lagerhaltungskosten nach Gewicht oder Größe des zu lagernden Materials zu bemessen, als nach dessen Einkaufswert, der wiederum direkt zurechenbare Einzelkosten darstellt. Auf diese Weise zugeordnete Einzel- und Gemeinkosten ergeben den Prozesskostensatz. Bezogen auf eine Kostenstelle bilden sie Teilprozesskosten, die sich unter Einbeziehung mehrerer Kostenstellen in mehreren Stufen zu Hauptprozesskosten zusammensetzen lassen:

- Analyse der Tätigkeiten in der Gesundheitseinrichtung
- Definition der Einrichtungsprozesse
- Ermittlung der Kostentreiber
- Ermittlung der Prozesskostensätze
- Zusammenfassung zu Prozesskosten

Bei der Tätigkeitsanalyse werden jene Vorgänge in einer Kostenstelle erfasst, die Ressourcen in Anspruch nehmen oder verbrauchen. Ihre Aufnahme und die Feststellung des Zeitaufwands je Tätigkeit ist eine grundlegende Voraussetzung für die Anwendung der PKR. Die Aufnahme der Tätigkeiten kann durch Nutzung vorhandener Informationsquellen (Ablaufdiagramme etc.), Selbstaufschreibung, Multimomentverfahren oder durch vergleichbare Methoden erfolgen.

Zur Definition der Prozesse in einer Gesundheitseinrichtung werden die Tätigkeiten zu Teilprozessen und schließlich zu Hauptprozessen verdichtet. Teilprozesse stellen hierbei Aneinanderreihungen von Tätigkeiten dar, die in einer Kostenstelle auf die Erbringung einer bestimmten Leistung ausgerichtet sind. Hauptprozesse bestehen demzufolge kostenstellenübergreifend aus einer Kette von zusammengehörigen Teilprozessen, mit dem Ziel der Erbringung einer Gesamtleistung.

Die Kostentreiber sind die Bezugsgrößen für die Verrechnung der Gemeinkosten und treten an die Stelle bisheriger Verrechnungsschlüssel bzw. Einzelkostenzuschläge. Kostentreiber in einer Gesundheitseinrichtung können beispielsweise die Patientenzahlen, die Zahl der Laborarbeiten, die Zahl der Beschaffungsvorgänge bei medizinischem Verbrauchsmaterial oder andere Werte sein. In der Regel liegt zwischen Kostentreiber und Kostenträger eine proportionale Beziehung vor.

Bei der PKR werden am Ende der Kostenstellenrechnung Prozesskostensätze zur Kalkulation und zur Verrechnung der Kosten auf die Kostenträger ermittelt. Ähnlich wie bei der Ermittlung der Behandlungsfallkosten wird der Prozesskostensatz durch Division der geplanten Kosten eines Prozesses durch die Menge des Kostentreibers ermittelt. Der Prozesskostensatz gibt dadurch an, wie viel die einmalige Durchführung eines Prozesses eine Gesundheitseinrichtung kostet (siehe Abb. 3.4).

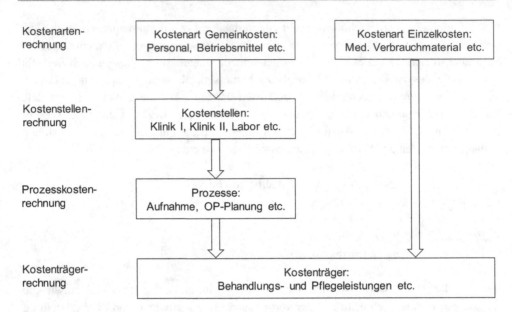

Abb. 3.4 Vorgehensweise bei der PKR im Krankenhaus (vgl. Greiling 2002, S. 467)

Literatur

Barth, T., & Ernst, D. (2018). *Kosten- und Erlösrechnung Schritt für Schritt – Arbeitsbuch*. Konstanz: UVK.

Deutsche Krankenhausgesellschaft (Hrsg.). (2016). Kalkulation von Behandlungskosten – Handbuch zur Anwendung in Krankenhäusern. Version 4.0 vom 10.10.2016. Düsseldorf.

Fleßa, S., & Weber, W. (2017). Informationsmanagement und Controlling in Krankenhäusern. In R. Busse, J. Schreyögg, & T. Steingardt (Hrsg.), *Management im Gesundheitswesen – Lehrbuch für Studium und Praxis* (4. Aufl., S. 447–462). Berlin: Springer.

Friedl, G., Hofmann, C., & Pedell, B. (2017). *Kostenrechnung – Eine entscheidungsorientierte Einführung* (3. Aufl.). München: Vahlen.

GKV-Spitzenverband (Hrsg.). (2020). a-DRG-System. https://www.gkv-spitzenverband.de/krankenversicherung/krankenhaeuser/drg_system/g_drg_2020/drg_system_1.jsp.   Berlin. Zugegriffen: 5. Juli 2020.

Grünstäudl, M. (2013). *Praxishandbuch Kostenrechnung – Grundlagen, Prozesse, Systeme*. Konstanz: UVK.

Greiling, M. (2002). Prozesskostenrechnung im Krankenhaus – Instrument und Umsetzung zur Kalkulation von DRGs. *das krankenhaus, 94*(6), 467–469.

Horsch, J. (2018). *Kostenrechnung – Klassische und neue Methoden in der Unternehmenspraxis* (3. Aufl.). Wiesbadens: Springer Gabler/Springer Fachmedien.

Kassenzahnärztliche Bundesvereinigung (Hrsg.) (2018). Jahrbuch 2018 – Statistische Basisdaten zur vertragszahnärztlichen Versorgung. Köln.

Kothe-Zimmermann, H. (2006). *Prozesskostenrechnung und Prozessoptimierung im Krankenhaus – Eine Praxisanleitung in sieben Schritten*. Stuttgart: Kohlhammer.

Krankenhaus-Buchführungsverordnung (KHBV) in der Fassung der Bekanntmachung vom 24. März 1987 (BGBl. I S. 1045), zuletzt durch Artikel 2 der Verordnung vom 21. Dezember 2016 (BGBl. I S. 3076) geändert.

Kußmaul, H., & Wöhe, G. (2018). *Grundzüge der Buchführung und Bilanztechnik* (10. Aufl.). München: Vahlen.

Pflege-Buchführungsverordnung (PBV) vom 22. November 1995 (BGBl. I S. 1528), zuletzt durch Artikel 1 der Verordnung vom 21. Dezember 2016 (BGBl. I S. 3076) geändert.

Hennke, M., Larbig, M., Meiring, H., & Berger, L. C. (2004). Kostenträgerrechnung im DRG-Zeitalter, kein Buch mit 7 Siegeln – Erfahrungsbericht zur Kalkulation im Marien-Hospital Wesel. *das krankenhaus, 96*(11), 900–903.

Krüger, G. (2016). *Kosten- und Erlösrechnung in KMU – Praxisleitfaden für Unternehmer und Berater.* Herne: NWB Verlag.

Macha, R. (2011). *Grundlagen der Kosten- und Leistungsrechnung.* München: Vahlen.

Pohl, L. (2019). Deckungsbeitragsorientiertes Controlling im Krankenhaus – Verschiedene Konzeptionen im Vergleich. In W. Zapp (Hrsg.), *Deckungsbeitragsrechnung für Krankenhäuser – Analyse – Verfahren – Praxisbeispiele* (S. 1–22). Wiesbaden: Springer Gabler/Springer Fachmedien.

Schweitzer, M., Küpper, H. U., Friedl, G., Hofmann, C., & Pedell, B. (2015). *Systeme der Kosten und Erlösrechnung* (11. Aufl.). München: Vahlen.

Weber, J., & Pape, U. (2018). Break-Even-Analyse. Gabler Wirtschaftslexikon. https://wirtschafts-lexikon.gabler.de/definition/break-even-analyse-31893/version-255441. Wiesbaden: Springer Gabler/Springer Fachmedien. Zugegriffen: 19. Jan. 2020.

Besonderheiten spezieller Kostenarten: Welche Kosten spielen in Gesundheitseinrichtungen eine besondere Rolle?

4

4.1 Finanzierungskosten für Gesundheitseinrichtungen

Die **Finanzierung** insbesondere von öffentlichen Gesundheitseinrichtungen ist rechtlichen Regelungen unterworfen. So ist der Bereich der öffentlichen Krankenhausfinanzierung maßgeblich im Krankenhausfinanzierungsgesetz (KHG) geregelt, das beispielsweise unter den für Investitionen anfallenden Kosten die Kosten der Errichtung (Neubau, Umbau, Erweiterungsbau) von Krankenhäusern und der Anschaffung der zum Krankenhaus gehörenden Wirtschaftsgüter, ausgenommen der zum Verbrauch bestimmten Güter (Verbrauchsgüter) sowie die Kosten der Wiederbeschaffung der Güter des zum Krankenhaus gehörenden Anlagevermögens (Anlagegüter) versteht (vgl. § 2 KHG). Die Krankenhäuser werden nach dem KHG dadurch wirtschaftlich gesichert, dass ihre Investitionskosten im Wege öffentlicher Förderung übernommen werden. Dazu stellen die Bundesländer Krankenhauspläne und Investitionsprogramme auf und stimmen ihre Krankenhausplanung auf die pflegerischen Leistungserfordernisse nach SGB XI ab. Die Krankenhäuser haben einen Anspruch auf Förderung, soweit und solange sie in den Krankenhausplan eines Landes und bei Investitionen in das Investitionsprogramm aufgenommen sind. Das duale System der Krankenhausfinanzierung sieht somit vor, dass deren Investitionskosten durch Fördermittel, die die Bundesländer zur Verfügung stellen, finanziert werden und sie leistungsgerechte Erlöse aus den Fallpauschalen sowie aus den Vergütungen für die vor- und nachstationäre Behandlung sowie für ambulantes Operieren erhalten (vgl. Wolke 2010, S. 4).

Bei der Finanzierung von öffentlichen Pflegeeinrichtungen sind die Vorgaben des SGB XI – Soziale Pflegeversicherung – wesentlich. Das Nähere zur Planung und zur Förderung der Pflegeeinrichtungen wird durch Landesrecht bestimmt; durch Landesrecht kann auch bestimmt werden, ob und in welchem Umfang eine im Landesrecht vorgesehene und an der wirtschaftlichen Leistungsfähigkeit der Pflegebedürftigen

A. Frodl, *Kostensteuerung für Gesundheitseinrichtungen,* https://doi.org/10.1007/978-3-658-32539-8_4

orientierte finanzielle Unterstützung der Pflegebedürftigen bei der Tragung der ihnen von den Pflegeeinrichtungen berechneten betriebsnotwendigen Investitionsaufwendungen oder der Pflegeeinrichtungen bei der Tragung ihrer betriebsnotwendigen Investitionsaufwendungen als Förderung der Pflegeeinrichtungen gilt. Zur finanziellen Förderung der Investitionskosten der Pflegeeinrichtungen sollen Einsparungen eingesetzt werden, die den Trägern der Sozialhilfe durch die Einführung der Pflegeversicherung entstehen (vgl. § 9 SGB XI). Zur Finanzierung von Pflegeeinrichtungen ist weiterhin geregelt: Soweit betriebsnotwendige Investitionsaufwendungen oder Aufwendungen für Miete, Pacht, Erbbauzins, Nutzung oder Mitbenutzung von Gebäuden oder sonstige abschreibungsfähige Anlagegüter durch öffentliche Förderung nicht vollständig gedeckt sind, kann die Pflegeeinrichtung diesen Teil der Aufwendungen den Pflegebedürftigen gesondert berechnen. Gleiches gilt, soweit die Aufwendungen vom Land durch Darlehen oder sonstige rückzahlbare Zuschüsse gefördert werden. Die gesonderte Berechnung bedarf der Zustimmung der zuständigen Landesbehörde; das Nähere hierzu, insbesondere auch zu Art, Höhe und Laufzeit sowie die Verteilung der gesondert berechenbaren Aufwendungen auf die Pflegebedürftigen einschließlich der Berücksichtigung pauschalierter Instandhaltungs- und Instandsetzungsaufwendungen sowie der zugrunde zu legenden Belegungsquote, wird durch Landesrecht bestimmt. Die Pauschalen müssen in einem angemessenen Verhältnis zur tatsächlichen Höhe der Instandhaltungs- und Instandsetzungsaufwendungen stehen. Pflegeeinrichtungen, die nicht nach Landesrecht gefördert werden, können ihre betriebsnotwendigen Investitionsaufwendungen den Pflegebedürftigen ohne Zustimmung der zuständigen Landesbehörde gesondert berechnen. Die gesonderte Berechnung ist der zuständigen Landesbehörde mitzuteilen. Öffentliche Zuschüsse zu den laufenden Aufwendungen einer Pflegeeinrichtung (Betriebskostenzuschüsse) sind von der Pflegevergütung abzuziehen (vgl. § 82 SGB XI).

Für den Bereich von Arzt- und Zahnarztpraxen sind Gegenstand der Praxisfinanzierung insbesondere die Existenzgründung, sowie Erhaltungs- und Erweiterungsinvestitionen. Dazu zählen insbesondere die Finanzierung von Betriebsmittelkrediten, Praxis- und Geräteausstattungen, Bau- und Umbaukosten im Rahmen von Praxisneugründungen und Praxisübernahmen, wobei das Finanzierungsvolumen im Hinblick auf die einzelnen Facharztgebiete eine erhebliche Spannbreite aufweist.

In jeder Gesundheitseinrichtung gibt es Phasen, in denen der Finanzmittelbedarf steigt. Die Finanzierung hat dabei die Aufgabe der Kapitalbeschaffung und damit die Gesundheitseinrichtung mit dem erforderlichen Kapital zu versorgen, das sie insbesondere zur Erstellung von Behandlungs- und Pflegeleistungen benötigt (vgl. Olfert 2017, S. 22). Ein wichtiges Kriterium für die Frage der Entscheidung über Finanzierungsalternativen sind dabei neben der Liquidität, Rentabilität, Sicherheit und Unabhängigkeit auch vor allen Dingen die Finanzierungskosten.

Zur Deckung des Liquiditätsbedarfs einer Gesundheitseinrichtung dient ihr **Kapital**, als wertmäßiger Ausdruck für die Gesamtheit der Sach- und Finanzmittel, die ihr zur Verfügung stehen, aufgeteilt nach der Überlassungsform in Eigen- und Fremdkapital. Das Eigenkapital umfasst die Mittel, die der Gesundheitseinrichtung von den Eigentümern zur Verfügung gestellt werden, und resultiert in einer Bilanz aus der Differenz zwischen Vermögen und Schulden und haftet bei Verlusten zum Schutz der Gläubiger vor Forderungsausfällen. Es kann auch in Form der Beteiligungsfinanzierung bei Gesellschaftsunternehmungen (bspw. Klinik-AG) oder durch Verzicht auf Gewinnausschüttungen bereit gestellt sein. Die Eigenkapitalrentabilität stellt das Verhältnis des Gewinns zum Eigenkapital dar. Sie muss mittelfristig höher sein als der Zinssatz für langfristige Geldkapitalanlagen zuzüglich eines angemessenen Zuschlages für das Unternehmerrisiko des Kapitalgebers (vgl. Stopka und Urban 2017, S. 3 ff.).

Fremdkapital wird von Gläubigern zur Verfügung gestellt, die unabhängig von der Ertragslage Anspruch auf Verzinsung und Rückzahlung haben, und weist in der Summe die Verschuldung der Gesundheitseinrichtung aus. Eine wichtige Form des Fremdkapitals sind beispielsweise sogenannte Buchkredite wie Darlehen oder Kontokorrent- oder Lieferantenkredite. In einer Gesundheitseinrichtung müssen nicht nur die laufenden Personal- und Sachkosten getragen, sondern auch Investitionen in die Behandlungs- und Pflegeeinrichtung, die medizintechnische Ausstattung und in die Weiterbildung der Einrichtungsangehörigen getätigt werden. Gerade, wenn eine Gesundheitseinrichtung noch nicht allzu lange besteht, sind in der Regel noch keine hohen Erträge erwirtschaftet, und das verfügbare Eigenkapital reicht für den Umfang geplanter Investitionen oft nicht aus. Eine zu dünne Eigenkapitaldecke kann auch die Liquidität der Einrichtung gefährden. Oberstes Ziel der Finanzierung und der Mittelbeschaffung ist es daher, das finanzielle Gleichgewicht zu erreichen und zu erhalten (vgl. Frodl 2012, S. 94 ff.).

Ein regelmäßiger Abgleich von der Beschaffung und Verwendung finanzieller Mittel kann zu einer verbesserten Gestaltung der Finanzierungskosten beitragen. Hierzu stellt die **Finanzplanung** die systematische Erfassung, die Gegenüberstellung und den gestaltenden Ausgleich zukünftiger Zu- und Abnahmen liquider Mittel dar.

Beispiel

In einem Pflegeheim zählen beispielsweise zu den Mitteln mit unterschiedlichen Liquiditätsgraden die Bestände in der Handkasse, die Bestände auf unterschiedlichen Heimkonten ggf. bei verschiedenen Banken, Tagegelder, offene Forderungen an Heimbewohner und anderes mehr. ◄

Ziel der Finanzplanung ist es, eine optimale Liquidität zu ermitteln, zu erreichen und zu erhalten, und den dazu nötigen Bestand an Zahlungsmitteln und damit einen möglichen Finanzierungsbedarf vorauszuplanen (vgl. Becker und Peppmeier 2018, S. 4). Um mit einer vorausschauenden Finanzplanung möglichst positiv auf die Finanzierungskosten einzuwirken, ist eine Reihe von Aufgaben notwendig, wie beispielsweise:

- Beschleunigung der Patientenzahlungsströme
- Bewertung von Finanzierungsalternativen
- Information über Finanzierungsmöglichkeiten

- Kurz-, mittel- u. langfristige Ermittlung des Kapitalbedarfs für die Gesundheitseinrichtung
- Optimierung von Zahlungsbedingungen
- Nutzung günstiger Finanzierungsalternativen des Kapitalmarkts
- Überwachung der Zahlungseingänge, Bankkonten und Kreditlinien
- Überprüfung von Wertstellungen, Zinsabrechnungen und Gebühren
- Verbesserung der Bonitätswerte der Gesundheitseinrichtung
- Verhandlung über Finanzierungskonditionen
- Wahrung der weitestgehenden Unabhängigkeit von einzelnen Kreditgebern

Die **Selbstfinanzierung** durch die Gesundheitseinrichtung, ohne Beanspruchung von möglichen Anteilseignern und Gläubigern aus dem Überschuss für erbrachte Leistungen, stellt eine Einbehaltung von Teilen des in der Geschäftsperiode erzielten Gewinns der Gesundheitseinrichtung und dadurch die Erhöhung des tatsächlich vorhandenen Eigenkapitals dar. Sie ist nichts anderes als das Sparen, und die einbehaltene Gewinne sind die Ersparnis der Gesundheitseinrichtung, wobei dies somit abhängig ist von der Höhe des Gewinns, der Besteuerung, dem Kapitalbedarf, oder beispielsweise aber auch von der Politik der Privatentnahmen eines Arztes aus seiner Praxis. Die Selbstfinanzierung vollzieht sich durch die Bildung von Rücklagen und damit von finanziellen Reserven. Aus dem Ergebnis der Gesundheitseinrichtung gebildete Rücklagen stellen Gewinnrücklagen dar, die auf der Seite der Finanzierungskosten insbesondere die Vorteile geringer Kapitalbeschaffungskosten und Verringerung des Abflusses von Finanzmitteln für Fremdkapitalzinsen und Tilgung bieten.

Auch die Finanzierung aus Abschreibungswerten stellt eine Möglichkeit zur Beeinflussung von Finanzierungskosten dar. Dabei führen die für die Ersatzbeschaffung vorgesehenen Abschreibungserlöse erst zu einem späteren Zeitpunkt zu Ausgaben und stehen bis dahin als Finanzmittel zur Verfügung, was zu einem Kapitalfreisetzungseffekt führt. Das freigesetzte Kapital ist umso größer, je länger die Nutzungsdauer der Behandlungs- und Pflegeeinrichtungen und je höher deren Nutzungsintensität ist. Es handelt sich dabei um eine reine Vermögensumschichtung durch die anderweitige Verwendung der Zahlungsmittel bis zur Durchführung der Ersatzbeschaffung der Abschreibungsobjekte (vgl. Wöhe et al. 2013, S. 18).

Zu den häufigsten Formen der Fremdfinanzierung, bei der der Gesundheitseinrichtung Kapital in der Regel durch Dritte (Banken, Lieferanten) leihweise zur Verfügung gestellt wird, zählt das Darlehen als ein **Kredit**, der in einer Summe oder in Teilbeträgen zur Verfügung gestellt wird und

- in festgelegten Raten (Ratenkredit, Tilgungskredit) oder
- auf einmal nach Ablauf der vertraglich geregelten Laufzeit zurückzuzahlen ist (Kredit mit Endfälligkeit) (vgl. Bieg et al. 2016, S. 27 f.).

Die Zinsen stellen dabei das Entgelt für den Nutzungswert des Kapitals dar. Hinsichtlich der Finanzierungskosten ist die übliche Unterscheidung wichtig in Darlehen

- mit Zinsanpassung die mit variablem Zinssatz häufig in einer Hochzinsphase aufgenommen werden, in der Hoffnung, zukünftig auf einen günstigeren Festzinssatz umsteigen zu können, oder
- mit Zinsfestschreibung, die zu einem für eine bestimmte Periode vereinbarten Festzinssatz ausgeliehen werden, was für die Gesundheitseinrichtung als Darlehensnehmerin insbesondere in einer Niedrigzinsphase von Vorteil sein kann.

Im Hinblick auf die Finanzierungskosten von besonderem Interesse sind beispielsweise Lieferantenkredite, die der Gesundheitseinrichtung von Lieferanten für medizinische Verbrauchsmaterialien oder medizin-technischen Geräten durch das Einräumen von Zahlungszielen gewährt werden, oder auch Patientenanzahlungen, die nichts anderes als Kredite darstellen, in dem der Patient vorfällig medizintechnische Produkte, Behandlungs- oder Therapieleistungen anzahlt, sodass die Gesundheitseinrichtung bis zum Zeitpunkt der Leistungserstellung und der damit verbundenen Kostenentstehung über diesen Anzahlungsbetrag verfügen kann.

Bei dem ebenfalls nicht selten vorkommenden Kontokorrentkredit handelt es sich um einen Barkredit in laufender Rechnung, den Banken und Sparkassen auf einem laufenden Konto zur Verfügung stellen und den die Gesundheitseinrichtung als Kreditnehmerin innerhalb der vereinbarten Laufzeit im Rahmen der abgesprochenen Kreditlinie in Anspruch nehmen kann. Die Kosten für den Kontokorrentkredit umfassen zunächst Zinsen (monatlich oder vierteljährlich nachträglich) auf den in Anspruch genommenen Betrag, wobei der Zinssatz zwischen Kreditinstitut und Gesundheitseinrichtung zumeist „bis auf weiteres" vereinbart wird. Der Kreditvertrag sieht dann vor, dass bei geänderten Verhältnissen am Geldmarkt bzw. am Kapitalmarkt der Zinssatz entsprechend verändert werden kann. Da das Kontokorrent von beiden Seiten jederzeit einseitig aufgehoben werden kann, ist auch die Gesundheitseinrichtung in der Lage, Zinssatzänderungen entsprechend ihrer Verhandlungsstärke gegenüber dem Kreditinstitut durchzusetzen. Ferner sind Kontoführungsgebühren, Bearbeitungsgebühren je nach Anlass (für Sicherheitenbestellung, -prüfung usw.) und Überziehungszinsen zusätzlich zu zahlen, sofern die Bank Inanspruchnahmen oberhalb der vereinbarten Kreditlinie zulässt.

Die Kosten für Kreditfinanzierungen hängen auch von der Kreditwürdigkeit bzw. Bonitätder Gesundheitseinrichtung ab. Dazu überprüfen Banken hierzu insbesondere die wirtschaftlichen Verhältnisse der Gesundheitseinrichtung, ihre Liquiditätssituation, Ertragslage, Umsatzentwicklung, Vermögens- und Kapitalsituation, den Wert der Sicherheiten oder auch Beruf, Position, Fachkenntnisse, unternehmerische Fähigkeiten des Leitungspersonals und führen zur Bonitätsprüfung und Risikoabschätzung in der Regel ein Rating durch. Diese standardisierte Bonitätsbeurteilung nach einheitlichen und konsistenten Verfahren verdeutlicht dabei den Grad des Risikos einer Kreditvergabe an die Gesundheitseinrichtung und nimmt dadurch bedeutenden Einfluss auf die Konditionen des Geld- bzw. Kapitalmarktes. Daher sollte die Gesundheitseinrichtung bestrebt sein, eine gute Einstufung zu erhalten, zumal sich auch die Bonitätsstufe im Laufe der Zeit verändern kann, was im positiven Fall zu einer Höherbewertung (Upgrading) oder im negativen Fall zu einer Abstufung (Downgrading) führen kann.

> **Beispiel**
>
> Die Bonität spielt für die Finanzierungskosten von Gesundheitseinrichtungen eine immer größer werdende Rolle: „Die Kreditwürdigkeit bzw. Bonität entwickelt sich für Krankenhäuser zu einem Wettbewerbsfaktor, der stetig an Bedeutung gewinnt. Banken ermitteln die Bonität von Krankenhäusern heute in der Regel mittels Ratingverfahren. Das Ratingergebnis fließt als Ratingnote mit hohem Gewicht in die Kreditentscheidung der Bank ein. Zu einer besseren Ratingnote tragen bei: detaillierte Angaben zu wichtigen Bilanzpositionen und Ergebniskomponenten, vollständige Jahresabschlussunterlagen, ggf. inklusive Konzern- und Teilkonzernbilanzen, eine Verortung in einem starken Haftungsverbund und, wo dies möglich ist, ein Bekenntnis der Kommune zum Krankenhaus." (vgl. Schwarz 2017, S. 379). ◄

Ein weiterer wesentlicher Einflussfaktor auf die Finanzierungskosten von Gesundheitseinrichtungen ist die die Tilgungsform von Krediten. Die vereinbarte Tilgung kann beispielsweise weitere Finanzierungsspielräume erhalten, je nachdem, ob sie planmäßig nach einem Tilgungsplan erfolgt oder auch außerplanmäßige Tilgungen vorgenommen werden können. Die Möglichkeit einer außerplanmäßigen Tilgung, insbesondere Tilgungshöhe und Tilgungszeitpunkt, muss durch die Gesundheitseinrichtung mit dem Darlehensgeber in der Regel gesondert vereinbart werden. Je nach Art der Tilgung stehen in der Regel folgende Alternativen zur Verfügung (siehe Tab. 4.1):

- *Annuitätendarlehen:* Häufigste Form der Kredittilgung, wobei das Darlehen durch gleich bleibende Jahresleistungen (Annuitäten) zurückgezahlt und durch die Tilgungsverrechnung mit fortschreitender Darlehenslaufzeit der zu verzinsende Darlehensbetrag geringer wird, die Annuität jedoch unverändert bleibt, sodass die jährlichen Tilgungsbeträge um die so genannten
- „ersparten" Zinsen steigen.
- *Abzahlungsdarlehen:* Zurückzahlung des Kredits durch fallende Jahresleistungen, aufgrund gleich bleibenden Tilgungsanteils, aber gleichzeitig fallendenden Zinsanteils.
- *Festdarlehen:* Kredit, der erst am Ende der Laufzeit in einer Summe zurückgezahlt wird (Fälligkeitsdarlehen bzw. Darlehen mit Endfälligkeit).

Tab. 4.1 Möglichkeiten der Darlehensrückzahlung für die Gesundheitseinrichtung

Darlehensart	Zinsanteil	Tilgungsanteil
Annuitätendarlehen	fallend	steigend
Abzahlungsdarlehen	fallend	gleichbleibend
Festdarlehen	gleichbleibend	Tilgung am Ende der Laufzeit

Tilgungsleistungen können entweder sofort bei Zahlung verrechnet oder durch eine nachschüssige Tilgungsverrechnung abgegolten werden, sodass die Tilgungsleistungen erst mit Beginn des nächsten Verrechnungsabschnitts für die Zinsberechnung wirksam werden.

Neben der Tilgung gibt es weitere kostenbestimmende Faktoren, die sich unmittelbar auf den Kredit und seine Vermittlung beziehen, wie beispielsweise Bearbeitungsgebühren, Disagio und Agio, Effektivzins, Vorfälligkeitsgebühren, Kreditprolongationen, Wertstellungen oder sonstige Kreditvermittlungskosten.

Insbesondere bei Darlehen mit veränderbaren Konditionen (vollvariabler Zinssatz) oder Zinsbindungsfrist (Zinsfestschreibung für einen bestimmten Zeitraum) ist der Effektivzinsals anfänglicher effektiver Jahreszins von Bedeutung, beispielsweise wann preisbestimmende Faktoren geändert werden können und auf welchen Zeitraum Belastungen, die sich aus einer nicht vollständigen Auszahlung des Kreditbetrags oder aus einem Zuschlag hierzu ergeben, zum Zweck der Preisangabe verrechnet worden sind. Er ist beim Angebot von und bei der Werbung mit Krediten als Preis für die Gesamtbelastung pro Jahr in einem Prozentsatz des Kredites anzugeben und als effektiver Jahreszins zu bezeichnen, der den Zinssatz beziffert, mit dem sich der Kredit bei regelmäßigem Kreditverlauf auf der Grundlage taggenauer Verrechnung aller Leistungen und nachschüssiger Zinsbelastung staffelmäßig (360-Tage-Methode) abrechnen lässt.

Wird bei Festzinsvereinbarungen in Darlehensverträgen ein Disagio vereinbart, so ist durch diesen Unterschiedsbetrag zwischen dem Rückzahlungs- und dem Ausgabebetrag von Krediten der Kreditausgabebetrag an die Gesundheitseinrichtung geringer als die tatsächliche Kredithöhe, was üblicherweise durch einen verringerten Nominalzinssatz beglichen wird. Um einen günstigeren Zinssatz zu erreichen, ist im umgekehrten Fall ein als Agio bezeichnetes Aufgeld zu entrichten.

Auch ist auf die Wertstellungspraxis der kreditgebenden Bank zu achten, denn im Hinblick auf Tilgungsleistungen bedeutet die Wertstellung die Festsetzung des Tages mit dem die Verzinsung (Valutierung) für einen neuen, durch einen Zahlungsein- oder -ausgang veränderten Saldo auf seinen Konten beginnt. Ist sie nicht mit dem Buchungstag identisch und ergibt sich dadurch ein anderer Zeitpunkt, ab dem Gutschriften oder Belastungen auf Konten der Gesundheitseinrichtung verzinst werden, so ergeben sich mögliche negative Differenzen aus der Belastungs-Wertstellung und Gutschrift-Wertstellung.

Einfluss auf die Finanzierungskosten kann auch eine erforderlich werdende Kreditprolongation haben, die den ursprünglich zu Beginn der Laufzeit vereinbarten Rückzahlungszeitraum für einen Kredit aufhebt und die bisherige Befristung der Kreditlinie bis auf weiteres oder zunächst bis zu einem bestimmten Datum verlängert.

Auch die Auswirkung einer vorfälligen Kreditrückzahlung ist im Hinblick auf die Finanzierungskosten genau zu bewerten, da hierfür üblicherweise eine Vorfälligkeitsgebühr verlangt wird und damit ein Betrag darstellt, der der Gesundheitseinrichtung bei vorzeitiger Kündigung eines langfristigen Kredits in Rechnung gestellt wird. Sie gelangt dann zur Anwendung, wenn die Möglichkeit, den Kredit vor Fälligkeit zurückzuzahlen, nicht im Kreditvertrag vereinbart wurde und umfasst den dadurch der Bank entstehenden Zinsschaden (Zinsmargenschaden bzw. Zinsverschlechterungsschaden) und üblicherweise eine Bearbeitungsgebühr, abzüglich der Einsparungen der Bank an Verwaltungsgeldern und an Risikokosten.

Im Hinblick auf die Steuerung der Finanzierungskosten können **Sonderformen** wie das Factoring, als laufender Ankauf von Geldforderungen gegen einen Drittschuldner (Patient) aus Leistungen der Gesundheitseinrichtung durch ein Finanzierungsinstitut (Factor), für eine Liquiditätsverbesserung sorgen. Der Factoringanbieter übernimmt hierbei zwar das Ausfallrisiko, die Buchführung sowie das Mahnwesen und stellt der die Patientenforderungen verkaufenden Gesundheitseinrichtung sofort Liquidität zur Verfügung, allerdings entstehen Kosten für die Inanspruchnahme dieser Dienstleistung.

Die Nutzung des Leasing von medizintechnischen Geräten, Anlagen oder Fahrzeugen für die Gesundheitseinrichtung gehört zu den kapitalsubstitutiven Finanzierungsformen und bedeutet die Überlassung von Wirtschaftsgütern durch den Hersteller oder eine Finanzierungsgesellschaft, die es erwirbt und ihrerseits an die Gesundheitseinrichtung als Mieter für eine vertragsgemäße Nutzungsdauer vermietet. Als Gegenleistung für die Nutzung sind regelmäßige gleich bleibende Zahlungen (Leasingraten) oder auch eine Miet-Sonderzahlung zu erbringen, was zwar die bei einem Neukauf entstehenden Anschaffungskosten über einen längeren Zeitraum „verteilt", üblicherweise aber auch mit zusätzlichen Kosten für die Bereitstellung der Leasingmöglichkeit verbunden ist.

Die Finanzierungskosten lassen sich auch durch die Inanspruchnahme öffentlicher **Fördermittel** positiv beeinflussen. Ist die Gesundheitseinrichtung als Kreiskrankenhaus, kommunale Pflegeeinrichtung oder Universitätsklinik nicht ohnehin bereits eine öffentliche Einrichtung, deren Aufwandsträger die Finanzierung des Betriebs mit öffentlichen Mitteln unterstützen, so steht ihr zur Finanzierung die Inanspruchnahme öffentlicher Fördermittel zur Verfügung. Neben der meist sehr individuellen kommunalen Wirtschaftsförderung, sind es insbesondere die Fördereinrichtungen des Bundes und der Länder die öffentliche Finanzierungshilfen anbieten. Auf Bundesebene gibt es dazu beispielsweise die Kreditanstalt für Wiederaufbau (KfW), die öffentliche Finanzierungshilfen im Rahmen gewerblicher Wirtschaftsförderung anbietet. In den Bundesländern gibt es ebenfalls vergleichbare Förderbanken bzw. eigene Bürgschaftsbanken. Als Förderungsinstrumente werden langfristige zinsgünstige Darlehen, Bürgschaften und Garantien, Zuschüsse und stille Beteiligungen eingesetzt.

Beispiel

Für Praxisfinanzierungen stehen beispielsweise über die Hausbanken ausgereichte öffentliche Fördermittel zur Verfügung: „Bei der Finanzierung einer Praxisgründung, der Erweiterung oder dem Kauf ist die Einbindung eines Kreditinstituts erforderlich, wenn das verfügbare Eigenkapital nicht ausreicht, um das Vorhaben aus eigener Kraft zu realisieren. Die jeweilige Hausbank bedient sich dann öffentlicher

Refinanzierungen durch die Kreditanstalt für Wiederaufbau (KfW) oder die in jedem Bundesland ansässige Landesförderbank. Die Hausbank kann so das eigene Risiko reduzieren und dem Kunden eine oft zinsgünstigere Finanzierung anbieten. Gerade in der Anfangszeit kann es Anlaufschwierigkeiten geben, die die Liquidität strapazieren, oder Themen, die die volle Aufmerksamkeit des Arztes erfordern. Um dem entgegenzuwirken, ist in einigen Darlehensprogrammen eine tilgungsfreie Anlaufzeit vorgesehen; eine Zeit, in der nur Zinsen gezahlt werden und das bereitgestellte Kapital komplett zur Verfügung steht. Erst nach der tilgungsfreien Zeit muss das Darlehen in festen und planbaren Raten zurückgezahlt werden. Eine Antragstellung bei den Förderbanken kann nur über eine Hausbank erfolgen, da diese die Entscheidung zur Begleitung einer Praxis trägt und diese langfristig umsetzt. Bei der Anwendung der Programme erfolgt für die Mittelverwendung eine Unterscheidung in Investitionen und Betriebsmittel, also laufende Kosten. Ausgaben für den Praxiskauf zählen zu den Investitionen." (Müller und Doll 2012, S. 18). ◄

4.2   Investitionskosten medizinischer Nichtverbrauchsgüter

Krankenhäuser haben nach dem KHG Anspruch auf Förderung, soweit und solange sie in den Krankenhausplan eines Landes und in das Investitionsprogramm aufgenommen sind. Die zuständige Landesbehörde und der Krankenhausträger können für ein Investitionsvorhaben auch eine nur teilweise Förderung mit Restfinanzierung durch den Krankenhausträger vereinbaren. Ein Anspruch auf Feststellung der Aufnahme in den Krankenhausplan und in das Investitionsprogramm besteht jedoch nicht. Bei notwendiger Auswahl zwischen mehreren Krankenhäusern entscheidet die zuständige Landesbehörde unter Berücksichtigung der öffentlichen Interessen und der Vielfalt der Krankenhausträger nach pflichtgemäßem Ermessen, welches Krankenhaus den Zielen der Krankenhausplanung des Landes am besten gerecht wird (vgl. § 8 KHG).

> **Beispiel**
>
> In Krankenhäusern steigen für Investitions- und Bauprojekte bei nicht ausreichender Förderung die Kreditkosten: „Nur ein gutes Drittel der Kliniken investiert nach eigenen Angaben noch ausreichend. Als Ursache hierfür werden insbesondere das Fehlen von Fördermitteln sowie unzureichende Einnahmen aus dem laufenden Betrieb genannt. Das legt den Schluss nahe, dass die Investitionen größtenteils über Kredite finanziert werden. Damit gehen die deutschen Krankenhäuser trotz des derzeitigen Niedrigzinsumfeldes große wirtschaftliche Verpflichtungen – und Risiken für die Zukunft – ein." (vgl. Roland Berger 2019, S. 10). ◄

Gefördert werden auf Antrag des Krankenhausträgers **Investitionskosten**, die entstehen insbesondere

- für die Errichtung von Krankenhäusern einschließlich der Erstausstattung mit den für den Krankenhausbetrieb notwendigen Anlagegütern und
- für die Wiederbeschaffung von Anlagegütern mit einer durchschnittlichen Nutzungsdauer von mehr als drei Jahren.

Ferner werden auf Antrag des Krankenhausträgers Fördermittel bewilligt

- für die Nutzung von Anlagegütern, soweit sie mit Zustimmung der zuständigen Landesbehörde erfolgt,
- für Anlaufkosten, für Umstellungskosten bei innerbetrieblichen Änderungen sowie für Erwerb, Erschließung, Miete und Pacht von Grundstücken, soweit ohne die Förderung die Aufnahme oder Fortführung des Krankenhausbetriebs gefährdet wäre,
- für Lasten aus Darlehen, die vor der Aufnahme des Krankenhauses in den Krankenhausplan für förderungsfähige Investitionskosten aufgenommen worden sind,
- als Ausgleich für die Abnutzung von Anlagegütern, soweit sie mit Eigenmitteln des Krankenhausträgers beschafft worden sind und bei Beginn der Förderung nach diesem Gesetz vorhanden waren,
- zur Erleichterung der Schließung von Krankenhäusern,
- zur Umstellung von Krankenhäusern oder Krankenhausabteilungen auf andere Aufgaben, insbesondere zu ihrer Umwidmung in Pflegeeinrichtungen oder selbstständige, organisatorisch und wirtschaftlich vom Krankenhaus getrennte Pflegeabteilungen.

Die Länder fördern die Wiederbeschaffung kurzfristiger Anlagegüter sowie kleine bauliche Maßnahmen durch feste jährliche Pauschalbeträge, mit denen das Krankenhaus im Rahmen der Zweckbindung der Fördermittel frei wirtschaften kann. Die Pauschalbeträge sollen nicht ausschließlich nach der Zahl der in den Krankenhausplan aufgenommenen Betten bemessen werden und sind in regelmäßigen Abständen an die Kostenentwicklung anzupassen. Wiederbeschaffung bedeutet auch die Ergänzung von Anlagegütern, soweit diese nicht über die übliche Anpassung der vorhandenen Anlagegüter an die medizinische und technische Entwicklung wesentlich hinausgeht. Auch sind die Fördermittel so zu bemessen, dass sie die förderungsfähigen und unter Beachtung betriebswirtschaftlicher Grundsätze notwendigen Investitionskosten decken (vgl. § 9 KHG).

Nach SGB XI sind die Länder verantwortlich für die Vorhaltung einer leistungsfähigen, zahlenmäßig ausreichenden und wirtschaftlichen pflegerischen Versorgungsstruktur. Entsprechend wird durch das jeweilige Landesrecht bestimmt, ob und in welchem Umfang eine an der wirtschaftlichen Leistungsfähigkeit der Pflegebedürftigen orientierte finanzielle Unterstützung der Pflegebedürftigen bei der Tragung der ihnen von den Pflegeeinrichtungen berechneten betriebsnotwendigen Investitionsaufwendungen oder der Pflegeeinrichtungen bei der Tragung ihrer betriebsnotwendigen Investitionsaufwendungen als Förderung der Pflegeeinrichtungen gilt (vgl. § 9 SGB XI).

Nach der Hessischen Verordnung über die Planung und Förderung von Pflegeein-richtungen, Seniorenbegegnungsstätten, Altenpflegeschulen und Modellprojekten (HessVOPlFöPfl) umfasst die Förderung unter anderem die Modernisierung sowie den Bau, Umbau und den Ersatzneubau von Pflegeeinrichtungen, Senioren-begegnungsstätten und Altenpflegeschulen (vgl. § 3 HessVOPlFöPfl). Die Förderungshöhe beträgt für vollstationäre Dauerpflegeeinrichtungen bis zu 75 % und teilstationäre Einrichtungen bis zu 90 % der von dem für die Altenhilfe zuständigen Ministerium unter Beteiligung der Kostenträger festgelegten förderfähigen Investitionskosten (vgl. § 4 HessVOPlFöPfl). ◄

Die Anschaffung von langfristig nutzbaren Betriebsmitteln zur Erstellung von Behandlungs- oder Pflegeleistungen nach medizinischen Gesichtspunkten und dem jeweiligen Stand der Medizintechnik, mit dem Ziel bestmöglicher Leistungseigen-schaften, ist auch unter betriebswirtschaftlichen Gesichtspunkten zu beurteilen: Sie bedeutet die Bindung von Kapital, wirft unter Umständen Finanzierungsprobleme auf, erzeugt Folgekosten für Wartung und Instandhaltung und stellt oft auch nur mittel- bis langfristig erreichbare Vorteile in Aussicht. Als Ersatz-, Rationalisierungs- oder Erweiterungsinvestitionen umfassen sie beispielsweise Investitionen in neue Pflege- oder Behandlungseinrichtungen, die Erneuerung von veralteter Medizintechnik, die Auto-matisierung von Labortechnik, Energiespareinrichtungen etc., in zusätzliche Räumlich keiten oder in die komplette Neugründung einer Gesundheitseinrichtung (vgl. Heesen 2020, S. 83 ff.). Dabei sind die ausgehenden Zahlungen zu berücksichtigen, wie die Anschaffungszahlung für den Kaufpreis eines medizintechnischen Geräts oder die Folge-kosten für Wartung, Reparatur und Ersatzteile, denen tatsächlich oder fiktiv Zahlungen gegenüber stehen, wie der Verwertungserlös aufgrund der Veräußerung des Geräts am Ende seiner Nutzungsdauer oder Rechnungsstellungen gegenüber Krankenkassen und Patienten für die Nutzung des Geräts im Rahmen der Behandlung. Auch ist dabei die Wertminderung in Form der über die Nutzungsdauer verteilten Abschreibungen zu berücksichtigen, der das Investitionsobjekt aufgrund seiner Alterung unterliegt und die durch die Einnahmen aus den damit erbrachten Behandlungsleistungen mindestens aus-geglichen werden muss, sodass am Ende der Nutzungsdauer eine Ersatzbeschaffung durchgeführt werden kann (vgl. Frodl 2012, S. 125 ff.).

Um die Kosten verschiedener Investitionsalternativen in einer Gesundheitsein-richtung beurteilen zu können, setzt man die überwiegend finanzmathematischen Ver-fahren der **Investitionsrechnung** ein. Sie liefert Aussagen über die Wirtschaftlichkeit einer Investition oder mehrerer Investitionsalternativen und kann als Planungsrechnung vor der Entscheidung und als Kontrollrechnung während und nach der Entscheidungs-durchführung erfolgen. Auch hat sie zum Ziel, nicht nur jene Investitionsalternative

rechnerisch zu ermitteln, die je nach Fragestellung etwa die geringsten Kosten verursacht, sondern auch die, die den größten Beitrag zum Gewinn der Gesundheitseinrichtung leistet oder die höchste Rentabilität erzielt. Die verschiedenen
Investitionsrechnungsarten haben je nachdem, ob sie nur eine Berechnungsperiode
oder den gesamten Investitionszeitraum berücksichtigen, überwiegend statischen
oder dynamischen Charakter, wobei der gesamte Zeitablauf einer Investition bei der
dynamischen Investitionsrechnung dadurch berücksichtigt wird, dass in den jeweiligen
Perioden die unterschiedlich anfallenden Einnahmen und Ausgaben in das Ergebnis eingehen. Obwohl sie leicht und schnell anwendbar sowie weit verbreitet sind, werden die
statischen Verfahren der Investitionsrechnung häufig nur als Hilfsverfahren bezeichnet,
da sie von durchschnittlichen Jahreswerten ausgehen, lediglich eine Rechnungsperiode
berücksichtigen und sie weder die Rendite der zu vergleichenden Anlagen, noch zeitlich später liegende, die Investitionsentscheidung betreffende Ereignisse berücksichtigen.
Da nur auf die Anfangsinvestition abgestellt wird, stellt die kurzfristige Betrachtung von
einer Periode oder einem Durchschnittsjahr einen Nachteil dar, zumal bei ihr mengen-,
kosten oder preismäßige Veränderungen im Zeitablauf keine Berücksichtigung finden
(vgl. Beschorner und Peemöller 2006, S. 353 ff.):

- *Amortisationsrechnung:* Berücksichtigt sowohl dynamische als auch statische
  Aspekte von Investitionsbewertungen und beantwortet die zentrale Frage, wie lange
  die Wiedergewinnung der Investitionssumme aus den Einnahmeüberschüssen der
  Investition dauert. Vorgehensweise: Vergleich der Soll-Amortisationsdauer mit der
  Ist-Amortisationsdauer bewertet die Vorteilhaftigkeit einer Investition (Ist- liegt unter
  der Soll-Amortisationsdauer), wobei sich die Ist-Amortisationsdauer ergibt, indem
  man die Investitionssumme durch die jährlich zu erwartenden Einnahmeüberschüsse
  dividiert (Investitionssumme ÷ Einnahmen − Ausgaben), und die Soll-Amortisationsdauer durch subjektive Schätzung der Gesundheitseinrichtung. Als Kriterium dient
  die Zeitspanne, in der das investierte Kapital der Gesundheitseinrichtung wieder
  hereingewirtschaftet wird: Amortisationsdauer = Anschaffungswert ÷ Reingewinn (+
  Abschreibungen).
- *Annuitätenmethode:* Dynamisches Verfahren, das auf der Kapitalwertmethode aufbaut und Ein- und Auszahlungsbarwerte in gleiche Jahresbeträge (Annuitäten)
  umrechnet. Vorgehensweise: Investition ist dann vorteilhaft, wenn beim gegebenen
  Kalkulationszinsfuß ein durchschnittlicher jährlicher Überschuss (Differenz zwischen
  den durchschnittlichen jährlichen Einnahmen und Ausgaben) entsteht, der größer oder
  gleich Null ist.
- *Gewinnvergleichsrechnung:* Hat als statisches Verfahren zum Ziel, die bei den verschiedenen Investitionsalternativen zu erwartenden Jahresgewinne miteinander zu
  vergleichen, etwa im Fall von Ersatzinvestitionen den Vergleich des durchschnittlichen Jahresgewinns des alten Geräts mit dem durchschnittlichen geschätzten Jahresgewinn des neuen. Vorgehensweise: Es werden die zurechenbaren Gewinne der
  Gesundheitseinrichtung (Einnahmen − Kosten) verglichen. Zunächst die gesamten

Kosten entsprechend der Kostenvergleichsrechnung in durchschnittliche jährliche Kosten umrechnen; Gewinngrenze gibt dann Auskunft darüber, ab welcher Zahl von Behandlungsfällen die Kosten gedeckt sind und die Gewinnzone erreicht wird (Durchschnittliche Kosten je Periode ÷ Einnahmen je Behandlungsfall − variable Kosten je Behandlungsfall = Gewinngrenze); im Ergebnis die Investition auswählen, die den höheren Gewinnbeitrag leistet.

- *Interner Zinsfuß:* Dynamisches Verfahren, bei dem zwei Zinssätze (Marktzins der Gesundheitseinrichtung und interner Zins der Investition) miteinander verglichen werden, wobei der interne Zinsfuß (auch: interner Zinssatz, Effektivzins, Gesamtkapitalrentabilität) der Zinssatz ist, bei dessen Ansatz der Kapitalwert einer Investition oder Finanzierung gerade gleich Null wird bzw. bei dem Ausgabe- und Einnahmebarwert einer Investition oder Finanzierung genau übereinstimmen. Vorgehensweise: Bei einem Kapitalwert = 0 wird die Verzinsung des angelegten Kapitals des Gesundheitsbetriebs ermittelt. Investition gilt nach diesem Verfahren als lohnend, wenn sie bei gegebenem Kalkulationszinssatz eine Rendite erbringt, die mindestens so hoch ist wie der Kalkulationszinsfuß.

- *Kapitalwertmethode:* Dynamisches Verfahren bei dem der Kapitalwert als Differenz zwischen dem jeweiligen Gegenwartswert (Barwert) aller Einnahmen und Ausgaben ermittelt wird, wobei unter Barwert auf den Entscheidungszeitpunkt abgezinste Zahlungen zu verstehen sind und eine Investition vorteilhaft erscheinen kann, bei der Barwert aller Einzahlungen größer als der aller Auszahlungen ist. Vorgehensweise: Investitionsalternativen ermitteln, die im Vergleich den höchsten Kapitalwert aufweisen, wobei sich auch ein eventuell zu erwartender Restwert durch Veräußerung der veralteten bzw. auszutauschenden Behandlungs- und Pflegeeinrichtungen am Ende der Nutzungsdauer berücksichtigen lässt (K_0 (z,i) = Σ ((Einnahmen − Ausgaben) ÷ $(1+i)^t$) + (Restwert ÷ $(1+i)^n$) ≥ 0). Sämtliche erwartete Gewinne werden über die Lebensdauer mit dem Zinsfuß (i) auf den Zeitpunkt unmittelbar vor der Investition abgezinst.

- *Kostenvergleichsrechnung:* Vergleich der in einer Periode anfallenden fixen Kosten, variablen Kosten und Kapitalkosten von Investitionsobjekten, wobei die Kapitalkosten aus den kalkulatorischen Abschreibungen bestehen, welche die gleichmäßige Verteilung der Anschaffungskosten auf die gesamte Nutzungsdauer sowie den Restwert des Investitionsobjektes berücksichtigen, und den kalkulatorischen Zinsen, die entgehende Erträge oder Kreditkosten darstellen, weil das entsprechende Kapital im Investitionsobjekt gebunden ist und der Gesundheitseinrichtung nicht für andere Zwecke zur Verfügung steht. Vorgehensweise: Bei verschiedenen Investitionsobjekten werden die mit der Erbringung der Behandlungsleistung anfallenden Kosten verglichen (siehe Tab. 4.2).

- *Rentabilitätsrechnung:* Statisches Verfahren als Weiterentwicklung der Gewinnvergleichsrechnung, das die Rentabilität verschiedener Investitionsalternativen vergleicht, insbesondere dann, wenn einzelne Investitionsalternativen einen unterschiedlichen Kapitalbedarf aufweisen oder nur begrenztes Kapital für die Investition zur Verfügung steht. Vorgehensweise: Im einfachsten Fall lässt sich die Rentabilität als durchschnittlicher Gewinn der Gesundheitseinrichtung einer Periode im Verhältnis zu dem durchschnittlich dafür eingesetzten Kapital ermitteln: Rentabilität (in %) = Ø erwarteter Gewinn der Gesundheitseinrichtung × 100 ÷ Ø investiertes Kapital; beim Vergleich mehrerer Investitionsobjekte wird das mit der höchsten Rentabilität ausgewählt (da auf Fremdkapital in der Regel Zinsen gezahlt werden und auf Investitionen durch Eigenkapital nicht, weisen diese immer eine höhere Rentabilität auf, weshalb fiktive Zinsen als kalkulatorische Kapitalkosten in Ansatz gebracht werden müssen, sodass der Ertrag, der über die Verzinsung des eingesetzten Kapitals hinausgeht, dann die eigentliche Rendite darstellt).

- *Sollzinssatzverfahren:* Dynamisches Verfahren als Verallgemeinerung der Methode des Internen Zinsfußes, das eng mit der Vermögensendwertmethode zusammenhängt. Vorgehensweise: Es wird eine Aussage über den Zinssatz getroffen, der bei gegebenem Habenzinssatz auf das Kapital der Gesundheitseinrichtung erzielt werden kann, das zu jedem Zeitpunkt während der Investitionsdauer noch gebunden ist.
- *Vermögensendwertverfahren:* Dynamisches Verfahren als Verfeinerung der Kapitalwert- und Annuitätenmethode mit dem Ziel der Endwertmaximierung. Vorgehensweise: Alle Zahlungen und damit der Vermögenswert werden auf das Ende des Investitionszeitraums bezogen; wobei mit einem geteilten Zinssatz gerechnet wird:

Tab. 4.2 Beispiel für eine Kostenvergleichsrechnung von Behandlungseinheiten in einer Zahnarztpraxis

	Behandlungseinheit A	Behandlungseinheit B
Anschaffungskosten	80.000	120.000
Geplante Nutzungsdauer (Jahre)	10	10
Voraussichtl. Restwert	10.000	20.000
Marktzinssatz	2 %	2 %
Geplante Behandlungsfälle	1500	1500
Berechnung:		
Fixe Kosten	6000	4000
+ Variable Kosten (je Behandlungsfall: 8/6)	20.000 (8 × 1500 = 12.000)	10.000 (6 × 1500 = 9.000)
+ Kalkulator. Abschreibungen (pro Jahr): (Anschaffungskosten − Restwert) ÷ Nutzungsdauer	7000	10.000
+ Kalkulator. Zinsen (pro Jahr): ((Anschaffungskosten + Restwert) ÷ 2) x Zinssatz ÷ 100	900	1200
= Gesamtkosten	33.900	25.200
Kosten je Behandlungsfall	22,60	16,80

Ein Sollzinssatz, mit dem bereitgestelltes Fremdkapital zu verzinsen ist, und ein Habenzinssatz zu dem Eigenmittel und Einnahmen-/Ausgabenüberschüsse angelegt werden können.

Bei der Kostenvergleichsrechnung reicht im Beispiel ein Vergleich der Gesamtkosten aus, da die im Rahmen der Privat- und Kassenliquidation zu erwartenden Einnahmen für die Vergütung der Inanspruchnahme der jeweiligen Investitionsalternative in der Regel gleich sind. Wenn mit der jeweiligen Alternative auch eine unterschiedliche Anzahl von zu erbringenden Behandlungsleistungen verbunden ist, ist üblicherweise ein Vergleich der Kosten je Behandlungseinheit anzustellen. Sind Gesamtkosten beider Alternativen gleich hoch, ist die kritische Behandlungsmenge in diesem Punkt erreicht. Es ist die Alternative günstiger, die bei einer zu erwartenden Auslastung über der kritischen Behandlungsmenge den höheren Fixkostenanteil ausweist, da die fixen Kosten bei zunehmender Behandlungsmenge im Vergleich zu den variablen Kosten an Bedeutung verlieren. Für die Beantwortung der Frage, ab wann die Weiterbetreibung eines Altgeräts und ab wann eine Ersatzinvestition in der Gesundheitseinrichtung günstiger wäre, lässt sich eine ähnliche kritische Menge errechnen, wobei zu berücksichtigen ist, dass für noch im Einsatz befindliche Altgeräte keine Abschreibungen mehr anfallen, sich bei der weiteren Nutzung der Restwerterlös verringert und wesentlich höhere Instandhaltungskosten entstehen können. Die Kostenvergleichsrechnung eignet sich somit insbesondere zur quantitativen Bewertung von Erweiterungs- und Ersatzinvestitionen, wobei sie allerdings die Ertragsseite nicht berücksichtigt und dadurch Rentabilitätsaspekte bzw. die Frage, ob die Investition überhaupt einen Beitrag zum Gewinn der Gesundheitseinrichtung leistet, außen vor bleiben.

Investitionskosten spielen jedoch nicht nur bei Ersatzbeschaffungen eine Rolle, sondern etwa auch bei der Wertermittlung einer möglichen Kapitalanlage der Gesundheitseinrichtung. Auch für diese Investitionstätigkeiten gilt es eine betriebswirtschaftliche Beurteilung abzugeben, beispielsweise welchen Wert eine Kapitalanlage ohne Zinsausschüttung am Ende der Laufzeit bei einem angenommenen Zinssatz erreicht oder welchen Betrag die Gesundheitseinrichtung als Investor zu einem Stichtag aufwenden muss, um bei Vorgabe von Zinssatz und Laufzeit einen bestimmten Betrag zu erzielen. So kann durch **Aufzinsung** ermittelt werden, welchen Wert eine Kapitalanlage über mehrere Jahre als Festgeld zu einem bestimmten Zinssatz am Ende der Laufzeit erreicht oder durch **Abzinsung** welcher Betrag heute zu dem vorhandenen Zinssatz angelegt werden muss, um zu einem festgelegten Zeitpunkt über einen bestimmten Betrag verfügen zu können (siehe Tab. 4.3).

Praxisübernahmen stellen ebenfalls eine besondere Form der Investition dar, bei der für eine Kaufpreisfindung und die Beurteilung des gegenwärtigen und zukünftigen Praxiswertes die üblichen Verfahren der statischen und dynamischen Investitionsbewertung häufig nicht ausreichen. Da der Wert von Arzt- und Zahnarztpraxen im Vergleich zu produzierenden Unternehmen oder Dienstleistungsunternehmen jedoch Einflussspezifika wie Patientenzufriedenheit, Leistungsangebote, Behandlungskonzepte,

Tab. 4.3 Beispiele zur Auf- und Abzinsung

Methode	Ausgangs-/ bzw. Zielbetrag	Formel	Zinssatz i in %	Laufzeit n in Jahren	Berechnung
Aufzinsung	300.000	$(1+i)^n$	2	5	300.000 x $(1+0,02)^5 = 331.224,24$
Abzinsung	300.000	$1 \div (1+i)^n$	2	5	300.000 x $(1 \div (1+0,02)^5) = 271.719,24$

Patientenstruktur etc. aufweist, wird er zusätzlich insbesondere durch Preisbestand-
teile für die materiellen Anteile (Behandlungs- oder Pflegeeinrichtungen, Vorräte an
medizinischen Verbrauchsmaterialien, medizintechnische Ausstattung, Behandlungs-
räume Geräte etc. = Substanzwert) sowie für die immateriellen Anteile (Patientenstamm,
Patientenstruktur, Qualifikation des Personals, Image, Einzugsgebiet etc.) bestimmt,
wobei diese auch „Goodwill" oder „ideeller Wert" genannt werden.

Der Substanzwert wird auf der Grundlage des Anlageverzeichnisses aus der GuV
oder der Bilanz und die darin aufgeführten Güter ermittelt. Er setzt sich aus den Marktwerten für jedes einzelne Wirtschaftsgut zusammen, wobei technische Neuerungen, amtliche Auflagen und die Preisentwicklung zu berücksichtigen sind. Der ideelle Praxiswert
wird nach der Ertragswertmethode ermittelt, wobei die Umsatz- und Kostenstruktur der
Praxis sowie das alternative Arztgehalt zu berücksichtigen sind, sodass der ideelle Wert
den nachhaltig erzielbaren Gewinn im Prognosezeitraum wiedergibt: Der übertragbare
Umsatz abzüglich der übertragbaren Kosten ergibt den übertragbaren Gewinn, davon
abgezogen das alternative Arztgehalt ergibt den nachhaltig erzielbaren Gewinn, dessen
Multiplikation mit dem Prognosemultiplikator zum ideellen Praxiswert führt. Somit
gehen insbesondere folgende Werte in die Berechnung ein:

- *Übertragbarer Umsatz:* Durchschnittlicher Jahresumsatz aus den letzten drei
  Kalenderjahren vor dem Kalenderjahr des Bewertungsfalles und damit alle Einnahmen der Arztpraxis, also die Honorare aus vertragsärztlicher und privatärztlicher
  Tätigkeit sowie sonstige Einnahmen aus ärztlicher Tätigkeit, bereinigt um nicht übertragbare Umsatzanteile und damit um Leistungen, die ausschließlich und individuell
  personengebunden dem Praxisinhaber zuzurechnen sind.
- *Übertragbare Kosten:* Durchschnittlichen Praxiskosten in den letzten drei Kalenderjahren vor dem Kalenderjahr des Bewertungsfalles, korrigiert um nicht übertragbare
  Kosten (Kosten, die mit nicht übertragbaren Umsatzanteilen zusammenhängen),
  kalkulatorische Kosten (Abschreibungen und Finanzierungskosten sowie z. B. unangemessen hohe oder niedrige Gehälter) und künftig entstehende Kosten (z. B. Miet-
  zahlungen für Praxisräume, die im Eigentum des Abgebers stehen).
- *Alternatives Arztgehalt:* Kalkulatorisches Bruttogehalt aus einer fachärztlichen Tätigkeit.
- *Prognosemultiplikator:* Ergibt sich aus der Anzahl der Jahre, in denen von
  einer Patientenbindung durch die Tätigkeit des bisherigen Praxisinhabers ausgegangen werden (beträgt in der Regel für eine Einzelpraxis zwei Jahre, wobei
  erfahrungsgemäß die Patientenbindung zu dem Praxisinhaber mit dessen Ausscheiden
  endet wodurch sich der ideelle Wert in kurzer Zeit reduziert) (vgl. Bundesärztekammer 2008, S. A 2778 f.).

Bei der Praxisbewertung ist hinsichtlich der Kosten natürlich auch deren zu erwartende
Entwicklung zu berücksichtigen. So ist insbesondere die Frage zu klären, welche

Investitionen für Rationalisierungs-, Erweiterungs- oder Erhaltungszwecke voraussichtlich wann anfallen. Der zu erwartende Gewinn ist insbesondere um die Erhaltungsinvestitionen zu kürzen, die aufgewendet werden müssen, um die Praxis in ihrer Substanz zu erhalten. Da der Betriebszustand für den Investitionsumfang ausschlaggebend ist, sind bei jüngeren Arztpraxen geringere Beträge anzusetzen als bei älteren, die aus den Jahren vor einer Übergabe in der Regel einen großen Investitionsstau vor sich herschieben. Die Investitionsbeträge lassen sich entweder schätzen und den einzelnen Jahren, in denen die betreffende Investition vermutlich erfolgen muss, zuordnen oder in Form einer kalkulatorischen Rückstellung zur Substanzerhaltung auf ähnliche Weise wie der kalkulatorische Unternehmerlohn berücksichtigen. Bei der kalkulatorischen Rückstellung geht man davon aus, dass für die in der Praxis eingesetzten medizinischen Geräte und Behandlungseinrichtungen aufgrund ihrer unterschiedlichen Abnutzung, Lebensdauer und Preisentwicklung eine pauschale Rückstellung für den gesamten Investitionsumfang gebildet wird, ohne eine direkte zeitliche und einzelfallbezogene Zuordnung zu berücksichtigen. Ein weiteres Kriterium, das bei der Bewertung einer Arzt- oder Zahnarztpraxis berücksichtigt werden muss, ist die voraussichtliche Entwicklung zukünftiger Rahmenbedingungen. Das trifft insbesondere auf die Honorarentwicklung und damit die Preisgestaltung für die Leistungen der Praxis zu. So sind insbesondere Annahmen über zukünftige Umsatzanteile verschiedener Krankenkassenformen, Patientenzahlen, Niederlassungszahlen, die Auswirkungen von Änderungen der Gebührenordnungen, Entwicklung der Punktewerte oder auch Zulassungsbeschränkungen bei der Ermittlung von Wert und zukünftigem Umsatz der Arztpraxis zugrunde zu legen.

4.3   Ausbildungskosten für das medizinische und nichtmedizinische Personal

Die **Ausbildungskosten** in Gesundheitseinrichtungen weisen einige Besonderheiten auf. So fallen beispielsweise in Krankenhäusern im Rahmen der Praxisanleitung Kosten für die praktische Anleitung durch Praxisanleiter/-innen, Kosten für deren Qualifikation oder Kosten der Auszubildenden während der Praxiseinsätze an. Zu finanzierende Tatbestände bei Ausbildungsstätten für Zwecke des § 17a KHG sind ferner:

- *Allgemeiner Sachaufwand:* Lehr- und Arbeitsmaterialien, Lernmittel; Reisekosten und Gebühren im Zusammenhang mit Dienstreisen, Studienfahrten, Seminaren, Arbeitstagungen, Fort- und Weiterbildungsmaßnahmen; Büro- und Schulbedarf; Kosten für Kommunikation und Zahlungsverkehr; EDV- und Organisationsaufwand; Prüfungen und Klausuren; Raum- und Geschäftsausstattung; Personalbeschaffungskosten; Beratungs-, Abschluss- und Prüfungskosten; Qualitätssicherung, Evaluation, Zertifizierung; Sonstiger Sachaufwand.

- *Betriebskosten des Schulgebäudes und sonstige Gemeinkosten:* Betriebskosten der von der Ausbildungsstätte genutzten Gebäudeteile und Räume sowie sonstige Gemeinkosten.
- *Hauptberufliches Lehrpersonal:* Schulleitung, hauptamtliche Lehrkräfte.
- *Kosten der Praxisanleitung:* Kosten für die praktische Anleitung durch Praxisanleiter/-innen; Kosten für die Qualifikation der Praxisanleiter/-innen; Kosten der Auszubildenden während der Praxiseinsätze.
- *Personalaufwand, nicht für Lehrpersonal:* Aufwendungen für Personal mit administrativen Aufgaben; Personalaufwendungen für technische und sonstige zentrale Dienste (vgl. Deutsche Krankenhausgesellschaft et al. 2009, S. 67).

Neben den Mehrkosten des Krankenhauses infolge der Ausbildung sind zur Finanzierung der Ausbildungskosten nach Maßgabe des KHG durch Zuschläge zu finanzieren, soweit diese Kosten nach diesem Gesetz zu den pflegesatzfähigen Kosten gehören und nicht nach anderen Vorschriften aufzubringen sind, die Kosten der mit den Krankenhäusern notwendigerweise verbundenen Ausbildungsstätten sowie die Ausbildungsvergütungen unter anderem für die Berufe

- Ergotherapeut, Ergotherapeutin,
- Diätassistent, Diätassistentin,
- Hebamme, Entbindungspfleger,
- Krankengymnast, Krankengymnastin, Physiotherapeut, Physiotherapeutin
- medizinisch-technischer   Laboratoriumsassistent,   medizinisch-technische Laboratoriumsassistentin,
- medizinisch-technischer Radiologieassistent, medizinisch-technische Radiologieassistentin,
- Logopäde, Logopädin,
- Orthoptist, Orthoptistin,
- medizinisch-technischer Assistent für Funktionsdiagnostik, medizinisch-technische Assistentin für Funktionsdiagnostik,

wenn die Krankenhäuser Träger oder Mitträger der Ausbildungsstätte sind, wobei der von dem jeweiligen Land finanzierte Teil der Ausbildungskosten in Abzug zu bringen ist. Zu den Ausbildungsvergütungen gehören auch die Vergütungen der Hebammenstudierenden nach dem Hebammengesetz und zu den Mehrkosten des Krankenhauses infolge der Ausbildung auch die Kosten der berufspraktischen Ausbildung von Hebammenstudierenden durch ambulante hebammengeleitete Einrichtungen oder durch freiberufliche Hebammen nach dem Hebammengesetz (vgl. § 2 KHG).

Zur Finanzierung der Ausbildungskosten ist weiterhin beispielsweise geregelt, dass für ausbildende Krankenhäuser ein krankenhausindividuelles Ausbildungsbudget vereinbart wird, mit dem die Ausbildungskosten finanziert und dazu Art und Anzahl der voraussichtlich belegten Ausbildungsplätze festgestellt werden. Das Budget soll die Kosten der Ausbildungsstätten bei wirtschaftlicher Betriebsgröße und Betriebsführung decken. Der Krankenhausträger hat Nachweise und Begründungen insbesondere über Art und Anzahl der voraussichtlich belegten Ausbildungsplätze, die Ausbildungskosten und für die Vereinbarung von Zuschlägen vorzulegen sowie im Rahmen der Budgetverhandlungen zusätzliche Auskünfte zu erteilen. Das Ausbildungsbudget ist zweckgebunden für die Ausbildung zu verwenden. Um eine Benachteiligung ausbildender Krankenhäuser im Wettbewerb mit nicht ausbildenden Krankenhäusern zu vermeiden, wird ein Ausgleichsfonds vereinbart, sowie die Höhe eines Ausbildungszuschlags je voll- und teilstationärem Fall, mit dem der Ausgleichsfonds finanziert wird. Der Fonds wird von der Landeskrankenhausgesellschaft errichtet und verwaltet. Der Ausbildungszuschlag wird von allen nicht ausbildenden Krankenhäusern den Patienten oder Patientinnen oder deren Sozialleistungsträger in Rechnung gestellt (vgl. § 17a KHG).

Nach dem Pflegeberufegesetz (PflBG) werden die **Pflegeausbildungskosten** durch Ausgleichsfonds finanziert, die auf Landesebene organisiert und verwaltet werden, und an denen zur Versorgung zugelassene Krankenhäuser, stationäre und ambulante Pflegeeinrichtungen, das jeweilige Land sowie die soziale Pflegeversicherung und die private Pflege-Pflichtversicherung teilnehmen. Finanzierungs- und Abrechnungszeitraum ist jeweils das Kalenderjahr (vgl. § 26 PflBG). Kosten der Pflegeberufsausbildung sind die Mehrkosten der Ausbildungsvergütungen und die Kosten der praktischen Ausbildung einschließlich der Kosten der Praxisanleitung. Zu den Ausbildungskosten zählen auch die Betriebskosten der Pflegeschulen einschließlich der Kosten der Praxisbegleitung, nicht jedoch die Investitionskosten. Sie sind Aufwendungen für Maßnahmen einschließlich Kapitalkosten, die dazu bestimmt sind, die für den jeweiligen Betrieb notwendigen Gebäude und sonstigen abschreibungsfähigen Anlagegüter herzustellen, anzuschaffen, wiederzubeschaffen oder zu ergänzen. Bei der Ermittlung der Mehrkosten der Ausbildungsvergütung sind Personen, die nach dem PflBG in der Pflege ausgebildet werden, in Krankenhäusern und in stationären Pflegeeinrichtungen im Verhältnis 9,5 zu 1 auf die Stelle einer voll ausgebildeten Pflegefachkraft anzurechnen; bei ambulanten Pflegeeinrichtungen erfolgt eine Anrechnung im Verhältnis von 14 zu 1. Die Anrechnung erfolgt nicht für Personen im ersten Ausbildungsdrittel (vgl. § 27 PflBG).

Die Finanzierung der Ausgleichsfonds durch Krankenhäuser und ambulante und stationäre Pflegeeinrichtungen erfolgt über landesweite Umlageverfahren. Die an den Umlageverfahren teilnehmenden Krankenhäuser können die auf sie entfallenden Umlagebeträge zusätzlich zu den Entgelten oder Vergütungen für ihre Leistungen als Ausbildungszuschläge erheben; für ambulante und stationäre Pflegeeinrichtungen sind die auf sie entfallenden Umlagebeträge in der Vergütung der allgemeinen Pflegeleistungen berücksichtigungsfähig (vgl. § 28 PflBG).

Die Träger der praktischen Ausbildung und die Pflegeschulen erhalten für einen zukünftigen Zeitraum (Finanzierungszeitraum) ein Ausbildungsbudget zur Finanzierung der Ausbildungskosten. Das Ausbildungsbudget des Trägers der praktischen Ausbildung umfasst auch die Ausbildungskosten der weiteren an der praktischen Ausbildung

beteiligten Einrichtungen und setzt sich zusammen aus den voraussichtlichen Mehrkosten der Ausbildungsvergütung und aus den Kosten der praktischen Ausbildung
je Auszubildender oder je Auszubildendem. Es soll die Kosten der Ausbildung bei
wirtschaftlicher Betriebsgröße und wirtschaftlicher Betriebsführung decken. Die
Bezahlung tarifvertraglich vereinbarter Vergütungen sowie entsprechender Vergütungen
nach kirchlichen Arbeitsrechtsregelungen kann nicht als unwirtschaftlich abgelehnt
werden. Grundlage des Ausbildungsbudgets sind die Ausbildungszahlen, die an die
zuständige Stelle gemeldet werden, ebenso wie die Höhe der Mehrkosten der Ausbildungsvergütung. Mehrkosten der Ausbildungsvergütungen dürfen nicht unangemessen
sein; sie können nicht als unangemessen beanstandet werden, soweit ihnen tarifvertraglich vereinbarte Ausbildungsvergütungen sowie entsprechende Vergütungen nach kirchlichen Arbeitsrechtsregelungen zugrunde liegen. Die für den Finanzierungszeitraum
zu erwartenden Kostenentwicklungen sind zu berücksichtigen. Die Ausbildung in der
Region darf nicht gefährdet werden. Soweit eine Pflegeschule in der Region erforderlich
ist, zum Beispiel weil die Entfernungen und Fahrzeiten zu anderen Pflegeschulen nicht
zumutbar sind, können auch langfristig höhere Finanzierungsbeträge vorgesehen werden.
Auch können Strukturverträge geschlossen werden, die den Ausbau, die Schließung oder
die Zusammenlegung von Pflegeschulen finanziell unterstützen und zu wirtschaftlichen
Ausbildungsstrukturen führen. Soweit Ausbildungskosten nach anderen Vorschriften
aufgebracht werden, ist dies bei der Festlegung des Ausbildungsbudgets mindernd
zu berücksichtigen. Das Ausbildungsbudget erfolgt als Pauschalbudget und wird als
Individualbudget vereinbart, wenn dies übereinstimmend bis zum 15. Januar des Vor-
jahres des Finanzierungszeitraums schriftlich erklärt wird, wobei diese Erklärungen auch
nur für die Finanzierung der Träger der praktischen Ausbildung oder die Finanzierung
der Pflegeschulen abgegeben werden können (vgl. § 29 PflBG).

Die Pauschalbudgets kommen folgendermaßen zustande: Die zuständige Behörde
des Landes, die Landeskrankenhausgesellschaft, die Vereinigungen der Träger der
ambulanten oder stationären Pflegeeinrichtungen im Land, die Landesverbände der
Kranken- und Pflegekassen sowie der Landesausschuss des Verbandes der privaten
Krankenversicherung legen durch gemeinsame Vereinbarungen Pauschalen zu den
Kosten der praktischen Ausbildung fest. Die gemeinsame Vereinbarung der Pauschalen
zu den Ausbildungskosten der Pflegeschulen wird von der zuständigen Behörde des
Landes, den Landesverbänden der Kranken- und Pflegekassen, dem Landesausschuss des Verbandes der privaten Krankenversicherung sowie von Interessenver-
tretungen der öffentlichen und der privaten Pflegeschulen auf Landesebene getroffen.
Keiner Pauschalierung zugänglich sind die Mehrkosten der Ausbildungsvergütung.
Die Pauschalen sind alle zwei Jahre anzupassen. Der Träger der praktischen Ausbildung und die Pflegeschule teilen der zuständigen Stelle die voraussichtliche Zahl
der Ausbildungsverhältnisse beziehungsweise die voraussichtlichen Schülerzahlen
sowie die voraussichtlichen Mehrkosten der Ausbildungsvergütung und das sich daraus
ergebende Gesamtbudget mit. Dabei ist auch die Höhe der voraussichtlich für jeden
Auszubildenden anfallenden Ausbildungsvergütung mitzuteilen. Die angenommenen

Ausbildungs- oder Schülerzahlen werden näher begründet. Die zuständige Stelle setzt das Ausbildungsbudget fest und weist unangemessene Ausbildungsvergütungen und unplausible Ausbildungs- und Schülerzahlen zurück. Erfolgt eine Mitteilung nicht oder nicht vollständig innerhalb von für die Mitteilung vorgegebenen Fristen oder wurden bestimmte Angaben in der Mitteilung zurückgewiesen und werden die zurückgewiesenen Angaben nicht fristgerecht nachträglich mitgeteilt, nimmt die zuständige Stelle eine Schätzung vor (vgl. § 30 PflBG).

Werden die Ausbildungsbudgets individuell vereinbart (Individualbudget), setzen sich die Parteien der Budgetverhandlung zusammen aus dem Träger der praktischen Ausbildung oder der Pflegeschule, der zuständigen Behörde des Landes und den Kranken- und Pflegekassen oder deren Arbeitsgemeinschaften, soweit auf sie im Jahr vor Beginn der Budgetverhandlungen mehr als 5 % der Belegungs- und Berechnungstage oder der betreuten Pflegebedürftigen bei ambulanten Pflegediensten bei einem der kooperierenden Träger der praktischen Ausbildung entfallen. Pflegeschulen und Träger der praktischen Ausbildung können vereinbaren, dass das Ausbildungsbudget des Trägers der praktischen Ausbildung die Ausbildungskosten der Pflegeschule mit umfasst und vom Träger der praktischen Ausbildung mit verhandelt wird. Die Verhandlungen sind zügig zu führen. Vor Beginn der Verhandlungen hat der Träger der praktischen Ausbildung den Beteiligten rechtzeitig Nachweise und Begründungen insbesondere über Anzahl der voraussichtlich belegten Ausbildungsplätze und die Ausbildungskosten vorzulegen sowie im Rahmen der Verhandlungen zusätzliche Auskünfte zu erteilen, soweit diese erforderlich sind und nicht außer Verhältnis stehen. Die Verhandlungsparteien teilen der zuständigen Stelle gemeinsam die Höhe der vereinbarten oder der von einer Schieds- stelle festgesetzten Ausbildungsbudgets und den jeweiligen Träger der praktischen Aus- bildung mit. Dabei geben sie die Zahl der Ausbildungsplätze sowie die voraussichtlichen Mehrkosten der Ausbildungsvergütung unter Mitteilung der Höhe der voraussichtlich für jeden Auszubildenden anfallenden Ausbildungsvergütung an, die der Verein- barung oder der Festsetzung zugrunde gelegt worden sind. Die zuständige Stelle weist unangemessene Ausbildungsvergütungen zurück. Erfolgt eine Mitteilung nicht oder nicht vollständig innerhalb von für die Mitteilung vorgegebenen Fristen oder wurden bestimmte Angaben in der Mitteilung zurückgewiesen und werden die zurückgewiesenen Angaben nicht fristgerecht nachträglich mitgeteilt, nimmt die zuständige Stelle eine Schätzung vor (vgl. § 31 PflBG).

Die zuständige Stelle ermittelt für den jeweiligen Finanzierungszeitraum die Höhe des Finanzierungsbedarfs für die Pflegeausbildung im Land aus der Summe aller Aus- bildungsbudgets eines Landes und einem Aufschlag auf diese Summen von 3 % zur Bildung einer Liquiditätsreserve, die die erforderlichen Mittel abdeckt für in der Meldung des Ausbildungsbudgets noch nicht berücksichtigte Ausbildungsverhältnisse sowie für Forderungsausfälle und Zahlungsverzüge. Ferner erhebt sie als Ausgleich für anfallende Verwaltungs- und Vollstreckungskosten und damit als Verwaltungskosten- pauschale 0,6 % der sich ergebenden Summe (vgl. § 32 PflBG).

Der Finanzierungsbedarf wird durch die Erhebung von Umlagebeträgen und Zahlungen folgenden Anteilen aufgebracht:

- 57,2380 % durch zugelassene Krankenhäuser,
- 30,2174 % durch zugelassene stationäre und ambulante Pflegeeinrichtungen, 8,9446 % durch das Land und
- 3,6 % durch Direktzahlung der sozialen Pflegeversicherung, wobei die private Pflege-Pflichtversicherung der sozialen Pflegeversicherung 10 % ihrer Direktzahlung erstattet.

Die Zahlungen werden als monatlicher Teilbetrag an die zuständige Stelle abgeführt. Soweit einer zur Zahlung eines Umlagebetrages verpflichteten Einrichtung infolge der praktischen Ausbildung eine Ausgleichszuweisung zusteht, kann die zuständige Stelle die Beträge miteinander verrechnen. Der von den Trägern der zugelassenen Krankenhäusern zu zahlende Anteil kann als Teilbetrag des Ausbildungszuschlags je voll- und teilstationärem Fall nach dem KHG Koder als eigenständiger Ausbildungszuschlag je voll- und teilstationärem Fall aufgebracht werden. Der von den Trägern der zugelassenen stationären und ambulanten Pflegeeinrichtungen zu zahlende Anteil wird über Ausbildungszuschläge aufgebracht. Die zuständige Stelle setzt gegenüber jeder Einrichtung den jeweils zu entrichtenden Umlagebetrag fest. Dafür wird der Anteil auf die Sektoren „voll- und teilstationär" und „ambulant" im Verhältnis der in diesen Sektoren beschäftigten Pflegefachkräfte aufgeschlüsselt (vgl. § 33 PflBG).

Die Ausgleichszuweisungen erfolgen an den Träger der praktischen Ausbildung und an die Pflegeschule in monatlichen Beträgen entsprechend dem festgesetzten Ausbildungsbudget durch die zuständige Stelle. Die Ausgleichszuweisungen sind zweckgebunden für die Ausbildung zu verwenden. Abweichungen zwischen der Zahl der Ausbildungsplätze, die der Meldung oder der Budgetvereinbarung zugrunde gelegt worden sind, und der tatsächlichen Anzahl der Ausbildungsplätze teilt der Träger der praktischen Ausbildung der zuständigen Stelle mit und beziffert die aufgrund der Abweichung anfallenden Mehr- oder Minderausgaben. Minderausgaben sind bei den monatlichen Ausgleichzuweisungen vollständig zu berücksichtigen und Mehrausgaben sind zu berücksichtigen, soweit die Liquiditätsreserve dies zulässt, wobei die Pflegeschulen entsprechende Mitteilungspflichten haben. Der Träger der praktischen Ausbildung leitet die in den Ausgleichszuweisungen enthaltenen Kosten der übrigen Kooperationspartner und der Pflegeschulen auf Grundlage der Kooperationsverträge und im Falle von Individualbudgets unter Berücksichtigung der vereinbarten Ausbildungsbudgets an diese weiter. Die Pflegeschule stellt Auszubildenden, soweit sie nach dem SGB gefördert werden, Lehrgangskosten in angemessener Höhe in Rechnung. Die Leistungen für Lehrgangskosten sind an die Pflegeschule als Träger der Maßnahme auszuzahlen. Leistungen zur Finanzierung der Ausbildung, wie beispielsweise Fördermittel, sind vom Auszahlungsberechtigten anzugeben und werden, soweit sie nicht bereits im

Rahmen des Ausbildungsbudgets berücksichtigt worden sind, mit der Ausgleichs-zuweisung verrechnet. Nach Ablauf des Finanzierungszeitraums haben der Träger der praktischen Ausbildung und die Pflegeschule der zuständigen Stelle eine Abrechnung über die Einnahmen aus den Ausgleichszahlungen und die im Ausbildungsbudget ver-einbarten Ausbildungskosten vorzulegen. Für gezahlte pauschale Anteile kann lediglich ein Nachweis und eine Abrechnung darüber gefordert werden, dass die Grundvorausset-zungen, wie zum Beispiel die Zahl der Ausbildungsverträge, im Abrechnungszeit-raum vorgelegen haben. Überschreiten die tatsächlichen Ausgaben aufgrund gestiegener Ausbildungszahlen die Höhe der Ausgleichszuweisungen, werden diese Mehrausgaben bei der auf die Abrechnung folgenden Festlegung oder Vereinbarung des Ausbildungs-budgets berücksichtigt; dies gilt nicht, soweit diese Mehrausgaben bereits finanziert wurden. Überzahlungen aufgrund gesunkener Ausbildungszahlen sind unverzüglich an die zuständige Stelle zurückzuzahlen (vgl. § 34 PflBG).

Nach Ablauf des Finanzierungszeitraumes und nach der Abrechnung erfolgt eine Rechnungslegung der zuständigen Stelle über die als Ausgleichsfonds und im Rahmen des Umlageverfahrens verwalteten Mittel. Bei der Rechnungslegung ermittelte Über-schüsse oder Defizite werden bei dem ermittelten Finanzierungsbedarf in dem auf die Rechnungslegung folgenden Erhebungs- und Abrechnungsjahr berücksichtigt (vgl. § 35 PflBG).

Literatur

Becker, P., & Peppmeier, A. (2018). *Investition und Finanzierung – Grundlagen der betrieblichen Finanzwirtschaft* (8. Aufl.). Wiesbaden: Gabler/Springer Fachmedien.

Beschorner, D., & Peemöller, H. (2006). *Allgemeine Betriebswirtschaftslehre – Grundlagen und Konzepte*. Herne: NWB-Verlag.

Bieg, H., Kußmaul, H., & Waschbusch, G. (2016). *Finanzierung* (3. Aufl.). München: Verlag Franz Vahlen.

Bundesärztekammer (Hrsg.) (2008). Hinweise zur Bewertung von Arztpraxen. Stand: 9. September 2008. In *Deutsches Ärzteblatt 105(51–52)* (S. A 2778–A 2780) Köln: Deutscher Ärzteverlag.

Deutsche Krankenhausgesellschaft – DKG; GKV-Spitzenverband; Verband der privaten Kranken-versicherung – PKV (Hrsg) (2009). Kalkulation der Ausbildungskosten für Zwecke gem. § 17a KHG – Handbuch zur Anwendung in Ausbildungsstätten. Version 1.0 vom 31.08.2009. Institut für das Entgeltsystem im Krankenhaus (InEK) gGmbH. Siegburg.

Frodl, A. (2012). *Finanzierung und Investitionen im Gesundheitsbetrieb*. Wiesbaden: Gabler/Springer Fachmedien.

Heesen, B. (2020). *Basiswissen Investition und Bilanzplanung im Krankenhaus*. Wiesbaden: Gabler/Springer Fachmedien.

Hessische Verordnung über die Planung und Förderung von Pflegeeinrichtungen, Senioren-begegnungsstätten, Altenpflegeschulen und Modellprojekten (HessVOPflFöPfl) vom 7. Dezember 2012 (GVBl. I S. 567), zuletzt durch Verordnung vom 12. September 2013 (GVBl. I S. 550) geändert.

Krankenhausfinanzierungsgesetz (KHG) in der Fassung der Bekanntmachung vom 10. April 1991 (BGBl. I S. 886), zuletzt durch Artikel 4 des Gesetzes vom 22. November 2019 (BGBl. I S. 1759) geändert.

Müller, N., & Doll, A. (2012). Förderprogramme im Lebenszyklus einer Arztpraxis – Was wann wie gefördert wird. In *Deutsches Ärzteblatt 109*(1), S. 18–22 Köln: Deutscher Ärzteverlag.

Olfert, K. (2017). *Finanzierung* (17. Aufl.). Herne: Kiehl/NWB-Verlag.

Pflegeberufegesetz (PflBG) vom 17. Juli 2017 (BGBl. I S. 2581), zuletzt durch Artikel 3a des Gesetzes vom 13. Januar 2020 (BGBl. I S. 66) geändert.

Berger, R. (Hrsg.) (2019). Krankenhausstudie 2019. München.

Schwarz, T. (2017). Bonitätsprüfung und Kreditrating von Krankenhäusern. In *das krankenhaus 109*(5), 376–379. Stuttgart: Kohlhammer Verlag.

Sozialgesetzbuch XI – Soziale Pflegeversicherung – (SGB XI) nach Artikel 1 des Gesetzes vom 26. Mai 1994, BGBl. I S. 1014, 1015), zuletzt durch Artikel 2 des Gesetzes vom 21. Dezember 2019 (BGBl. I S. 2913) geändert.

Stopka, U., & Urban, T. (2017). *Investition und Finanzierung – Lehr- und Übungsbuch für Bachelor-Studierende*. Wiesbaden: Gabler/Springer Fachmedien.

Wöhe, G., Bilstein, J., Ernst, D., & Häcker, J. (2013). *Grundzüge der Unternehmensfinanzierung* (11. Aufl.). München: Verlag Franz Vahlen.

Wolke, T. (2010). *Finanz- und Investitionsmanagement im Krankenhaus*. Berlin: Medizinisch Wissenschaftliche Verlagsgesellschaft.

Projekte zur Kostensteuerung: Wie werden Vorhaben zur Kostenbeeinflussung organisiert?

5

5.1 Einordnung in das Projektmanagement

Gerade im Kostenbereich stellt insbesondere die **Umsetzung** beschlossener Maßnahmen eine besondere Herausforderung dar, da es dabei häufig um Veränderungen geht, es Widerstände zu überwinden gilt und Überzeugungsarbeit zu leisten ist. Die Einführung schlanker Organisationskonzepte, der Abbau unnötiger Kostenbereiche, die Schaffung flacher Hierarchien, die Vermeidung von Verschwendung und die Konzentration auf die wertschöpfenden Tätigkeiten sind Themen, die in entsprechenden Diskussionen häufig allgemein Anklang finden. Insbesondere die Vermeidung von Leistungserstellungen über den Bedarf hinaus, unergonomischen Bewegungen im Arbeitsablauf oder unnötigen Mehrfachtransporten von Patienten und medizinischen Materialien oder Pflegematerial erhalten breite Zustimmung. Jedoch ist dazu nicht selten erforderlich, alle Abläufe in einer Gesundheitseinrichtung auf ihren Beitrag zur Wertschöpfung zu untersuchen und zu verbessern, möglichst mit dem Ziel, in Anlehnung an das ökonomische Prinzip mit einem minimalen Einsatz von Personal, Zeit und Investitionen ein durch den Patienten vorgegebenes Ergebnis bzw. bei gegebenem Einsatz ein optimales Behandlungs- oder Pflegeergebnis für den Patienten zu erreichen. Für Umsetzungsmaßnahmen im Bereich der Kostensteuerung ist eine Struktur mit optimierten Abläufen notwendig und die Anwendung interner Leitprinzipien, wie konsequente Patientenorientierung, Prozesse mit niedriger Fehleranfälligkeit, transparente Informations- und Rückkopplungsprozesse, verstärktes Mitarbeiterengagement durch Eigenverantwortung und Teamarbeit sowie permanente Qualitätsverbesserung.

Dabei sollten auch nicht nur die verschiedenen organisatorischen Einheiten der Gesundheitseinrichtung Im Mittelpunkt stehen, sondern insbesondere deren Prozesse. Oft bedeutet dies eine grundlegende, radikale Neugestaltung und Flexibilisierung aller in der Gesundheitseinrichtung ablaufenden Prozesse, um die Kostensituation und Handlungsgeschwindigkeit der Einrichtung zu verbessern. Ergänzend zu einer **Prozessoptimierung**, die eine effektivere Gestaltung der Abläufe zum Ziel hat, ist ein grundlegendes Überdenken der gesamten Prozessorganisation hilfreich, um Kostenbeinflussungspotentiale zu identifizieren. Einzelne Ziele können hierbei sein die Verkürzung der Patientendurchlaufzeiten und der Lieferzeiten von medizinischem Verbrauchsmaterial, die Beschränkung der Leistungserstellung der Gesundheitseinrichtung auf ihre Kernkompetenzen, die Steigerung von Qualität, Patientenservice und Produktivität, sowie die Beschleunigung der Leistungsprozesse durch den Abbau von Hierarchien. Dabei gilt es die erworbenen Erfahrungswerte, die in den bestehenden Prozessen der Gesundheitseinrichtung abgebildet sind, sowie die notwendigen Lernprozesse der Mitarbeiter und Mitarbeiterinnen zu berücksichtigen.

Beispiel

Die Niedrigzinspolitik der Notenbanken und der in seinem Ausmaß nicht vorhersehbare Einbruch der Zinsen führte bei der Kassenzahnärztlichen Vereinigung Bayern (KZBV) zu Einnahmeausfällen von rund zwei Millionen Euro. Um eine Erhöhung des Verwaltungskostenbeitrags zu vermeiden, wurde ein Kostensenkungsprojekt gestartet, bei dem alle Einsparmöglichkeiten geprüft wurden. Im Ergebnis wurden statt der veranschlagten 1,2 Mio. EUR sogar 2,1 Mio. EUR unter anderem auch durch das Aufschieben von Investitionsvorhaben eingespart, auch unter Vermeidung einer Verschlechterung des Services für die Mitglieder (vgl. Hofmeier 2010, S. 2). ◄

Die Organisation von Umsetzungsmaßnahmen zur Kostensteuerung in einer Gesundheitseinrichtung bedeutet eine dauerhafte **Integration** von Aufgaben, Maßnahmen und Tätigkeiten, die eine umfassende, bereichsübergreifende und inhaltlich weit reichende Veränderung zur Umsetzung von neuen Strukturen, Strategien, Systemen, Prozessen oder Verhaltensweisen in einer Gesundheitseinrichtung bewirken sollen. Sie gehen von der Einsicht aus, dass dazu Veränderungen in der Einrichtung notwendig werden, altes Verhalten infrage gestellt wird und gleichzeitig die in der Kostensteuerung aktiven Kräfte zu unterstützen sind, um ein verändertes Kostenbewusstsein auszulösen. In dieser Phase findet die Vorbereitung von Umsetzungsmaßnahmen zur Kostensteuerung statt, Pläne werden mitgeteilt und die davon Betroffenen in die Diskussion einbezogen. Gleichzeitig müssen Unterstützung in der Einrichtung dafür entwickelt und ausreichend Zeit eingeräumt werden, um sich darauf vorzubereiten. Es müssen Problemlösungen entwickelt und ausprobiert werden, wozu auch erforderlich ist, diese durch Training zu verstärken und den Prozess zu überwachen. Die erfolgreiche Implementierung gefundener Problemlösungen gilt es zu sichern und damit dauerhaft zu integrieren. Dazu müssen die Umsetzungsmaßnahmen zur Kostensteuerung vollständig eingepasst und auch über die Einführungsphase hinaus weiterhin überwacht werden, ob sie nachhaltig funktionieren.

Umsetzungsmaßnahmen zur Kostensteuerung lassen sich auf verschiedenen Ebenen durchführen: Auf der Ebene der einzelnen Mitarbeiter einer Gesundheitseinrichtung

bei der Gestaltung der individuellen Arbeitssituation, der Steigerung von Kostenbewusstsein und Kompetenzen auf diesem Handlungsfeld, unter gleichzeitiger Berücksichtigung der Bewältigung hoher Arbeitsbelastungen. Die Fähigkeit zu zielbewusstem
Handeln ist dabei ebenso von Bedeutung, wie der Lernprozess der Mitarbeiterinnen
und Mitarbeiter, der mit dem Erfassen und Reflektieren des eigenen Handelns, des
Erlernens neuer Verhaltensalternativen im Hinblick auf das Kostenthema und deren
praktischer Umsetzung beginnt. Auf der Ebene der Mitarbeitergruppen konzentrieren
sich die Umsetzungsmaßnahmen zur Kostensteuerung insbesondere auf die Steigerung
der Effektivität der Zusammenarbeit, Verbesserung der Beziehungen untereinander
und das Entwickeln eines gemeinsamen Verständnisses von der Bedeutung der Kostenentwicklung. Die Ebene der Aufbau- und Ablauforganisation beinhaltet in erster Linie
die Reorganisation ineffizienter Prozesse und Strukturen, unter Beachtung der Ent-
wicklungserfordernisse zur Anpassung an künftige Kostensituationen, an die Entwicklung des Gesundheitsmarkts und die Ziele der Gesundheitseinrichtung.

Auch ist es bei der Umsetzung von Maßnahmen zur Kostensteuerung von Bedeutung,
an welcher Stelle in einer Gesundheitseinrichtung mit ihrer Einleitung begonnen wird.
Es bieten sich unterschiedliche **Vorgehensweisen** an, die vorteilhaft sein können, aber
auch mögliche Nachteile beinhalten:

- *Top-down:* Einrichtungsleitung als Auslöser für die Umsetzungsmaßnahmen. Dies
  verspricht aufgrund der Konzentration der Macht in der Leitung einen hohen Durch-
  setzungsgrad. Gleichzeitig werden die Kostenprobleme dort angegangen, wo die
  Verantwortung für die gesamte Einrichtung liegt und die notwendigen Kompetenzen
  vorhanden sind. Allerdings müssen die Umsetzungsmaßnahmen auch bei den
  Leitungsorganen ansetzen und dort vorgelebt werden, damit alle Mitarbeiter und Mitarbeiterinnen als Betroffene zu Beteiligten gemacht werden können.
- *Bottom-up:* Beginn des Umsetzungsprozesses auf der unteren Basis der Mitarbeiter
  und Mitarbeiterinnen. Dies berücksichtigt somit ihre Probleme und Bedürfnisse
  auf der Ausführungsebene und führt zu einer bestmöglichen Identifikation mit den
  Umsetzungsmaßnahmen zur Kostensteuerung. Die Schwierigkeit besteht in der Regel
  darin, die Einrichtungsleitung von den Ideen der Belegschaft zu überzeugen.
- *Bi-polar:* Umsetzungsprozess geht gleichzeitig von der Einrichtungsleitung und
  von den Mitarbeiterinnen und Mitarbeitern aus, was eine ideale Unterstützung der
  Umsetzungsmaßnahmen erwarten lässt, jedoch die Gefahr birgt, dass die mittlere
  Führungsebene vernachlässigt wird.
- *Keilförmig:* Umsetzungsprozess geht von der mittleren Führungsebene aus und
  strahlt auf die Einrichtungsleitung und auf die Mitarbeiterinnen und Mitarbeitern ab,
  die allerdings erst für die Ideen der mittleren Managementebene gewonnen werden
  müssen.
- *Multiple-nucleus:* Einzelne Mitarbeiter auf verschiedenen Ebenen schieben den
  Umsetzungsprozess an, was deshalb von Vorteil ist, dass die Mitarbeiter, die an

der Kostensteuerung interessiert sind, sich unverzüglich am Umsetzungsprozess beteiligen und die anderen motivieren können (vgl. Frodl 2011, S. 95 ff.).

Bei Kostenprojekten ist es für die Einrichtungsleitung wichtig, die eigene Überzeugung zu verdeutlichen, damit sich auch andere überzeugen lassen. Sie muss versuchen, ihren Veränderungswillen den Mitarbeitern zu vermitteln, denn sie sind wertvolles Potenzial und nicht reine Produktionsfaktoren. Es muss erreicht werden, dass möglichst alle Ihre Ideen einbringen. Wenn nur das ernst genommen wird, was die Einrichtungsleitung vorschlägt und andere Ideen ignoriert werden, bedeutet das einen völligen Verzicht auf die Erfahrung und das Know-how der Mitarbeiter. Die gesamte Belegschaft ist insbesondere dann über ein Mittelmaß hinaus leistungsfähig, wenn eine echte Diskussion und Dialogbereitschaft entsteht. Dazu gehört ein Klima gegenseitiger Wertschätzung, einander zuzuhören, frei seine Ansichten darlegen und kreative Vorschläge machen zu können sowie die Vorstellungen anderer in die Problemlösung einzubeziehen. Die Mitarbeiter dürfen von Kostenentscheidungen nicht einfach nur betroffen sein. Vielmehr ist zu versuchen, sie zu beteiligen, damit sie bereit sind ihre Erfahrung, ihre Kenntnisse, ihre Ideen und damit ihr Potenzial zu entfalten und in den Dienst der Gesundheitseinrichtung und der gemeinsamen Vision zu stellen. Wesentliche Veränderungen durch Kostenprojekte werden nur wirksam, wenn sie auf die Interessen und Bedürfnisse der Mitarbeiter Rücksicht nehmen, weil sie sie mit ihrer Arbeit und ihrem Denken letztlich realisieren müssen (siehe Tab. 5.1).

Autorität und Arbeitsteilung führen zu Verhaltensanpassungen der Mitarbeiter in Gesundheitseinrichtungen. Schwindendes Engagement, Konformität, Gleichgültigkeit und Flucht in Routinetätigkeiten sind die zu beobachtenden Folgen. Auch leiden die Bereitschaft zu Kooperation und vertrauensvoller Zusammenarbeit darunter. Konkurrenzdenken und Existenzangst führen regelrecht zu dysfunktionalem Verhalten. Das Gegensteuern mit Kostenprojekten durch die Einrichtungsleitung, die die Belegschaft dabei hierarchisch sortiert und mit theoretischem Wissen konfrontiert, führt oft zu einer Transferproblematik im Hinblick auf die praktische Anwendung und einen ausbleibenden Veränderungsprozess. Die von der Leitung der Gesundheitseinrichtung verordneten Veränderungen sind häufig nicht erfolgreich, weil sie Einstellungen und Verhalten der Mitarbeiter nicht berücksichtigen und von diesen nicht verstanden oder gar unterlaufen werden. Typische Fehler in Kostenprojekten sind daher:

Tab. 5.1 Bedeutung der Mitarbeiterbeteiligung bei Kostenprojekten

Vorgehensweise	Autoritär	Partizipativ
Entscheidung	Schnelle Entscheidung	Ausführliche Diskussion und Abstimmungsprozesse
Umsetzung	Lange Umsetzung aufgrund von Widerständen, Konflikten, Reibungsverlusten, falscher Vorgehensweise	Kürzere Umsetzung, da hierbei hauptsächlich Optimierung und Feinabstimmung erfolgen

- Aufbau von Wissen und Fertigkeiten bei ausgewählten Mitarbeitern ohne Berücksichtigung der gegebenen organisatorischen Strukturen und Abläufe
- Eingriffe von der Einrichtungsleitung aufgrund einsamer Entscheidungen (hierarchische Macht)
- Einsame Entscheidungen der Einrichtungsleitung, am Schreibtisch und fernab der Praxis
- plötzliche, unvorhersehbare, undurchschaubare Einzelmaßnahmen und Hauruck-Aktionen
- Beauftragung einer bunt zusammengewürfelte Schar von Mitarbeitern, die wenig oder gar nichts miteinander zu tun haben, unter Anleitung einer Beratungsfirma oder der Leitung der Gesundheitseinrichtung
- Steigerung der Effizienz der Gesundheitseinrichtung ohne Berücksichtigung der Bedürfnisse, Einstellungen und Verhaltensweisen der Mitarbeiter
- Vorgehensweise nach theoretischem Lehrstoff, vorgegebenen Plänen, Fallstudien etc.

Erfolgreiche Kostenprojekte sind in die vorhandene Projektorganisation zu integrieren. Sie sollten konkrete Kostenprobleme unter offener Information, aktiver Beteiligung der Betroffenen und deren direkte Mitwirkung bearbeiten. Kostensteuerung sollte dabei nicht als einmalige Aufgabe, sondern als ein fortlaufender, regelmäßiger und kontinuierlicher Prozess verstanden werden. Auch ist der Nutzeneffekt nur vereinzelter, hier und da durchgeführter Optimierungsmaßnahmen im Kostenbereich nicht sehr hoch. Dauerhafte und möglichst erfolgreiche Veränderungen lassen sich nicht durch aufgezwungene Einzelmaßnahmen und stärkerem Druck auf die Mitarbeiter erreichen. Wenn gute Ideen nicht in die Tat umgesetzt werden, sind oft Vorbehalte, Ängste und Unsicherheiten der Grund dafür. Werden sie nicht hinterfragt und überwunden, bleibt alles so, wie es immer war. Begeisterungsfähigkeit für Kostenprojekte ist notwendig, und nur, wenn dieses Vorhaben von allen Mitarbeitern der Gesundheitseinrichtung gemeinsam getragen wird, lassen sich auch alle Aktivitäten in einem Kostenprojekt auf ein gemeinsames Ziel ausrichten.

Beispiel

Erfolgreiche Kostenprojekte entfalten integrative Wirkungen: „Ein Hauptanliegen bei der Kostensteuerung muss die zielgerichtete Zusammenarbeit sein, im Sinne des Abbaus von Abteilungsmauern. Kostenbeeinflussung ist eine Gemeinschaftsaufgabe. Abteilungsegoismus und Informationsverweigerung sind Kostentreiber!" (vgl. Ehrlenspiel et al. 2003, S. 1). ◄

Auch ist ein Kostenprojekt nur dann erfolgreich, wenn es in die strategische Landschaft der Gesundheitseinrichtung passt und mit ihren Strategien und Zielen übereinstimmt. Wenn das Ziel und der Sinn des Kostenprojekts mit den Anforderungen der aktuellen oder erwarteten Rahmenbedingungen übereinstimmen, dann ist einrichtungsintern auch die Bereitschaft für die Ressourcenbereitstellung und die Dringlichkeit des Projekts gegeben (vgl. Gehr et al. 2018, S. 6).

5.2   Organisation von Kostenprojekten

In Zusammenhang mit Kostencontrolling und –steuerung sind immer wieder Veränderungen vorzunehmen, die erhebliche Auswirkungen auf die gesamte Gesundheitseinrichtung haben können. Sie beinhalten häufig zunächst erst einmal neue Abläufe und Prozesse, die es nach der Einführung in die vorhandene Aufbau- und Ablauforganisation zu integrieren gilt. Doch zunächst gilt es für die Aufgabe der Einführung eine passende Organisationsform zu finden.

Die Organisation von Kostenprojekten ist zunächst eine temporäre Form der Aufbauorganisation und kommt in der Regel immer dann zur Anwendung, wenn im Bereich der Kostensteuerung Neuerungen einzuführen sind, die große Teile der Gesundheitseinrichtung betreffen. Das **Kostenprojekt** ist dabei ein Verfahren zur Lösung einer einmaligen und fest definierten Aufgabe, die ein fachübergreifendes Zusammenwirken erfordert und erhebliche Auswirkungen auf Situation und Abläufe der Gesundheitseinrichtung hat (vgl. Peipe 2018, S. 14). Es hat einen festgelegten Anfang, wird nach einer Realisierungsphase durch die Zielerreichung beendet und lässt sich anhand unterschiedlicher Merkmale von anderen Organisationsformen abgrenzen (siehe Tab. 5.2).

Gibt es keine standardisierten Vorgehensweisen bei Projekten in der betreffenden Gesundheitseinrichtung, denen auch Kostenprojekte unterliegen, so müssen die Mitarbeiter immer wieder neu geschult und das Projekt-Know-how neu erarbeitet werden. Die Projektdurchführung wird dadurch ineffizient und der flexible Ressourceneinsatz erschwert (vgl. Timinger 2017, S. 14).

Tab. 5.2 Abgrenzung von Kostenprojekten gegenüber anderen Organisationsformen

Merkmale / Organisationsform	Kostenprojekt	Kostenmanagement als Linienaufgabe	Arbeitskreis Kosten
Aufbauorganisation	Projektorganisation	Linienorganisation	Stab-/ Linien-organisation
Aufgabenbeendigung	Fest definiert	Dauerhaft	Offen
Aufgabenstellung	Einmalige Aufgabe	Daueraufgabe	Daueraufgabe
Aufwand	Einmaliger Aufwand (Projektbudget)	Dauerhafter Aufwand	Dauerhafter Aufwand
Fachbezug	Fachübergreifend	Fachintern	Fachübergreifend
Häufigkeit	Einmalig	Ständig	Ständig
Personelle Zusammen-setzung	Einrichtungsüber-greifend	Dauerhafte Stellen-zuordnung	Einrichtungsüber-greifend

Die **Aufbauorganisation** eines Kostenprojekts setzt sich üblicherweise aus folgenden Funktionen zusammen:

- *Projektleiter:* Konzipiert das Kostenprojekt und trägt die Verantwortung für die erfolgreiche Durchführung hinsichtlich Terminen, Budgeteinhaltung und Qualitätsanforderungen; stellt die Projektgruppe zusammen, gegenüber der er im Rahmen der Projektaufgaben weisungsberechtigt ist; informiert über den Projektfortschritt durch Statusberichte; führt Berichterstattung gegenüber dem Lenkungsausschuss zu den Meilensteinen durch; informiert außerplanmäßig und unverzüglich, sobald erkennbar ist, dass genehmigte Ressourcen nicht eingehalten werden können oder sich wesentliche inhaltliche oder terminliche Abweichungen vom geplanten Projektverlauf abzeichnen; erstellt den Abschlussbericht.
- *Projektteam:* Berät und unterstützt den Projektleiter und erledigt die ihm übertragenen Aufgaben sach- und termingerecht; ist dafür in ausreichendem Maße von Aufgaben in den Fachabteilungen freizustellen; für Aufgabenstellungen, die vom Projektteam allein nicht lösbar sind, können andere Personen oder Gruppen aus der Gesundheitseinrichtung mit Spezialwissen hinzugezogen werden.
- *Lenkungsausschuss:* Setzt sich aus einer bestimmten Anzahl von Führungskräften der Gesundheitseinrichtung zusammen; ist gegenüber dem Projektleiter weisungsbefugt und zuständig für die Unterstützung des Projektleiters, die Kontrolle des Projektfortschritts, die Abnahme der Meilensteine, die Projektabschlussbeurteilung.

Beispiel

In einem Kreiskrankenhaus ist der Leiter Controlling gleichzeitig Projektleiter für ein Kostenprojekt. Das Projektteam besteht aus 5–6 Mitarbeitern und Mitarbeiterinnen aus der Verwaltung und von einzelnen Stationen. Der Lenkungsausschuss setzt sich aus drei Mitgliedern der Krankenhausleitung zusammen. ◄

In der Projektleitung und im Projektteam wird in der Regel versucht, die ökonomischen und medizinischen Belange gleichermaßen personell abzubilden. Während dies in einer Krankenhausleitung beispielsweise durch kaufmännische und ärztliche Direktorien, die auch häufig im Lenkungsausschüssen von Kostenprojekten vertreten sind, bereits der Fall ist, kann dies auch eine Option für die Projektleitung sein, die in diesem Fall aus zwei Projektleitern bzw. -leiterinnen besteht.

Mitunter gibt es gerade im Kostenbereich Aufgabenstellungen, bei denen erst nach der besten Lösungsmöglichkeit gesucht werden muss. Um möglichst ein optimales Ergebnis zu erzielen, lassen sich auch konkurrierende Projektteams einsetzen, die beispielsweise für eine konkrete Problemstellung die kostengünstigste Lösung bei gleichbleibender Qualität finden sollen. Die Konkurrenzsituation kann so gestaltet werden, dass das eine Team interne Abläufe und Zustände im Hinblick auf Verbesserungsmöglichkeiten untersucht, mit Maßnahmen- und Kostensenkungsvorschlägen, die im

Marktvergleich bestehen müssen, und das andere Team mit bestehenden und neuen externen Dienstleistern durch Angebotseinholungen die günstigsten Kosten bei gleicher Leistung durch Fremdvergabe ermittelt. Aufgrund der intensiven Beschäftigung mit den gleichen Themen in den beiden Teams bilden sich neben konkreten Maßnahmen aus dem Kostenvergleich in der Regel auch übergreifende und nachhaltige Verbesserungsmöglichkeiten heraus. Somit kann als Projektergebnis ein Kosten- und Ablaufoptimum mit möglicherweise veränderten Aufgabenverteilungen entstehen, wobei die Einrichtungsleitung letztendlich immer noch die Entscheidungshoheit darüber behält, ob tatsächlich eine Fremdvergabe von Leistungen an externe Dienstleister stattfinden soll (vgl. Mensing 2015, S. 70 f.). Bei der Schaffung projektbezogener Konkurrenzsituationen ist allerdings auch immer zu beachten, dass dies nicht zu Konflikten in der allgemeinen Zusammenarbeit der Belegschaft führt.

Da größere Kostenprojekte in Gesundheitseinrichtungen häufig in mehreren Teilprojekten durchgeführt werden oder neben den Kostenprojekten eine größere Zahl von weiteren Projekten gleichzeitig ablaufen, ist eine übergeordnete **Projektorganisation** erforderlich, die eine übergreifende Priorisierung, Koordinierung und Steuerung aller Projekte durchführt. Sie hat den Einsatz und die verbesserte Nutzung knapper Ressourcen für die Projektarbeit, die Konzentration der verfügbaren Mittel, einheitliche Projektmethoden, -verfahren und –abläufe sowie ein besseres Erkennen der Grenzen des Machbaren zum Ziel. Dazu wird eine Genehmigungsinstanz als übergeordnetes Koordinierungsgremium für alle Projekte benötigt, die zentral das Gesamtprojektportfolio steuert und gleichzeitig das Bindeglied zwischen Projektorganisation und Linienorganisation mit dem Ziel einer zentralen Gesamtkoordination von Projekten und Linienmaßnahmen darstellt (siehe Abb. 5.1). Zu den Aufgaben einer derartigen übergreifenden Organisation von Kostenprojekten zählen beispielsweise:

- Abstimmung des Budgets für alle (Kosten-)Projekte mit der Leitung der Gesundheitseinrichtung im Rahmen der operativen Jahresgesamtplanung; Koordination und Verteilung des Gesamtprojektbudgets auf die einzelnen Kostenprojekte; Überprüfung und Einhaltung des Gesamtprojektbudgets
- Auflösung der Projektorganisationen nach erfolgreichem Abschluss der Kostenprojekte; Abbruch von Kostenprojekten bei Veränderung der ursprünglichen Rahmenbedingungen oder bei voraussichtlicher Projektzielverfehlung aus der Gesamtsicht; Auflagenerstellung bei unvollständiger Zielerreichung aus der Gesamtsicht
- Durchgängiges Steuerungsinstrumentarium für alle Kostenprojekte; Übersicht über Ablauf und Fortschritt (Status) aller Projekte
- Entscheidung über eingehende Änderungsanträge; Entscheidung über Konsequenzen bei Prioritätsänderungen und Projektunterbrechungen
- Lösung von projektübergreifenden Ressourcenkonflikten; Lösung von sämtlichen Konfliktsituationen, die sich aus der Arbeit in Kostenprojekten ergeben, als letzter Eskalationsstufe (insbesondere bei Konflikten zwischen Lenkungsausschuss und Projektleiter oder zwischen einzelnen Kostenprojekten

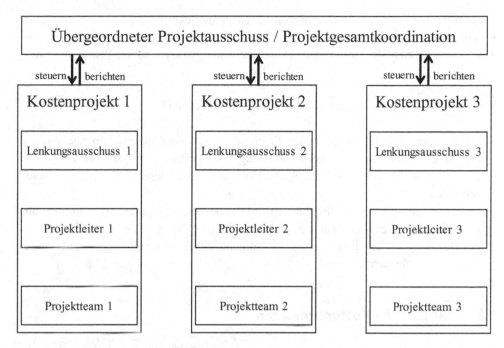

Abb. 5.1 Aufbauorganisation von Kostenprojekten

- Priorisierung laufender und geplanter Kostenprojekte; Regelung der inhaltlichen/zeitlichen Abhängigkeiten und Schnittstellen zwischen den Kostenprojekten
- Prüfung und Entscheidung von Anträgen für Kostenprojekte im Abgleich mit der Unternehmensstrategie sowie der finanziellen und ressourcenmäßigen Machbarkeit; Zweifelsfallentscheidungen bei der Unterteilung von Vorhaben in Kostenprojekte und Linienaufgaben; Erteilung von Aufträgen für Kostenprojekte und Beauftragung der Projektbeteiligten (inklusive Besetzung des Lenkungsausschusses und des Projektleiters, gegebenenfalls Beauftragung von externen Beratern)

Als zentrales Hilfsmittel zur Priorisierung und Steuerung aller Kostenprojekte und sonstigen Projekte in einer Gesundheitseinrichtung kann ein Portfolio dienen, aus dem abzuleiten ist, welche Projekte mit welcher Priorität im Rahmen der vorhandenen Ressourcen umgesetzt werden. Eingehende Anträge für Kostenprojekte werden hierzu bewertet und entschieden. Beschlossene Projekte werden im Portfolio positioniert, sodass ersichtlich ist, in welchem Bedeutungsverhältnis die Kostenprojekte zu anderen Projekten in der Gesundheitseinrichtung stehen. Die Priorisierung kann durch eine Punktevergabe erfolgen, wobei sich die Prioritäten beispielsweise anhand folgender Kriterien vergeben lassen:

- strategischer Wert bzw. Notwendigkeit des Kostenprojekts
- wirtschaftliche Auswirkungen
- Aufwandsdimension hinsichtlich Kapazitätsbedarf und –verteilung (bspw. Personentage)

Weitere Hilfsmittel der Organisation von Kostenprojekten sind:

- eine Gesamtprojektübersicht, in der die einzelnen Projektpläne zusammengefasst und die Projektentwicklung bzw. der Bearbeitungsstand grafisch dargestellt wird
- eine zentrale Ressourcenverwaltung als Basis für eine effiziente Arbeit in den Kostenprojekten
- eine aus verschiedenen Projektdatenbanken bestehende Datenbasis, in der alle relevanten Projektinformationen gespeichert werden
- ein Handbuch in dem die gesamte Projektorganisation und die einsetzbaren Methoden einheitlich dokumentiert sind

5.3   Ablauf von Kostenprojekten

Grundlage für den Start von Kostenprojekten ist zunächst die Feststellung, dass die Lösung dieser Aufgabe in der Gesundheitseinrichtung nicht als Linienaufgabe möglich und eine Projektorganisation erforderlich ist. Als weitere wesentliche Voraussetzungen sind

- die möglichst genaue Formulierung der Aufgabenstellung und Zielsetzung des Kostenprojektes zu klären,
- eine vorläufige Aufwandsschätzung durchzuführen sowie
- der vorgesehene Zeitrahmen zu klären.

Mitunter ist es zunächst auch erforderlich, sich Klarheit darüber zu verschaffen, an welcher Stelle in der Gesundheitseinrichtung mit dem Kostenprojekt die größte Wirkung zu erzielen ist. So ist allgemein davon auszugehen, dass bei stark nachgefragten Leistungen der Gesundheitseinrichtung und entsprechend hohen Umsätzen, aber einem ungünstigen Verhältnis zwischen Erstellungskosten und Erlöserzielung die Effektivität kostensparender Maßnahmen am höchsten ist und damit auch der Wirkungsgrad zwischen eingesetztem Aufwand und möglicher Einsparung durch ein Kostenprojekt (vgl. Limberger 2010, S. 61 f.). Auch lassen sich zur Maßnahmenidentifizierung und – umsetzung beispielsweise bei Kostensenkungsprojekten im Bereich der Beschaffung von medizinischen und pflegerischen Verbrauchsmaterialien bereits vor Projektbeginn bestimmte, erfolgversprechende Ansatzpunkte definieren, die eine wirksame Vorgehensweise in Aussicht stellen und die bei einer ersten Projektidee und -konzeption berücksichtigt werden sollten:

- *Bedarfssteuerung:* Standards festlegen und Standardisierung erhöhen; Verringerung von Spezialbedarfen
- *Beschaffungsmarkt:* Ausweitung der Marktbeobachtung; Einbeziehen anderer, neuer Beschaffungsquellen; Lieferantenstrategien bei bestimmten Warengruppen von medizinischem Verbrauchsmaterial entwickeln
- *Beschaffungsmenge:* Reduzierung bzw. Zusammenfassung von Beschaffungsvorgängen, Lieferanten und Varianten
- *Beschaffungspreise:* Preissenkungen durch Verhandlungen; Kostensenkungen bei den Lieferanten
- *Lieferkonditionen:* Vereinheitlichung von Vertragsinhalten und Zahlungskonditionen
- *Logistik:* Optimierung von Materialeingang, –lagerung und –verteilung in der Gesundheitseinrichtung (vgl. Bühlmeyer und Reinelt 2008, S. 400)

Je genauer Aufgabenstellung und Zielsetzung formuliert sind, desto besser lässt sich der Erfolg eines Kostenprojekts messen. Die Leitung der Gesundheitseinrichtung oder ein entsprechendes Gremium haben zur weiteren Konkretisierung in dieser frühen Projektphase die Notwendigkeit des Kostenprojekts zu klären, eine Priorisierung im Vergleich zu weiteren Vorhaben durchzuführen, die Bewertung und Einordnung in das Projektportfolio der Gesundheitseinrichtung vorzunehmen, über die Feindefinition und Abgrenzung des Projektziels zu entscheiden, die personelle Besetzung (Projektleiter, Lenkungsausschuss etc.) vorzunehmen und schließlich den Auftrag für die Durchführung des Kostenprojekts an den Projektleiter zu erteilen.

Diese wichtigen Inhalte sind zweckmäßigerweise in einer (schriftlichen) Vereinbarung festzuhalten, die die personelle Besetzung der Projektgruppe bzw. weiterer Arbeitsgruppen, die genaue Aufgabenstellung und Zielsetzung des Kostenprojekts, die geplante Vorgehensweise, die Terminplanung und den Aufwandsrahmen sowie sonstige Rahmenbedingungen enthält. Die Vereinbarung sichert gleichzeitig das Kostenprojekt und alle Beteiligten gegen sich ändernde Rahmenbedingungen, Zielvorstellungen oder Ergebniserwartungen ab. Da sich ein Kostenprojekt über einen längeren Zeitraum hinzieht, führen diese Abweichungen im Zeitablauf erfahrungsgemäß häufig zu vermeidbaren Konflikten.

Der typische Ablauf eines Kostenprojekts gliedert sich somit in mehrere **Phasen,** die beispielsweise folgendermaßen ablaufen:

- *Feststellung des Änderungsbedarfs:* Er leitet sich aus den Zielen und Strategien der Gesundheitseinrichtung ab oder entsteht aufgrund geänderter Rahmenbedingungen bzw. eigener Aktivitäten.
- *Bewertung des Projektvorhabens:* Erfolgt durch Leitung der Gesundheitseinrichtung oder ein entsprechendes Gremium.
- *Abschluss der Projektvereinbarung:* Enthält Angaben zu Meilensteinplan, Arbeitspaketen, Projektteam, geplanter Vorgehensweise, Terminplanung, Kostenrahmen etc.

- *Durchführung der Ist-Analyse:* Erfolgt insbesondere unter Herausarbeitung von Schwachstellen.
- *Erarbeitung des Soll-Konzepts:* Beinhaltet die Suche nach und die Bewertung von Lösungsmöglichkeiten, hinsichtlich Aufwand, Durchführbarkeit und Integrationsfähigkeit.
- *Realisierung von Einzelmaßnahmen:* Erfolgt durch die Projektgruppe selbst, umfangreiche fachübergreifende Maßnahmen gegebenenfalls durch neue Kostenprojekte. Die Überwachung der Umsetzung von Linienmaßnahmen nimmt in der Regel ebenfalls die Projektgruppe vor.
- *Messen des Projekterfolgs:* Orientierung an den zuvor gesetzten Zielen und der Erfüllung der Aufgabenstellung.
- *Beendigung des Kostenprojekts:* Übertragung der Aufgaben in Linienverantwortung und Erstellung des Abschlussberichts (siehe Tab. 5.3).

Beispiel

Für die Durchführung eines Kostensenkungsprojekts wird anhand des einfachen Phasenmodells Start – Durchführung – Abschluss folgende Vorgehensweise vorgeschlagen (vgl. Haunerdinger und Probst 2005, S. 216):

- Projektstart: Analyse der Ausgangssituation, Zieldefinition; Risikoanalyse, Machbarkeitsstudie; Festlegen der Projektorganisation; Projektgrobplanung.
- Projektdurchführung: Projektfeinplanung; Aufgabendurchführung; Projektsteuerung (laufende Überwachung der Zielerreichung).
- Projektabschluss: Feststellung und Präsentation des Projektergebnisses; Projektreview (positive/negative Erfahrungen). ◄

Die **Ist-Analyse** und dabei insbesondere die Ermittlung der Ist-Kosten gestaltet sich in Kostenprojekten mitunter schwierig, da die Daten aus der Kostenrechnung üblicherweise in einer für das Projekt nicht geeigneten Form vorliegen. Zusammenhänge, Vernetzungen und Abhängigkeiten werden auch in einer Prozesskostenrechnung oft nicht hinreichend genau abgebildet, sodass das Eingreifen an einer Stelle nicht selten Auswirkungen in anderen Bereichen nach sich zieht. Daher erfordert die nötige Kalkulation aufgrund der Komplexität oft einen hohen Zeitaufwand (vgl. Ehrlenspiel et al. 2003, S. 106).

Die Arbeit in Kostenprojekten und insbesondere die Entwicklung von **Soll-Konzepten** zeichnet sich nicht unbedingt dadurch aus, dass die Problemlösung schon parat steht, bevor das Problem überhaupt hinreichend bekannt und beschrieben ist. Die vorschnelle Problemlösung verhindert unter Umständen den Einsatz von Lösungsalternativen, die vorzeitig verworfen oder gar nicht erst entdeckt und einbezogen werden. Somit erscheint es zunächst geboten, sorgfältig nach Lösungsalternativen zu suchen. Auch ist diese Phase strikt von der Bewertung der Alternativen zu trennen, damit diese nicht voreilig aussortiert werden. Zu den in Kostenprojekten nutzbaren Verfahren, die

Tab. 5.3 Beispiel für die Aufgabenverteilung im Ablauf eines Kostenprojekts (vgl. Mensing 2015, S. 7)

Zeitabschnitt	Aufgabe	Einrichtungs-leitung	Projektleiter	Projekt-team
Vor Beginn des Kostenprojekts	Änderungsbedarf feststellen; Projektidee formulieren	X		
	Vorstudie durchführen lassen	X		
	Projektleiter benennen	X		
	Projektteam benennen	X	X	
	Auftrag und Ziele festlegen	X		
	Projektvereinbarung schließen	X	X	
	Projektplan erstellen; Meilen-steine definieren; Ist-Analyse durchführen, Soll-Konzept erstellen		X	X
	Projektplan genehmigen	X		
	Kommunikationskonzept festlegen	X	X	X
	Kick-Off (Projektstart)	X	X	X
Während des Kosten-projekts	Regelmäßige Projekt-meetings organisieren; Umgang mit Konflikten ver-einbaren; Problemeskalation vereinbaren		X	X
	Auflistung benötigter Projekt-mittel erstellen und diese beschaffen		X	X
	Feinkonzept erstellen; Aktivi-tätenplan erstellen		X	X
	Externen Beratungsbedarf festlegen; Aufwands-schätzung und Beauftragung durchführen	X	X	X
	Einzelmaßnahmen priorisieren und umsetzen		X	X
	Projektcontrolling durch-führen		X	
	Regelmäßig Bericht erstatten	X	X	
	Meilensteinerreichung kontrollieren	X	X	

(Fortsetzung)

Tab. 5.3 (Fortsetzung)

Zeitabschnitt	Aufgabe	Einrichtungs-leitung	Projektleiter	Projekt-team
Nach Beendigung des Kostenprojekts	Projektaufgabe in Linienauf-gabe überführen	X	X	
	Review durchführen	X	X	X
	Abschlussbericht erstellen		X	
	Abschlussbericht abnehmen; Zielerreichung kontrollieren	X		
	Dokumentationen archivieren		X	X
	Projektteam auflösen	X		

bei der Suche nach Handlungs- oder Lösungsalternativen Unterstützung leisten, zählen Kreativitätsmethoden zum Auffinden möglichst innovativer Lösungsideen. Zu den bekanntesten und gleichzeitig einfachen Techniken problemlösungsorientierter Suchverfahren zählt zweifelsohne das Brainstorming. Es dient zur Ideenfindung und beruht auf der Schaffung einer kreativen Situation, bei der möglichst viele Ideen in kürzester Zeit durch möglichst freies Assoziieren und Fantasieren entwickelt werden sollen. Das gegenseitige Inspirieren sowie das Kombinieren und Aufgreifen von bereits geäußerten Ideen, um neue Lösungsansätze zu finden, sind dabei ausdrücklich gewünscht. Alle Ideen werden zunächst protokolliert und erst später durch alle Teilnehmer im Hinblick auf ihre Relevanz zur Problemstellung bewertet. Das Verfahren eignet sich insbesondere für einfachere Problemstellungen im Rahmen von Kostenprojekten, die keine allzu komplexen Lösungsvorschläge erforderlich machen.

Ein weiteres Verfahren zur Generierung von Problemlösungen in Kostenprojekten stellt die Morphologische Analysetechnik dar, bei der es insbesondere um eine möglichst vollständige Erfassung von Lösungsalternativen geht. Dazu werden Lösungsmerkmale und ihre möglichen Ausprägungen in einer Matrix gegenübergestellt, sodass man durch die Kombination aller Merkmale mit allen Ausprägungen eine maximale Anzahl von Möglichkeiten erhält, mit denen Lösungsideen entwickelt werden können.

Da die Problemstellungen in Kostenprojekten jedoch oft komplex und wenig geordnet sind, bedarf es häufiger Verfahren, die eine strukturierte Vorgehensweise beinhalten. Hierzu eignet sich die Relevanzbaum-Analysetechnik insbesondere für Problemstellungen bei Kostenprojekten mit großer Komplexität, indem sie versucht, die Problemstellung zu strukturieren und umfasst dazu die Schritte Abgrenzung und Definition der Problemstellung, Festlegung geeigneter Beurteilungskriterien, Sammlung verschiedener Merkmale, hierarchische Ordnung und Gewichtung der Merkmale im Hinblick auf die Problemstellung, grafische Darstellung der Beurteilungskriterien und Merkmale in einer Baumstruktur, Auswertung der Baumstruktur sowie Ableitung von Problemlösungsalternativen aus den einzelnen Verästelungen (siehe Abb. 5.2).

Im Verlauf von Kostenprojekten kommt es erfahrungsgemäß immer wieder zu **Konflikten**. Konfliktursachen können beispielsweise sein:

- Nichteinhaltung vereinbarter Projekttermine
- Meinungsverschiedenheiten bei Prioritätenfragen
- Unterschiedliche fachliche Einschätzungen möglicher Auswirkungen
- Persönliche Eitelkeiten und charakterliche Eigenschaften
- Kompetenzgerangel usw. (vgl. Haunerdinger und Probst 2005, S. 208 f.)

Der Umgang mit Meinungsverschiedenheiten und Differenzen, Auseinandersetzungen und Streitereien stellt in Kostenprojekten insbesondere für Projektleiter eine Herausforderung dar. Weit verbreitet ist die Meinung, dass Konflikte stets negative Auswirkungen auf die Zusammenarbeit und die Arbeitsergebnisse in Projekten aufweisen. Dies ist nicht uneingeschränkt richtig, da Konflikte auch nicht selten zu positiven Effekten führen, wie beispielsweise das Auffinden innovativer Lösungen für Probleme in Kostenprojekten, die bessere Berücksichtigung von Bedürfnissen der Mitarbeiter, die Klärung von Positionen mit Leistungssteigerung und erhöhter Loyalität und die Verbesserung des Arbeitsklimas in Kostenprojekten durch Beseitigung aufgestauter Spannungen, durch Aneignung von Diskussions- und Kooperationsfähigkeit sowie Toleranz, durch Klärung der Kompetenz-, Verantwortungs- und Aufgabenbereiche. Aufgabe der Projektleiter ist es daher, in ihrem Einflussbereich Konflikte in Verhandlungs- und Schlichtungsprozessen einer zumindest vorläufigen Lösung zuzuführen, damit das Kostenprojekt nicht darunter leidet. Dabei ist es wichtig, positive Wirkungen durch eine richtige Konflikthandhabung zu nutzen, um letztendlich gestärkt aus einer derartigen Auseinandersetzung hervorzugehen. Auch unterschwellige, nicht sichtbare Konflikte können zum offenen Ausbruch gelangen. Das aufgestaute Konfliktpotential kann dann zu besonders heftigen Konflikten führen. Anzeichen für solche Konflikte sind oft untypische Verhaltensweisen im Projektteam, kleine Sticheleien, Randbemerkungen oder aber auch psychosomatisch bedingte Krankheitssymptome, die nicht selten zum Fernbleiben von der Projektarbeit führen.

Offene Konfliktaustragungen in Kostenprojekten führen oft zu regelrechten „Machtkämpfen" in Gesundheitseinrichtungen. Lassen sich keine Kompromisse erzielen, kann der erlangte Vorteil der einen Seite völlig zulasten der anderen Seite gehen. Folgen einer Konfliktvermeidung durch Vorwegnahme eines negativen Ergebnisses bzw. Einnahme der Verliererposition sind in der Regel ein Rückzugsverhalten, dass zur Bekämpfung des Kostenprojekts führen kann. Eine offene Konfliktaustragung ist daher eher anzustreben und einer Konfliktunterdrückung, -vermeidung oder -umleitung vorzuziehen. Sie kann als „reinigendes Gewitter" durchaus auch positive Folgen für die zukünftige Zusammenarbeit in der Gesundheitseinrichtung haben. Jedoch können Konflikte oft auch nicht endgültig gelöst werden. Ziel im Umgang mit Konflikten in Kostenprojekten ist es daher, Konflikte durch Schlichtung zwischen den konträren Seiten zumindest zeitweise beizulegen, ihre Ursachen zu ermitteln und diese soweit möglich zum Zwecke einer langfristigen Beruhigung der Situation und einer möglichst konfliktfreien Projektarbeit zu beseitigen. Hierzu stehen in Kostenprojekten verschiedene Maßnahmen zur Verfügung:

- *Gemeinsame Problemlösung:* Beide Seiten werden dazu bewegt, gemeinsam das Problem zu definieren und Lösungsmöglichkeiten zu entwickeln, wobei der Prozess erst endet, wenn für beide Seiten eine akzeptable Problemlösung gefunden wurde.
- *Schlichtung:* Die Kontrahenten entwickeln aktiv einen Kompromissvorschlag, der bei Zustimmung von beiden Seiten eingehalten werden muss.
- *Steuerung des Verlaufs:* Aufzeigen bisher in der Auseinandersetzung nicht berücksichtigter Lösungsalternativen.
- *Vorgabe von Verlaufsregeln:* Steuerung durch Projektleiter dahin gehend, dass durch Auseinandersetzungen nicht die Leistungen und die Aufgabenwahrnehmung im Kostenprojekt beeinträchtigt werden.
- *Vorgezogene Schlichtung:* Projektleiter versuchen Konfliktpotentiale möglichst frühzeitig zu erkennen und deren Ursachen zu beseitigen.

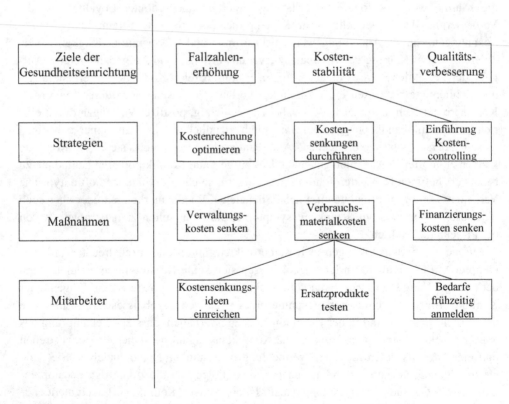

Abb. 5.2 Lösungsfindung in Kostenprojekten mit der Relevanzbaum-Analysetechnik

Literatur

Bühlmeyer, M., Reinelt, G. R. (2008). Materialgruppenmanagement bei Miele – Erfolgsfaktoren der Weiterentwicklung eines bewährten Konzepts. In Bundesverband Materialwirtschaft, Einkauf und Logistik (Hrsg.), *Best Practice in Einkauf und Logistik* (2. Aufl., S. 393–413). Wiesbaden: Verlag Dr. Th. Gabler/GWV Fachverlage.

Ehrlenspiel, K., Kiewert, A., Lindemann, U. (2003). *Kostengünstig entwickeln und Konstruieren – Kostenmanagement bei der integrierten Produktentwicklung* (4. Aufl.). Berlin: Springer-Verlag.

Frodl, A. (2011). *Organisation im Gesundheitsbetrieb*. Wiesbaden: Gabler/Springer Fachmedien.

Gehr, S., Huang, J., Boxheimer, M., & Armatowski, S. (2018). *Systemische Werkzeuge für erfolgreiches Projektmanagement – Konzepte, Methoden, Fallbeispiele*. Wiesbaden: Gabler/Springer Fachmedien.

Haunerdinger, M., Probst, H. J. (2005). *Kostensenken – Checklisten, Rechner, Methoden. Planegg b.* München: Rudolf Haufe Verlag.

Hofmeier, L. (2010). Benchmark Bayern – KZVB erhebt den niedrigsten Beitrag. In Kassenzahnärztliche Vereinigung Bayern (Hrsg.), *kzvb TRANSPARENT*. Ausgabe 11/2010 v. 18.06.2010. München: Kassenzahnärztliche Vereinigung Bayern.

Limberger, M. (2010). *Moderne Unternehmenslogistik – Von der Einfachheit komplexer logistischer Prozesse*. Wiesbaden: Gabler/GWV Fachverlage.

Mensing, W. (2015). *Erfolgreiches Projektmanagement ohne externe Berater in KMUs – Praxisleitfaden zur Etablierung Interner Projektmanager*. Wiesbaden: Gabler/Springer Fachmedien.

Peipe, S. (2018). *Crashkurs Projektmanagement – Grundlagen für alle Projektphasen* (7. Aufl.). Freiburg: Verlag Haufe-Lexware.

Timinger, H. (2017). *Modernes Projektmanagement – Mit traditionellem, agilem und hybriden Vorgehen zum Erfolg*. Weinheim: WILEY-VCH.

Aufbau und Ablauf eines Kostencontrollings: Worauf kommt es bei einer dauerhaften und nachhaltigen Kostensteuerung an?

6.1 Controlling-Organisation

Die allgemeinen Controllingaufgaben von Gesundheitseinrichtungen stellen eine erforderliche Unterstützung in Fragen der Planung, Steuerung und Kontrolle dar, um auf veränderte Situationen vorbereitet zu sein, sich darauf einstellen und die notwendigen strategischen Weichenstellungen vornehmen zu können. Sie umfassen geeignete Methoden und Instrumente, um die Entscheidungsfindung zu unterstützen, die Strategieentwicklung erfolgreich zu begleiten und die notwendigen Strukturanpassungen durchzuführen. Dazu überwacht das **Controlling** die Prozess-, Struktur- und Ergebnisqualität der Leistungserstellung, mit dem Ziel der Erhöhung der Transparenz, der Kostenoptimierung und der Wirtschaftlichkeit. Es lässt sich allgemein als umfassendes Steuerungs- und Koordinationskonzept zur Führung der Gesundheitseinrichtung verstehen, das mithilfe der Beschaffung, Aufbereitung und Analyse von Informationen und Daten die zielgerichtete Planung, Steuerung und Koordination der betrieblichen Abläufe unterstützt und zur Entscheidungsfindung beiträgt. Zudem dient es in Gesundheitseinrichtungen häufig als Schnittstelle zwischen den medizinischen, pflegerischen und administrativen Bereichen, um die medizinische und die ökonomische Sichtweise der Patientenbehandlung zusammen zu führen (vgl. Frodl 2012, S. 13 ff.).

Das **Kostencontrolling** und damit eine erfolgreiche wirtschaftliche Steuerung einer Gesundheitseinrichtung zwingen dazu, sich Ziele zu setzen, sie als Leistungsanreize vorzugeben und ihr Erreichen zu kontrollieren, da ohne eine Kontrolle der Einhaltung dieser Vorgabewerte die Kostenplanung wirkungslos ist. Die Kontrolle der Kosten benötigt Vorgaben, Entscheidungsregeln für die Bewertung der Ausführung sowie für die Korrekturmaßnahmen. Die Koordination von Kostenplanung und -kontrolle mit der Steuerung der Kosten wird vom Kostencontrolling wahrgenommen, dessen Aufgabe es ist, die Leitung der Einrichtung mit Informationen zu versorgen, die für die Planung,

A. Frodl, *Kostensteuerung für Gesundheitseinrichtungen,*
https://doi.org/10.1007/978-3-658-32539-8_6

Steuerung und Kontrolle der Kosten erforderlich sind. Das Sachkostencontrolling beispielsweise umfasst Maßnahmen zur Planung, Steuerung und Kontrolle der Sachkosten (vgl. Deutscher Verein für Krankenhauscontrolling et al. 2019, S. 9). Je nachdem, mit welchem Ansatz und mit welcher strategischen Ausrichtung das Kostencontrolling betrieben wird, lassen sich einige Controllingarten unterscheiden (siehe Tab. 6.1).

Ein in Gesundheitseinrichtungen noch vorzufindendes buchhaltungs- und vergangenheitsorientiertes Kostencontrolling erscheint somit nicht mehr zeitgemäß. Das bisher eher operativ ausgestaltete Kostencontrolling ist stärker in Richtung eines strategischen Kostencontrollings weiterzuentwickeln, damit im Kostenbereich Stärken ausgebaut, Chancen genutzt, Risiken rechtzeitig erkannt und Schwächen vermieden werden können (vgl. Zapp und Oswald, S. 290 f.).

> **Beispiel**
>
> Bundeswehrkrankenhäuser wenden das Kostencontrolling zur Führung ihrer ambulanten und stationären Leistungsbereiche an: „Das Kostencontrolling stellt u. a. betriebswirtschaftliche Informationen zur Führung der ambulanten und stationären Leistungsbereiche des Bundeswehrkrankenhauses Ulm bereit. Dabei werden Daten aus dem Krankenhausinformationssystem (KIS) und der relevanten Aufwands-Kosten-Daten aus der Finanzbuchhaltung analysiert und im Rahmen der Entscheidungsfindung bewertet. Bei der betriebswirtschaftlichen Steuerung werden die üblichen Controllinginstrumente angewendet und durch geeignete Kostenrechnungen (Kostenarten-, Kostenträger- oder Deckungsbeitragsrechnung) untermauert. Sonderanalysen und Sonderrechnungen in Form von Kostenvergleichsrechnungen, Investitions-, Wirtschaftlichkeits- und Amortisationsrechnungen, beispielsweise innerhalb des Kontinuierlichen Verbesserungsprogramms der Bundeswehr runden das Leistungsspektrum des Kostencontrollings ab." (vgl. Bundeswehrkrankenhaus Ulm 2011, S. 1). ◄

Das Kostencontrolling muss planen, lenken, kontrollieren und gegebenenfalls korrigieren. Entsprechend lassen sich seine **Aufgaben** den Bereichen Planung, Steuerung, Information und Kontrolle zuordnen (siehe Tab. 6.2).

Da sich das Kostencontrolling an dem Zielsystem der Gesundheitseinrichtung orientieren muss, sind die entsprechenden Ziele daher zu operationalisieren und hinsichtlich Zeit, Erreichungsgrad und Inhalt möglichst eindeutig zu definieren. Wann in welchem Umfang was erreicht werden soll, lässt sich bei quantitativen Kostenzielen in den überwiegenden Fällen hinreichend genau beschreiben. Anhand der Ziele ist es Aufgabe des Kostencontrollings festzustellen, ob und wie die Ziele im Zeitablauf erreicht wurden, wie groß mögliche Abweichungen zwischen Soll- und Ist-Zielwerten sind und welche Ursachen es dafür gibt. Anschließend sind Gegensteuerungsmaßnahmen zu ergreifen, aber auch gegebenenfalls Zielkorrekturen, falls einzelne Ziele nicht realisierbar erscheinen.

Tab. 6.1 Beispiele für Ausrichtungen des Kostencontrollings

Ausrichtung	Beschreibung	Erläuterung
handlungsaktiv	Orientiert sich an veränderten Rahmenbedingungen und versucht, ständig etwa Abweichungen von Einrichtungskosten, -umsatz oder –gewinn im Auge zu behalten und notwendige Korrekturen auf entscheidenden Gebieten der Einrichtungsführung einzuleiten, um die definierten Ziele zu erreichen	Findet in der Regel dann Anwendung, wenn sich die Rahmenbedingungen beispielsweise aufgrund gesundheitspolitischer Entwicklungen häufig ändern und die Kostenplanung aufgrund Unsicherheiten oder gar fehlender Grundlagen zunehmend schwierig wird. Es ist damit zukunftsorientiert und nicht auf das Fortschreiben von Vergangenheitswerten ausgerichtet
kurzfristig	Ist auf einen Zeitraum von 1 bis 2 Jahren ausgerichtet, konzentriert sich auf den wirtschaftlichen Einrichtungserfolg mit dem Schwerpunkt auf dem steuernden Einfluss auf Kostensenkung, Leistungssteigerung und Verringerung des eingesetzten Kapitals, um dadurch einen Beitrag zur Entscheidungs- und Handlungsfähigkeit der Einrichtung zu leisten. Ziele sind dabei in erster Linie eine erfolgsorientierte, operative Kostenplanung, die Vorgabe einzelner Kosten und die Kontrolle der Einhaltung dieser Vorgaben	Hierbei stehen die kurzfristig gesteckten Kostenziele im Vordergrund („Senkung der Materialverbrauchskosten im Jahresdurchschnitt um 8 %"), die eine Steuerung der einrichtungsinternen Funktionen und Abläufe erforderlich machen. Auf der Grundlage der Kostendaten aus der Buchhaltung und der Kostenrechnung werden hierzu in erster Linie Soll-/Ist-Analysen durchgeführt, um mögliche Abweichungen zu erkennen und notwendige Gegensteuerungsmaßnahmen einleiten zu können
langfristig	Umfasst über das kurzfristige Kostencontrolling hinaus das systematische Erkennen zukünftiger Chancen und Risiken mit dem Ziel, langfristige Kostenerfolgspotentiale zu sichern und aufzubauen. Es ist daher auf einen Zeitraum von etwa 5 bis 10 Jahren ausgerichtet und stellt die Existenzsicherung der Gesundheitseinrichtung in den Vordergrund. Damit trägt es auch dem Bedarf an stärkerer Effizienz der strategischen Kostenplanung Rechnung, die oft der Gefahr unterliegt, gesteckte Ziele im betrieblichen Alltag aus den Augen zu verlieren oder eingeschlagene Strategien nicht konsequent genug zu verfolgen	Das strategische Kostencontrolling muss bei der Organisation des strategischen Planungsprozesses mitwirken, die Umsetzung der strategischen Kostenpläne in operationalisierbare, kurzfristige Kostenziele sicherstellen sowie Kontrollgrößen erarbeiten und ein Frühwarnsystem zur Gewinnung von Kontrollinformationen über langfristige Kostenentwicklungen für die Gesundheitseinrichtung aufbauen

(Fortsetzung)

Tab. 6.1 (Fortsetzung)

Ausrichtung	Beschreibung	Erläuterung
nachgängig	Vergangenheitsorientiert und in erster Linie aus den Funktionen der Betriebsbuchhaltung bestehend (Durchführung von Kostenstellen und –trägerrechnungen, Weiterentwicklung von Kostenjahresplänen, Fortschreibung von Vergangenheitswerten, Nachzeichnung abgelaufener Vorgänge)	Ist dann als ausreichend anzusehen, wenn sich das Umfeld und die Rahmenbedingungen der Gesundheitseinrichtung kaum verändern, weitestgehend konstante Kostensituationen zu verzeichnen und somit verlässliche Voraussetzungen für eine langfristige Kostenplanung und -entwicklung gegeben sind
präventiv	Versteht Kostencontrolling als Führungsaufgabe und versucht präventiv und frühzeitig die Gesundheitseinrichtung gegenüber Veränderungen im Umfeld zu wappnen (Entwicklung von Kostenstrategien, die sie beispielsweise unabhängiger von allgemeinen Kostenentwicklungen machen, Sicherstellung einer hohen Flexibilität und Anpassungsfähigkeit auf veränderte Kostensituationen)	Hierbei genügt es nicht etwa nur Daten aus der Einrichtungsbuchhaltung regelmäßig auszuwerten, auf Informationen der Verbände oder Standesorganisationen zu warten und auf veränderte Vorgaben des öffentlichen Gesundheitswesens zu reagieren. Vielmehr muss die Einrichtungsleitung möglichst frühzeitig beispielsweise neue Behandlungsmethoden, innovative Entwicklungen auf dem Gebiet der Medizintechnik und veränderte Patientenwünsche wahrnehmen und sie in ihrer Kostenplanung berücksichtigen

Tab. 6.2 Aufgaben des Kostencontrollings

Aufgabenbereiche	Aufgabeninhalte
Information	Kommunikation: verständliche Darstellung der Kennzahlen, Bestimmung der Informationsempfänger etc.; Transformation: Zusammenstellung von Kennzahlen, Kennzahlensystem etc.; Sammlung: Informationsquellen definieren (Finanzbuchhaltung, Kostenrechnungen etc.)
Kontrolle	Aufbereitung der Kontrollergebnisse; Messung der Zielerreichung; verfahrensorientiert; Weitergabe der Ergebnisse
Planung	anzugehende Probleme definieren; Ergebnisse erzielen; Maßnahmen zur Verbesserung ergreifen; Mitarbeiter als Aufgabenträger bestimmen; Ressourcen planen; Termine für die Zielerreichung bestimmen; Ziele für das Kostencontrolling und Prämissen festlegen
Steuerung	Regulierung bei Abweichungen von der Zielerreichung; Rückführung auf den richtigen Pfad; Zukunftsorientierung der Einrichtungsführung

Bei der **Planung** des Kostencontrollings wird darüber nachgedacht, was damit erreicht werden soll und wie es am besten zu erreichen ist. Dazu zählen nach der Bestimmung der Zielrichtung, die Ermittlung zukünftiger Handlungsoptionen und die Auswahl unter diesen. Die Planung bedeutet in diesem Zusammenhang, zukünftiges Handeln unter Beachtung des Rationalprinzips gedanklich vorweg zu nehmen. Dazu gehören somit die Problemformulierung, die Alternativenfindung, die Alternativen-bewertung sowie die Entscheidung. Damit im Kostencontrolling eine Planung stattfinden kann, ist die Kostensituation strukturiert darzustellen und anhand des bestehenden und des beabsichtigten Zustands zu analysieren bzw. diagnostizieren. Je nach Problem-stellung ist nach Alternativen zur Ausgestaltung des Kostencontrollings zu suchen, und diese sind in einem nächsten Schritt hinsichtlich ihrer Realisierbarkeit und Erfolgs-aussichten zu bewerten. Anhand des Bewertungsergebnisses ist eine Entscheidung zu treffen, welche Alternative umgesetzt werden soll. Dabei lässt sich gegebenenfalls auch zwischen einer rollierenden Planung und einer Blockplanung unterscheiden: Während bei einer rollierenden Planung nach Ablauf einer Phase deren Ergebnis korrigierend in die Planung einfließt und diese immer wieder neu „aufgesetzt" wird, stellt die Block-planung den Ablauf einzelner Phasen im Zeitverlauf dar. Auch lässt sich anhand der Bereiche der Gesundheitseinrichtung, die in die Planung einbezogen sind, differenzieren in eine Top-down-Planung, bei der die Planvorgaben durch die Einrichtungsleitung und die Konkretisierung durch Teilpläne in den einzelnen Betriebsbereichen erfolgen, eine Bottom-up-Planung, die eine Sammlung von Plandaten auf unterer Ebene und spätere Aggregation zu einer betrieblichen Gesamtplanung darstellt, sowie ein Gegenstrom-verfahren, das eine Vorgabe von Kosteneckwerten, die Abstimmung in den einzelnen Bereichen und die Zusammenfassung zur Kostengesamtplanung vorsieht.

Bei der strukturellen **Steuerung** der Kosten stehen die vorteilhafte Gestaltung der verschiedenen Kostenarten und ihr Verhältnis zueinander im Vordergrund. Dabei geht es beispielsweise um das Verhältnis der fixen und variablen Kosten zueinander, sowie um das der Einzel- und Gemeinkosten. Häufig ist in MVZ, Krankenhäusern, Arztpraxen oder Pflegeeinrichtungen die Tendenz zu verzeichnen, dass die Fix- und Gemeinkostenblöcke zunehmen. Bei den Fixkosten liegt es beispielsweise daran, dass die Gehälter aufgrund der Arbeitsverträge unabhängig von der Behandlungsmenge gezahlt werden müssen und auch die sonstigen Abgaben, Energie- und Mietkosten sich in der Regel beschäftigungs-unabhängig nach oben entwickeln. Ursachen hierfür können beispielsweise aber auch bürokratische Abläufe in der Patientenverwaltung, überflüssige Doppelarbeiten, zu hohe Perfektionsgrade in nachgeordneten Prozessen oder auch die Erbringung unnötiger Leistungen sein. Die häufig anzutreffende Gleichsetzung von Einzelkosten und variablen Kosten einerseits sowie Gemeinkosten und Fixkosten andererseits ist insofern nicht richtig, da unterschiedliche Differenzierungskriterien vorliegen: Fixe und variable Kosten entstehen in Abhängigkeit von einer Kostenbeeinflussungsgröße und Einzel-bzw. Gemeinkosten anhand der Zurechnungsfähigkeit zu einzelnen oder mehreren

Bezugsgrößen. So können Gemeinkosten aus fixen oder variablen Kosten bestehen, etwa in Form der Personalkosten (überwiegend fixe Gemeinkosten) oder der Kosten für Behandlungsinstrumente (überwiegend variable Gemeinkosten).

> **Beispiel**
>
> Insbesondere das Kostencontrolling bei der Durchführung von Baumaßnahmen wird als große Herausforderung angesehen: „Die Abstimmung mit Ministerien und anderen Fördermittelgebern sowie das laufende Kostencontrolling stellen Kliniken bei der Durchführung von Baumaßnahmen nach eigenen Angaben vor überdurchschnittlich große Herausforderungen. Auch die Komplexität der Bauprojekte wird wegen oft fehlenden internen Know-hows und des hohen Abstimmungsaufwands etwa mit Architekten und Banken als aufwendig empfunden." (vgl. Roland Berger 2019, S. 12). ◄

Auch die Steuerung des Kostenverlaufs ist ein wesentliches Ziel des Kostencontrollings, da beispielsweise proportionale Kostenverläufe in der Regel gut kalkulierbar sind und dadurch eine verlässliche Grundlage für die Kalkulation der Ergebniserzielung, für die Erfolgsrechnung sowie die Liquiditätsplanung darstellen. Degressive Kostenverläufe führen bei zunehmender Behandlungs- bzw. Pflegemenge zu abnehmenden Kosten je Fall. Derartige Degressionseffekte lassen sich beispielsweise im Rahmen der Fixkostendegression erzielen, dadurch dass beispielsweise Leerlaufzeiten minimiert, die Kapazitätsauslastung der CRT-Geräte gesteigert oder Praxisöffnungs- sowie Arbeitszeiten flexibilisiert werden. Ein weiterer Degressionseffekt kann sich aus der Erfahrungskurve ergeben, bei der man davon ausgeht, dass bei wiederholtem Auftreten identischer Behandlungs- bzw. Pflegesituationen es in der Regel zu einer Routinisierung und damit Effizienzsteigerung kommt. Die Erfahrungseffekte münden aufgrund von Übungserfolgen durch Wiederholung der Behandlungsvorgänge, medizinischem Fortschritt und Rationalisierung durch Prozessoptimierung in sinkende Behandlungs- bzw. Pflegefallkosten. Die Erfahrungsrate gibt dabei den Prozentanteil wieder, auf den sich bei einer angenommenen Verdopplung der Behandlungsmenge die Behandlungsfallkosten der letzten Behandlungseinheit senken lassen. Da der Lernerfolg und damit der Erfahrungseffekt bei den ersten Behandlungsfällen naturgemäß größer ist und mit fortschreitender Zahl gleichartiger Behandlungsfälle abnimmt, entstehen sinkende Degressionseffekte. Auch tritt die Kosteneinsparung nicht automatisch ein, sondern ist eher als Kostensenkungspotential zu verstehen, dass es zu nutzen gilt. Ferner ist natürlich kritisch anzumerken, dass der Ansatz der Erfahrungskurve beispielsweise unvorhersehbare Komplikationen nicht berücksichtigt.

Neben der Steuerung der Verhältnisse der Kostenarten zueinander und der Kostenverläufe ist im Rahmen des Kostencontrollings die Einwirkung auf das Kostenniveau von Bedeutung. Das Ziel ist dabei, die Höhe der Kosten der Gesundheitseinrichtung in Teilbereichen und damit die Gesamtkosten zu reduzieren. Ansatzpunkte können dabei sein die Gesamtkosten, die Kosten einzelner Organisationseinheiten oder die Behandlungs-fallkosten. Dazu beitragen können beispielsweise die Auslagerung von Dienstleistungen (Outsourcing), die Entscheidung zwischen Eigen- und Fremdlaborleitungen unter Kostengesichtspunkten, die Realisierung von medizintechnischen Automatisierungs-potentialen, die Reduzierungen von Patientendurchlaufzeiten, die Vermeidung unnötiger Doppelarbeiten oder etwa auch das Vorschlagswesen zu Kostensenkungsmaßnahmen.

Für die **Aufbauorganisation** des Kostencontrollings stehen unterschiedliche Alter-nativen zur Verfügung. Der Erfolg des Controllings hängt zunächst maßgeblich davon ab, ob das Management der Gesundheitseinrichtung mit qualifizierten Führungs-instrumenten ausgestattet ist, die die Planung, Steuerung und Kontrolle der vereinbarten Ziele absichern. Dazu bedarf es auch eines gut funktionierenden zentralen Controllings als Stabsstelle im Führungssystem und eines Spartencontrollings (Medizin- bzw. Pflege-controlling) in den Leistungsbereichen (vgl. Schirmer 2003, S. A 1212).

Im Bereich des Sachkostencontrollings finden sich Ansatzpunkte für eine Ver-besserung der Ergebnissituation nicht nur im Einkauf, sondern auch bei der Steuerung der Leistungsprozesse, um einen möglichst effizienten Einsatz der Sachressourcen zu gewährleisten. In Krankenhäusern sind beispielsweise daher nicht nur das kauf-männische Controlling, sondern auch die Einkaufsabteilung und die Krankenhaus-apotheke häufig in diese Aktivitäten einbezogen. Dabei übernimmt der Einkauf bei der Ermittlung von Planpreisen die zentrale Rolle, wobei die Krankenhäuser nicht nur auf Daten des eigenen Einkaufs vertrauen, sondern auch von Einkaufsgemeinschaften bereitgestellte Preisprognosen nutzen. Das kaufmännische Controlling ist bei allen anderen Aufgaben die am häufigsten beteiligte Abteilung, insbesondere beim sach-kostenbezogenen Berichtswesen sowie bei der Durchführung von Abweichungsana-lysen. Insgesamt wird das Sachkostencontrolling in den meisten Krankenhäusern als Querschnittsaufgabe mit mehreren beteiligten Abteilungen verstanden, wobei selbst bei der Planung der Bedarfsmengen eine Beteiligung der Kliniken/Fachabteilungen bzw. Stationen eher selten vorkommt, was eine starke Zentralisierung der Planungsprozesse widerspiegelt (vgl. Deutscher Verein für Krankenhauscontrolling et al. 2019, S. 9 ff.).

Aufgrund der Unterstützungsfunktion für die Einrichtungsleitung, die das Controlling einnimmt, wird häufig eine Controlling-Stabsstelle eingerichtet und das Kostencontrolling innerhalb dieser Stabstelle unmittelbar unter der Leitungsebene von Gesundheitsein-richtungen angegliedert (siehe Abb. 6.1).

In größeren Einrichtungen ergänzen dezentrale Controlling-Stellen beispielsweise in einzelnen Kliniken das zentrale Controlling, sind disziplinarisch dem jeweiligen Organisationsbereich unterstellt und werden von der funktionsübergreifenden Controlling-Stabstelle zentral koordiniert. Da es in einer dezentralen Controlling-Organisation Differenzen aufgrund unterschiedlicher fachlicher und disziplinarischer Zuordnungen geben kann, erscheint das prozessorientierte Controlling als ein Ansatz zur Problemlösung. Dabei sind die zu erfüllenden Controlling-Aufgaben in die Prozesse der Gesundheitseinrichtung integriert, zumal die Prozessverantwortlichen diese am besten selbst koordinieren, steuern und kontrollieren können. Da sich das Controlling

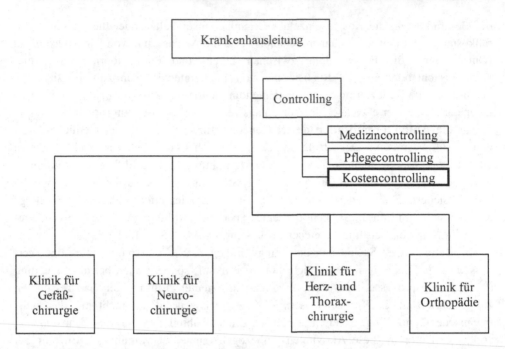

Abb. 6.1 Beispiel für aufbauorganisatorische Einordnung des Kostencontrollings in einem Krankenhaus

hierbei von der hierarchischen Organisationsstruktur entfernt, werden auch durch das Kostencontrolling nicht mehr in erster Linie die verschiedenen Führungsebenen der Gesundheitseinrichtung, sondern hauptsächlich die Prozessverantwortlichen mit den entsprechenden Kostenberichten und –informationen versorgt. Dies wirkt sich auch auf die Aufgaben, Instrumente und Organisation des Kostencontrollings aus, das ebenfalls prozessorientiert sein muss, zumal das Kostencontrolling in die Prozessgestaltung einzubinden ist (vgl. Zapp und Oswald, S. 286 ff.).

6.2   Durchführen von Kostenvergleichen

Vergleichsmaßstäbe sind notwendig für die Bewertung und Analyse von Stärken und Schwächen, Chancen und Risiken von Gesundheitseinrichtungen. Daher erscheinen Kosteninformationen und –daten aus Einrichtungsvergleichen und Benchmarkings als wichtige Grundlagen des operativen und strategischen Planungs-, Steuerungs- und Kontrollprozesses von Gesundheitseinrichtungen (vgl. Zdrowomyslaw und Kasch 2002, S. 2).

Kostenvergleiche bieten vielfältige Möglichkeiten, im Rahmen des Kostencontrollings realisierbare Ziele zu setzen, deren Einhaltung zu überwachen und gegebenenfalls korrigierend einzugreifen. Bei einem Kostenvergleich werden aktuellen Kostenzahlen der Gesundheitseinrichtung Vergangenheitswerte, Werte anderer Einrichtungen oder Sollwerte gegenübergestellt, um positive oder negative Differenzen zu ermitteln und diese zum Maßstab für Maßnahmen zu machen (vgl. Tab. 6.3).

Der **Kosteneinrichtungsvergleich** stellt eine Gegenüberstellung von Zahlenmaterial der eigenen Gesundheitseinrichtung und Vergleichszahlen einer oder mehrerer anderer Einrichtungen dar. Um die Vergleichbarkeit sicherzustellen und individuelle Einflüsse zu minimieren, sind zunächst Zahlen desselben Zeitraumes jeweils einander gegenüberzustellen. So sind beispielsweise Patientenzahlen einer HNO-Praxis aus dem Dezember, mit einer jahreszeitüblichen Häufung witterungsbedingter Erkältungskrankheiten, nicht mit den Augustzahlen einer Vergleichspraxis gleichzusetzen. Zu weiteren wichtigen zu minimierenden Einflüssen zählen neben der fachlichen Spezialisierung auch regionale Unterschiede, unterschiedliche Betriebsgrößenklassen oder der Standort. Beispielsweise ist ein Vergleich von Pflegeeinrichtungen unterschiedlicher Größenklassen aufgrund der abweichenden Kostendegression und Personalausstattung sicherlich nicht unproblematisch.

Während beim direkten Einrichtungsvergleich die Kostenwerte von zwei oder mehreren Gesundheitseinrichtungen unmittelbar einander gegenübergestellt werden, wird beim indirekten Vergleich eine Gegenüberstellung der Kosten einer Einrichtung mit Durchschnittswerten vorgenommen. Der Vergleich mit durchschnittlichen Kostenwerten sollte jedoch in erster Linie nur als Orientierungshilfe verwendet und nur bei massiven Abweichungen als Maßstab von Steuerungsmaßnahmen verwendet werden, da die durchschnittlichen Werte in der Regel nicht um individuelle Einflüsse bereinigt sind und somit eine direkte Vergleichbarkeit mit der eigenen Einrichtung nur bedingt gegeben ist. Der Kosteneinrichtungsvergleich ist allerdings ein wesentliches Instrument, zur Feststellung der Position der eigenen Einrichtung im Wettbewerbsumfeld.

Eine besondere Form des Kosteneinrichtungsvergleich ist das Kostenbenchmarking, welches bedeutet, dass sich die Gesundheitseinrichtung an den besten Konkurrenten oder an den besten einrichtungsinternen Prozessen orientiert und versucht, deren Leistungsniveau in einen oder mehreren Teilbereichen der Einrichtung zu erreichen.

Beispiel

Das Benchmarking ist ein häufig angewendetes Controlling-Instrument: „Rund zwei Drittel – bei den Arzneimitteln sogar fast drei Viertel – der Krankenhäuser führen für die Kosten des medizinischen Bedarfs zumindest anlassbezogen Benchmarkinganalysen durch." (vgl. Deutscher Verein für Krankenhauscontrolling et al. 2019, S. 13). ◀

Ziel ist es dabei, Defizite zum Kostenbenchmark als Vergleichsmaßstab aufzudecken und Anregungen für Verbesserungen der eigenen Kostensituation zu gewinnen, wobei sich einige wichtige Arten des Kostenbenchmarking unterscheiden lassen (siehe Tab. 6.4).

Tab. 6.3 Beispiele für Kostenvergleiche

Vergleichsart	Beschreibung		Häufigkeit	Vergleichsobjekt	Vorgaben
Kosteneinrichtungsvergleich	Gegenüberstellung von Kostenzahlen der eigenen Gesundheitseinrichtung und Vergleichszahlen einer oder mehrerer anderer Einrichtungen		Einmalig	Individuelle Daten; Durchschnittswerte; Benchmarking	Individuelle Vorgaben; Durchschnittswerte; Benchmarking-Vorgaben
	Direkt	Die Kostenzahlen von zwei oder mehreren Gesundheitseinrichtungen werden unmittelbar einander gegenübergestellt			
	Indirekt	Die Kostenzahlen einer Gesundheitseinrichtung werden beispielsweise mit branchenübergreifenden Durchschnittswerten verglichen			
Kosten-Soll-/Ist-Vergleich	Planvorgabe von aus den Einrichtungszielen abgeleiteten Kosten-Sollwerten, mit denen die am Ende der Vergleichsperiode erreichten Kosten-Istwerte verglichen werden		Einmalig	Sollwerte; Istwerte	Sollvorgaben
Kostenzeitvergleich	Vergleich entlang der Zeitachse anhand absoluter oder relativer Kostenwerte		Wöchentlich; Monatlich; Quartalsweise; Vierteljährlich; Jährlich; Mehrjährig	Daten aus der Vergangenheit	Keine Vorgaben

Tab. 6.4 Beispiele für Kostenbenchmarking

Arten des Kostenbenchmarking	Perfomance-Kostenbenchmarking	funktionales Kostenbenchmarking	prozessorientiertes Kostenbenchmarking
Kostenbenchmarking im Wettbewerb	Vergleich mit direkt konkurrierenden Einrichtungen; die Einrichtung wird als Ganzes mit Kostenkennzahlen anderer Einrichtungen verglichen	Vergleich mit direkt konkurrierenden Einrichtungen; ausgewählte Funktionen der Einrichtung werden kostenmäßig mit den Funktionen konkurrierender Einrichtungen verglichen	Vergleich mit direkt konkurrierenden Einrichtungen; die funktionsübergreifenden Prozesse der Einrichtungen stehen dabei im Vordergrund
Kostenbenchmarking innerhalb des Fachgebiets	Allgemeiner Kostenvergleich in der Gesundheitsbranche; die Einrichtung wird als Ganzes mit Branchen-Kostenkennzahlen verglichen	Allgemeiner Kostenvergleich in der Gesundheitsbranche ausgewählte Funktionen der Einrichtung werden mit Funktionen und deren durchschnittlichen Kosten branchenweit verglichen	Allgemeiner Kostenvergleich in der Gesundheitsbranche; die funktionsübergreifenden Prozesse werden dabei kostenmäßig branchenweit verglichen
Internes Kostenbenchmarking	Kostenvergleich zwischen Organisationseinheiten der eigenen Einrichtung; die Organisationseinheiten werden als Ganzes mit Kostenkennzahlen anderer Organisationseinheiten verglichen	Kostenvergleich zwischen Organisationseinheiten der eigenen Einrichtung; ausgewählte Funktionen einzelner Organisationseinheiten werden kostenmäßig verglichen	Kostenvergleich zwischen Organisationseinheiten der eigenen Einrichtung; die funktionsübergreifenden Prozesse werden dabei kostenmäßig über einzelne Organisationseinheiten hinweg verglichen

Das Ziel, sich nur an den „besten" Gesundheitseinrichtungen mit den niedrigsten Kosten zu orientieren, erscheint in vielerlei Hinsicht nicht unproblematisch. Nicht alle hinsichtlich ihrer Kostensituation erfolgreichen Einrichtungen sind in allen Bereichen gleich gut und befinden sich auch nicht immer unter der unmittelbaren Konkurrenz. Vielmehr sollten Unterschiede zwischen ausgewählten Prozessen, Funktionen oder Bereichen aufgedeckt und hinsichtlich ihrer Kostenentwicklung in Form von Verbesserungspotentialen dargestellt werden. Die Ursachen für das unterschiedliche Kostenniveau, die beispielsweise in divergierenden Prozessen, organisatorischen Defiziten oder auch unzureichender Weiterbildung liegen können, sollten analysiert und danach Maßnahmen zur Verbesserung der untersuchten Bereiche festgelegt werden. Da das Kostenbenchmarking vorbereitet sein muss, ist zunächst im Rahmen der Planung zu definieren, was mit dem Kostenbenchmarking erreicht und welche Bereiche der Gesundheitseinrichtung dabei berücksichtigt werden sollen. Um möglichst gute Vergleichswerte erzielen zu können, ist es wichtig, dass die zum Kostenvergleich herangezogenen Einrichtungen oder relevanten Organisationseinheiten mit der eigenen Gesundheitseinrichtung strukturell weitgehend übereinstimmend und damit auch vergleichbar sind. Die zu vergleichenden Kostendaten sollten direkt bei dem Vergleichspartner erhoben werden und müssen zu diesem Zweck in ausreichendem Maße zur Verfügung stehen. Die Abweichungen der verglichenen Kostendaten lassen sich in Form von Verbesserungspotentialen in der anschließenden Analysephase feststellen. Anhand der Ergebnisse sind die Plausibilität und Validität der Kostendaten abschließend zu überprüfen und Messfehler auszuschließen. Abschließend ist einzuschätzen, ob sich die Kostensituation in den Bereichen mit deutlichen Abweichungen verbessern lässt. Dadurch, dass die Ergebnisse des Kostenbenchmarkings mit den Mitarbeitern diskutiert werden, lassen sich die nötige Einsicht erzeugen und beispielsweise dringende Maßnahmen zur Reduzierung umsetzen. In der Aktionsphase sind Kostenziele in Form gewünschter Sollzustände zu setzen und Maßnahmenpläne aufzustellen. Sie sollten beinhalten, was wie verändert werden kann, ohne die Vergleichseinrichtung kopieren zu müssen, und wer im eigenen Bereich dafür zuständig ist. Dabei ist es zweckmäßig in den Aktionsplänen die Zuständigkeiten, festgelegte Termine, die verteilten Einzelaufgaben und deren Umsetzungskontrolle festzuhalten. Die Überwachung der Maßnahmenumsetzung und des Ergebnisfortschritts ist ebenso wichtig, wie im Bedarfsfall im Sinne des allgemeinen Controlling-Regelkreises bei nicht nachhaltig wirkenden Kostenverbesserungen, nur mit einem unvertretbar hohen Aufwand zu erreichenden Kostenoptimierungen oder sich als unrealistisch erweisenden Kostenverbesserungszielen Anpassungen vorzunehmen.

Im Krankenhausbereich erscheint insbesondere ein Benchmarking mit den Kostendaten des Instituts für das Entgeltsystem im Krankenhaus (InEK) sinnvoll. Es kann als ein Instrument aufgefasst werden, um Schwachstellen und Defizite innerhalb einer DRG aufzudecken und Hinweise zu geben, in welchen Bereichen Optimierungsbedarf besteht. Für eine umfassende Ursachenforschung erscheint es aufgrund der eingeschränkten InEK-Information jedoch notwendig, ergänzende Informationen von anderen Kalkulationskrankenhäusern zu berücksichtigen. Aufgrund der hohen Überzeugungskraft der InEK-Kostendaten kann das Kostenbenchmarking als Controllinginstrument entscheidenden Einfluss auf das Mitarbeiterverhalten ausüben. Auch erscheint es sinnvoll das Kostenbenchmarking als Ergänzung zur fachabteilungsbezogenen Deckungsbeitragsrechnung (DBR) zu nutzen. Dazu sollte das Modellkrankenhaus neben der fachabteilungsbezogenen DBR zusätzlich die krankenhausindividuelle Soll-/Ist-Kostenmatrix auf Basis der InEK-Kalkulationsergebnisse der Top-10-DRGs zu Verfügung stellen, was einen schnellen Überblick über die handlungsbedürftigen DRG-Bereiche ermöglicht. (vgl. Hesse et al. 2013, S. 73 f.).

Beispiel

Bereits 2008 hat das Deutsche Krankenhausinstitut (DKI) ein Seminar zum Internen Kostenbenchmarking und zur Budgetermittlung anhand der InEK-Kostendaten angeboten, um die hauseigenen Fachabteilungsbudgets mit den InEK-Kostendaten zu verproben (vgl. Sommerhäuser 2020, S. 1). ◄

Als **Kostenzeitvergleich** lässt sich der Kostenvergleich entlang der Zeitachse (wöchentlich, monatlich, quartalsweise, jährlich, mehrjährig) für verschiedene Bereiche innerhalb einer Gesundheitseinrichtung anhand absoluter oder relativer Kostenwerte bzw. Kostenkennzahlen durchführen. So lassen sich etwa zweckmäßigerweise die Materialkosten im Oktober mit den Materialkosten in den jeweiligen Vormonaten vergleichen. Je höher dabei die Zahl der Vergleichsdaten ist, desto eher lässt sich ein Trend erkennen und bewahrt zugleich die Gesundheitseinrichtung vor übertriebenem Aktionismus. Mit zunehmender Vergleichshäufigkeit und je kürzer die Abstände der Vergleichszeiträume sind, desto genauer lässt sich der Kostenzeitvergleich als Kontrollinstrument einsetzen. Mittels aus den Vergangenheitswerten abgeleiteter Zielvorgaben und Sollzahlen lässt sich die im Rahmen des Kostencontrollings notwendige Steuerungsfunktion realisieren. Der Kostenzeitvergleich gibt somit Auskunft über die derzeitige Situation der Gesundheitseinrichtung und ist zugleich die Grundlage für die Ableitung zukunftsbezogener Maßnahmen (siehe Tab. 6.5).

Beim Kostenzeitvergleich sind zusätzlich zu den progressiven, degressiven oder stetigen Verlaufsformen weitere unterschiedliche Kostenverläufe im Zeitablauf zu berücksichtigen, wie beispielsweise:

- *bruchartig:* nachhaltige Veränderung des Kostenverlaufsniveaus
- *konstant:* Kosten entwickeln sich in der Zeitreihe horizontal gleich bleibend fort
- *saisonal:* besonders hohe oder niedrige Kostenwerte treten zyklisch wiederkehrend auf (bspw. für medizinische Verbrauchsmaterialien für Behandlung und Pflege bei Wintersportverletzungen)
- *trendartig:* langfristige Kostenentwicklung, die sich über einen Zeitraum fortgesetzt steigend oder fallend darstellt
- *zufällig:* unregelmäßige Abweichungen vom Kostentrend mit unbekannten Ursachen

Tab. 6.5 Beispiel für Kostenprognoseverfahren anhand von vergangenen Kostenwerten

Periode i (Monat) / Verfahren	Kostenwerte Ti / Berechnung Kostenprognosewert P Juli	Gewichte G
Januar	10.000	1
Februar	12.000	2
März	15.000	4
April	14.000	6
Mai	16.000	8
Juni	18.000	10
		$\sum 31$
Arithmetisches Mittel (Gleitender Mittelwert)	$P = (T1 + T2 + \ldots + Tn) \div n$; n = Anzahl der berücksichtigten Perioden $85.000 \div 6 = 14.170$	
	Erläuterung: Zur Bildung des Arithmetischen Mittelwerts werden die Kostenwerte aus den vergangenen Perioden addiert und durch die Anzahl der berücksichtigten Perioden dividiert. Als Ergebnis erhält man eine Durchschnittsgröße, die als Kostenprognosewert für die zu planende Periode herangezogen werden kann	
Gewichtetes Arithmetisches Mittel (Gewogener Gleitender Mittelwert)	Berechnung: $P = (T1G1 + T2G2 + \ldots + TnGn) \div (G1 + G2 + \ldots Gn)$; Gi = Gewicht der Periode i $(10.000 + 24.000 + 60.000 + 84.000 + 128.000 + 180.000) \div 31 = 15.680$	
	Erläuterung: Das Arithmetische Mittel stützt sich zwar auf die Erfahrungswerte eines beliebig langen Zeitraums, nämlich der n Perioden (im Beispiel 6 Monate). Jede Periode geht jedoch mit demselben Gewicht (1/6) in die Berechnung ein. Dadurch nimmt die Bedeutung jüngere Kostenwerte bei wachsendem n ab, und die Kostenentwicklung über einzelne Perioden hinweg wird nicht berücksichtigt. Dieses Problem kann durch die Einführung von geeigneten Gewichten für die einzelnen Perioden gemildert werden. Das Gewichtete Arithmetische Mittel versucht durch die Gewichtung die besondere Bedeutung und Aktualität einzelner Kostenwerte zum Ausdruck zu bringen. Neuere Werte können dadurch in der Prognose stärker zum Ausdruck gebracht werden, als ältere	

(Fortsetzung)

Tab. 6.5 (Fortsetzung)

Periode i (Monat) / Verfahren	Kostenwerte Ti / Berechnung Kostenprognosewert P Juli	Gewichte G
Exponentielle Glättung	Pn = Pa + α x (Ti – Pa); α = 0,2; Pn = Prognosewert neu; Pa = Prognosewert alt; Ti = Tatsächlicher Kostenwert der letzten Periode; α = Glättungsfaktor 15.000 + 0,2 x (18.000 – 15.000) = 15.600	
	Erläuterung: Bei dem Gewichteten Arithmetischen Mittel bleibt die Festlegung der Anzahl der Perioden und ihrer Gewichtung subjektiv. Der Gesundheitseinrichtung bleibt es also überlassen, welche Kostenwerte sie mit welchem Gewicht in die Prognose einfließen lässt. Diese Nachteile können zumindest teilweise durch den Einsatz der Exponentiellen Glättung gemildert werden. Bei ihr geht die Anzahl der Perioden nicht direkt in die Ermittlung des Prognosewertes ein, sondern nur indirekt über einen Glättungsfaktorfaktor. Er gewichtet die Differenz zwischen dem letzten Prognosewert und dem tatsächlich in der letzten Periode erzielten Kostenwert. Dieser gewichtete „Prognosefehler" wird zu dem letzten Vorhersagewert addiert, um auf diese Weise zu einem genaueren neuen Prognosewert zu gelangen. Bei α = 0 wird der Prognosefehler und der tatsächliche Wert der letzten Periode überhaupt nicht berücksichtigt. Der neue Prognosewert entspricht dann dem alten. Bei α = 1 entspricht der gesuchte Prognosewert dem tatsächlichen Wert der letzten Periode und der Prognosefehler wird voll in die neue Vorhersage übernommen. In der praktischen Anwendung wird daher mit einem α zwischen 0,1 und 0,5 gearbeitet	

Der **Kosten-Soll-/Ist-Vergleich** setzt die Kostenplanvorgabe von aus den wirtschaftlichen Zielen der Gesundheitseinrichtung abgeleiteten Kosten-Sollwerten voraus, mit denen die am Ende der Vergleichsperiode erreichten Kosten-Istwerte verglichen werden. Insofern stellt er eine Ergänzung des Kostenzeitvergleichs dar, allerdings mit dem Unterschied, dass zusätzlich zur Beobachtung der Entwicklung entlang der Zeitachse die bewusste Setzung von Zielvorgaben in Form der Kosten-Sollwerte hinzukommt. Beide Vergleichsarten lassen sich auch parallel durchführen und ergänzen sich beispielsweise dann sinnvoll, wenn die Entwicklung eines jährlichen Kosten-Soll-/Ist-Vergleichs-wertes zusätzlich in kürzeren Zeitabständen beobachtet wird. Wenn die Kosten für medizinisches Verbrauchsmaterial unregelmäßig steigen, kann ein geringerer Kosten-Sollwert ohne Verbrauchsreduzierung am Jahresende nicht erreicht werden. Die Gesundheitseinrichtung muss kurzfristiger steuernd eingreifen, um den Sollwert am Jahresende noch zu erreichen, oder aber auch den Sollwert gegebenenfalls zu korrigieren, wenn eine allzu euphorische Zielvorgabe unrealisierbar erscheint. Wesentliche Voraussetzungen für den Kosten-Soll-/Ist-Vergleich sind

- die Aktualität der Vergleichsdurchführung sowie
- eine einheitliche Festlegung und Aufnahme der Kosten-Soll-/Ist-Daten.

Werden alte oder unterschiedlich zustande gekommene Kosten-Soll- und -Istwerte miteinander verglichen, so geht die Aussagefähigkeit des Kosten-Soll-/Ist-Vergleichs verloren. Auch dürfte in den seltensten Fällen der erzielte Kosten-Istwert mit dem Kosten-Sollwert genau übereinstimmen. Das ist auch nicht notwendig, denn im Rahmen des Kostencontrollings geht es in erster Linie um den Steuerungseffekt anhand des Vergleichsinstrumentariums und nicht unbedingt um eine perfektionierte Kontrolle mit exakter Erreichung vorgegebener Kostenwerte.

Beispiel

Der Soll-/Ist-Vergleich ist insbesondere im Kostenbereich für medizinische Bedarfe ein häufig angewendetes Controlling-Instrument: „Soll-Ist-Vergleiche als Kontrollrechnung werden demgegenüber bei fast allen Sachkostenarten deutlich häufiger durchgeführt. Dies gilt insbesondere für den medizinischen Bedarf, bei dem über drei Viertel der Krankenhäuser angeben, solche Vergleiche anzustellen" (vgl. Deutscher Verein für Krankenhauscontrolling et al. 2019, S. 11). ◄

An einen Kosteneinrichtungs-, Kostenzeit- oder Kosten-Soll-/Ist-Vergleich schließt sich notwendigerweise eine **Kostendifferenzanalyse** an, die von der Höhe der jeweiligen positiven oder negativen Abweichungen der jeweiligen Vergleichswerte ausgeht und versucht, hierfür die Ursachen festzustellen. Diese liegen nicht immer in tatsächlichen Kostensteigerungen, denn mitunter liegen auch Berechnungsfehler, Ermittlungsfehler, Falschbuchungen, fehlerhafte Weitergabe von Informationen zur Finanzbuchhaltung oder auf dem Weg zum Steuerberater vor. Daher ist es wichtig, bevor es zum Ergreifen von Korrekturmaßnahmen in einer Gesundheitseinrichtung kommt, die Plausibilität insbesondere der Kosten-Istwerte zu überprüfen. Sowohl vermeintlich negative Differenzen können zu falschen Schlussfolgerungen führen, als auch positive Abweichungen, die Nachlässigkeit erzeugen oder zu Unrecht die Gesundheitseinrichtung auf dem rechten Weg wähnen können. So können beispielsweise sinkende Personalkosten einen Hinweis darauf geben, dass der darin enthaltene Weiterbildungsaufwand verhältnismäßig stark abnimmt, was eine kritische Betrachtung des ausreichenden Umfangs notwendiger Weiterbildungsmaßnahmen erforderlich macht. Daher sind bei der Kostendifferenzanalyse negative wie auch positive Abweichungen gleichermaßen zu berücksichtigen. Vielmehr ist davon auszugehen, dass nicht jede Gesundheitseinrichtung in allen Bereichen überaus erfolgreich arbeitet. So sind bei dauerhaft hohen positiven Abweichungen in der Regel die Sollwerte falsch gewählt, was den Steuerungseffekt des Kostencontrollings entsprechend verringert. Da eine exakte Erreichung des Kostenziels in den seltensten Fällen vorkommt und die Differenzanalyse in der Regel immer Abweichungen aufweist, sind praktikablerweise Toleranzbereiche für die Kosten-Sollwerte festzulegen, die

- als relative Bandbreiten eines Kosten-Sollwerts definiert werden können (beispielsweise ± 3 %) oder
- als maximaler bzw. minimaler absoluter Wert (beispielsweise Kosten-Sollwert für medizinisches Verbrauchsmaterial pro Jahr).

Bei der Festlegung der Toleranzbereiche ist allerdings darauf zu achten, dass die Bandbreiten nicht zu groß gewählt werden, um den Kontroll- und Steuerungseffekt des Kostencontrollings nicht zu verringern.

6.3 Anwendung von Kostenkennzahlen

Bei **Kostenkennzahlen** handelt es sich um vordefinierte Zahlenrelationen, die durch Kombination von Kostendaten des Rechnungswesens entstehen, regelmäßig ermittelt werden und aus denen sich Aussagen zu kostenrelevanten Sachverhalten der Gesundheitseinrichtung komprimiert und prägnant ableiten lassen. Sie dienen dazu, aus der Fülle des Zahlenmaterials wesentliche Auswertungen herauszufiltern, die Einrichtungssituation zutreffend widerzuspiegeln und einen schnellen und komprimierten Überblick über die Kostenstrukturen der Gesundheitseinrichtung zu vermitteln. Die Kostenkennzahlen werden auch dazu verwendet, um bewusst auf einen größtmöglichen Detaillierungsgrad zu verzichten und nur einen möglichst aussagekräftigen Ausschnitt des insgesamt in der Gesundheitseinrichtung erfassbaren Zahlenwerks tatsächlich auch abzubilden. Es handelt sich dabei überwiegend um

- absolute Kostenkennzahlen, wie beispielsweise Kostensummen, –differenzen, -Mittelwerte oder
- relative Kostenkennzahlen, wie beispielsweise Gliederungszahlen (Anteil an einer übergeordneten Kostengröße), Beziehungszahlen (setzen verschiedene Kostengrößen zueinander ins Verhältnis) oder Indexzahlen (gleichartige Kostengrößen, die zu verschiedenen Zeitpunkten oder an verschiedenen Orten gemessen werden) (vgl. Steger 2017, S. 4).

Als wichtiges Instrument des Kostencontrollings können Kostenkennzahlen dazu beitragen, Kostenplanung, -steuerung und -kontrolle mit dem Ziel optimierter Zuordnungen
zu ermöglichen, Störgrößen und Engpässe zu erkennen und Vorgänge zu beurteilen.
Dazu liefern sie zur Analyse des Ist-Zustands der Gesundheitseinrichtung und dem
Aufdecken von Schwachstellen konkrete Zahlenwerte, zur Entwicklung neuer Ziele
gegenüber der bisherigen Ist-Situation notwendige Orientierungswerte sowie bei der Entwicklung von entsprechenden Maßnahmen und der Kontrolle eines Aktionsplans bis zu
einer optimalen Lösung Sollwerte und Planvorgaben.

Beispiel

Eine steigende Pflegekundenzahl bedeutet noch keine Wirtschaftlichkeit. Beispielsweise kann die Kundenanzahl zwar steigen, der Umsatz pro Kunde jedoch sinken. Die
Fixkosten pro Kunden können ebenfalls steigen durch erforderliche Neueinstellungen
und eine höhere Gehaltsstruktur. Auch die variablen Kosten (z. B. Benzin, Zuschläge
etc.) können sich erhöhen, sodass der Mehrerlös aufgezehrt wird und die fixen und
variablen Kosten dadurch nicht mehr gedeckt werden. Bei der Aufnahme neuer
Pflegekunden sollten somit immer Kennzahlen zum Umsatz zu den Kosten und zur
Personalkapazität betrachtet und zur Beurteilung genutzt werden (vgl. Schlürmann
2018, S. 3). ◄

Obwohl sich Kostenkennzahlen in der Regel als wichtige Planungs- und Entscheidungsgrundlagen erweisen, ist zu berücksichtigen, dass sie mit einer Reihe von Problemen
behaftet sein können, die ihre Anwendung einschränken oder sogar unmöglich machen.
Ihrem großen Vorteil, große und schwer überschaubare Datenmengen zu wenigen aussagekräftigen Größen verdichten zu können, steht der Nachteil gegenüber, nicht immer
aus der Menge der zur Verfügung stehenden Kosteninformationen das Optimum heraus-
zuholen. Häufig werden auch zu viele Kostenkennzahlen gebildet, deren Aussagewert
im Verhältnis zum Erstellungsaufwand letztlich zu gering ist bzw. schon von anderen
Kostenkennzahlen abgedeckt wird. Auch sind die zur Bildung der Kostenkennzahlen
herangezogenen Basisdaten der Gesundheitseinrichtung genau zu spezifizieren und exakt
abzugrenzen, um Fehler bei der Kennzahlenaufstellung zu vermeiden, und weil sich
im Zeitverlauf möglicherweise ergebendes falsches Zahlenmaterial ansonsten zu Fehlentscheidungen führen könnte. Ihre Vergleichbarkeit im Zeitablauf wird insbesondere
dadurch gewährleistet, dass eine Standardisierung der Kostenkennzahlen durchgeführt
wird.

Um eine effiziente Arbeit mit den Kostenkennzahlen zu erreichen, müssen diese
angemessen und an den Bedürfnissen der Gesundheitseinrichtung ausgerichtet sein. So
macht es beispielsweise keinen Sinn, eine kleine Zahnarztpraxis mit einer Vielzahl von
Kostenkennzahlen und dem entsprechenden Erhebungsaufwand zu überziehen. Andererseits dürften ein halbes Dutzend Kennzahlen für eine Großklinik keine vollständige Aussagekraft beinhalten. Im Hinblick auf deren Angemessenheit ist deshalb beispielsweise

danach zu fragen, ob die geplanten Kostenkennzahlen steuerungsrelevant und wirkungs-
voll sind, wie schnell sie einen Veränderungsbedarf zeigen, ob sie leicht verständlich sind
und keine Gefahr in sich bergen, leicht fehlinterpretiert zu werden und ob die Wirkungs-
zusammenhänge zwischen den einzelnen Kostenkennzahlen realitätsnah, passend und
zweckmäßig abgebildet sind und der Adressatenbezug stimmt. Auch kann mangelnde
Konsistenz von Kostenkennzahlen zu Entscheidungsfehlern führen. Daher darf die Verwendung mehrerer Kostenkennzahlen in einem Kennzahlensystem der Gesundheitseinrichtung keinen Widerspruch auslösen, und nur solche Kostengrößen sollten zueinander
in Beziehung gesetzt werden, zwischen denen ein Zusammenhang besteht. Bei direkt
kontrollierbaren Kostenkennzahlen kann ein Kosten-Sollwert durch die Wahl einer oder
mehrerer Aktionsvariablen beeinflusst werden, während dies bei indirekt kontrollierbaren Kennzahlen nicht der Fall ist. Daher sollten nur solche Kostenkennzahlen gebildet
werden, deren Werte bei Abweichungen in der Gesundheitseinrichtung beeinflusst
werden können, um Probleme der Kennzahlenkontrolle zu verringern.

Da die Anwendbarkeit einzelner Kostenkennzahlen aus den zuvor dargestellten
Gründen begrenzt ist, ergibt sich die Notwendigkeit ihrer integrativen Erfassung
in einem **Kostenkennzahlensystem**. Es handelt sich dabei um die systematische
Zusammenstellung einzelner Kostenkennzahlen einer Gesundheitseinrichtung, die in
einer sachlich sinnvollen Beziehung zueinander stehen, sich ergänzen und insgesamt
auf ein übergeordnetes Kostenziel ausgerichtet sind. Ziel einer solchen integrativen
Erfassung von Kostenkennzahlen ist es, mittels einer umfassenden Systemkonzeption
Mehrdeutigkeiten in der Interpretation auszuschalten und Abhängigkeiten zwischen den
Systemelementen zu erfassen.

Beispiel

Eine Vielzahl einzelner Kennzahlen bildet notwendige Zusammenhänge nicht immer
ab: „Problematisch ist … die Kennzahlenkomplexität, die sich für Krankenhäuser mit
Einführung der DRGs noch erhöht hat und die dazu führen kann, dass Kennzahlen
zusammenhanglos nebeneinander gestellt werden. Bei dieser strukturlosen Kenn-
zahlenmenge besteht die Gefahr, dass die Nutzer willkürlich Kennzahlen und Inter-
pretationen wählen, die ihren individuellen Zielen am ehesten entsprechen. Viele
Entscheidungen werden dann nur im Hinblick auf die einzelnen Verantwortungsbereiche getroffen und berücksichtigen zu wenig die Zusammenhänge, Querver-
bindungen und Abhängigkeiten in den Krankenhäusern, sodass eine adäquate
Unternehmenslenkung verhindert wird." (vgl. Zapp et al. 2010, S. 1). ◄

Zudem kann ein Kostenkennzahlensystem einen Beitrag zur frühzeitigen Erkennung von
Kostenabweichungen, zur optimalen Lösung von Kostenzielkonflikten, zu eindeutigen
Vorgaben von Kostenzielen für die Gesundheitseinrichtung und ihren einzelnen Verantwortungsbereichen, zur systematischen Suche nach Schwachstellen und ihren Ursachen
sowie zur Erschließung von Rationalisierungspotenzialen in der Gesundheitseinrichtung

leisten. Dem Kostenkennzahlensystem als Kontrollsystem und System zur Vorbereitung künftiger Kostenentscheidungen kommt somit nicht nur eine informationsverdichtende Aufgabe zu, sondern die Aufgabe echter Problemerkennung. Die Entscheidungsträger in der Gesundheitseinrichtung sollen frühzeitig auf Kostenabweichungen aufmerksam gemacht werden, um negative Auswirkungen erkennen zu können. Ein Kostenkennzahlensystem, das diese Aufgabe erfüllt muss so strukturiert sein, dass alle wichtigen entscheidungsrelevanten Sachverhalte mit hinreichenden Genauigkeit wiedergegeben werden (vgl. Reichmann et al. 2017, S. 38). Das Kostenkennzahlensystem bildet dazu die entscheidungsrelevanten Kostensachverhalte und -prozesse systematisch ab und dient ausgehend von der begrenzten Aussagefähigkeit von einzelnen Kostenkennzahlen als systematische Zusammenstellung dazu, in knapper und konzentrierter Form alle wesentlichen Informationen für eine umfassende Planung und Kontrolle von Kostenentscheidungen in der Gesundheitseinrichtung bereitzustellen. Zu unterscheiden sind dabei in der Regel

- *empirisch begründete Kostenkennzahlensysteme,* die sich lediglich auf diejenigen Funktionen in der Gesundheitseinrichtung beschränken, die das Kostenziel auch tatsächlich beeinflussen, sodass man bei komplexen Kostenentscheidungen durch einen Reduktionsprozess von der gesundheitsbetrieblichen Realität zur modellmäßigen Abbildung durch aggregierte Kostenkennzahlen gelangt und sich bei der Kostenkennzahlenbildung auf die erfolgsrelevanten Bestandteile und damit auf wichtige Kostenkennzahlen konzentriert;
- *mathematisch verknüpfte Kostenkennzahlensysteme,* die vorliegen, wenn die einzelnen Kostenkennzahlen durch mathematische Operationen miteinander verbunden werden, wobei die Übersichtlichkeit und Aussagefähigkeit eines derartigen Kostenkennzahlensystems aber dadurch stark eingeschränkt wird, dass bei dieser Vorgehensweise mathematisch bedingt oft sehr viele Hilfskennzahlen in Kauf genommen werden;
- *systematisch verknüpfte Kostenkennzahlensysteme,* bei denen ausgehend von einem Kostenoberziel ein System von Kostenkennzahlen gebildet wird, das hauptsächlich die wesentlichen Entscheidungsebenen mit einbezieht, die Ergebnisse aus diesen wesentlichen Entscheidungssystemen die Erfolgsauswirkungen auf das Oberziel erkennen lässt, das Kostenoberziel in Unterzielsetzungen herunterbricht und dann für alle Einrichtungsbereiche entsprechende Kennzahleninhalte und -werte definiert, wobei im extremen Fall auf jeden relevanten Planungs- und Kontrollinhalt eine Kennzahl zu setzen ist.

Da die meisten Kostenkennzahlensysteme oft nur der statistischen Analyse zu einem bestimmten Zeitpunkt dienen, oder aber sogenannte Ablaufkennzahlen nur partielle Aussagen zu Detailbereichen zulassen, fehlt es mitunter an der Abbildung der gesamten Prozessorganisation der Gesundheitseinrichtung und ihrer Zusammenhänge bzw. deren Erfassung in Kostenkennzahlensystemen, die als Instrument für die Planung, Steuerung und Kontrolle dieser Funktionen geeignet sind. Hinsichtlich der Gestaltung von Kostenkennzahlensystemen sind darüber hinaus weitere Anforderungen zu berücksichtigen (siehe Tab. 6.6).

Zur Entwicklung eines individuellen Kennzahlensystems sind zunächst die Kostenziele der Gesundheitseinrichtung zu definieren und zu gewichten, an denen sich die festzulegenden Kostenkennzahlen orientieren. Ebenso sind die Empfänger der Kennzahleninformationen zu bestimmen (Krankenhausverwaltung, Praxisleitung, Leitung MVZ, Klinikleitung, Pflegeleitung, Ärzte, Praxispersonal, Steuerberater u. a.), für die Ermittlung der Kostenkennzahlen die Informationsquellen und Vergleichsgrundlagen sicherzustellen und die Erhebungszeitpunkte bzw. –zeiträume festzulegen. Schließlich sind die Zuständigen und Verantwortlichen für die Erstellung der Kennzahlen sowie die Darstellung der Art und Weise der Kennzahlenergebnisse und ihre Weitergabe zu bestimmen (vgl. Tab. 6.7).

EL = Einrichtungsleitung; EC = Einrichtungscontrolling

Weitere gebräuchliche Kostenkennzahlen sind beispielsweise die Anteile fixer oder variabler Kosten an den Gesamtkosten der Gesundheitseinrichtung oder den Kosten der medizinischen oder pflegerischen Leistungserstellung. Der Anteil der Weiterbildungskosten an den gesamten Personalkosten lässt eine Aussage über die Weiterbildungsintensität der Gesundheitseinrichtung zu. Kostendeckungsraten geben Auskunft über den Grad der Kostendeckung insgesamt oder für einzelne medizinische oder pflegerische Leistungen. Kosteninformationen gehen beispielsweise auch ein in den

- *Return on Investment (RoI):* Er beschreibt die Rentabilität des gesamten Kapitaleinsatzes und stellt dar, wie das eingesetzte Kapital durch die Leistung der Gesundheitseinrichtung verzinst wird; dabei arbeitet die Gesundheitseinrichtung umso leistungsfähiger und effizienter, je höher der RoI ist; im Rahmen der Analyse von Kennzahlen errechnet sich der RoI üblicherweise aus dem Verhältnis des gesamten investierten Kapitals und des Umsatzes zum Gewinn, wobei bei der Berechnung des

Tab. 6.6 Anforderungen an Kostenkennzahlensysteme

Anforderungsbereich	Beschreibung
Anregung	Auswertung der Kostenkennzahlen mit Aussagekraft zur Maßnahmenergreifung
Kontrolle	Laufende Erfassung von Kostenkennzahlen zur Erkennung von Soll-/Ist-Abweichungen; Erkennbarkeit von Auffälligkeiten und Veränderungen
Operationalisierung	Bildung von Kostenkennzahlen zur Operationalisierung von Kostenzielen und -zielerreichung
Steuerung	Verwendung von Kostenkennzahlen zur Vereinfachung von Steuerungsprozessen
Vorgabe	Ermittlung kritischer Kostenkennzahlenwerte als Zielgrößen für Teilbereiche der Gesundheitseinrichtung

Tab. 6.7 Schematisches Beispiel eines einfachen Kostenkennzahlensystems für eine Pflegeeinrichtung

Kostenart	Kennzahlengruppen		Erhebung		Zuordnung	
	Zuwachsraten	Gesamtkostenanteil	Zeitraum	Zeitpunkt	Verantwortlich	Adressaten
Löhne und Gehälter (PBV-Kontenkl. 60)	Monatlicher Kostenzuwachs der Löhne und Gehälter	Anteil der Löhne und Gehälter an den Gesamtkosten	Monatsanfang bis -ende	Monatsultimo	EC	EL
Lebensmittel (PBV-Kontenkl. 65)	Monatlicher Kostenzuwachs der Lebensmittel	Anteil der an den Gesamtkosten	Monatsanfang bis -ende	Monatsultimo	EC	EL
Aufwendungen für Zusatzleistungen (PBV-Kontenkl. 66)	Monatlicher Kostenzuwachs der Aufwendungen für Zusatzleistungen	Anteil der Aufwendungen für Zusatzleistungen an den Gesamtkosten	Monatsanfang bis -ende	Monatsultimo	EC	EL
Wasser, Energie, Brennstoffe (PBV-Kontenkl. 67)	Monatlicher Kostenzuwachs der Wasser-, Energie- und Brennstoffkosten	Anteil der Wasser-, Energie- und Brennstoffkosten an den Gesamtkosten	Monatsanfang bis -ende	Monatsultimo	EC	EL
Wirtschaftsbedarf / Verwaltungsbedarf (PBV-Kontenkl. 68)	Monatlicher Kostenzuwachs des Wirtschaftsbedarfs / Verwaltungsbedarfs	Anteil des des Wirtschaftsbedarfs / Verwaltungsbedarfs an den Gesamtkosten	Monatsanfang bis -ende	Monatsultimo	EC	EL
Steuern, Abgaben, Versicherungen (PBV-Kontenkl. 71)	Monatlicher Kostenzuwachs der Steuern, Abgaben, Versicherungen	Anteil der Steuern, Abgaben, Versicherungen an den Gesamtkosten	Monatsanfang bis -ende	Monatsultimo	EC	EL
Zinsen und ähnliche Aufwendungen (PBV-Kontenkl. 72)	Monatlicher Kostenzuwachs der Zinsen und ähnlichen Aufwendungen	Anteil der Zinsen und ähnlichen Aufwendungen an den Gesamtkosten	Monatsanfang bis -ende	Monatsultimo	EC	EL
Sachaufwendungen für Hilfs- und Nebenbetriebe (PBV-Kontenkl. 73)	Monatlicher Kostenzuwachs der Sachaufwendungen für Hilfs- und Nebenbetriebe	Anteil der Sachaufwendungen für Hilfs- und Nebenbetriebe an den Gesamtkosten	Monatsanfang bis -ende	Monatsultimo	EC	EL

(Fortsetzung)

Tab. 6.7 (Fortsetzung)

Kostenart	Kennzahlengruppen		Erhebung		Zuordnung	
	Zuwachsraten	Gesamtkostenanteil	Zeitraum	Zeitpunkt	Verantwortlich	Adressaten
Abschreibungen (PBV-Kontenkl. 75)	Monatlicher Abschreibungszuwachs	Anteil der Abschreibungen an den Gesamtkosten	Monatsanfang bis -ende	Monats-ultimo	EC	EL
Mieten, Pacht, Leasing (PBV-Kontenkl. 76)	Monatlicher Kostenzuwachs der Mieten, Pacht, Leasing	Anteil der Mieten, Pacht, Leasing an den Gesamtkosten	Monatsanfang bis -ende	Monats-ultimo	EC	EL
Aufwendungen für Instandhaltung und Instandsetzung, sonstige Aufwendungen (PBV-Kontenkl. 77)	Monatlicher Kostenzuwachs der Aufwendungen für Instandhaltung und Instandsetzung, sonstige Aufwendungen	Anteil der Aufwendungen für Instandhaltung und Instandsetzung, sonstige Aufwendungen an den Gesamtkosten	Monatsanfang bis -ende	Monats-ultimo	EC	EL

investierten Kapitals Bruttoanlagewerte für die Einrichtung (Anschaffungskosten) wie auch Nettoanlagewerte (Anschaffungskosten minus Abschreibungen) verwendet werden.

- *Cash-flow:* Es handelt sich dabei um den Umsatzüberschuss oder Finanzüberschuss einer Gesundheitseinrichtung, der sich als Nettozugang an flüssigen Mitteln aus der Umsatztätigkeit innerhalb eines Zeitraums darstellt; er ist eine gebräuchliche, sehr aussagefähige Kennzahl zur Beurteilung der Finanzlage einer Gesundheitseinrichtung und lässt sich direkt ermitteln aus den Einnahmen (zahlungswirksame Erträge) abzüglich der Ausgaben (zahlungswirksame Aufwendungen) oder indirekt als Gewinn (oder -verlust) zuzüglich Zuführung zu Rücklagen (oder abzüglich Auflösung von Rücklagen, abzüglich Gewinnvortrag aus der Vorperiode (oder zuzüglich Verlustvortag aus der Vorperiode) zuzüglich Abschreibungen und zuzüglich der Erhöhung langfristiger Rückstellungen (oder Verminderung der langfristigen Rückstellungen).

In der betriebswirtschaftlichen Literatur lässt sich eine Vielzahl weiterer Kennzahlen finden, die Aussagen zu Kostenentwicklungen und anderer Einflussgrößen enthalten (vgl. Krause und Arora 2010, S. 334).

Literatur

Roland Berger GmbH (Hrsg.) (2019). Das Ende des Wachstums: Deutschlands Krankenhäuser zwischen Kostendruck und steigendem Wettbewerb – Roland Berger Krankenhausstudie 2019. München.

Bundeswehrkrankenhaus Ulm (Hrsg.) (2011). Kostencontrolling. https://www.bundeswehr-krankenhaus-ulm.de/portal/a/ulm/kcxml/04_Sj9SPykssy0xPLMnMz0vM0Y_QjzKLN3KJNzQ x9AFJQjjGgSH6kQjxoJRUfV-P_NxUfW_9AP2C3IhyR0dFRQBPLbGc/delta/base64xml/L3dJ dyEvd0ZNQUFzQUMvNElVRS82XzJEJEXzE0NEU!. Ulm: Zugegriffen: 8. März 2020.

Deutscher Verein für Krankenhauscontrolling – DVKC; Schumpeter School of Business and Economics; zeb.rolfes.schierenbeck.associates gmbh – zeb (Hrsg.) (2019). Controlling im Deutschen Krankenhaus-Sektor 2018/19 – Studienergebnisse zum aktuellen Stand und zu den Entwicklungstendenzen des Controllings in Deutschen Krankenhäusern. Berlin.

Frodl, A. (2012). *Controlling im Gesundheitsbetrieb.* Wiesbaden: Gabler/Springer Fachmedien.

Hesse, S., Leve, J., Goerdeler, P., & Zapp, W. (2013). *Benchmarking im Krankenhaus – Controlling auf der Basis von InEK-Kostendaten.* Wiesbaden: Gabler/Springer Fachmedien.

Krause, H. U., & Arora, D. (2010). *Controlling-Kennzahlen – Key performance indicators* (2. Aufl.). München: Oldenbourg Wissenschaftsverlag.

Reichmann, T., Kißler, M., & Baumöl, U. (2017). *Controlling mit Kennzahlen – Die system-gestützte Controlling-Konzeption* (9. Aufl.). München: Vahlen.

Schirmer, H. (2003). Controlling gewinnt an Bedeutung. In: Deutsches Ärzteblatt 100(18). Köln: Deutscher Ärzteverlag. S. A 1212.

Schlürmann, B. (2018). *Controlling für ambulante Pflegedienste – Mit Kennzahlen den Pflege-dienst erfolgreich steuern.* Berlin: Springer.

Sommerhäuser, B. (Hrsg.) (2020). Internes Kosten-Benchmarking und Budgetermittlung anhand der InEK-Kostendaten – myDRG. https://www.mydrg.de/myDRG_archives/2008/01/internes-kostenbenchmarking-und-budgetermittl-3.html. Niederkassel. Zugegriffen: 15. März 2020.

Steger, J. (2017). *Kennzahlen und Kennzahlensysteme* (3. Aufl.). Herne: NWB.

Zapp, W., Oswald, J., & Karsten, E. (2010). Teil 1: Kennzahlen und Kennzahlensysteme im Krankenhaus – Empirische Erkenntnisse zum Status Quo der Kennzahlenpraxis in Niedersächsischen Krankenhäusern. In: Zapp, W.; Haubrock, M. (Hrsg.), *Controlling und Management in Gesundheitseinrichtungen. Bd. 2 Kennzahlen im Krankenhaus* (S. 1–16). Lohmar: Eul-Verlag.

Zapp, W., & Oswald, J. (2009). *Controlling-Instrumente für Krankenhäuser*. Stuttgart: W. Kohlhammer Verlag.

Zdrowomyslaw, N., & Kasch, R. (2002). *Betriebsvergleiche und Benchmarking für die Managementpraxis*. München: Oldenbourg Wissenschaftsverlag.

Einsatz von Kostensteuerungsinstrumenten: Mit welchen Instrumenten lassen sich Kosten stabilisieren oder sogar senken?

7

7.1 ABC-Analyse

Die **ABC-Analyse** zählt zu den Verfahren der Kostenanalyse mit deren Hilfe versucht wird, in erster Linie Schwachstellen in den Kostenstrukturen in einer Gesundheitseinrichtung zu entdecken und Möglichkeiten zu deren Behebung aufzuzeigen. Allgemein handelt es sich dabei um ein Verfahren zur Klassifizierung von Gesamtheiten, wobei die Klassengrenzen jeweils im Einzelfall festgelegt werden (vgl. Krieger 2018, S. 1). Dazu wird die Gesamtheit (Umfang, Komplex) in Einzelelemente zerlegt, die eine Bewertung erhalten, indem beispielsweise medizinische oder pflegerische Leistungen, Lagerbestände oder medizinische Verbrauchsmaterialien mit Preisen bzw. Kosten bewertet werden. Aus der Einordnung in absteigender Reihenfolge ergibt sich die Möglichkeit, die wirtschaftliche Bedeutung der sich daraus ergebenden Leistungs- oder Materialpositionen in die Kategorien mit hohen (A), mittleren (B) und niedrigen Werten (C) einzuordnen. Der Zweck der ABC-Analyse liegt somit darin, aufgrund der gewonnen Erkenntnisse über die wertmäßigen Reihenfolge der Leistungs- oder Materialpositionen das weitere Vorgehen für die Behandlung bzw. den Umgang mit diesen Positionen und den dazu nötigen Mitteleinsatz verstärkt nach wirtschaftlichen Gesichtspunkten auszurichten (vgl. Cordts 1992, S. 2). Ihre wesentlichen Vorteile liegen in der Komplexreduzierung bei dem Vorliegen großer Kostendatenmengen, der relativ einfachen Anwendung, der Unabhängigkeit von den spezifischen Inhalten der zu analysierenden Kostenelemente sowie der pragmatischen Hilfestellung bei der Priorisierung des Ressourceneinsatzes (vgl. Schawel und Billing 2018, S. 13).

Die ABC-Analyse wurde ursprünglich für die Materialwirtschaft entwickelt, um knappe finanzielle oder personelle Ressourcen auf die Objekte zu konzentrieren, die den höchsten Erfolgsbeitrag erwarten lassen. Sie basiert dabei auf dem **Pareto-Prinzip** (auch 80:20-Regel) nach Vilfredo Pareto (1848–1923), das die Konzentration auf wenige, wichtige Aktivitäten beinhaltet, statt die Zeit mit vielen, nebensächlichen Problemen

A. Frodl, *Kostensteuerung für Gesundheitseinrichtungen,*
https://doi.org/10.1007/978-3-658-32539-8_7

zu verbringen. Dabei geht das Pareto-Prinzip von der allgemeinen Erkenntnis aus, dass häufig bereits 20 % der richtig eingesetzten Zeit und Energie 80 % des gewünschten Ergebnisses erbringen und ein wesentlich größerer, weiterer Aufwand erforderlich wäre, um ein oft nur ohnehin theoretisch mögliches 100 %iges Ergebnis zu erzielen.

Übertragen auf Problemstellungen im Kostenbereich, trägt die ABC-Analyse beispielsweise dazu bei, die Anstrengungen auf jene Kostenbereiche zu konzentrieren, die den höchsten Beitrag zur Verbesserung der Kostensituation erwarten lassen. Ihre **Vorgehensweise** wird anhand eines Beispiel zur Kostenverursachung medizinischer Verbrauchsmaterialien deutlich (siehe Tab. 7.1):

- Festlegung von Kostenklassen für medizinisches Verbrauchsmaterial
- Ermittlung der Kostenwerte (Kostenwert für jedes Verbrauchsmaterial durch Multiplikation der Menge mit dem jeweiligen Materialpreis)
- Bestimmung des relativen Anteil jeder Artikelposition des medizinischen Verbrauchsmaterials am Gesamtwert
- Sortierung der Artikelpositionen des medizinischen Verbrauchsmaterials nach fallenden Kostenwerten
- Kumulierung der Kostenwerte und ihrer Anteile am Gesamtkostenwert des medizinischen Verbrauchsmaterials
- Auswertung durch Vergleich der kumulierten Prozentanteile der Kostenwerte mi den Artikelpositionen der medizinischen Verbrauchsmaterialen
- Einteilung in die ABC-Kostenklassen
- Ableitung von Maßnahmenschwerpunkten anhand der Kostenklasseneinteilung (beispielsweise intensive Preisrecherchen und -verhandlungen bei medizinischen Verbrauchsmaterialen in Kostenklasse A, weniger Aufwand bei Verbrauchsmaterialien in Kostenklasse C)

Im Ergebnis sind

- von 12 Artikelpositionen medizinischen Verbrauchsmaterials 3 und damit 25 % der Kostenklasse A zuzuordnen mit einem Kostenanteil von 80 % an den Gesamtkosten für medizinisches Verbrauchsmaterial;
- von 12 Artikelpositionen medizinischen Verbrauchsmaterials 4 und damit 33 % der Kostenklasse B zuzuordnen mit einem Kostenanteil von 14 % an den Gesamtkosten für medizinisches Verbrauchsmaterial;
- von 12 Artikelpositionen medizinischen Verbrauchsmaterials 5 und damit 42 % der Kostenklasse C zuzuordnen mit einem Kostenanteil von 6 % an den Gesamtkosten für medizinisches Verbrauchsmaterial.

Mengenmäßig betrachtet verursachen 360 Verbrauchsartikel der Kostenklasse A, die an den insgesamt 13.360 Artikelpositionen nur einen Anteil von 2,7 % einnehmen, 80 % der jährlichen Gesamtkosten für medizinisches Verbrauchsmaterial. Hingegen ver-

Tab. 7.1 Beispiel einer ABC-Analyse zur Kostenverursachung bei medizinischem Verbrauchs-material (Praxismaterialverbrauch nach DATEV-Kontenrahmen SKR 03)

Artikelnummer Verbrauchsmaterial	Jahresbedarf in Stück	Preis pro Stück	Jahresbedarf in Euro	Rangfolge
400.020–01	40	160,00	640.000	2
400.020–02	200	40,00	800.000	1
400.020–03	100	10,00	100.000	4
400.020–04	20	4,00	8000	12
400.020–05	600	1,60	96.000	5
400.020–06	400	1,40	56.000	7
400.020–07	2000	1,00	200.000	3
400.020–08	1000	0,60	60.000	6
400.020–09	800	0,40	32.000	9
400.020–10	3000	0,12	36.000	8
400.020–11	2800	0,10	28.000	10
400.020–12	2400	0,06	14.400	11
	Σ 13.360		Σ 2.070.400	

Artikelnummer nach Rangfolge	Jahresbedarf in Euro	Anteil an Gesamt-kosten in %	kumulierte Anteile in %	Kostenklasse
400.020–02	800.000	39	39	A
400.020–01	640.000	31	70	
400.020–07	200.000	10	80	
400.020–03	100.000	5	85	B
400.020–05	96.000	5	90	
400.020–08	60.000	2	92	
400.020–06	56.000	2	94	
400.020–10	36.000	2	96	C
400.020–09	32.000	2	98	
400.020–11	28.000	1	99	
400.020–12	14.400	0,5	99,5	
400.020–04	8000	0,5	100	

ursachen 9.020 Verbrauchsartikel der Kostenklasse C, die an den insgesamt 13.360 Artikelpositionen einen Anteil von 67,5 % und damit mehr als zwei Drittel der jährlichen Gesamtverbrauchsmenge einnehmen, insgesamt nur 6 % der jährlichen Gesamtkosten für medizinisches Verbrauchsmaterial.

Somit bietet die Anwendung der ABC-Analyse das Erkennen von Schwer-punkten und die Konzentration auf das Wesentliche. Im Hinblick auf das Beispiel zur

Kostenverursachung bei medizinischem Verbrauchsmaterial könnten im Bereich der Beschaffung und Lagerhaltung für die Verbrauchsartikel der Kostenklasse A eine Reihe von Maßnahmen kostenoptimierende Wirkungen erzielen:

- Reduzierung der Lagerreichweite und damit der Kapitalbindungskosten
- Preisverhandlungen mit Lieferanten
- Abschluss von Abruflieferverträgen mit langfristig garantierten Preiskonditionen
- Verbesserung der Materialbedarfsplanung zur Optimierung von Beschaffungsmengen und -zeitpunkten
- Bildung von Einkaufsgemeinschaften zur Erzielung höherer Abnahmemengen und geringerer Stückpreise
- Intensivierung der Beschaffungsmarktbeobachtung zur Erschließung alternativer Beschaffungsquellen
- gezielte Suche nach qualitativ gleichwertigen Generika etc.

Während für die medizinischen Verbrauchsartikel der Kostenklasse A dieser Aufwand sinnvoll erscheint, ist bei den Verbrauchsmaterialien der Kostenklasse C eher eine Reduzierung des vergleichbaren Aufwands geboten.

In der Praxisanwendung ist es mitunter problematisch, die Grenzen zwischen den einzelnen ABC-Kostenklassen richtig zu setzen, da es hierzu keine allgemeingültigen Vorgaben gibt. Die Abgrenzung hängt insbesondere davon ab,

- welche Kostenentscheidung die ABC-Analyse unterstützen soll und
- welche Leistungs- oder Materialgruppen unterschiedliche Behandlungen erfahren sollen.

Auch sollte die Grenzen der Kostenklassen eine sinnvolle Gruppenbildung ermöglich, was beispielsweise nicht der Fall wäre, wenn die Kostenklasse A den überwiegenden Teil aller zu kategorisierenden Leistungs- oder Materialobjekte enthielte. Auch ist es denkbar, in vier oder mehr Kostenklassen zu differenzieren, wenn eine derartige feinere Einteilung sich als notwendig erweisen würde. Als pragmatischer Ansatz erweist sich, die Festlegung der Grenzen zwischen den einzelnen ABC-Kostenklassen zunächst mit einem kleineren Teil aller zu kategorisierenden Leistungs- oder Materialobjekte auszuprobieren und auf ihre Wirksamkeit hin zu überprüfen. Gegebenenfalls wird anhand des Ergebnisses eine Anpassung der Abgrenzung notwendig.

Eine zweckmäßige Ergänzung zur ABC-Analyse stellt die **XYZ-Analyse** dar, die die kostenwertmäßige Einteilung um eine Bedarfskategorisiserung hinsichtlich Verbrauchsverlauf und dessen Vorhersagegenauigkeit erweitert:

- *X-Artikel:* konstanter Verbrauchsverlauf mit hoher Vorhersagegenauigkeit
- *Y-Artikel:* schwankender Verbrauchsverlauf mit mittlerer Vorhersagegenauigkeit
- *Z-Artikel:* unregelmäßiger Verbrauchsverlauf mit geringer Vorhersagegenauigkeit (siehe Abb. 7.1)

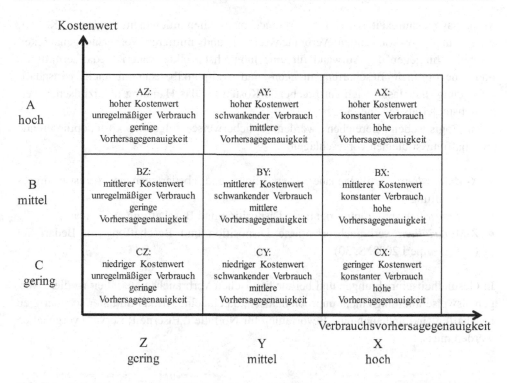

Kostenwert

	Z gering	Y mittel	X hoch
A hoch	AZ: hoher Kostenwert unregelmäßiger Verbrauch geringe Vorhersagegenauigkeit	AY: hoher Kostenwert schwankender Verbrauch mittlere Vorhersagegenauigkeit	AX: hoher Kostenwert konstanter Verbrauch hohe Vorhersagegenauigkeit
B mittel	BZ: mittlerer Kostenwert unregelmäßiger Verbrauch geringe Vorhersagegenauigkeit	BY: mittlerer Kostenwert schwankender Verbrauch mittlere Vorhersagegenauigkeit	BX: mittlerer Kostenwert konstanter Verbrauch hohe Vorhersagegenauigkeit
C gering	CZ: niedriger Kostenwert unregelmäßiger Verbrauch geringe Vorhersagegenauigkeit	CY: niedriger Kostenwert schwankender Verbrauch mittlere Vorhersagegenauigkeit	CX: geringer Kostenwert konstanter Verbrauch hohe Vorhersagegenauigkeit

Verbrauchsvorhersagegenauigkeit

Abb. 7.1 Beispiel eines ABC-/XYZ-Schemas zur kosten- und verbrauchsgerechten Einordnung von medizinischem Verbrauchsmaterial

Diese zusätzliche Kategorisierung, die sich mit der ABC-Analyse kombinieren lässt, geht davon aus, dass sich beispielsweise medizinische Verbrauchsartikel leichter disponieren lassen, wenn ihr Bedarf möglichst geringen Schwankungen unterliegt. Verbrauchsmaterialien mit unregelmäßigem Bedarf sind schwerer prognostizierbar und lassen sich somit auch hinsichtlich ihrer Beschaffung nicht so leicht steuern (vgl. Haunerdinger und Probst 2005, S. 43).

AX-Verbrauchsmaterialien mit einem hohen Kostenwert, einem konstanten Verbrauchsverlauf und hoher Vorhersagegenauigkeit lassen sich besonders bedarfsgenau beschaffen, was dazu beiträgt, die Beschaffungs-, Lagerhaltungs- und Kapitalbindungskosten zu senken. Bei AY-Verbrauchsmaterialien mit einem hohen Kostenwert, einem schwankenden Verbrauchsverlauf und mittlerer Vorhersagegenauigkeit sowie AZ-Verbrauchsmaterialien mit einem hohen Kostenwert, einem unregelmäßigen Verbrauch und geringer Vorhersagegenauigkeit ist eine Verbesserung der Materialbedarfsplanung zur Optimierung von Beschaffungsmengen und –zeitpunkten nachdrücklich geboten. Bei CZ-Verbrauchsmaterialien mit einem niedrigen Kostenwert, einem unregelmäßigen Verbrauch und geringer Vorhersagegenauigkeit, aber auch BZ-Verbrauchsmaterialien mit einem mittleren Kostenwert, einem unregelmäßigen Verbrauch und geringer

Vorhersagegenauigkeit sowie CY-Verbrauchsmaterialien mit einem niedrigen Kostenwert, einem schwankenden Verbrauchsverlauf und mittlerer Vorhersagegenauigkeit erscheint hingegen der Aufwand für eine möglichst exakte Materialbedarfsermittlung und eine optimale Beschaffungsmengen- und –zeitpunktberechnung nicht wirtschaftlich genug; hier lassen sich entsprechende Kosten für das Handling medizinischen Verbrauchsmaterials reduzieren.

In logistischen Bereichen werden üblicherweise folgende kostenoptimierende Beschaffungsstrategien vorgeschlagen:

- *X-Materialien:* artikelgenaue Disposition und bedarfsgenaue, „Just-in-time"-Beschaffung
- *Y-Materialien:* programmorientierte Disposition und Beschaffung auf Vorrat
- *Z-Materialien:* verbrauchsorientierte Disposition und Beschaffung im Bedarfsfall (vgl. Comperl 2008, S. 30)

In Gesundheitseinrichtungen und bei medizinischen Verbrauchsmaterialien ist diese Vorgehensweise allerdings nicht unproblematisch, da einzelne Artikel mitunter schwierig zu beschaffen sind und auch eine Bevorratung für Notfälle („Eiserne Reserve") vorgehalten werden muss.

7.2   Balanced Scorecard (BSC)

Der Einsatz einer **Balanced Scorecard** (BSC) als Instrument zur Kostenbeeinflussung in Gesundheitseinrichtungen dient dazu, die Erreichung von strategischen Kostenzielen messbar und über die Ableitung von Maßnahmen umsetzbar zu machen. Anhand von zusätzlichen Patienten-, Entwicklungs- und Prozessperspektiven lenkt sie im Gegensatz zu klassischen Kostenkennzahlensystemen den Blick auch auf qualitative Indikatoren. Dazu wirkt die Balanced Scorecard als ein Verbindungsglied zwischen Strategiefindung und -umsetzung. Sie wurde in den 1990er-Jahren maßgeblich von Robert S. Kaplan und David P. Norton entwickelt, um vorhandene Kennzahlensysteme den gestiegenen Anforderungen anzupassen. In ihrem Konzept treten vorlaufende Indikatoren bzw. Leistungstreiber treten an die Seite von Ergebniskennzahlen. Im Hinblick auf die Kostensteuerung sind dies beispielsweise:

- Ziele
- Kennzahlen
- Vorgaben
- Maßnahmen

Die finanzielle Perspektive zeigt, ob die Implementierung beispielsweise einer Strategie zur Verbesserung der Kostensituation beiträgt. Die Kostenkennzahlen definieren dabei die finanzielle Leistung, die von der Strategie erwartet wird, und sie fungieren als End-ziele für die anderen Perspektiven der Balanced Scorecard. Kennzahlen der Patienten-, internen Prozess- sowie Entwicklungsperspektive sollen grundsätzlich über Ursache-/Wirkungsbeziehungen mit den finanziellen Zielen verbunden sein. Die Patienten-perspektive reflektiert die strategischen Ziele der Gesundheitseinrichtung in Bezug auf die Patienten- und Gesundheitsmarktsegmente, auf denen sie konkurrieren möchte. Für die identifizierten Patienten- und Gesundheitsmarktsegmente sollen Kennzahlen, Ziel-vorgaben und Maßnahmen entwickelt werden. Aufgabe der internen Prozessperspektive ist es, diejenigen Prozesse abzubilden, die vornehmlich von Bedeutung sind, um die Kostenziele der finanziellen Perspektive und die Ziele der Patientenperspektive zu erreichen, im Idealfall entlang der kompletten Wertschöpfungskette. Die Kennzahlen der Entwicklungsperspektive beschreiben die Infrastruktur, die notwendig ist, um die Ziele der anderen Perspektiven zu erreichen. Dabei wird die Notwendigkeit von Investitionen in die Zukunft betont, insbesondere in die Qualifizierung von Mitarbeiterinnen und Mitarbeitern der Gesundheitseinrichtung, in die Leistungsfähigkeit ihres Informations-systems sowie in die Motivation und Zielausrichtung der Mitarbeiterinnen und Mit-arbeiter.

Die Balanced Scorecard präsentiert sich somit nicht in erster Linie als strukturierte, ausgewogene Sammlung von primär diagnostisch zu verstehenden Kennzahlen und somit als ein neues Kennzahlensystem, sondern stellt vielmehr das Bindeglied zwischen der Entwicklung einer Strategie und ihrer Umsetzung dar. Insbesondere soll sie im Kostenbereich dazu beitragen, dass

- die Kostenstrategien und –ziele umsetzbar werden,
- Verknüpfungen der Kostenstrategien mit den Zielvorgaben der Abteilungen, der Teams und der Mitarbeiterinnen und Mitarbeiter in der Gesundheitseinrichtung ent-stehen,
- die Kostenstrategien mit der Ressourcenallokation verbunden werden,
- ihr Entwicklungsprozess in der Einrichtungsleitung zur Klärung sowie zum Konsens im Hinblick auf die strategischen Kostenziele führt und
- eine einheitliche Zielausrichtung der Entscheidungsträger in der Gesundheitsein-richtung durch Kommunikations- und Weiterbildungsprogramme, die Verknüpfung der Balanced Scorecard mit Zielen für Teams und einzelne Entscheidungsträger sowie die Verbindung mit Anreizsystemen entsteht.

Neben den finanziellen Ressourcen müssen auch die personellen und materiellen Ressourcen auf die Kostenstrategien der Gesundheitseinrichtung ausgerichtet werden. Die Balanced Scorecard soll dazu eine Verknüpfung der jährlichen Ressourcenallokation und Budgetierung mit der Formulierung von hoch gesteckten Zielen, der Identifizierung und Fokussierung kostenstrategischer Initiativen sowie der Identifikation kritischer ein-richtungsweiter Kostenstrategien erzielen. Dem dabei üblicherweise mangelhaften Feedback-Prozess auf der operativen Ebene soll durch die Rückkopplung auf die

Kostenstrategie und einen durch zielgerichtete Förderung charakterisierten strategischen Lernprozess entgegengewirkt werden. Insgesamt soll die Balanced Scorecard somit den strategischen Führungsprozess der Gesundheitseinrichtung unterstützen bzw. als Handlungsrahmen für diesen Prozess dienen, was den sowohl den hohen Bedarf einer Ergänzung monetärer Steuerungsgrößen als auch die erkannte Dringlichkeit, Strategien besser mit dem gesundheitsbetrieblichen Alltag zu verzahnen zeigt (vgl. Weber 2018, S. 1).

Um die unterschiedlichen Intentionen der Beteiligten im Zusammenhang mit der Strategieumsetzung besser berücksichtigen zu können, wird die BSC üblicherweise in zwei zusammenhängenden, aber zugleich eigenständigen Teilen entwickelt, einer Führungs-Scorecard (siehe Tab. 7.2), die das konkrete Handeln bei der Bestimmung und Umsetzung der Kostenstrategien unterstützt, und eine Berichts-Scorecard, die unter anderem der Information und Berichterstattung für die Einrichtungsleitung dient. Die kostenorientierte Vorgehensweise erfolgt in folgenden Schritten (vgl. Friedag und Schmidt 2007, S. 54):

- Formulierung von Leitbild und Leitziel für die Gesundheitseinrichtung
- Entwicklung eines kostenstrategisches Koordinatensystems für die Führungs-Scorecard
- Auswahl strategiefokussierter Aktionen
- Bündelung der Aktionen zu kostenstrategischen Projekten
- Umsetzung der kostenstrategischen Projekte und Festschreibung der Organisation der praktischen Arbeit
- Erstellung der Berichts-Scorecard
- Organisation des Lernprozesses

Dennoch darf die Einfachheit des ersten Teils des Balanced Scorecard -Ansatzes in der praktischen Anwendung nicht dazu verleiten, die Umsetzung der Kostenstrategie in konkrete Aktionen, was den eigentlichen Kern der BSC ausmacht, zu vernachlässigen und die Balanced Scorecard auf ein reines Kennzahlensystem zu reduzieren. Oft sind in der Praxis die als Balanced Scorecard bezeichneten Lösungen reine Kennzahlensysteme, die keinerlei oder nur marginale Beziehungen zur Kostenstrategie der betreffenden Gesundheitseinrichtung aufweisen. Damit sich die Erwartungen, die in die Anwendung dieses Instruments gesetzt werden erfüllen, sind Kostenstrategien notwendig, die das Verhalten der Mitarbeiterinnen und Mitarbeiter einer Gesundheitseinrichtung auf ein gemeinsames Ziel ausrichtet. Die Balanced Scorecard dient dazu, die Umsetzung dieser Strategie in praktisches Handeln zu befördern. Kostenkennzahlen können das unterstützen, indem sie die Strategien und Ziele konkretisieren bzw. messbar machen. Ihre Bedeutung liegt vielmehr in der Möglichkeit die Verhaltenssteuerung der beteiligten Menschen mit der rationalen Ergebnissteuerung über Kennzahlen zu integrieren (vgl. Kehl et al. 2005, S. 18).

Tab. 7.2 Beispiel einer kostenorientierten Führungs-Scorecard

Perspektiven / Aktionselemente	Kostenziele	Kostenkennzahlen	Vorgaben	Maßnahmen
Patienten	Reduzierung der Kosten für die Patientenaufnahme um 10 %	Kosten des Aufnahmevorgangs je Patient	Intensivierung der Digitalisierung	Übernahme von Patientendaten aus vorhandenen Systemen statt manuelle Erfassung
Finanzen	Reduzierung der der Finanzierungskosten um 5 %	Jährliche Zins- und Tilgungsraten	Ausnutzung des günstigen Zinsniveaus	Umschuldung laufender Darlehen
Prozesse	Reduzierung der Kosten für die Beschaffung von medizinischem Verbrauchsmaterial um 10 %	Jährliche Kosten für den Beschaffungsprozess	Weiterentwicklung der Prozess-organisation	Umstellung des Beschaffungs-prozesses von dezentralen auf zentralen Einkauf
Entwicklung	Stabilisierung der Weiterbildungskosten	Jährliche Weiterbildungskosten	Senkung von Reise- und Übernachtungskosten	Stärkere Nutzung von Online-Schulungen

---

Beispiel

Die Balanced Scorecard ist nicht nur ein Kennzahlensystem, sondern fördert die Umsetzung von Kostenstrategien in praktisches Handeln: „Wer darin einen Wettbewerbsvorteil sieht und sich ggf. den Kulturwandel auf die Fahnen schreibt, der erhält mit der BSC ein wirksames Instrument an die Hand. Primär ist aber der Wille zum Wandel. Die Balanced Scorecard allein kann ihn nicht bewirken. Wer diesen Wandel nicht will oder darin keinen Wettbewerbsvorteil erkennen kann, sollte die Finger davon lassen. Wenn die Menschen die erforderlichen Freiräume nicht erhalten, wird die BSC früher oder später zu einer ‚Parzelle auf dem Kennzahlen-Friedhof' degenerieren und scheitern." (vgl. Gleich und Quitt 2012, S. 40 f.). ◀

7.3   Fixkostenmanagement

Auf die Bedeutung der Fixkosten wurde im betriebswirtschaftlichen Diskurs bereits früh hingewiesen. Eugen Schmalenbach (1873–1955) wird bereits 1928 die Feststellung zugeordnet, dass bei einem hohen Fixkostenanteil eine Mengenreduzierung nicht mehr zu einer erheblichen Kosteneinsparung führt. In der Folge wird daher bedarfsunabhängig eine hohe Auslastung verfolgt, um Leerkosten zu vermeiden. Notwendige Marktanpassungen bleiben dadurch aus und führen in eine Ertragskrise (vgl. Monauni 2011, S. 1).

Das **Fixkostenmanagement** setzt eine ganzheitliche Betrachtung der einzelnen Kostenfaktoren voraus. Es dient zur Erhöhung der Transparenz der Fixkosten in der Gesundheitseinrichtung, sowie zur möglichst vorteilhaften Gestaltung ihres Fixkostenblocks. Dazu sind neben einer differenzierten Kostenrechnung weitere Informationen nötig, die die Verursachung von Fixkosten betreffen, und eine reine Betrachtung der Fixkosten reicht hierzu nicht aus. Über die bisherige Definition von Fixkosten hinaus sind diese um den Anteil der variablen Kosten zu erweitern, der nicht kurzfristig zu reduzieren ist. Beispielsweise zählen zu den Fixkosten Versicherungsverträge etwa für Arzthaftpflichtversicherungen, Mietverträge für Praxisräume, Abnahmevereinbarungen mit Lieferanten von medizinischen Verbrauchsmaterialien über längere Laufzeiten, Beschäftigungsgarantien für das Klinikpersonal etc. Daher lassen sich die Fixkosten Hinsichtlich ihrer Reduzierbarkeit beispielsweise folgendermaßen eingruppieren (vgl. Kremin-Buch 2007, S. 23 ff.):

- Gruppe A: Reduzierungszeitraum < 6 Monate
- Gruppe B: Reduzierungszeitraum 6 Monate bis 1 Jahr
- Gruppe C: Reduzierungszeitraum > 1 Jahr

Der Fixkostenblock einer Gesundheitseinrichtung setzt sich aus konstanten Kosten zusammen, die unabhängig von ihrer Leistungsausbringung entstehen, somit beschäftigungsunabhängige Kosten darstellen und bei unterschiedlicher Leistungsmenge unverändert bleiben. Ihre Schwankungen in der Höhe werden durch andere Kosten-einflussfaktoren als der Beschäftigung bewirkt, sodass ihr Verlauf sich auch bei zunehmender Pflege- oder Behandlungsmenge nicht ändert und in der Höhe konstant bleibt. In Gesundheitseinrichtungen ist eine trennscharfe, eindeutige Abgrenzung der fixen und variablen Kosten jedoch nicht immer zu erreichen.

Beispiel

Auch mithilfe der Krankenhausbuchführungsverordnung (KHBV) lassen sich fixe und variable Kosten nicht immer eindeutig voneinander abgrenzen: „Die klassische Betriebswirtschaftslehre unterscheidet im Grundsatz zwischen variablen und fixen Kosten. Variable Kosten verändern sich im Umfang der Leistungsveränderung, fixe Kosten sind von der Leistungsmenge unabhängig. Darüber hinaus kann es jedoch in der unternehmensbezogenen Betrachtungsweise Kostenpositionen geben, die sich in Abhängigkeit der Größenordnung einer Leistungsveränderung entweder wie fixe oder wie variable Kosten verhalten. Diese werden in der Regel als sprungfixe oder intervallfixe Kosten bezeichnet. Typischerweise bleiben diese innerhalb bestimmter Leistungsmengenbereiche unverändert und passen sich erst bei einer Über- oder Unterschreitung dieser kapazitativen Grenzen entsprechend an. Eine solche trenn-scharfe Einteilung in Kostenkategorien setzt jedoch eine unternehmensbezogene Betrachtungsweise voraus. Eine Übertragung der Kostenkategorien auf das Gesamt-system „stationäre Krankenversorgung" mit einer Vielzahl betriebswirtschaftlich unabhängiger Krankenhäuser ist mit einer ganzen Reihe methodischer Probleme behaftet. Insbesondere führen die intervallfixen Kosten einen solchen Ansatz aufgrund der Aggregationsproblematik der jeweiligen unternehmens- und situationsbezogen kapazitativen Grenzen und der damit einhergehenden Abgrenzungsschwierigkeiten an seine Grenzen. Auch die Krankenhausbuchführungsverordnung bietet keinerlei Ansatzpunkte hinsichtlich einer Abgrenzung von fixen, intervallfixen (sprungfixen) und variablen Kosten." (RWI Leibniz-Institut für Wirtschaftsforschung 2018, S. 9). ◄

Ein Vergleich der Entwicklung der jeweiligen Kostenanteile von fixen und variablen Kosten an den Gesamtkosten von Gesundheitseinrichtungen lässt dennoch Hinweise auf mögliche Trends zu. Wenn man davon ausgeht, dass im Personalaufwand fixe Anteile überwiegen und die Sachkosten eher mengengetrieben sind, so ergibt sich beispielsweise für Arztpraxen ohne fachübergreifende Berufsausübungsgemeinschaften und Medizinische Versorgungszentren das Bild einer tendenziellen Verschiebung hin zu überwiegenden Fix-kostenanteilen: Während noch 2003 der Personalaufwand durchschnittlich 45,3 % und der Sachaufwand 54,7 % des Gesamtaufwands betrugen, so lagen die Werte 2015 für den Personalaufwand bei 51,8 % und für den Sachaufwand bei 48,2 % (siehe Tab. 7.3).

Ein wesentlicher Ansatzpunkt beim Fixkostenmanagement ist die Vertragsbindungs-dauer, die die Gesundheitseinrichtung bei unterschiedlichen Verträgen eingegangen ist. Dazu zählen beispielsweise Arbeits-, Wartungs-, Versicherungs-, Beratungs-, Leasing-,

Tab. 7.3 Entwicklung der Anteile der Personal- und Sachaufwendungen je Arztpraxis (ohne fachübergreifende Berufsausübungsgemeinschaften und Medizinische Versorgungszentren – MVZ) (vgl. Statistisches Bundesamt 2017, S. 3)

Jahr	Personalaufwand in Euro	Anteil am Gesamtaufwand	Sachaufwand in Euro	Anteil am Gesamtaufwand	Gesamtaufwand in Euro	Summe
2003	86.000	45,3 %	104.000	54,7 %	190.000	100 %
2007	95.000	46,1 %	111.000	53,9 %	206.000	100 %
2011	121.000	48,6 %	128.000	51,4 %	249.000	100 %
2015	129.000	51,8 %	120.000	48,2 %	249.000	100 %

Miet-, Mitgliedschafts-, Energieversorgungs-, Liefer- oder Leistungsverträge sowie daraus resultierende Gebühren. Für die dadurch festgelegten Zeiträume ist die Gesundheitseinrichtung gesetzlich oder vertraglich fest an bestimmte Auszahlungen, Ausgaben und Kosten gegenüber Vertragspartnern gebunden. Der Zeitraum, um den sich ein Vertrag automatisch verlängert, wenn er nicht fristgerecht gekündigt wurde, wird als Bindungsintervall bezeichnet. Neben dem Bindungsintervall sind für das Fixkostenmanagement in diesem Bereich beispielsweise die Vertragskündigungsfrist, der Kündigungszeitpunkt, die Restbindungsdauer und die Lage der Bindungsdauer zum Kalenderjahr ebenfalls von Bedeutung. Anhand dieser Merkmale ist eine regelmäßige Vertragsüberwachung notwendig, mit dem Ziel, der rechtzeitigen Kündigung nicht mehr benötigter Verträge oder nicht mehr in vollem Umfang benötigter Vertragsleistungen. Dazu bietet sich eine Übersicht über alle für den Gesundheitsbetrieb abgeschlossenen Verträge an (siehe Tab. 7.4).

Durch die Vertragsüberwachung werden Abfragen aller innerhalb eines bestimmten Zeitraumes kündbarer Verträge, der dabei entstehenden Fixkostenreduzierung sowie des Anteils kurzfristig kündbarer Verträge möglich: Aus der Objektbezeichnung geht die Art des abgeschlossenen Vertrags hervor, die einen ersten Hinweis darauf gibt, ob auf diesen Vertrag unter Umständen verzichtet oder aber keinesfalls verzichtet werden kann. Beginn, Dauer und Verlängerungsintervall sind wichtige Angaben zur Vertragsanalyse. Werden die Verträge nach Kündigungsfristen sortiert, ist eine vereinfachte Überwachung und rechtzeitige Kündigung möglich. Betrag und Zahlungsintervall liefern Informationen über Höhe und Fälligkeit der Fixkosten. Eine monatliche Umlage der Fixkosten erscheint in der praktischen Anwendung nicht sinnvoll, da hierdurch der Eindruck entsteht, dass bei Vertragskündigung diese Kosten regelmäßig eingespart werden. Dies würde zu Fehlinformationen für die Liquiditätsplanung führen. Folgekosten können beispielsweise auch Konventionalstrafen sein, die anfallen können, wenn ein Vertrag vorzeitig gekündigt wird.

Einen Beitrag zu einer verbesserten Fixkostentransparenz lässt sich auch durch einen fixkostenorientierten **Kostenartenplan** erzielen. Alle relevanten Kostenarten sind hierzu entsprechend ihrer zeitlichen Strukturierung in Unterkostenarten aufzugliedern und

Tab. 7.4 Vertragsüberwachung im Fixkostenmanagement

Bezeichnung	Anmerkungen	Beispiel
Objekt	Kennzeichnung des Vertragsgegenstands	Datenschutzvertrag
Nummer	Interne oder vom Vertragspartner vorgegebene Vertragsnummer	DS 01.216
Partner	Name, Adresse des Vertragspartners	Fa. Datasecure, Leopoldstr. 124, 80.395 München
Beginn	Datum des Beginns der Vertragslaufzeit	01.04.2021
Dauer	Bindungsdauer des Vertrages (Vertragslaufzeit)	4 Jahre
Verlängerungsintervall	Bindungszeitraum bei Nichtkündigung	1 Jahr
Kündigungsfrist	monatsweise, quartalsweise etc. Kündigungsmöglichkeit	12 Wochen zum Jahresende
Betrag	Vertragssumme, Höhe des Zahlungsbetrags	5.000 €
Zahlungsintervall	monatliche, jährliche Zahlungshäufigkeit	jährlich
Veränderungstermin	Analysedatum	01.09.2021
Folgekosten	Zu erwartende Kosten bei vorzeitiger / fristgerechter Vertragsauflösung	einmalig 1.000 € / keine

beispielsweise der Betriebsabrechnungsbogen (BAB) nach der zeitlichen Bindungsfrist der Fixkosten zu gliedern (siehe Abb. 7.2). Der BAB stellt dazu ein Hilfsinstrument zur Verrechnung der Gemeinkosten dar und verteilt die Gemeinkosten anteilig auf die einzelnen Verbrauchsstellen, wobei im Sinne einer Matrix in den Tabellenzeilen in der Regel die einzelnen Kostenarten mit den jeweils angefallenen Werten sowie in den Spalten die einzelnen Kostenstellen aufgeführt und je Kostenart die Kosten mit einem Verteilungsschlüssel in jeder Zeile auf die Kostenstellen verursachungsgerecht verteilt bzw. in der Schlusszeile je Kostenstelle zusammengezählt werden (siehe auch Kap. 3.2). Anhand dieser Untergliederung können eine einrichtungsweite Betrachtung der Fixkosten erfolgen, oder Einrichtungsbereiche, Kostenstellen, medizinische bzw. pflegerische Leistungsgruppen oder Leistungsarten als Bezugsobjekte gewählt werden (vgl. Polland 2017, S. 156).

Der Abbau von Fixkosten in einer Gesundheitseinrichtung wird häufig durch eine Vielzahl von Faktoren eingeschränkt. So sind es beispielsweise rechtliche Hemmnisse, die bei Verträgen aufgrund ihrer Bindungsdauer den Fixkostenabbau zumindest verzögern. Bei den Personalkosten können eine Personalreduzierung zu Kapazitätsengpässen und der Verzicht auf Weiterbildungsmaßnahmen zu Qualifikationsdefiziten führen. Die Reduzierung von Wartungskosten erhöht möglicherweise den Reparaturaufwand.

Auch ist es wichtig, den Einfluss von Mindestbesetzungs- oder **Vorhaltekosten** auf die Fixkosten in Gesundheitseinrichtungen zu berücksichtigen. Einerseits sind Unterdeckungen von Fixkosten für diese Bereiche im Rahmen des Fixkostenmanagements

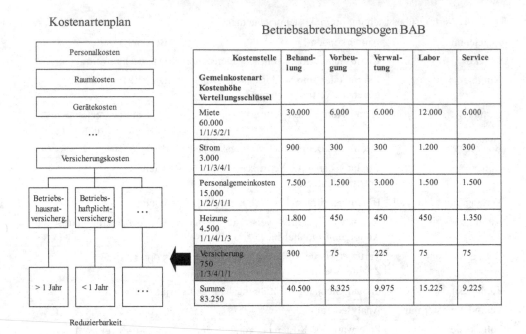

Abb. 7.2 Fixkostenorientierter Kostenartenplan und Betriebsabrechnungsbogen

anderweitig auszugleichen und andererseits kann durch besonders hohe Fallzahlen, um Vorhaltekosten zu refinanzieren, auch eine Überdeckung der Fixkosten resultieren. In diesem Zusammenhang ist beispielsweise bei Krankenhäusern auch der Fixkosten-degressionsabschlag (FDA) für mit Fallpauschalen bewertete Leistungen, die im Vergleich zur Vereinbarung für das laufende Kalenderjahr zusätzlich im Erlösbudget berücksichtigt werden, als zu erhebender Vergütungsabschlag zu berücksichtigen (vgl. § 4 KHEntG).

Beispiel

Mindestbesetzungs- oder Vorhaltekosten beeinflussen die Fixkosten in Gesundheits-einrichtungen: „Obwohl Mindestbesetzungen in deutschen Krankenhäusern vor-gehalten werden müssen, bleiben sie bei der DRG-Kalkulation unberücksichtigt. Sollten Kalkulationskrankenhäuser aufgrund des Arbeitszeitgesetzes besonders hohe Arztkosten aufweisen, werden die Datensätze entsprechend korrigiert und gehen so nicht in vollem Umfang in die Kalkulation ein. Sind Mindestbesetzungen unvermeid-bar und nicht refinanziert, stellen sich der Geschäftsführung zwei Fragen: Wie hoch sind entstehende Unterdeckungen und welcher Abteilung müssen welche Budget-anteile entzogen werden, um die Mindestbesetzungskosten einer anderen Abteilung zu refinanzieren?" ... „Das DRG-Vergütungssystem ist ein Stückkostensystem. Ein Krankenhaus benötigt bestimmte Fallzahlen, um die Vorhaltekosten einer Abteilung zu refinanzieren. Ist die Abteilung besonders groß, entsteht eine Überdeckung der

Fixkosten. Dies hat nichts mit Wirtschaftlichkeit zu tun, sondern ist schlicht system-immanent. Selbstverständlich können die Verantwortlichen in diesen Fällen nicht alle DRG- und sonstigen Erlöse dem Ärztlichen Dienst der Abteilung zur Verfügung stellen. So werden die Überdeckungen benötigt, um Abteilungen die notwendigen Budgets zur Verfügung zu stellen, die aufgrund ihrer Größe die Vorhaltekosten nicht refinanzieren können." … „Unterdeckungen im Ärztlichen Dienst müssen alle Abteilungen tragen, auch jene, die ärztlicherseits in unterschiedlichem Ausmaß an der Notfallversorgung beteiligt sind. Unterdeckungen aus Privat- oder Ermächtigungs-ambulanzen sowie den ambulanten Operationen müssen die Abteilungen intern ausgleichen. Das Argument, die Ambulanz sei notwendig, um das Krankenhaus abzu-sichern, mag richtig sein. Doch dann müssen die Unterdeckungen in der Ambulanz aus den stationären Erlösen refinanziert werden." (vgl. Schlüter 2018, S. 2 f.). ◄

7.4 Gemeinkostenwertanalyse (GWA)

Die **Gemeinkostenwertanalyse** (GWA) wird auch als Gemeinkosten-System-Engineering oder administrative Wertanalyse bezeichnet und entspricht der Overhead Value Analysis bzw. der Value Administration in der englischsprachigen Fachliteratur. Bei der GWA handelt es sich um ein Verfahren zur Reduzierung von (Kostenträger-) Gemeinkosten, insbesondere im Bereich der mit Verwaltungsaufgaben befassten Kosten-stellen einer Gesundheitseinrichtung. Damit sollen insbesondere sogenannte Verbund-kosten verringert werden, die nicht eindeutig einem Kostenträger zuzuordnen sind. Die GWA ist somit eine Methode zur Identifizierung von Rationalisierungspotentialen bzw. zur Ableitung von Rationalisierungsstrategien (vgl. Witte 2000, S. 212 f.). Ihr bevor-zugtes Anwendungsgebiet sind die indirekten Leistungsbereiche mit einem hohen Gemeinkostenanteil. Häufig nehmen im Laufe der Zeit auch durch veränderte Rahmen-bedingungen oder externe Vorgaben die administrativen, dispositiven und planerischen Tätigkeiten zu, die sich in einer Erhöhung der Gemeinkosten widerspiegeln. Diese lassen sich in der Regel dadurch reduzieren, indem auf unnötige Leistungen verzichtet wird und notwendige Leistungen rationeller erbracht werden. Die GWA bietet hierzu ein methodisches Gerüst für die Formulierung von Rationalisierungsstrategien zur Ver-besserung der Wettbewerbsposition der Gesundheitseinrichtung, indem auf der Basis von Analysen des Verhältnisses von Kosten und Nutzen jeder Leistung der Gemeinkosten-bereiche ermittelt wird, wo sich Kosten einsparen lassen, ohne dass Nutzen verloren geht. Dazu werden Kostenstelle für Kostenstelle

- die jeweils erstellten medizinischen und pflegerischen Leistungen erfasst,
- deren Kosten abgeschätzt,
- die Kosten dem vermuteten Nutzen der jeweiligen Leistungen gegenübergestellt,
- für die Leistungen mit schlechtem Kosten-Nutzen-Verhältnis Einsparungsvorschläge unterbreitet,

- für diese konkrete Realisationspläne entwickelt und
- diese Pläne einem zentralen Entscheidungsgremium zugeleitet, das die Umsetzbarkeit der Maßnahmen überprüft (vgl. Voigt 2018, S. 1).

Die GWA hat Kostensenkungen und Effizienzsteigerungen in der Gesundheitseinrichtung zum Ziel, durch das Erkennen und Beseitigen nicht notwendiger Aufgaben, die Reduzierung unverzichtbarer Aufgaben auf das notwendige Maß, das Aufdecken und Ausschöpfen verborgener Leistungsreserven sowie das kritische Hinterfragen und die Analyse auftretender Kostensteigerungen. Mit der Anwendung dieser Planungs- und Analysetechnik wird versucht, durch Untersuchung insbesondere der Verwaltungstätigkeiten, der Analyse von medizinischen und nichtmedizinischen Leistungsverflechtungen und der Verbesserung des Ressourceneinsatz- und Leistungsergebnisverhältnisses das Verhältnis von Kosten und Nutzen von Verwaltungsleistungen in Gesundheitseinrichtungen zu verbessern und idealerweise Kostensenkungen zu erreichen. Dazu läuft die GWA üblicherweise in aufeinanderfolgenden Phasen ab (siehe Tab. 7.5) (vgl. Zapp et al. 2015, S. 68 ff.).

Tab. 7.5 Ablauf der Gemeinkostenwertanalyse

Phase	Beschreibung
Vorbereitung	Bildung einer Projektorganisation für die GWA; Festlegung der zu untersuchenden Organisationseinheiten und Gemeinkostenbereiche; Information der betroffenen Mitarbeiter
Durchführung	Auflistung der von der Organisationseinheit erbrachten Leistungen und der dadurch verursachten Kosten (Empfänger der Leistungen, Häufigkeit der Leistungserbringung, erforderliche Personalkapazität); Feststellen von Leistungen, die für die Behandlung von Patienten nicht benötigt werden; Prüfung, ob Wegfall, Verminderung, Häufigkeitsreduzierung der Leistungserbringung möglich; Entwicklung von Rationalisierungsvorschlägen für beizubehaltende Leistungen (Effizienz, Effektivität, Funktion der Leistung im Leistungsgefüge der Gesundheitseinrichtung, ablauforganisatorische Änderungen zur Vermeidung von Doppelarbeiten oder Leerlaufzeiten, Änderung der Zuordnung von Sachmitteln, Überprüfung der Zweckmäßigkeit der Leistungskonzentration auf einzelne Mitarbeiter oder Bereiche, Auswirkung von Führungsverhalten, Aufgabendelegation etc.); Bewertung und Einteilung der Vorschläge nach Wirtschaftlichkeit, Risiko und Fristigkeit; Erstellung eines Maßnahmenkatalogs
Realisierung	Entwicklung eines Umsetzungsplans; detaillierte Beschreibung der einzelnen Maßnahme (künftige Vorgehensweise, Voraussetzungen für die Umsetzung, Termine, Verantwortlichkeiten, Kosten und Nutzen); Umsetzung der Maßnahmen in weiteren Projekten oder Linienaufgaben
Kontrolle	Überprüfung der eingeleiteten Maßnahmen; Beseitigung von möglichen Störeinflüssen; Vornahme notwendiger Anpassungen

Die Maßnahmen lassen sich vergleichbar der ABC-Analyse anhand der Kriterien Realisierbarkeit und Umsetzungsdauer in entsprechende Kategorien einteilen:

- *A-Maßnahmen:* innerhalb einer bestimmten Frist uneingeschränkt realisierbar, zu geringeren Kosten als bisher und mit geringem Umsetzungsrisiko
- *B-Maßnahmen:* nur eingeschränkt realisierbar, benötigen zur Umsetzung weitere Informationen bzw. Voraussetzungen, mittleres Umsetzungsrisiko
- *C-Maßnahmen:* nicht realisierbar

Beispiel

Im Rahmen eines Forschungsprojektes wurden Mitarbeitervorschläge zu Einsparpotentialen im Gemeinkostenbereich einer Rehabilitationseinrichtung erarbeitet und kategorisiert. Dabei wurden in den Mitarbeiterinterviews unter anderem folgende Hinweise gegeben: Im Bereich Controlling (Kostentransparenz, – kontrolle und – lenkung) zur Überprüfung von Energietarifen, zur Zuordnung des Energieverbrauchs zu Kostenstellen und zur Überprüfung des Nutzens von Verbandsmitgliedschaften; im Bereich Selbstverständnis (Motivation der Beschäftigten, ihre Fähigkeiten für die Einrichtung unaufgefordert einzusetzen) zur Zusammenarbeit unterschiedlicher Berufsgruppen, zum Service und seiner inhaltlichen Ausführung, zu IT-Schulungsdefiziten; im Bereich Standardisierung (definierte Vorgehensweisen, vereinheitlichte Abläufe, bestimmte Procedere) zur eindeutigen Abzeichnungspraxis bei Behandlungsplänen, zu Textbausteinen bei Arztbriefen und zur Übermittlung von Entlassungsbefunden per Email an behandelnde Ärzte (vgl. Zapp und Oswald 2009, S. 163 ff.). ◄

Für den Erfolg der GWA ist wichtig, die Beschäftigten über die Ziele, die Vorgehensweise und den Verlauf zu informieren. Die frühzeitige Einbindung von Betriebs- bzw. Personalräten trägt dazu bei, Unsicherheiten, Befürchtungen und Akzeptanzprobleme zu verringern. Je nach Größe der Gesundheitseinrichtung bzw. der zu analysierenden Gemeinkostenbereiche kann sich die GWA über einen längeren Zeitraum hinziehen, wobei die Maßnahmenumsetzung innerhalb von ein bis zwei Jahren abgeschlossen sein und aufgrund der Dauer beispielsweise durch das Einrichtungscontrolling überwacht werden sollte.

Die GWA ist somit kein Instrument zur laufenden Gemeinkostenplanung und – kontrolle von Gesundheitseinrichtungen. Sie wird aufgrund ihres nicht unerheblichen Aufwands in der Praxis eher in unregelmäßigen Abständen eingesetzt und ist somit auch kein Verfahren des laufenden Kostenmanagements. Sie lässt sich in allen indirekten Leistungsbereichen einer Gesundheitseinrichtung einsetzten, unabhängig davon, ob es sich um Routineaufgaben oder individuelle Tätigkeiten handelt. Da die GWA primär auf die Steigerung von Effizienz und Effektivität durch die Senkung der Gemeinkosten abzielt, ist es wichtig, die Beschäftigten frühzeitig und umfassend über die mit der GWA verbundenen Aktivitäten, Ziele und Folgen zu informieren (vgl. Joos 2014, S. 326 ff.).

7.5   Ideenmanagement Kostensenkung

Mit einem **Ideenmanagement** lassen sich einrichtungsinterne Vorschläge entwickeln, bewerten und umsetzen, beispielsweise zum Thema der Kostensenkung in der Gesundheitseinrichtung. Während im Betrieblichen Vorschlagwesen (BVW) Mitarbeiter und Mitarbeiterinnen eher aus eigenem Antrieb und mit selbstgewählten Methoden Verbesserungsvorschläge für oft selbstgewählte Problemstellungen erarbeiten und im Kontinuierlichen Verbesserungsprozess (KVP) eine gelenkte Ideenfindung als Teil der Arbeitsaufgabe stattfindet, kann ein Ideenmanagement zur Kostensenkung gezielte Vorschläge und Ideen für diese Aufgabenstellung erzeugen. Als BVW ist das Ideenmanagement in Abhängigkeit von der Einrichtungsgröße mitbestimmungspflichtig und auf der Grundlage einer Betriebs- bzw. Dienstvereinbarung zu organisieren (vgl. Schat 2017, S. 4 f.).

Durch das Ideenmanagement soll ein kreatives Arbeitsklima entstehen und das Ideenpotential aller Mitarbeiterinnen und Mitarbeiter der Gesundheitseinrichtung genutzt werden, um die angestrebten Kostenziele nachhaltig zu erreichen. Dazu sind Wissen und berufliche Erfahrungen aller Beschäftigten zu aktivieren und in einen ständigen Optimierungsprozess einzubringen, um ihre aktive Mitgestaltung am betrieblichen Geschehen zum Vorteil der Gesundheitseinrichtung zu nutzen. Wichtig dabei ist, dass alle Führungskräfte das Ideenmanagement fördern, die Vorschlagseinreicher beraten und deren Verbesserungsanregungen unterstützen. Es lebt von der Bereitschaft zur Veränderung, kooperativer Zusammenarbeit und offener Kommunikation. Zugleich werden damit Anreize geschaffen, sich über die eigentlichen Arbeitsaufgaben hinaus für Kostenthemen einzubringen und somit auch den wirtschaftlichen Erfolg der Gesundheitseinrichtung aktiv mitzugestalten. Ideen zur Kostensenkung, die von den Beschäftigten aus eigenem Antrieb heraus erbracht werden und von ihnen in ihrem Aufgabenbereich oft nicht eigenverantwortlich umgesetzt werden können, sollten die derzeitige Situation bzw. Problemstellung, den Lösungsvorschlag und die daraus folgenden Kostenvorteile aufzeigen, wozu der ausschließliche Hinweis auf einen mangelhaften Zustand oder vorhandene Probleme in der Regel nicht genügt. Um einen Anreiz für die Ideeneinreichung zu bieten, werden die Vorschläge üblicherweise in Abhängigkeit von ihrer Kostensenkungswirkung prämiert. Handelt es sich bei den Ideen um Erfindungen und technische Verbesserungsvorschläge die zu einer Kostensenkung beitragen, kann unter Umständen auch ein Vergütungsanspruch nach dem Arbeitnehmererfindungsgesetz (ArbnErfG) zustande kommen.

Beispiel

Dem ArbnErfG unterliegen die Erfindungen und technischen Verbesserungsvorschläge von Arbeitnehmern in privaten und öffentlichen Gesundheitseinrichtungen, auch von Beamten und beispielsweise im Sanitätsdienst befindlichen Soldaten (vgl. § 1 ArbnErfG). Erfindungen im Sinne des ArbnErfG sind nur Erfindungen, die patent- oder gebrauchsmusterfähig sind, und Technische Verbesserungsvorschläge sind Vorschläge für sonstige technische Neuerungen, die nicht patent- oder gebrauchsmusterfähig sind (vgl. § 2 f. ArbnErfG). Als Gebundene Erfindungen (Diensterfindungen) gelten während der Dauer des Arbeitsverhältnisses gemachte Erfindungen, die entweder aus der dem Arbeitnehmer der Gesundheitseinrichtung obliegenden Tätigkeit entstanden sind oder maßgeblich auf Erfahrungen oder Arbeiten der Gesundheitseinrichtungen beruhen. Sonstige Erfindungen von Arbeitnehmern sind freie Erfindungen (vgl. § 4 ArbnErfG). Erfindungen und Technische Verbesserungsvorschläge in privaten Gesundheitseinrichtungen sind unverzüglich dem Arbeitgeber zu melden und hierbei kenntlich zu machen, dass es sich um die Meldung einer Erfindung handelt (vgl. § 5 ArbnErfG). Die Gesundheitseinrichtung als Arbeitgeber kann eine Diensterfindung durch Erklärung gegenüber dem Arbeitnehmer in Anspruch nehmen (vgl. § 6 ArbnErfG). Mit der Inanspruchnahme gehen alle vermögenswerten Rechte an der Diensterfindung auf den Arbeitgeber über (vgl. § 7 ArbnErfG). Der Arbeitnehmer hat gegen den Arbeitgeber einen Anspruch auf angemessene Vergütung, sobald der Arbeitgeber die Diensterfindung in Anspruch genommen hat (vgl. § 9 ArbnErfG). Auch wenn der Arbeitnehmer während der Dauer des Arbeitsverhältnisses eine freie Erfindung gemacht hat, ist dies dem Arbeitgeber unverzüglich mitzuteilen (vgl. § 18 ArbnErfG). Bevor der Arbeitnehmer eine freie Erfindung während der Dauer des Arbeitsverhältnisses anderweitig verwertet, hat er zunächst dem Arbeitgeber mindestens ein nichtausschließliches Recht zur Benutzung der Erfindung zu angemessenen Bedingungen anzubieten, wenn die Erfindung im Zeitpunkt des Angebots in den vorhandenen oder vorbereiteten Arbeitsbereich des Betriebes des Arbeitgebers fällt (vgl. § 18 ArbnErfG). Ebenso hat für technische Verbesserungsvorschläge, die dem Arbeitgeber eine ähnliche Vorzugsstellung gewähren wie ein gewerbliches Schutzrecht, der Arbeitnehmer gegen den Arbeitgeber einen Anspruch auf angemessene Vergütung, sobald dieser sie verwertet (vgl. § 18 ArbnErfG). Auf Erfindungen und technische Verbesserungsvorschläge von Arbeitnehmern, die in Gesundheitseinrichtungen des Bundes, der Länder, der Gemeinden und sonstigen Körperschaften, Anstalten und Stiftungen des öffentlichen Rechts beschäftigt sind, sind die Vorschriften für Arbeitnehmer im privaten Dienst unter anderem mit folgender Maßgabe anzuwenden: An Stelle der Inanspruchnahme der Diensterfindung kann der Arbeitgeber eine angemessene Beteiligung an dem Ertrag der Diensterfindung in Anspruch nehmen, wenn dies vorher vereinbart worden ist. Über die Höhe der Beteiligung können im Voraus bindende Abmachungen getroffen werden. Die Behandlung von technischen Verbesserungsvorschlägen kann auch durch Dienstvereinbarung geregelt werden (vgl. § 40 ArbnErfG). ◄

Für eine einrichtungsinterne Prämierung von Kostensenkungsideen der Beschäftigten sollten transparente Kriterien und ein Verfahren für die Ideenbewertung festgelegt werden. So sollten mit den Kosteneinsparungen beispielsweise keine nicht nachhaltig wirkende Mängelbeseitigungen oder gar Einbußen in der Behandlungs- und Pflegequalität verbunden sein. Das Verfahren lässt sich beispielsweise in vier Phasen einteilen (vgl. Neckel 2018, S. 9 f.):

- *Phase 1:* Anreize, Information, Inspiration und Motivation für die Beschäftigten als Voraussetzungen schaffen, damit Kostensenkungsideen vorgeschlagen werden
- *Phase 2:* Einreichung, Bewertung und Entscheidung von Kostensenkungsideen
- *Phase 3:* Umsetzung positiv entschiedener Kostensenkungsideen
- *Phase 4:* Kontrolle der Umsetzung und Feedback an die Ideeneinreicher

Dazu sind das Ideenmanagement in der Gesundheitseinrichtung strategisch zu verankern und weiterzuentwickeln, die Abläufe und Zuständigkeiten zu regeln (siehe Tab. 7.6), die notwendigen Ressourcen bereitzustellen und für die Dokumentation, den Informationsfluss und die Berichterstattung zu sorgen.

Kostensenkungsvorschläge sollten grundsätzlich alle Beschäftigten einreichen können, sowohl einzelne Mitarbeiterinnen und Mitarbeiter als auch Gruppen von Beschäftigten. Die Einreichung muss auf freiwilliger Basis und auf Wunsch auch anonym erfolgen können. Für das Ideenmanagement sollten Koordinatoren zuständig sein, die insbesondere bei fachfremden Aufgabengebieten betreffenden Ideen darauf achten, dass die Vorschläge sowie die Bewertungen dazu konstruktiv und sachlich

Tab. 7.6 Organisation eines Ideenmanagements zur Kostensenkung

Funktion	Beschreibung
Einreichung	Sowohl durch einzelne Mitarbeiterinnen und Mitarbeiter als auch durch Gruppen von Beschäftigten möglich; auf freiwilliger Basis und auf Wunsch auch anonym
Koordination	Achtet bei fachfremde Aufgabengebiete betreffenden Ideen darauf, dass die Vorschläge sowie die Bewertungen dazu konstruktiv und sachlich gehalten sind; identifiziert Vorschläge, zu denen es einen bereits eine aufbauorganisatorische Zuständigkeit gibt und informiert Einreicher darüber; leitet die Kostensenkungsvorschläge zur Bewertung an die Organisationseinheiten der Gesundheitseinrichtung, die dafür fachlich zuständig sind; informiert die Einreicher über das Ergebnis der Bewertung, wobei ihnen auch die Gründe mitzuteilen sind, die für oder gegen die eingereichte Kostensenkungsidee sprechen; legt Prämierungsvorschlag dem zuständigen Gremium vor
Bewertung	Wird in der Regel von der Leitung der jeweiligen Organisationseinheit vorgenommen, die die Idee im Hinblick auf ihre Durchführbarkeit, ihren Nutzen und den damit verbundenen Realisierungsaufwand überprüft und dazu eine Stellungnahme abgibt; dabei wird auch geprüft, ob der Vorschlag zumindest teilweise oder in abgewandelter Form realisiert werden kann; wenn mehrere Organisationseinheiten von einem Vorschlag betroffen sind, hat über die Bewertung eine übergreifende Abstimmung zu erfolgen
Prämierung	Kann durch ein Gremium, in dem in der Regel zumindest die Einrichtungsleitung, Betriebs- bzw. Personalratsmitglieder und die Koordination des Ideenmanagements vertreten sind, direkt erfolgen oder für mehrere Ideeneinreichungen zusammenfassend in regelmäßigen zeitlichen Abständen, wobei anhand zuvor festgelegter Kriterien über die Prämienberechtigung sowie über die Art und Höhe der Prämien entschieden wird

gehalten sind. Auch sollten sie die Ideen identifizieren, zu denen es bereits eine auf-bauorganisatorische Zuständigkeit gibt, worüber der Ideengeber zu informieren ist. Bei größeren Belegschaften und einer zu erwartenden Vielzahl von Ideen sind die einzelnen Vorschläge zweckmäßigerweise zu kennzeichnen oder zumindest durchzunummerieren, damit im weiteren Verlauf der Überblick nicht verloren geht. Zur Bewertung der Kosten-senkungsvorschläge sind diese an die Organisationseinheiten der Gesundheitseinrichtung zu leiten, die dafür fachlich zuständig sind. Die Bewertung wird dann in der Regel von der Leitung der jeweiligen Organisationseinheit vorgenommen, die die Idee im Hinblick auf ihre Durchführbarkeit, ihren Nutzen und den damit verbundenen Realisierungs-aufwand überprüft und dazu eine Stellungnahme abgibt. Dabei ist auch zu berück-sichtigen, ob der Vorschlag zumindest teilweise oder in abgewandelter Form realisiert werden kann. Über das Ergebnis sind die Ideeneinreicher zur informieren, wobei ihnen auch die Gründe mitzuteilen sind, die für oder gegen die eingereichte Kostensenkungs-idee sprechen. Gegebenenfalls sind mehrere Organisationseinheiten von einem Vor-schlag betroffen, sodass über die Bewertung eine übergreifende Abstimmung zu erfolgen hat. Bei berechtigten Zweifeln an einer negativen Bewertung können auch weitere Stellungnahmen, Informationen oder finale Entscheidungen beispielsweise durch die Einrichtungsleitung eingeholt werden. Die Prämierung kann direkt erfolgen oder für mehrere Ideeneinreichungen zusammenfassend in regelmäßigen zeitlichen Abständen. Hierzu bietet sich ein eigenes Gremium an, in dem in der Regel zumindest die Ein-richtungsleitung, Betriebs- bzw. Personalratsmitglieder und die Koordination des Ideen-managements vertreten sind. Es entscheidet anhand zuvor festgelegter Kriterien über die Prämienberechtigung sowie über die Art und Höhe der Prämien.

Beispiel

Verbesserungsvorschläge können zu konkret messbaren Einsparungen beitragen: „Im Intranet kann jeder Mitarbeiter Informationen zum Ideenmanagement im Klinikum Ludwigshafen aufrufen. Dazu gehören allgemeine Regelungen, der jeweilige Jahres-bericht, die Checkliste zur Ideenbewertung durch die Ideenkommission sowie die kontinuierlich aktualisierte Liste der eingereichten Ideen mit dem jeweiligen Bearbeitungsstand. Darüber hinaus wird in der Mitarbeiterzeitung über besonders gute Vorschläge regelmäßig berichtet." … „Ein Mitarbeiter der Pflege war im ver-gangenen Jahr mit 880 € dabei – sein Verbesserungsvorschlag bringt pro Dialyse eine Einsparung von 79 Cent. Das klingt zunächst nicht spektakulär, doch bei den zahlreichen Dialysen pro Jahr ergibt sich für das Klinikum eine Jahresersparnis von immerhin 8.800 €." (Lehnert 2009, S. 3). ◄

Üblicherweise wird dem/der Einreicher/in eine Einspruchsfrist eingeräumt, um gegen die Nichtbeachtung von wesentlichen Aspekten bei der Bewertung der Kostensenkungs-idee oder eine unzureichende Prämierung Einspruch zu erheben. Mitunter können sich auch nachträglich neue Aspekte für die Umsetzbarkeit der Idee und deren Bewertung

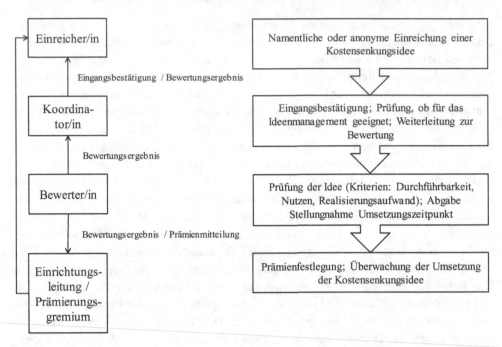

Abb. 7.3 Ideenmanagement-Prozess zur Kostensenkung

ergeben. Der Nutzen von Kostensenkungsideen ist nicht immer quantifizierbar oder eindeutig zu kalkulieren. Oft wird dabei von idealen Bedingungen und einer hinreichenden Informationsbasis ausgegangen, was in der Praxis nicht immer der Fall ist. Unwägbarkeiten bei der Umsetzung oder ein nicht absehbarer Aufwand lassen den angestrebten Kostensenkungseffekt nicht selten zusammenschrumpfen oder eine nur einmalige, nicht nachhaltige Wirkung erzielen. Daher ist es ratsam, für die Prämierung immer ein transparentes Rechenmodell aufzustellen, dass nicht nur die Dauerhaftigkeit der Kostensenkungsidee, sondern neben den geschätzten Sach- und Personalkostensenkungen auch immer eine Wirtschaftlichkeitsberechnung und damit eine Quantifizierung des mit der Umsetzung verbundenen Aufwands berücksichtigt (vgl. Schat 2017, S. 173 ff.).

Abb. 7.3 fasst den Ideenmanagement-Prozess nochmals zusammen.

7.6   Kostenbudgetierung

Bei einem **Kostenbudget** handelt es sich um eine für einen Zeitabschnitt und in der Höhe vorgegebene Kostensumme, die als Maßgabe für die Aufwendungen in diesem Zeitraum einzuhalten ist und nicht überschritten werden darf. Dem Aufstellen von Kostenbudgets werden in Gesundheitseinrichtungen zahlreiche Funktionen zugesprochen.

Beispiel

Im Krankenhausbereich werden mit dem Einsatz von Kostenbudgets folgende Erwartungen und Funktionen verbunden: Sie kommunizieren auf der Ebene der einzelnen Budgetierungseinheiten die Leistungs- und Kostenerwartungen. Die Kostenbudgetierung gilt dabei als Instrument, die Aktivitäten der einzelnen Krankenhausteilbereiche auf das wirtschaftliche Gesamtinteresse der Einrichtung abzustimmen. Das Kostenbudget stellt das Ergebnis eines krankenhausinternen Koordinations- und Interessenausgleichsprozesse dar und dokumentiert den erzielten Interessensausgleich idealerweise im Sinne eines ausgewogenen Anreiz-Beitrags-Verhältnisses in der Gesamteinrichtung. Aufgrund der in den Budgetvorgaben enthaltenen Kostenrichtwerte für die Aktivitäten der einzelnen Budgetierungseinheiten ist eine Kontrolle deren Einhaltung und das rechtzeitige Ergreifen von Korrekturmaßnahmen möglich. Durch die Benennung von Budgetverantwortlichen lässt sich die mittlere Führungsebene des Krankenhauses stärker in die ökonomische Mitverantwortung einbinden, Mit dem Einsatz von Kostenbudgets ist auch die Erwartung verbunden, den Prozess zur Erschließung budgeteinheitsinterner Wirtschaftlichkeitsreserven sowie der Verbesserung des Zusammenwirkens der Budgeteinheiten zu verbessern. Im Falle der Übertragung der Budgetverantwortung und Ressourcenkompetenz auf einzelne Budgetierungseinheiten steigt deren Handlungsspielraum und Autonomie im Vergleich zu Einzelkostengenehmigungsverfahren, was zugleich motivationssteigernde Wirkungen erzielen könnte (vgl. Greiling 2000, S. 70). ◄

Kostenbudgets können auf Voll oder Teilkostenbasis aufgestellt und für einzelne Kostenarten periodisch als Planungsgrundlage festgelegt werden. Man unterscheidet dabei üblicherweise im Hinblick auf die Beschäftigungsabhängigkeit:

- *flexible Kostenbudgets:* Plankosten für mehrere Szenarien bzw. Beschäftigungsgrade
- *starre Kostenbudgets:* Plankosten unabhängig von Beschäftigungsgraden bzw. bezogen auf nur einen bestimmten Beschäftigungsgrad
- *universelle Kostenbudgets:* Berücksichtigung der Schwankungsbreite der Beschäftigung durch feste Veränderungsgrößen

Häufig kommt auch eine Sachbezogenheit des Kostenbudgets hinzu, die die ausschließliche Verwendung für definierte Leistungen oder Sachgüter zusätzlich festlegt. Mit der Einschränkung der Budgetnutzung nehmen deren Flexibilität ab und der Steuerungsgrad der Kostenbudgetierung und damit die Beeinflussung der Kostenentwicklung mithilfe der Budgetierung zu (siehe Tab. 7.7).

Bei der **Budgeterstellung** sind unter anderem folgende Aspekte zu berücksichtigen:

- *personell:* Wer stellt die Budgets auf und ist für ihre Einhaltung verantwortlich?
- *sachlich:* Mit welchen Kosten ist zu rechnen bzw. welche Kosten sind zu budgetieren?

Tab. 7.7 Steuerungsgrad der Kostenbudgetierung

		Planungsperiode	
		vorgegeben	nicht vorgegeben
Leistungen oder Sachgüter	vorgegeben	Budgetnutzung in einem bestimmten Zeitraum ausschließlich für definierte Leistungen oder Sachgüter > hoher Steuerungsrad	Budgetnutzung in einem flexiblen Zeitraum ausschließlich für definierte Leistungen oder Sachgüter > nur leistungs- oder sachbezogene Steuerung
	nicht vorgegeben	Budgetnutzung in einem bestimmten Zeitraum für flexibel festzulegende Leistungen oder Sachgüter > nur periodenbezogene Steuerung	Budgetnutzung in einem flexiblen Zeitraum für flexibel festzulegende Leistungen oder Sachgüter > niedriger Steuerungsrad

- *organisatorisch:* Wie werden die Budgets berechnet und welchen Kostenstellen werden sie zugeordnet?
- *zeitlich:* Wann und in welcher Reihenfolge erfolgt der Budgetierungsprozess? (vgl. Badertscher und Scheuring, S. 156)

Zur rechnerischen Ermittlung Budgetsummen bieten sich grundsätzlich folgende Vorgehensweisen an:

- *Analytische Aufstellung:* Ermittlung von Planpreisen, Planmengen bzw. Materialeinzelkosten, Personalkosten etc. und Berechnung durch Planpreis x Planmenge bzw. Arbeitszeit x Personalkostenansatz
- *Wertmäßige Aufstellung:* Budgetschätzung durch Schätzung der Kostenarten auf der Basis von Vergangenheitswerten, Verbrauchserwartungen etc. (vgl. Maser 1998, S. 95)

Das Kostenbudget lässt sich zudem in Einzelbudgets untergliedern, beispielsweise in Anlehnung an die Kontenklassen für Aufwendungen nach dem Kontenrahmen der PBV (vgl. Anlage 4 PBV) in Einzelbudgets für:

- Löhne und Gehälter
- Lebensmittel
- Aufwendungen für Zusatzleistungen
- Wasser, Energie, Brennstoffe
- bezogene Leistungen
- Büromaterial
- Telefon
- sonstiger Verwaltungsbedarf
- Aufwendungen für zentrale Dienstleistungen

- Versicherungen
- Miete, Pacht, Leasing
- Aufwendungen für Instandhaltung, Instandsetzung etc.

Die Einzelbudgets können aber auch kostenartenübergreifend so zugeschnitten sein, dass sie die Ressourcen für einzelne organisatorischen Einheiten festlegen, über die diese für einen bestimmten Zeitraum zur Erfüllung ihrer Aufgaben in eigenständiger Verantwortung verfügen können. Es erfolgt damit keine zentrale Steuerung einzelner Ausgabenpositionen, sondern eine dezentralisierte Übertragung der Steuerungsaufgabe auf die einzelnen Organisationseinheiten einer Gesundheitseinrichtung. Gerade im öffentlichen Gesundheitswesen ist dies jedoch nicht ganz unproblematisch, da die Zuweisung von Haushaltsmitteln und festen Budgets üblicherweise an die Budgetverantwortung geknüpft ist, was zugleich bedeutet, die Budgets in jedem Falle auszuschöpfen („Dezemberpanik"), um im Folgejahr mindestens die gleiche Summe zu erhalten. Die Einrichtungsleitung hat damit nur eingeschränkte Möglichkeiten, Sparpotentiale zu erkennen und zu realisieren, solange die Budgetverantwortlichen dies nicht von sich aus melden.

Bei der Abgrenzung der Verantwortung und der Zuständigkeit für Kostenbudgets sind somit beispielsweise folgende Ansätze denkbar:

- kostenartenübergreifende und damit auch in der Regel kostenstellen- bzw. organisatio
  nseinheitenübergreifende Budgetierungseinheiten
- Organisationseinheiten, die gleichzeitig als Budgetierungseinheiten fungieren
- Kostenstellen als Budgetierungseinheiten (siehe Tab. 7.8)

Von Bedeutung ist dabei, dass Verantwortungsbereiche entstehen, die Budgetverantwortliche auch beeinflussen können, mit einer Einheit aus Aufgabenstellung und Kompetenzzuordnung. Die **Budgetverantwortung** wird häufig mit Leitungsfunktionen beauftragten Mitarbeiter und Mitarbeiterinnen zugeordnet. Abteilungsbezogene Budgetverantwortungen tragen in Krankenhäusern beispielsweise Leitende Ärztinnen und Ärzte, abteilungsübergreifende Pflegedienstleitungen, Leitungen von Verwaltungs-, Wirtschafts- und Versorgungsbereichen, Krankenpflegeschulen etc. Mitunter wird die Budgetverantwortung auch für die ärztlichen und pflegerischen Bereiche aufgeteilt oder im Rahmen einer kollegialen Budgetverantwortung von beiden Bereichen gemeinsam getragen (vgl. Greiling 2000, S. 71 f.).

In der Praxis weit verbreitet ist bei der Aufstellung von Kostenbudgets eine Bottom-up-Planung, bei der die Kostenplanwerte aus den einzelnen Organisationseinheiten durch das Einrichtungs-Controlling zusammengefasst und der Einrichtungsleitung zur Zustimmung vorgelegt werden. Der dadurch angestoßene Korrekturprozess läuft im Gegenstromverfahren ab, bis ein abgestimmtes Gesamtkostenbudget vorliegt, das in die Wirtschafts- und Finanzplanung integriert werden kann (siehe Abb. 7.4).

Die **Budgetkontrolle** setzt die Vorgabe von Kostenbudgets voraus und stellt damit nicht nur auf die Angemessenheit bei der jeweils erreichten Beschäftigung

Tab. 7.8 Beispiel für Kostenstellen als Budgeteinheiten in einem Krankenhaus (in Anlehnung an Anlage 5 KHBV)

Budgeteinheit	Kostenstelle nach KHBV
Leitung und Verwaltung des Krankenhauses	901
Werkstätten	902
Nebenbetriebe	903
Personaleinrichtungen (unerlässlich)	904
Aus-, Fort- und Weiterbildung	905
Sozialdienst, Patientenbetreuung	906
Speisenversorgung	910
Wäscheversorgung	911
Zentraler Reinigungsdienst	912
Versorgung mit Energie, Wasser, Brennstoffen	913
Innerbetriebliche Transporte	914
Apotheke/Arzneimittelausgabestelle (ohne Herstellung)	917
Zentrale Sterilisation	918
Röntgendiagnostik und -therapie	920
Nukleardiagnostik und -therapie	921
Laboratorien	922
Funktionsdiagnostik	923
Sonstige diagnostische Einrichtungen	924
Anästhesie, OP-Einrichtungen und Kreißzimmer	925
Physikalische Therapie	926
Sonstige therapeutische Einrichtungen	927
Pathologie	928
Ambulanzen	929
Allgemeine Innere Medizin	931
Geriatrie	932
Kardiologie	933
Allgemeine Nephrologie	934
Hämodialyse/künstliche Niere	935
Gastroenterologie	936
Pädiatrie	937
Kinderkardiologie	938
Infektion	939
Lungen- und Bronchialheilkunde	940
Allgemeine Chirurgie	941

(Fortsetzung)

Tab. 7.8 (Fortsetzung)

Budgeteinheit	Kostenstelle nach KHBV
Unfallchirurgie	942
Kinderchirurgie	943
Endoprothetik	944
Gefäßchirurgie	945
Handchirurgie	946
Plastische Chirurgie	947
Thoraxchirurgie	948
Herzchirurgie	949
Urologie	950
Orthopädie	951
Neurochirurgie	952
Gynäkologie	953
HNO und Augen	954
Neurologie	955
Psychiatrie	956
Radiologie	957
Dermatologie und Venerologie	958
Zahn- und Kieferheilkunde, Mund- und Kieferchirurgie	959
Intensivüberwachung	961
Intensivbehandlung	962
Intensivmedizin	964
Minimalpflege	965
Nachsorge	966
Halbstationäre Leistungen – Tageskliniken	967
Halbstationäre Leistungen – Nachtkliniken	968
Chronisch- und Langzeitkranke	969
Personaleinrichtungen (nicht unerlässlich)	970
Ausbildung	971
Forschung und Lehre	972
Ambulanzen	980
Hilfs- und Nebenbetriebe	981

in der Gesundheitseinrichtung ab, sondern ist in erster Linie auf die Einhaltung des Kostenbudgets ausgerichtet. Damit soll erreicht werden, dass die Abläufe in der Gesundheitseinrichtung auch möglichst den Planungen entsprechend erfolgen. Die geplanten Kosten werden somit bei einer bestimmten Beschäftigung bzw. Kapazitätsauslastung

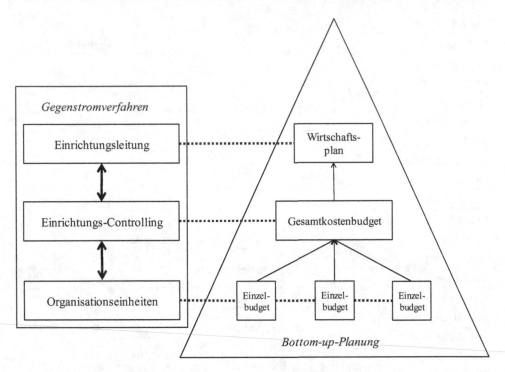

Abb. 7.4 Kostenbudgeterstellung: Bottom-up-Planung und Gegenstromverfahren

primär als Steuerungsgröße und nicht als Kontrollwert genutzt. Umgekehrt lässt eine Nichteinhaltung des Kostenbudgets auch darauf schließen, dass die zugrunde liegenden Planungen zumindest zu überprüfen sind (vgl. Koch 1982, S. 248 ff.).

7.7   Kosten-Nutzen-Analyse (KNA)

Mithilfe der **Kosten-Nutzen-Analyse** (KNA) lassen sich in Gesundheitseinrichtungen die kostenrelevanten Auswirkungen von Handlungsalternativen bewerten und vergleichen. Sie kann somit als wichtige Entscheidungshilfe dienen, mit der diejenigen Alternativen ausgewählt werden, die das Kostenziel der Gesundheitseinrichtung am besten erfüllen. Das Ziel der KNA ist dabei, Erfolge und Risiken quantifizierbar und somit einfacher vergleichbar zu machen.

Beispiel

Kosten-Nutzen-Analysen können beispielsweise bei der Umsetzung von Energieeffizienzmaßnahmen in Gesundheitseinrichtungen zum Einsatz gelangen: „In einer ersten Kosten-Nutzen-Analyse der identifizierten Maßnahmen werden diese auch in einem Ranking nach ihrer Wirtschaftlichkeit gelistet und priorisiert. In einer ausgeklügelten Gewichtung fließen hier Punkte wie Machbarkeit, bauliche Voraussetzungen, Entwicklungsstand der Technologie, Verbesserung der Versorgungssicherheit und Komfortbedingungen, Reduktion von Energieverbrauch und -kosten sowie CO_2 ein. Auch berücksichtigt werden Platzbedarf, Investitions- und Zeitaufwand für die Umsetzung der Maßnahme sowie der Wartungsaufwand. Mithilfe dieser detaillierten Datenbasis sind die Entscheider in der Lage, ein Bündel von Maßnahmen auszuwählen, die zu optimalen Ergebnissen führen. Die Ergebnisse der Kosten-Nutzen- Analyse lassen sich nicht verallgemeinern oder direkt übertragen und sind von Struktur und Größe der Einrichtung abhängig." (vgl. Loh 2014, S. A 277). ◄

Bei der KNA werden alle voraussichtlich anfallenden Kosten, der wahrscheinliche Nutzen und die möglichen Einnahmen in Verhältnis zueinander gesetzt. Dazu werden die zukünftigen, auf den gegenwärtigen Zeitpunkt abdiskontierten Kosten und Nutzen (Erträge) einzelner Vorhaben oder Objekte bestimmt und mit den entsprechenden Größen von alternativen Lösungen verglichen, wobei die Alternative mit der größten Differenz zwischen Nutzen (Erträgen) und Kosten vorzuziehen ist. Die Sicherung der Rationalität von Entscheidungen mittels der Kosten-Nutzen-Analyse hängt dabei davon ab, ob die einzelnen Kosten- und Nutzendeterminanten ausreichend quantifiziert werden können, zumal die Bewertungsmaßstäbe der Kosten und Nutzen, der Umfang der in das Kalkül einbezogenen externen Effekte, die Wahl der relevanten Zeitperiode und damit verbunden die Bestimmung des Diskontfaktors sowie die Berücksichtigung von Nebenwirkungen nicht immer zweifelsfrei objektiv festgelegt werden können, und die Kosten-Nutzen-Analyse dadurch beeinflussbar ist (vgl. Eggert 2018, S. 1).

Da strategische Verbesserungsmaßnahmen in der Regel Investitionen in die Zukunft einer Gesundheitseinrichtung darstellen, verursachen sie Kosten in der Gegenwart, gleichzeitig sind ihre Vorteile erst in der Zukunft erkennbar. Während die Kosten üblicherweise recht gut erfasst werden können, trifft das für die zukünftigen Auswirkungen und auf ihre exakte Quantifizierbarkeit nicht zu, zumal sie mit Eintrittswahrscheinlichkeitsrisiken behaftet sind. Hohe Komplexitäten und langwierige Umsetzungsprojekte erschweren es zusätzlich, genaue Prognosen über die angestrebte Realisierung zukünftige Nutzen und Mehreinnahmen zu stellen. Insbesondere bei strategischen Entscheidungen versucht daher die KNA die Grenzen der klassischen Instrumente des Rechnungswesens zu überwinden und geht dabei folgendermaßen vor (vgl. Greiling und Muszynski 2008, S. 120):

- Generierung von strategischen Handlungsalternativen (oder alternativen Investitionsobjekten)
- Kostenerfassung aller mit den einzelnen Handlungsalternativen verbundenen Kosten und Folgekosten mit größtmöglicher Detailgenauigkeit
- Nutzenerfassung aller mit den einzelnen Handlungsalternative verbundenen Nutzeinflussgrößen

- Aufsummierung je Handlungsalternative zu deren Gesamtnutzen
- Bewertung der einzelnen Gesamtnutzen
- Gegenüberstellung der ermittelten Kosten und Nutzen der einzelnen Alternativen
- Feststellung, ob Kosten oder Nutzen der Alternative überwiegt

Bei der KNA wird der quantifizierte Nutzen ins Verhältnis zu den Kosten gesetzt und lässt sich beispielsweise bei einer langfristigen Betrachtung durch den **Kosten-Nutzen-Quotienten** ausdrücken (siehe Tab. 7.9), der als Entscheidungshilfe herangezogen werden kann (vgl. Ammenwerth und Haux 2005, S. 223).

Die KNA eignet sich somit insbesondere zur Beurteilung von mehreren alternativen Vorhaben, bei denen sich nicht oder nur mit unvertretbar hohem Aufwand, eine Wirtschaftlichkeitsbetrachtung auf monetärer Basis durchführen lässt. Da der Nutzen häufig nur geschätzt werden kann und daher oftmals einer subjektiven Bewertung unterliegt, sollte die KNA möglichst unter Beteiligung mehrerer Beschäftigter aus unterschiedlichen Bereichen der Gesundheitseinrichtung erfolgen.

Investitionsvorhaben sind oft dadurch gekennzeichnet, dass nicht monetäre Faktoren vorkommen, die im Rahmen einer Investitionsrechnung nicht oder nur am Rande

Tab. 7.9 Vereinfachte Kosten-Nutzen-Analyse als Entscheidungshilfe bei der Beschaffung einer zahnärztlichen Behandlungseinheit

Kosten / Nutzen (einmalig bzw. pro Jahr in Euro)	Behandlungseinheit A	Behandlungseinheit B
Anschaffungskosten	40.000	60.000
Folgekosten (Wartung, Reparaturen etc.)	3.000	4.000
Umbau, Entsorgung Alteinheit, Erneuerung Bodenbelag, Strom- und Wasseranschluss	2.500	2.500
Gesamtkosten	45.500	66.500
Zeitersparnis durch einfacheres Umschalten von Geräten und Behandlungsfunktionen	2.000	10.000
Geringerer Aufwand für Hygiene (automatisierte Reinigungsfunktionen)	1.000	5.000
Geringerer Aufwand für Vorbereitung (Verringerung der Rüstzeiten)	3.000	8.000
Höherer Patientenzuspruch aufgrund von Patientenkomfort und Design (Mehreinnahmen durch Steigerung Patientenzahl)	10.000	20.000
Gesamtnutzen	16.000	43.000
Gesamtkosten 5 Jahre (dreifache Folgekosten)	51.500	74.500
Gesamtnutzen 5 Jahre (dreifache Nutzenwerte)	80.000	215.000
Kosten-Nutzen-Quotient	0,64	0,35

betrachtet werden können. Die KNA bietet hierzu eine ergänzende Nutzenbetrachtung, mit sich die Investition umfassender und vollständiger beurteilen lässt.

Kosten-Nutzen-Bewertungen sind im Gesundheitswesen auch gesetzlich vorgesehen, beispielsweise bei der Bewertung von Arzneimitteln. So beauftragt der Gemeinsame Bundesausschuss (G-BA) das Institut für Qualität und Wirtschaftlichkeit im Gesundheitswesen (IQWiG) mit einer **Kosten-Nutzen-Bewertung**. In dem Auftrag ist insbesondere festzulegen, für welche zweckmäßige Vergleichstherapie und Patientengruppen die Bewertung erfolgen soll sowie welcher Zeitraum, welche Art von Nutzen und Kosten und welches Maß für den Gesamtnutzen bei der Bewertung zu berücksichtigen sind. Beim Patienten-Nutzen sollen insbesondere

- die Verbesserung des Gesundheitszustandes,
- eine Verkürzung der Krankheitsdauer,
- eine Verlängerung der Lebensdauer,
- eine Verringerung der Nebenwirkungen sowie
- eine Verbesserung der Lebensqualität,

angemessen berücksichtigt werden. Bei der wirtschaftlichen Bewertung ist auch die Angemessenheit und Zumutbarkeit einer Kostenübernahme durch die Versichertengemeinschaft Gegenstand der Analyse (vgl. § 35b SGB V). Dabei werden Kosten-Nutzen-Verhältnisse medizinischer Technologien gegenübergestellt mit dem Ziel, Informationen bereitzustellen, auf deren Grundlage die Angemessenheit und die Zumutbarkeit einer Kostenübernahme durch die Versichertengemeinschaft berücksichtigt werden können. Die Kosten-Nutzen-Bewertung selbst basiert auf einem Vergleich mit anderen Arzneimitteln oder nicht medikamentösen Behandlungsformen. (vgl. Institut für Qualität und Wirtschaftlichkeit im Gesundheitswesen 2017, S. 2).

Die Kosten-Nutzen-Bewertungen nach § 35b SGB V laufen folgendermaßen ab:

1. Auftragserteilung durch den G-BA (beinhaltet unter anderem Mitteilung darüber, ob Versorgungsstudien zu berücksichtigen sind, die der G-BA mit dem pharmazeutischen Unternehmer vereinbart hat)
2. Aufforderung des G-BA an das pharmazeutische Unternehmen zur Einreichung eines Dossiers, das in die Bewertung einfließt
3. Vorbericht mit Ergebnissen der Informationsbeschaffung und der wissenschaftlichen Bewertung
4. Einbeziehung der medizinischen Expertise primär auf Basis eines Fragenkatalogs, der zu Beginn der Bewertung an die externen Sachverständigen verschickt und deren Rückmeldungen bei der Bewertung berücksichtigt werden
5. Einbeziehung der Patientenperspektive auf Basis eines Fragebogens, der zu Beginn der Bewertung an Betroffene bzw. Patientenorganisationen verschickt und deren getroffene Angaben z. B. zu relevanten Endpunkten und zu wichtigen Subgruppen bei der Bewertung berücksichtigt werden

6. Zuleitung des Vorberichts mit vorläufigen Empfehlung an den G-BA nach Fertigstellung zunächst dem G-BA, dem Vorstand der Stiftung, dem Stiftungsrat und dem Kuratorium

7. Veröffentlichung auf der Website des IQWiG zeitnah nach Versendung an den G-BA; öffentliche Anhörung des Vorbericht mittels Einholung schriftlicher Stellungnahmen, die innerhalb einer Frist von 3 Wochen abgegeben werden können (optional mündliche wissenschaftliche Erörterung mit Stellungnehmenden)

8. Übermittlung des Abschlussberichts, der auf dem Vorbericht aufbauend die Bewertung der wissenschaftlichen Erkenntnisse unter Berücksichtigung der Ergebnisse der Anhörung zum Vorbericht enthält, innerhalb von 3 Monaten nach Einleitung des Stellungnahmeverfahrens an den G-BA, dem Vorstand der Stiftung sowie dem Stiftungsrat und anschließend dem Kuratorium der Stiftung

9. anschließende Veröffentlichung der Dokumente auf der Website des IQWiG

10. begründete Mitteilung an den G-BA im Falle von eingehenden Stellungnahmen, die substanzielle nicht berücksichtigte Evidenz enthalten, oder der Erlangung auf andere Weise der Kenntnis von solcher Evidenz, ob eine Neubeauftragung zu dem Thema (ggf. Aktualisierung des Berichts) erforderlich erscheint (vgl. Institut für Qualität und Wirtschaftlichkeit im Gesundheitswesen 2017, S. 24 ff.)

Auch im Pflegebereich sind Kosten-Nutzen-Analysen einsetzbar, etwa zur Analyse von Kosten und Nutzen neuer Robotik-Technologien. Investitions- bzw. Anschaffungskosten, Wartungs- und Instandhaltungskosten sowie Energiekosten stehen Nutzen in Form von geringeren Pflegepersonalkosten und die Entlastung der Pflegekräfte durch die mögliche Übernahme von Routinetätigkeiten, wie z. B. für Hol- und Bringdienste, von Pflegeutensilien oder Medikamenten, durch robotische Assistenzsysteme gegenüber. Während bei der Verkürzung von Wegzeiten und bei der Übernahme von körperlich belastbaren Tätigkeiten die größten Entlastungseffekte zu erwarten sind, ist die direkte Versorgung am Patienten und damit verbundene direkte Nutzeneffekte für Patienten durch Pflegeroboter noch nicht konkret absehbar.

Beispiel

Studien über Kosten und Nutzen von Pflegerobotern finden sich bislang kaum, aber die Forschung zu neuen Pflegetechnologien treibt die Entwicklung von Pflegerobotern voran: „Deutschland steckt im Vergleich zu Japan bei Pflegerobotern noch in den Kinderschuhen. Vereinzelte Projekte (vor allem in Pflegeheimen) haben sich dem Thema gewidmet und testen nun robotische Systeme im Pflegealltag. Hier zeigen unterschiedliche Modelle, wie z. B. der Care-o-bot, die Robbe Paro und Pepper, bereits ihr Können. Exoskelette und Roboterarme erweitern die Artenvielfalt. Evidenzbasierte Studien über Kosten und Nutzen der Pflegeroboter finden sich aber bisher leider kaum. Dafür sind die derzeitigen Projekte noch zu klein und von zu kurzer Dauer. Doch so langsam scheint die Forschung zur neuen Pflegetechnologie zu erwachen. Projekte wie z. B. WiMi-Care, SERoDi, oder ARiA treiben die Entwicklung von Pflegeroboter in Deutschland endlich voran. Erste Tendenzen zu Kosten und Nutzen sind Dank dieser, aber auch internationaler Projekte, bereits erkennbar." (vgl. Fioranelli 2019, S. 1). ◄

7.8   Kosten-Wirksamkeits-Analyse (KWA)

Die **Kosten Wirksamkeits-Analyse** (KWA) stellt nicht wie die KNA auf in Geldeinheiten bewertete Nutzen ab, sondern auf nichtmonetäre Wirksamkeiten, die in einer Kosten-Wirksamkeits-Matrix den Kosten gegenübergestellt werden. Um eine Reihung von Alternative als Ergebnis der Bewertung zu erhalten, werden ein Bezug zu den Bewertungskriterien hergestellt, nach einer Gewichtung der Ziele bzw. der Kriterien alle ermittelten Einzelwirksamkeiten jeder Variante summiert und durch die Kosten dividiert. Das Ziel ist eine Aggregation zu einem Kosten-Wirksamkeits-Koeffizienten, der eine Priorisierung der Alternativen ermöglicht.

Zur Anwendung der KWA bietet sich folgende Vorgehensweise an (vgl. Busse 2004, S. 10 ff.):

- *Alternativendefinition:* Festlegung der Handlungsalternativen (bspw. Beschaffungsobjekte), die mit der KWA bewertet werden sollen
- *Zieldefinition:* Festlegung der Zielbereiche und Zielkriterien, die bei der Bewertung berücksichtigt werden sollen, wobei insbesondere die Unabhängigkeit der Ziele bzw. der Zielkriterien untereinander, die richtige Zuordnung der jeweiligen Ziele und eine möglichst genaue Beschreibung der Zielkriterien zu berücksichtigen sind
- *Ziel- und Kriteriengewichtung:* Gewichtung der Ziele und der Zielkriterien nach ihrer Bedeutung für die Gesundheitseinrichtung bzw. die Entscheider, wobei die Summe der Einzelgewichte dem Gesamtgewicht der darüber liegenden Ziel- bzw. Kriterienebene entsprechen muss
- *Wirksamkeitsbewertung:* Repräsentation von auch nicht direkt messbaren bzw. quantifizierbaren Wirksamkeitswerten bspw. durch ordinalskalierte oder dimensionslose Wertgrößen
- *Ermittlung der gewichteten Wirksamkeitswerte:* Multiplikation der Wirksamkeitswerte der einzelnen Zielkriterien mit dem jeweiligen Gewicht zum gewichteten Wirksamkeitswert
- *Ermittlung der Gesamtwirksamkeit:* Summierung aller gewichteten Wirksamkeitswerte einer Alternative zur Gesamtwirksamkeit der Alternative
- *Analyse der Kosten:* Berücksichtigung möglichst aller betriebswirtschaftlichen Kosten, wobei zumindest alle Investitions- und Betriebskosten berücksichtigt werden sollen (üblicherweise werden Kosten und Wirkungen, soweit möglich, mit einem festzulegenden Zinssatz abdiskontiert

- *Ermittlung Kosten-Wirksamkeit:* Division der Gesamtwirksamkeit sowie der Kosten je Alternative
- *Reihenfolgebildung:* Reihung der Alternativen auf der Basis der für die einzelnen Alternativen errechneten Kosten-Wirksamkeiten

Für die Durchführung der KWA ist die Abbildung der Kosten- und Wirksamkeitswerte in einer **Kosten-Wirksamkeits-Matrix** (siehe Tab. 7.10) zweckmäßig (vgl. Andree 2011, S. 237).

ZG = Zielgewichte.

KG = Kriteriengewichte.

W = Wirksamkeit (0–10).

GW = Gewichtete Wirksamkeit.

K = Kosten.

Bei der KWA geht im Vergleich zur KNA der Nutzen in nicht-monetären Wirkungseinheiten (z. B. auch immaterieller Nutzen) in die Analyse ein, die nach einem gewichteten Punktesystem bewertet werden (vgl. Herschel 2009, S. 218). Die Gewichtung der Zielbereiche und –kriterien wertet diese nach ihrer Bedeutung und richtet sich in der Regel nach den Prioritäten der Entscheidungsträger, die die Gewichtung möglichst nachvollziehbar begründet festlegen. Sie dient auch dazu, um mit

Tab. 7.10 Vereinfachtes Beispiel einer Kosten-Wirksamkeits-Matrix als Entscheidungshilfe bei der Beschaffung einer zahnärztlichen Behandlungseinheit

Zielbereiche	ZG	Zielkriterien	KG	Behandlungseinheit A		Behandlungseinheit B	
				W	GW	W	GW
Kosten	40	Anschaffungskosten	25	8	200	6	150
		Folgekosten	10	4	40	3	30
		Umbaukosten	5	5	25	5	25
Abläufe	40	Einfacheres Umschalten von Geräten und Behandlungsfunktionen	15	2	30	10	150
		automatisierte Reinigungsfunktionen	10	1	10	5	50
		Verringerung der Rüst-zeiten	15	3	45	9	135
Patienten	20	Komfort	15	4	60	8	120
		Design	5	3	15	6	30
Summen	100		100	30	435	50	690
Kosten (K) in Tsd					45,5		66,5
Kostenwirksamkeit (W/K)					9,6		10,4

den oftmals auftretenden Konflikten zwischen einzelnen Zielen im Bewertungsverfahren möglichst praktikabel umgehen zu können.

Wie auch andere Verfahren versucht die KWA einen Beitrag zur Erreichung des Wirtschaftlichkeitsziels zu leisten, mit den eingesetzten finanziellen Mitteln eine maximale Zielerreichung herbeizuführen bzw. ein gegebenes Ziel mit möglichst geringem Mitteleinsatz zu erreichen. Sie setzt daher voraus, dass die betrieblichen Ziele der Gesundheitseinrichtung gegeben sind und sich diese auch für die Zwecke der KWA operationalisieren lassen. Die KWA schafft dabei eine hohe Transparenz, eine gute Nachvollziehbarkeit und ist besonders für jene Bewertungs- und Entscheidungssituationen in Gesundheitseinrichtungen geeignet, bei denen eine Entscheidungshilfe für monetär schwer bewertbare Probleme benötigt wird und die Kosten eine wichtige Rolle spielen, sodass sie deshalb getrennt ausgewiesen werden sollten. Ihre Nachteile sind vor allen Dingen darin zu sehen, dass der in die Bewertung eingehende Ziel- und Kriterienkatalog nur in den seltensten Fällen vollständig ist und das Ergebnis der KWA von der Auswahl und Bewertung der Zielkriterien abhängt. Sie eignet sich zwar zum Vergleich der relativen Effizienz von Handlungsalternativen, entfaltet jedoch im Hinblick auf deren Beurteilung der absoluten Effizienz nur eine eher geringe Aussagekraft.

7.9 Losgrößenberechnung

Nicht nur in größeren Gesundheitseinrichtungen stellen die Beschaffungs- und Lagerkosten von medizinischem Verbrauchsmaterial einen nicht unerheblichen Kostenfaktor dar. Somit kommt es beispielsweise nicht nur auf die Kategorisierung der Materialwerte mit Hilfe von ABC- und XYZ-Analysen an, sondern auch darauf, wie sich möglichst kostenoptimale Beschaffungsmengen ermitteln lassen. Diese Mengenangaben zur Beschaffung oder Erstellung von Gütern oder Leistungen werden in der Logistik auch als einzelne Lose bezeichnet, weshalb man bei der Berechnung von optimalen Losgrößen spricht.

Die optimale Bestellmenge lässt sich unter Einbeziehung von Beschaffungs- und Lagerkosten ermitteln. Viele der heutzutage angewendeten Modelle zur Berechnung der optimalen **Losgröße** beruhen auf der von Kurt Andler bereits 1929 aufgestellten Losgrößenmethode (vgl. Frodl 2012, S. 64 ff.). Es wird dabei von der Annahme ausgegangen, dass ein Beschaffungslos Beschaffungs- und Lagerkosten verursacht. Während mit seiner zunehmenden Größe auch die Lagerkosten steigen, sinken die Beschaffungskosten, weil weniger Beschaffungsvorgänge durchgeführt werden müssen, um dieselbe Gesamtmenge zu beschaffen. Somit hängt die Summe beider Kostenarten von der Beschaffungslosgröße ab, sodass sie sich als eine Funktion der Beschaffungslosgröße darstellen und sich ihr Minimum dadurch rechnerisch bestimmen lassen (siehe Tab. 7.11).

Diese vereinfachte, statische Analyse legt zugrunde, dass jedes einzelne zu beschaffende medizinische Verbrauchsmaterial für Behandlung und Pflege isoliert

Tab. 7.11 Beispiel zur kostenoptimalen Berechnung von Beschaffungslosen nach der Andler-Formel

Eingangsgrößen	Beispielwerte
Kosten je Beschaffung (K) in Euro	100,00
Bedarf (m), z. B. pro Monat in Stück	500
Lagerkostensatz in % des Lagerwertes (l)	5 %
Preis je Mengeneinheit (p) in Euro	75,00
Formel nach Andler	$B_{opt} = \sqrt{[(200 \times K \times m) \div (l \times p)]}$
Berechnung	$B_{opt} = \sqrt{[(200 \times 100,00 \times 500) \div (0,05 \times 75,00)]}$
Optimale Beschaffungsmenge (B_{opt}) in Stück	1.633

betrachtet und der Bedarf pro Zeiteinheit als konstant und bekannt angenommen werden kann. Ferner wird davon ausgegangen, dass das Verbrauchsmaterial beliebig lange zu lagern ist und jeder Bedarf sofort bei seinem Auftreten vom Lagerbestand befriedigt werden muss, Fehlmengen somit nicht zugelassen sind. Bei einem realistischeren, dynamischen Optimierungsverfahren wird beispielsweise zu Beginn jeder Periode geprüft, ob ein Beschaffungslos aufzulegen ist, und wenn ja, ob dieses den Bedarf einer oder mehrerer aufeinander folgender Perioden umfassen soll. Aufgrund von Optimalitätsbedingungen der dynamischen Optimierung gilt, dass die Losgröße einer Periode

- entweder Null ist oder
- dem Bedarf der Periode bzw.
- einer Bündelung zukünftiger Bedarfswerte entspricht.

Da ein Beschaffungslos ohne Berücksichtigung zukünftiger Bedarfe daher nicht optimal ist, versuchen weiterentwickelte Verfahren wie beispielsweise das heuristische Verfahren von Gene K. Groff zur dynamischen Losgrößenermittlung die Bedarfsentwicklung einzubeziehen (siehe Tab. 7.12).

Im Beispiel in Tab. 7.12 wird für die Mitbeschaffung im Mai für den Juni die berechnete Obergrenze eingehalten, sodass im Mai die Losgröße 120 (50 + 70) beschafft werden kann, was den Bedarf für diese beiden Perioden deckt. Im Juli wird die Losgröße 180 (60 + 80 + 40) beschafft, womit die Bedarfe für die August und September mitgedeckt werden können, da jeweils die Obergrenze eingehalten wird (vgl. Herrmann 2018, S. 137 ff.).

7.10 Make-or-buy-Analyse

Die Anwendung der **Make-or-buy-Analyse** dient in Gesundheitseinrichtungen überwiegend dazu, eine Entscheidung darüber herbeizuführen, ob eine Eigenerstellung oder ein Fremdbezug von Leistungen oder Materialien für die Gesundheitseinrichtung günstiger erscheint. In der Regel kommt diese Entscheidung weniger für medizin-

Tab. 7.12 Beispiel zur kostenoptimalen Berechnung von Beschaffungslosen nach der Groff-Heuristik

Eingangsgrößen	Perioden (n) / Beispielwerte / Berechnung				
	Mai	Juni	Juli	August	September
Periodenbedarf in Stück (B)	50	70	60	80	40
Kosten je Beschaffung (K) in Euro	180,00	180,00	180,00	180,00	180,00
Lagerhaltungskosten pro Stück in Euro (l)	1,50	1,50	1,50	1,50	1,50
Formel Obergrenze	$(2 \times K) \div l$				
Berechnung Obergrenze	$(2 \times 180,00) \div 1,50 = 240$				
Formel nach Groff	$B_{t+1} \times n \times (n+1) \leq (2 \times K) \div l$; t = Periode, in der die Beschaffung durchgeführt wird				
Berechnung im Mai für Mai und Juni	$70 \times 1 \times (1+1) = 140 \leq 240$				
Berechnung im Mai für Mai, Juni und Juli	$60 \times 2 \times (2+1) = 360 \leq 240$				
Berechnung im Juli für Juli und August			$80 \times 1 \times (1+1) = 160 \leq 240$		
Berechnung im Juli für Juli, August und September			$40 \times 2 \times (2+1) = 240 \leq 240$		

technische Betriebsmittel oder für Verbrauchsmaterialien für Behandlung und Pflege zum Tragen, es sei denn, es handelt sich um medizinische Neuerungen oder bspw. therapeutische Eigenentwicklungen, die auf dem Markt noch gar nicht verfügbar sind. Typische Make-or-buy Entscheidungen sind häufig bei nachgeordneten Prozessen zu treffen, etwa bei Reinigung, Hygiene, Wäscherei, Verpflegung, Wartung, Fahr- und Hausmeisterdienste etc. (vgl. Frodl 2012, S. 55 ff.).

Generell ist eine Tendenz zur Reduktion der Eigenerstellung und der Leistungstiefe zu verzeichnen, um sich auf die Kernprozesse der Gesundheitseinrichtung zu konzentrieren. In ihnen hat die Einrichtung aufgrund der damit verbundenen Spezialisierung mitunter komparative Kostenvorteile, wodurch sich die Wettbewerbsfähigkeit steigern lässt.

Zur Anwendung der Make-or-buy-Analyse bietet sich beispielsweise folgende Vorgehensweise an (vgl. Lieb 1996, S. 24):

- Definition der Leistungen oder Materialien, die Gegenstand einer Entscheidung über Eigenerstellung oder ein Fremdbezug sein sollen
- Beobachtung des Beschaffungsmarkts, um sich einen Überblick über mögliche Lieferanten und Dienstleister zu verschaffen
- Angebotseinholung über direkte Anfragen, Ausschreibungen etc.
- Angebotsbewertung, insbesondere mit Gegenüberstellung von Fremdbezugs- und Eigenerstellungskosten (siehe Abb. 7.5)
- Entscheidung über Eigenerstellung oder ein Fremdbezug anhand von zuvor festgelegten quantitativen und qualitativen Kriterien (siehe Tab. 7.13)

Tab. 7.13   Kriterienbeispiele für eine Make-or-buy-Entscheidung

Kriterien	Ausprägungen
Abhängigkeit	Hinsichtlich der Lieferfähigkeit, -flexibilität und –qualität besteht eine Abhängigkeit vom Lieferanten insbesondere von Verbrauchsmaterialien für Behandlung und Pflege, die durch Nutzung mehrerer Lieferanten oder höhere Lagerbestände ausgeglichen werden kann
Abstimmungs-aufwand	Mit zunehmender Lieferantenzahl steigt auch der Abstimmungsaufwand
Investitions-bedarf	Fremdbezug bietet die Möglichkeit für Erhöhung des Leistungsvolumens der Gesundheitseinrichtung auch ohne die ansonsten erforderlichen Investitionen, insbesondere in raschen Wachstumsphasen, bei angespannter Finanzlage oder bei unsicheren Zukunftschancen für bestimmte Behandlungs- und Pflege-leistungen; das Investitionsrisiko wird auf den Lieferanten verlagert
Kapazitätsaus-lastung	Auslastungsschwankungen der Behandlungs- und Pflegekapazitäten und die damit verbundene schwankende Nachfrage werden auf den Lieferanten verlagert
Kosten-degression	Nutzung der Kostenvorteile eines spezialisierten Herstellers für medizin-technische Betriebsmittel bzw. Verbrauchsmaterialien für Behandlung und Pflege
Leistungsqualität	Höhere Qualität des Lieferanten aufgrund seiner Spezialisierung auf medizinische Bedarfe, Pflegeheim-, Krankenhaus- und Ärztebedarfe
Veralterung	Die Gefahr der medizintechnischen Veralterung wird auf den Lieferanten verlagert

Ein Fremdbezug von externen Dienstleistungen, medizintechnischen Betriebsmitteln bzw. Verbrauchsmaterialien für Behandlung und Pflege ist in der Regel immer dann günstiger, wenn die Kosten des Fremdbezugs mittel- und langfristig auch nach Ausschöpfen von Rationalisierungsreserven niedriger sind, als bei Eigenerstellung. Dies ist beispielsweise auch der Fall, wenn die bei den Lieferanten eingesetzten Verfahren für die Gesundheitseinrichtung keine große Bedeutung haben, keine eine entscheidende Differenzierung gegenüber den Wettbewerbern erreicht werden kann, der Fremdbezug kein signifikantes Qualitätsmerkmal für den Patientennutzen darstellt und auch keine entscheidende Bedeutung für die Kernprozesse der Gesundheitseinrichtung besitzt. Der Fremdbezug eignet sich insbesondere auch, wenn die medizintechnologische, pharmazeutische, diagnostische, therapeutische und prophylaktische Entwicklung sehr rasch fortschreitet und somit die Gefahr der Veralterung von medizintechnischen Betriebsmitteln, Behandlungsverfahren, fachlichem Know-how etc. sehr hoch ist oder beispielsweise kurzfristige Engpässe zu überbrücken sind.

Neben der Berücksichtigung der qualitativen Kriterien ist eine quantitative Kosten-vergleichsrechnung der Fremdbezugs- und Eigenerstellungskosten durchzuführen (siehe

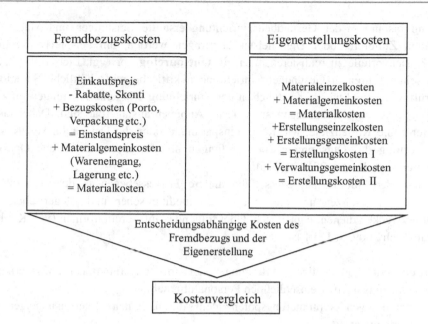

Abb. 7.5 Beispiel einer Make-or-buy-Analyse für Materialien einer Krankenhausapotheke

Abb. 7.5). Ein weiteres quantitatives Entscheidungskriterium kann die kritische Menge sein, ab der sich eine Eigenfertigung bzw. der Fremdbezug lohnt.

Beispiel

Eine Zahnarztpraxis überlegt ein Eigenlabor für einfache Dentalarbeiten einzurichten. Für die Bewertung sind unter anderem jährlich 25.000 € für einen Zahntechniker als Halbtagskraft, 3.000 € für die anteilige Raummiete, 5000 für die technische Laborausstattung (= Kf; Fixkosten bei Eigenlaborbetrieb) sowie 100 € durchschnittliche Materialkosten pro Laborarbeit (= Kv; variable Stückkosten) einzubeziehen. Der durchschnittliche Bezugspreis für die Fremdlaborarbeit liegt bei 500 € (= p; Einkaufspreis bei Fremdlabor). Die kritische Menge (m) berechnet sich folgendermaßen:

$$Kf + Kv \times p = m \times p \leftrightarrow m = Kf \div (p - Kv) \leftrightarrow m = 33.000 \div (500 - 100) = 83.$$

Erst ab einer Menge von jährlich mindestens 83 Laborarbeiten ist der Betrieb eines Eigenlabors in diesem stark vereinfachten Beispiel für die Zahnarztpraxis günstiger, als der Fremdbezug der vergleichbaren Dentalarbeiten (vgl. Fleßa 2018, S. 534). ◄

Von Bedeutung ist es, bei der Make-or-buy-Analyse nur entscheidungsabhängige Kosten zu betrachten, was eine detaillierte Kostenrechnung der Gesundheitseinrichtung voraussetzt. Häufig ist die Aufschlüsselung der Gemeinkosten nicht verursachungsgerecht und die Auslastung der Eigenerstellung kann nur prognostiziert werden.

Wenn bislang in der Gesundheitseinrichtung erstellte Leistungen und Materialien auf einen Zulieferer oder Dienstleister übertragen werden, um beispielsweise mögliche Kostenvorteile zu realisieren, liegt ein **Outsourcing** vor (vgl. Lieb 1996, S. 23). Nicht selten führen in Gesundheitseinrichtungen kritische wirtschaftliche Situationen zur Prüfung, ob und wie ursprünglich in der Einrichtung erbrachte Leistungen im Zuge von Kooperationsvereinbarungen auf externe Anbieter auslagerbar sind. Dabei lassen in erster Linie Kostenziele, wie Kosteneinsparungen oder die Delegation von Kostenverantwortung das Outsourcing von Leistungen als geeignete strategische Optionen erscheinen (vgl. Kasper 2019, S. 276).

Insbesondere für Tertiärprozesse, die andere Prozessebenen in der Gesundheitseinrichtung unterstützen und nicht direkt den medizinischen und pflegerischen Einrichtungszwecken dienen, eignen sich dabei folgende Outsourcingformen (vgl. Kirchner und Knoblich 2009, S. 111 f.):

- Partielle oder vollständige Übertragung von Einrichtungsfunktionen an Externe per Dienstleistungsvertrag einschließlich Personalübernahme
- Umsetzung von Optimierungspotenzialen durch einen Interimsmanager per Managementvertrag
- Gründung einer gemeinsamen Tochtergesellschaft zwischen Gesundheitseinrichtung und strategischen Partner einschließlich Personalübergang und Mehrheitsbeteiligung der Einrichtung

Nach dem Transaktionskostenansatz gelten jene Formen der Leistungserstellung in der Gesundheitseinrichtung als effektivste Organisationsform ökonomischer Aktivitäten und damit als outsourcingfähig, die die geringsten Transaktionskosten aufweisen (Planungs-, Anpassungs-, Kontrollkosten etc.). Problematisch sind bei dieser Betrachtungsweise insbesondere versteckte Outsourcing-Kosten, die häufig nicht berücksichtigt werden, und die Fixierung auf Kostenvorteile, die zulasten einer langfristigen, strategischen Sichtweise gehen (vgl. Krystek 2009, S. 46 f.). Nach dem marktorientierten Ansatz ist bei der Prüfung Eigenfertigung oder Fremdbezug die Suche nach Wettbewerbspotentialen von Bedeutung. Ein Wettbewerbsvorteil scheint insbesondere dann möglich, wenn es gelingt, durch Kostenführerschaft einen Kostenvorsprung und damit niedrigere Gesamtkosten als die der Wettbewerber zu erreichen. Dazu sind die Kosten der Aktivitäten in der Wertschöpfungskette der Gesundheitseinrichtung zu analysieren, und bei den kritischen Leistungen zu untersuchen, ob diese bei vergleichbaren Einrichtungen extern oder intern erbracht werden. Der Vergleich der eigenen und zukünftigen Kostenposition bei diesen Aktivitäten dient als Grundlage für die Entscheidung, unter Abwägung der möglichen Kostenvorteile und Risiken. Für den Umsetzungserfolg einer Make-or-buy-Entscheidung im Rahmen einer marktorientierten Kostenführerschaftsstrategie ist eine permanente Bewertung und Kontrolle der damit verbunden strategischen Kostenvorteile und Risiken notwendig (vgl. Raubenheimer 2009, S. 61).

7.11 Nutzwertanalyse (NWA)

Bei der **Nutzwertanalyse** (NWA) steht zwar die Bewertung der Nutzen von Handlungsalternativen im Vordergrund, allerdings lassen sich auch Kosten beispielsweise in Form von Anschaffungspreisen alternativer Beschaffungsobjekte in Gesundheitseinrichtungen berücksichtigen. Es handelt sich bei ihr um ein Verfahren zur Alternativenbewertung bei mehreren Zielgrößen, wobei Alternativen auch an solchen Bewertungskriterien gemessen werden, die nicht in Geldeinheiten ausdrückbar sind. Sie berücksichtigt im Rahmen einer multiattributiven Nutzenbetrachtung beispielsweise technische, psychologische und soziale Bewertungskriterien, die sich an quantitativen und qualitativen Merkmalen orientieren. Die Entscheidungsträger in Gesundheitseinrichtungen werden mithilfe der NWA in die Lage versetzt, die Alternativenbewertung sowohl unter Berücksichtigung eines multidimensionalen Kriterien- oder Zielsystems als auch spezifischer, individueller Präferenzen vorzunehmen (vgl. Minter 2018, S. 1).

> **Beispiel**
>
> Die Nutzwertanalyse ist insbesondere dann geeignet, wenn neben finanziellen Zielen auch qualitative Ziele berücksichtigt werden müssen: „Die Nutzwertanalyse ist besonders in solchen Situationen hilfreich, in denen die Auswirkungen der verschiedenen Optionen bzw. Alternativen nicht finanziell bzw. quantitativ eindeutig beschreibbar sind. Gerade diese Situationen sind im Krankenhausbereich oft anzutreffen: Neben finanziellen Zielen müssen in vielen Fällen auch qualitative Ziele, wie z. B. der Versorgungsauftrag, die Bedarfsdeckung etc. berücksichtigt werden." (vgl. Greiling und Muszynski 2008, S. 122). ◄

Die NWA bietet Möglichkeiten zur Quantifizierung von Nutzen bei Entscheidungsalternativen, indem sie die einzelnen Alternativen entsprechend der Nutzenpräferenzen gewichtet, bewertet und in einer Reihenfolge ordnet. Sie dient dadurch der systematischen Entscheidungsvorbereitung bei einer komplexen Alternativenauswahl und ist somit insbesondere für Entscheidungsprobleme geeignet, bei denen qualitative, nichtmonetäre Aspekte bei der Auswahl mitberücksichtigt werden sollen. In die Bewertung gehen dabei qualitative Vor- und Nachteile ein, sodass sie insbesondere dann angewandt werden kann, wenn mehrere Entscheidungsalternativen, eine Kriterienpluralität oder keine ausschließliche Möglichkeit zur monetären Bewertung vorliegen. Die NWA trägt somit dazu bei, Entscheidungssituationen transparent zu machen, sowie den Nutzen einzelner Handlungsalternativen darzustellen und nachvollziehbar zu beurteilen. Sie ist insbesondere dann geeignet, wenn bei Entscheidungen eine Vielzahl von unterschiedlichen Aspekten, Determinanten oder Einflussfaktoren zu berücksichtigen sind und bzw. oder

- es nicht möglich ist, eine eindeutige Rangfolge der zu berücksichtigenden Aspekte festzulegen,

- eine größere Anzahl an Entscheidungsträgern mit unterschiedlichen Interessen und Vorerfahrungen am Entscheidungsprozess beteiligt ist,
- eine Entscheidung zwischen mehreren Alternativen ohne Bewertungsprozess und genauere Analyse nicht möglich ist bzw. zu riskant erscheint,
- die Entscheidungsfindung systematisch, transparent und auch für diejenigen nachvollziehbar ist, die nicht am Prozess der Alternativenbewertung beteiligt waren (vgl. Kühnapfel 2019, S. 3).

Zur Vorbereitung und Durchführung werden die Auswahlkriterien, die im Rahmen der Entscheidung berücksichtigt werden sollen, festgelegt. Anschließend sind Kategorien für den Erfüllungsgrad der Kriterien zu formulieren und die einzelnen Kriterien zu gewichten (Summe = 100 %). Die Durchführung umfasst die Bewertung der Alternativen und Erstellung einer **Nutzwertmatrix**, in der die Bewertungskriterien in den Zeilen und die Entscheidungsalternativen in den Spalten aufgeführt sind, sodass jede Alternative für sich hinsichtlich jedes Kriteriums direkt bewertbar ist. Die Vor- und Nachteile der einzelnen Alternative werden einheitlich als Nutzengrößen erfasst. Die Kosten gehen in die Bewertung ebenfalls ein, werden jedoch üblicherweise gesondert beurteilt. Zur Auswertung werden die Nutzenwerte je Alternative addiert, sodass im Ergebnis der relative Nutzen der einzelnen Handlungsalternativen im Verhältnis zueinander dargestellt wird. Zur Anwendung der NWA bietet sich beispielsweise folgende Vorgehensweise an:

- *Alternativengenerierung:* Identifizierung, Entwicklung und Auswahl der Handlungsalternativen, die mithilfe der NWA einer Bewertung unterzogen werden sollen
- *Kriteriendefinition:* Festlegung, Präzisierung und Abgrenzung der Bewertungskriterien, die zur Alternativenbewertung berücksichtigtwerden sollen
- *Kriteriengewichtung:* Gewichtung der Bewertungskriterien hinsichtlich ihres Beitrags zum Gesamtnutzen in Form von Multiplikatoren oder Prozentwerten
- *Alternativenbewertung:* Zuordnung von Erfüllungsgraden bzw. Nutzenausprägungen in einer Nutzwertmatrix anhand einer Werte- bzw. Punktetabelle (beispielsweise 0 = kein Erfüllungsgrad, 5 = mittlerer Erfüllungsgrad, 10 = hoher Erfüllungsgrad)
- *Nutzwertermittlung:* Berechnung der Nutzwerte der einzelnen Handlungsalternative durch Multiplikation der Gewichtungsfaktoren mit den tabellarischen Nutzenausprägungen
- *Gesamtnutzenfeststellung:* Aufsummierung der Teilnutzen je Kriterium zu einem Gesamtnutzen je Handlungsalternative
- *Nutzenvergleich:* Reihung der Gesamtnutzenwerte und Entscheidungsfindung auf der Grundlage der Alternative, die den höchsten Gesamtnutzenwert erzielt hat (siehe Tab. 7.14)

Die Gegenüberstellung der Kosten- und Nutzenunterschiede der einzelnen Alternativen kann in einem gemeinsamen Verfahren oder auch in einem getrennten Schritt erfolgen, bei dem in einer zweiten Phase die Kosten den Nutzen der Alternativen gegenübergestellt werden. Auch lassen sich durch die Festlegung von Kostensenkungskriterien in der Bewertung Kostenaspekte berücksichtigen, indem der angenommene Nutzenbeitrag mit

Tab. 7.14 Bewertung von alternativen medizinischen Verbrauchsmaterialien mithilfe der Nutzwertanalyse

Kriterium	Gewicht ∑ 100	Material A	Material B
Qualität	20	mindere Qualität	hervorragende Qualität
Preis	30	40 € / Stück	75 € / Stück
Haltbarkeit	10	geöffnet 4-6 Wochen	geöffnet 4-6 Wochen
Verarbeitung	10	zufrieden stellend	gut
Verträglichkeit	20	Gegenreaktionen zu erwarten	kaum Gegenreaktionen bekannt
Lieferzeit	10	10-12 Tage	2-3 Tage

Kriterium	Punkte 0	2	5	8	10	G	KE A	NW A	KE B	NW B
Qualität	schlecht		ausreichend		hervorragend	20	2	40	10	200
Preis	> 100	≤ 100	≤ 80	≤ 60	≤ 40	30	10	300	5	150
Haltbarkeit	wenige Tage		einige Wochen		unbegrenzt	10	5	50	5	50
Verarbeitung	äußerst schwierig		zufriedenstellend		sehr leicht	10	5	50	8	80
Verträglichkeit	heftige Gegenreaktionen		Gegenreaktionen möglich		keine Gegenanzeigen	20	2	40	8	160
Lieferzeit	mehrere Wochen		mehrere Tage		24 Std.	10	2	20	8	80
Summe Nutzwerte								510		720

G = Gewicht
KE = Kriterienerfüllung
NW = Nutzwert

Abnahme der Kosten steigt. Bei unterschiedlichen Kosten und Nutzen ist abzuwägen, welche Alternative in der Gesamtbetrachtung die günstigste ist. Bei Wertegleichheiten bieten sich folgende Vorgehensweisen an:

- *Minimalprinzip:* Bei gleichen Nutzwerten mehrerer Alternativen ist diejenige mit den geringeren Kosten zu wählen.
- *Maximalprinzip:* Bei gleichen Kosten ist die Alternative mit dem höchsten Nutzen vorzuziehen.

Der Subjektivität bei der Gewichtung der Kriterien und bei dem Nutzenerfüllungsgrad der einzelnen Alternativen steht der Vorteil eines vergleichsweise einfach durchzuführenden, adäquaten Verfahrens zur Entscheidungshilfe gegenüber. Ein weiterer wesentlicher Vorteil der NWA liegt in ihrem eindeutigen Ergebnis, aus dem die Entscheidung direkt abgeleitet werden kann. Sie liefert zwar keine objektive Berechnung, systematisiert aber zumindest die verwendeten Entscheidungskriterien und Nutzwerte durch die in der Nutzwertmatrix wiedergegebene konsistente Präferenzordnung, was die einzelnen Alternativen vergleichbar macht. Obwohl die NWA eine schematische, auf die aufgeführten Kriterien beschränkte Bewertung aufweist, kann sie dennoch entscheidungsrelevante Einsichten und Informationen vermitteln, indem sie auch nichtmonetäre Einflussgrößen berücksichtigt und der Entscheidungsablauf systematisch so dargestellt wird, dass die Transparenz bzw. Nachvollziehbarkeit der Vorgehensweise gegeben ist. Bemängelt wird bei der Anwendung der NWA, dass die Teilnutzen nicht immer einheitlich kardinal messbar und die Bewertungskriterien auch nicht immer voneinander nutzenunabhängig sind. Allerdings ist sie als eine heuristische Methode zur systematischen Entscheidungsfindung und wegen ihres nachvollziehbaren und überprüfbaren Ablaufs auch als vorteilhafte Ergänzung anderer Methoden zu betrachten, die dem Abbau der Entscheidungsproblematik bei der Bewertung und Auswahl komplexer Alternativen dienen und häufig auch zu den wenigen anwendbaren Hilfsmittel zur Analyse einer Entscheidungssituation zählen, wenn eine Vielfalt von unterschiedlichen Aspekten, Determinanten oder Einflussfaktoren zu berücksichtigen sind oder ein monetärer Projektwert nicht bestimmt werden kann (vgl. Minter 2018, S. 1). Die NWA stellt somit keine präzise Formel für eine kostenoptimale Alternativenauswahl dar, sondern gibt lediglich den Rahmen für eine systematische und nachvollziehbare Aufbereitung von Entscheidungsinformationen vor, der an vielen Stellen mit den spezifischen Anforderungen der jeweiligen Gesundheitseinrichtung aufzufüllen ist (vgl. Schneider 1995, S. 90).

7.12 Target Costing

Mit dem Begriff **Target Costing** wird die Zielkostenrechnung bezeichnet, die im Wesentlichen auf einer retrograden Kalkulation beruht: Sie soll die Frage beantwortet, was eine bestimmte Pflege- oder Behandlungsleistung maximal kosten darf, wie hoch also ihre Zielkosten sind. Ein wesentliches Ziel des Target Costing in Gesundheitseinrichtungen ist die Anpassung der Behandlungs- und Pflegeleistungskosten an die Marktbedürfnisse und damit an die Zahlungsbereitschaft von Patienten und Kostenträgern. Dazu ist eine möglichst detaillierte Kostenplanung notwendig und die Klärung, wie hoch die Kosten bestimmter Pflege- oder Behandlungsleistungen sein dürfen. Dabei geht es nicht in erster Linie um eine Kostensenkung im laufenden Betrieb einer Gesundheitseinrichtung, sondern um in der frühen Phase der Entwicklung von Pflege- und Behandlungsleistungen Einsparungspotenziale zu realisieren, wozu ein streng marktorientiertes Kostenmanagement erforderlich ist. Vielmehr steht hinter dem Zielkostenmanagement die Abkehr von der durch klassische Kalkulation ermittelten Selbstkosten, die die kostenmäßigen Vorgaben beispielsweise für Preiskalkulationen bestimmen. Begründet wird die Anwendbarkeit des Target Costing im Gesundheitswesen sowohl bei den Fallpauschalen als auch bei den DRGs durch den Festpreischarakter (vgl. Keun und Prott 2006, S. 230). Es wird darüber hinaus insbesondere für Krankenhäuser gesehen als

- geeignetes Instrument vor dem Hintergrund des zunehmenden Wettbewerbs,

- Kostenplanungshilfe für zu entwickelnde oder bereits existierende Leistungen,
- Entwicklungsinstrument für neue Leistungen zur strategischen Marktpositionierung,
- Verfahren zur Steigerung der Effizienz bestehender Leistungen (vgl. Zapp 2008, S. 467 f.).

Beispiel

Target-Costing gehört in den Krankenhäusern bereits zum Alltag: „Durch die administrierten Preisvorgaben … hat sich im deutschen Gesundheitssystem eine typische Target Costing-Situation ergeben: Die Krankenhäuser erhalten einen festen Preis für ein definiertes Produkt, und aus diesem sind die Betriebskosten zu bestreiten sowie eventuelle Gewinne zwecks Investitionsfinanzierung außerhalb der Fördermittel zu erwirtschaften. Diese Situation zwingt die Krankenhäuser, die medizinische Qualität schrittweise zu verbessern, den Patientennutzen (Servicegrad, Wohlfühleffekt, Angstabbau…) zu erhöhen, vermeidbare Kosten zu eliminieren, die Ressourcenauslastung zu optimieren und Verweildauern zu verkürzen. Eine derartige Zielkonstellation lässt sich nur verfolgen durch effiziente Leistungsprozesse, deren Ergebnisse den Patientenerwartungen entsprechen, und deren Ressourceneinsatz optimal (also ohne Verschwendung an Zeit, Finanzmitteln, Material…) erfolgt." (vgl. von Eiff 2009, S. 205). ◄

Im Gegensatz zu einer üblichen Kalkulation, bei der ein Gewinnzuschlag zu den vorliegenden Kosten die Erlöserzielung bestimmt (cost plus-calculation), wird beim Target Costing zunächst ein Zielpreis (target price) für eine Behandlungs- oder Pflegeleistung ermittelt, der beispielsweise durch die vorgesehene Vergütung im Rahmen der Privat- und Kassenliquidation vorgegeben ist. Von diesem Zielpreis wird die geplante Ergebnismarge (target profit) abgezogen, sodass sich die maximale Kostenhöhe (allowable costs) für diese Leistung ergibt:

target price – target profit = allowable costs.

In der Regel sind die „erlaubten" Kosten niedriger, als die üblichen Standardkosten (drifting costs) der Gesundheitseinrichtung. Daher sind beim Target Costing für einzelne Pflege- oder Behandlungsleistungen Zielkosten festzulegen, die die „erlaubten" Kosten und damit auch die vorgesehene Vergütung im Rahmen der Privat- und Kassenliquidation möglichst nicht übersteigen. Hingegen tritt die Ergebnismarge (target profit) in einem durch Kostendeckungsabsicht bzw. Kostenträgerfinanzierung geprägten Gesundheitswesen eher in den Hintergrund und spielt hingegen bei Wahlleistungen bzw. privat liquidierten Leistungen (beispielsweise Angebote im Rahmen des IGeL-Konzepts) eine größere Rolle, da hier die Gestaltung von Zielpreisen eine Möglichkeit und Aufgabe der Preis- und Angebotspolitik als wesentliches Instrument des Marketing-Mix ist.

Die **Zielkostenfestlegung** ist ein umfassender Prozess, der durch den Einsatz mehrerer betriebswirtschaftlicher Instrumente realisiert wird. Bereits zu Beginn der Konzeption von Pflege- oder Behandlungsleistungen sind alle Mitarbeiter der Gesundheitseinrichtung mit dem Ziel bindender Kostenvorgaben einzubeziehen. Sie können mitunter die Kostenentstehung maßgeblich beeinflussen oder steuern. Außerdem können durch die Ermittlung von Patientenpräferenzen Kostengewichtungen gegenüber der Wichtigkeit von Behandlungs- und Patientenserviceeigenschaften durchgeführt werden. Auf diese Weise lässt sich feststellen, ob eine Behandlungsmaßnahme „überentwickelt" ist oder noch Steigerungsbedarf besteht. In der praktischen Umsetzung der Zielkostenfestlegung gibt es unterschiedliche Ansätze:

- Die Zielkosten entsprechen exakt den „erlaubten Kosten".
- Die Zielkosten liegen zwischen den Standardkosten der Gesundheitseinrichtung und den „erlaubten Kosten".
- Die Zielkosten orientieren sich an den durch allgemeine Abschläge verminderten Standardkosten.
- Ableitung der Zielkosten aus den Kosten von konkurrierenden Gesundheitseinrichtungen oder Durchschnittswerten von Vergleichseinrichtungen (beispielsweise durch Kostenbenchmarking).
- Ermittlung der Zielkosten anhand der medizinischen und betriebswirtschaftlichen Potentiale der Gesundheitseinrichtung, sodass sie nahe an den Standardkosten liegen (siehe Abb. 7.6).

Nach der Zielkostenfestlegung werden in der Phase der **Zielkostenspaltung** die Zielkosten wie bei der Prozesskostenrechnung anhand der gesundheitsbetrieblichen Prozesse „gespalten" und damit auf eine bestimmte Ebene heruntergebrochen. Die Vorgehensweise läuft dabei in folgenden Schritten ab (siehe Tab. 7.15):

1. Identifizierung der Behandlungs-Teilprozesse
2. Erfassung und Bewertung der Behandlungsleistungs-Funktionen aus Patientensicht
3. Ermittlung des Anteils, den die Teilprozesse zur Erfüllung der Behandlungsfunktionen beitragen
4. Ermittlung der relativen Zielkostenanteile der Teilprozesse
5. Vergleich der relativen Zielkostenanteile mit den relativen Standardkosten (drifting costs).

Nach der Identifizierung der Teilprozesse sind die Funktionen der zu erbringenden Behandlungsleistung zu erfassen und aus der Sicht der Patienten zu bewerten. Neben der Professionalität und Güte der Behandlung, ihres Zeitrahmens oder des Aufenthalts in der Gesundheitseinrichtung können auch weitere Funktionen aus Patientensicht in Betracht kommen. Die Patienten müssen diese Funktionen hinsichtlich ihrer Bedeutung gewichten. Dies kann beispielsweise anhand standardisierter Fragebögen ermittelt werden. Anschließend ist der Anteil festzulegen, den die Teilprozesse zur Erfüllung der Funktionen beitragen. Diese Festlegung wird in der Regel durch die Leitung der

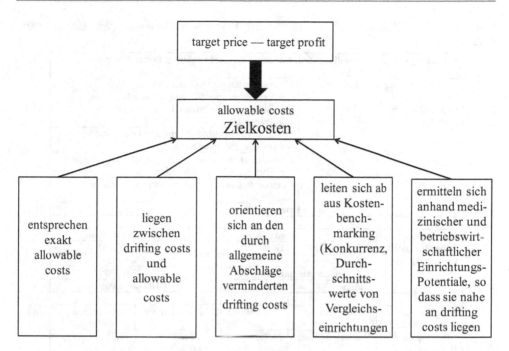

Abb. 7.6 Möglichkeiten der Zielkostenermittlung in Gesundheitseinrichtungen

Gesundheitseinrichtung getroffen. Die danach zu ermittelnde relative Bedeutung der Teilprozesse entspricht ihren relativen Zielkostenanteilen. Diese werden abschließend teilprozessbezogen mit den Standardkosten verglichen. Die Standardkosten setzen sich beispielsweise aus den Personalkosten der Gesundheitseinrichtung den Material- und Gerätekosten etc. zusammen. Im Ergebnis sind bei Kostenunterschreitungen Maßnahmen zur Verbesserung der Behandlungs- bzw. Pflegefunktionen zu ergreifen und bei Kostenüberschreitungen Maßnahmen zur Senkung der Kosten im Behandlungs- bzw. Pflegeprozess. Eine Funktionsverbesserung kann beispielsweise darstellen, den Patienten noch mehr Zeit zu widmen und ihren Informationsbedürfnissen stärker nachzukommen. Zur Kostensenkung im Prozess kann beispielsweise die Vermeidung fehlender Behandlungsunterlagen oder von Abstimmungsproblemen beitragen

Den Vorteilen möglicher Kostensenkungen durch optimierte Kostenvorgaben stehen beim Target Costing die Gefahren durch übertriebene Kostendiktate gegenüber, die zulasten von Patienten, Mitarbeiter und Qualität gehen könnten, sodass das Verfahren sich in Gesundheitseinrichtungen nur als Entscheidungshilfe eignet, die immer durch zusätzliche Methoden ergänzt werden sollte.

Tab. 7.15 Beispiel zum Target Costing in der Herzkathederdiagnostik (vgl. Bücker 2005, S. 72 ff.)

Schritt	Behandlungsfall: Koronare Herzerkrankung; Behandlungsdauer: 3-4 Tage				
1. Identifizierung der Behandlungsteilprozesse	Teilprozesse	Voruntersuchungen: Röntgen, EKG, Labor			
		Herzkathederdiagnostik: Indikation anhand von Voruntersuchungen prüfen, Darstellung der Herzkrangefäße mit Kontrastmittel			
		Pflege: Patientenaufnahme mit Anamnese und Information, Patientenbetreuung			
		Ärztlicher Dienst: Informationsgespräche, Festlegung von Therapien, Nachuntersuchungen			
		Unterkunft: Unterbringung in Krankenzimmern, Verpflegung			
		etc.			
2. Bewertung der Behandlungsleistungsfunktionen	Funktionen		Gewichtung		
	Professionalität und Güte		43,5% = 0,435		
	Zeitrahmen		29,5% = 0,295		
	Angenehmer Aufenthalt		27% = 0,270		
	Summe		100% = 1,000		
3. Beitrag der Teilprozesse zur Erfüllung der Behandlungsfunktionen	Teilprozesse	Professionalität und Güte	Zeitrahmen	Angenehmer Aufenthalt	
	Voruntersuchung	24,7% = 0,247	24,7% = 0,247	19,5% = 0,195	
	Pflege	8,8% = 0,088	12,2% = 0,122	20,3% = 0,203	
	etc.	…	…	…	
	Summen	100% = 1,000	100% = 1,000	100% = 1,000	
4. Ermittlung der relativen Zielkostenanteile der Teilprozesse	Teilprozesse	Professionalität und Güte	Zeitrahmen	Angenehmer Aufenthalt	Summen
	Voruntersuchung	0,247 x 0,435 = 0,107445	0,247 x 0,435 = 0,072865	0,195 x 0,270 = 0,05265	0,23
	Pflege	0,088 x 0,435 = 0,03828	0,122 x 0,295 = 0,03599	0,203 x 0,270 = 0,05481	0,13
	etc.	…	…	…	…
	Summen	…	…	…	1,00
5. Vergleich der relativen Zielkostenanteile mit den relativen Standardkosten	Teilprozess	Zielkosten	Standardkosten	Erläuterung	
	Voruntersuchung	0,23	0,20	Kostenunterschreitung: Maßnahmen zur Verbesserung der Funktionen sind zu ergreifen	
	Pflege	0,13	0,30	Kostenüberschreitung: Maßnahmen zur Kostenreduktion sind zu ergreifen	
	etc.	…	…	…	

7.13   Zero-Base-Budgeting (ZBB)

Mit dem **Zero Base Budgeting** (ZBB) wird die Analyse und Planung der Gemein-kosten wie bei einer Neugründung der Gesundheitseinrichtung als nullbasierte Planung verfolgt, mit dem Ziel, die Ressourcen möglichst wirtschaftlich einzusetzen und damit die Kosten der Einrichtung zu senken. Die Idee dieser Methode besteht somit darin, ein Gemeinkostenbudget nicht ausgehend von Vergangenheitsdaten bzw. aktuellen Daten in die Zukunft extrapolierend weiter zu entwickeln, sondern mit der Fiktion einer gedank-lichen Neugründung von Grund auf neu zu planen. Im Hinblick auf die Notwendig-keit umfassender Kostenkontrollen lässt sich ZBB somit zur periodischen Überprüfung und grundlegenden Überarbeitung insbesondere von kostenrelevanten Einrichtungs-strukturen nutzen oder als kontinuierlicher Ansatz zur Änderung des Budgetverhaltens. Da die Grundlage für ein neues Budget in der Regel das bisherige Budget ist, können dadurch enorme Ineffizienzen entstehen. Niemand wird versuchen, den Mittelbedarf für die kommende Periode zu senken, da die Gefahr der Unterversorgung besteht. Ohne Berücksichtigung bestehender Strukturen werden daher beim ZBB alle Leistungen der Gesundheitseinrichtung unter Kosten-Nutzen-Gesichtspunkten analysiert. Ziel ist es dabei, durch einen effizienteren Ressourcenverbrauch eine Senkung der Gemein-kosten der Gesundheitseinrichtung zu erreichen. Das Budget muss dabei durch Auf-gaben und Maßnahmen belegt sein, nicht nur durch fortgeschriebene Zahlen und ohne dass begründet wird, was damit geschehen soll. Es gilt dabei die geringe Veränderungs-häufigkeit der Budgetzahlen, aufgrund ihrer Orientierung an Vorjahreszahlen mit meist geringfügigen Anpassungen nach oben oder unten, zu überwinden. Jede Leistung der Gesundheitseinrichtung, vor allem die von Gemeinkostenstellen, ist auf ihre Notwendig-keit zu überprüfen und es muss dabei immer wieder gefragt werden, welche Leistungen erbracht werden, ob sie in diesem Umfang nötig sind und wie hoch die Kosten dafür sind.

Die nullbasierte Budgetierung hilft Gesundheitseinrichtungen, Ausgaben bewusster und zielgerichteter anzugehen und bietet dazu eine zuverlässige Struktur für die Über-prüfung jeder Investition. Ausgehend von einem Basisbudget gleich Null erfordert ZBB in jedem Budgetierungszyklus die erneute Begründung aller Ausgaben, was eine Rechtfertigung jedes Ausgabenantrags bedeutet. Während bei der herkömmlichen Budgetierung die Budgets mit den Ausgaben im vorherigen Zyklus verglichen, mit kleinen Erhöhungen oder Verringerungen angepasst und nur hinzukommende, neue Aus-gaben einer genaueren Prüfung unterzogen werden, gibt es im ZBB keine zugrunde-liegenden, angenommenen oder heranzuziehende Ausgaben. Es liegt daher auf der Hand, dass diese Form der grundsätzlichen Analyse von Gemeinkostenleistungen mit den herkömmlichen Budgetierungstechniken nicht mehr viel gemeinsam hat: Es wird alles infrage gestellt, was bisher als sinnvolles und wünschenswertes Arbeitsergebnis im Gemeinkostenbereich der Gesundheitseinrichtung angesehen wurde. Folgende Frage-stellungen gilt es daher zunächst zu klären:

- Worin bestehen die Zielsetzungen der Gesundheitseinrichtung?
- Welche Funktionen werden zur Erreichung der wesentlichen Ziele wirklich gebraucht?
- Welche Mittel sollen für den Gemeinkostenbereich eingesetzt werden, welche werden tatsächlich eingesetzt?
- Welche Maßnahmen sind für eine Gemeinkostensenkung erforderlich?

Anstatt jede Funktion oder jeden Bereich der Gesundheitseinrichtung zu bitten, einen bestimmten Prozentsatz der Ausgaben zu kürzen, wird gefragt, was finanziert werden muss und wozu. Dadurch wird jede Ausgabe auf den Prüfstand gestellt und alle Beteiligten beginnen wie Investoren zu denken.

Zur Anwendung des ZBB bietet sich beispielsweise die in Tab. 7.16 wiedergegebene **Vorgehensweise** an.

Zur Durchführung des ZBB wird die Gesundheitseinrichtung zunächst im Rahmen einer Funktionsanalyse in analysierbare Entscheidungseinheiten gegliedert, wobei die

Tab. 7.16 Ablauf des Zero-Base-Budgeting in Gesundheitseinrichtungen

Phase	Beschreibung
Funktionsanalyse durchführen	Gliederung der Gesundheitseinrichtung zunächst in analysierbare Entscheidungseinheiten, wobei die vorhandenen Ziele, Behandlungsleistungen, Pflegeleistungen und medizinische Aktivitäten untersucht werden; Klärung, was die einzelnen Tätigkeiten kosten und wer ihr Adressat ist; Herausarbeitung der die Gemeinkosten treibenden Faktoren
Leistungsniveau bestimmen	Festlegen des Leistungsniveaus für die im Rahmen der Funktionsanalyse gebildeten Entscheidungseinheiten, das sich auf ihre qualitativen und quantitativen Arbeitsergebnisse bezieht
Entscheidungsvorlagen erstellen	Ermittlung von drei Leistungsniveaus der untersuchten Bereiche in Form von Entscheidungsvorlagen; Festlegung der Prioritätsfolge anhand von Kosten-Nutzen-Analysen; Bestimmung des wirtschaftlichsten Arbeitsverfahrens
Budgetschnitt durchführen	Überprüfung, welche Konsequenzen sich aus einer anvisierten Kosteneinsparung und der Notwendigkeit der medizinischen Leistungserbringung ergeben; Festlegung, welche Ressourcen den einzelnen Bereichen der Gesundheitseinrichtung zugeteilt werden; Definition für jeden Bereich der Gesundheitseinrichtung, wie viel Mittel zur Verfügung zu stellen sind, um ein angemessenes Verhältnis von medizinischen Leistungen und Kosten zu erreichen
Maßnahmen planen	Umsetzung der Veränderungen, die sich aus dem Budgetschnitt, der Funktionsanalyse oder aufgrund von Verbesserungsvorschlägen ergeben, in konkrete, kontrollierbare Maßnahmen
Gemeinkostencontrolling durchführen	Sicherstellung und Überwachung, dass die Maßnahmen tatsächlich auch durchgeführt werden

vorhandenen Ziele, Behandlungsleistungen, Pflegeleistungen und medizinische Aktivitäten untersucht werden. Auch ist festzulegen, was die einzelnen Tätigkeiten kosten und wer ihr Adressat ist. Eine möglichst genaue Funktionsanalyse ist deshalb wichtig, weil sie die vorhandenen funktionalen und strukturellen Schwachstellen sichtbar macht und Anregungen für Verbesserungspotentiale liefert. Sämtliche Funktionen der Gesundheitseinrichtung sind dabei kritisch zu durchdenken und die die Gemeinkosten treibenden Faktoren herauszuarbeiten. Dazu ist es zwingend erforderlich, dass sich alle Mitarbeiter der Gesundheitseinrichtung von gewohnten Denkschablonen befreien und in methodisch vorbereiteten Brainstormings, unter fachlicher Anleitung, wie man eine bestimmte Funktion analysiert und welche Kriterien zur Beurteilung dieser Funktion notwendig sind, alle Funktionen der Gesundheitseinrichtung kritisch bewerten. Um nicht nur das kurzfristige, sondern auch das mittel- und langfristige Rationalisierungspotenzial aufzuzeigen, ist jede einzelne Leistung auf folgende Fragen hin zu untersuchen:

- Wird Ersatzbedarf einfach nur bewilligt, weil es schon immer so gewesen ist?
- Welche Funktionen werden zur Erreichung der wesentlichen Ziele der Gesundheitseinrichtung wirklich gebraucht?
- Ist die Leistung überhaupt notwendig?
- In welchem Umfang ist sie erforderlich?
- Kann sie auf eine andere Art und Weise erbracht werden?
- Kann sie wirtschaftlicher durchgeführt werden?
- Welche Mittel sollen für den Gemeinkostenbereich eingesetzt werden, welche werden tatsächlich eingesetzt?
- Welche Maßnahmen sind für eine Gemeinkostensenkung erforderlich?

Unwirtschaftlichkeiten in der Gesundheitseinrichtung sind nicht nur auf ineffiziente Leistungen und Arbeitsergebnisse zurückzuführen, die in dem erbrachten Ausmaß oder in der erbrachten Form überhaupt nicht benötigt werden, sondern beruhen häufig auf unzweckmäßigen Arbeitsabläufen, Arbeitshilfsmitteln und Systemen.

Für die im Rahmen der Funktionsanalyse gebildeten Entscheidungseinheiten wird ein Leistungsniveau festgelegt, das sich auf ihre qualitativen und quantitativen Arbeitsergebnisse bezieht. Um das wirtschaftlichste Arbeitsverfahren zu bestimmen, werden in Form von Entscheidungsvorlagen beispielsweise drei Leistungsniveaus der untersuchten Bereiche ermittelt, um diese anhand von Kosten-Nutzen-Analysen in eine Prioritätsfolge zu bringen. In der Phase des Budgetschnitts wird überprüft, welche Konsequenzen sich aus einer anvisierten Kosteneinsparung (bspw. Senkung der Gemeinkosten um 10 %) und der Notwendigkeit der medizinischen Leistungserbringung ergeben. In dieser Phase wird festgelegt, welche Ressourcen den einzelnen Bereichen der Gesundheitseinrichtung zugeteilt werden. Das bedeutet, dass für jeden Bereich der Gesundheitseinrichtung zu definieren ist, wie viel Mittel zur Verfügung zu stellen sind, um ein angemessenes Verhältnis von medizinischen Leistungen und Kosten zu erreichen. In der Phase der Maßnahmenplanung sind die Veränderungen, die sich aus dem Budgetschnitt, der

Funktionsanalyse oder aufgrund von Verbesserungsvorschlägen ergeben, in konkrete, kontrollierbare Maßnahmen umzusetzen. Dazu gehören beispielsweise:

- Begründung von Ausgaben durch Erläuterung des Betrags, des Bedarfs und der strategischen Ausrichtung sowie einer Kosten-Nutzen-Analyse
- Bewertung jedes Bereichs auf redundante und überflüssige Ausgabenplanungen
- Etablierung eines kontinuierlichen Zyklusses für Planung, Budgetierung und Neubewertung
- Priorisierung von Ausgabenplanungen, die den strategischen Zielen am besten dienen
- Prüfung von Möglichkeiten zur Optimierung der Prozesse und Projekte, die finanziert werden sollen
- Standardisierung der Kosteninfrastruktur durch gemeinsame Messgrößen, konsistente Prozess- und Leistungskennzahlen sowie einrichtungsweite Standards zur Überprüfung bzw. Priorisierung des strategischen Wertes einer Ausgabenplanung

Da das Zero-Base-Budgeting aufgrund des hohen zeitlichen und formalen Aufwandes nur in größeren Zeitabständen durchgeführt werden kann, ist durch ein Gemeinkostencontrolling sicherzustellen, dass die Maßnahmen tatsächlich durchgeführt werden.

Die nullbasierte Budgetierung kann eine Option zur Senkung der Betriebskosten in Gesundheitseinrichtungen darstellen. Durch die konsequente Fokussierung auf die strategische Ausrichtung bei der Überprüfung der Ausgaben lässt sich verhindern, Kosten zu sparen, die sich nachteilig auf die Behandlungs- oder Pflegequalität auswirken. ZBB erfordert, dass alle daran Beteiligten die Kostentreiber und die Funktionsweise der Gesundheitseinrichtung verstehen. Es führt dazu,

- kritische Ausgaben zu rechtfertigen,
- lang gehegte Annahmen infrage zu stellen,
- ihre Relevanz neu zu bewerten,
- sich darauf zu konzentrieren, welche Investitionen am besten zu den strategischen Zielen der Gesundheitseinrichtung passen, und
- Verantwortlichkeiten für den Ressourcenbedarf zu schaffen.

Herkömmliche Budgetierungsprozesse umfassen zudem in der Regel nicht die Fragen, was zu tun ist und wie es zu tun ist. ZBB ermöglicht Ausgaben für das zu priorisieren, was am besten zu den strategischen Zielen der Gesundheitseinrichtung passt. Dabei werden jeder Aufwand analysiert und begründet, überhöhte Bereiche früherer Budgets hervorgehoben, der Fokus von bisherigen Ausgabengewohnheiten auf kurz- und langfristige Ziele der Gesundheitseinrichtung verlagert und willkürliche, pauschale Kostensenkungen vermieden. Allerdings ist auch zu beachten, dass dabei mitunter Bereiche begünstigt werden, die Einnahmen generieren und somit leichter zu rechtfertigen sind, und sich Probleme bei der Rechtfertigung langfristiger Investitionen ergeben können. ZBB ist komplexer als die reine Aktualisierung von Zahlen aus dem letzten Budgetzyklus, da etablierte Funktionsweisen infrage gestellt und alte Ausgabenmuster abgelöst werden. Die vollständige Untersuchung der Kosten- und Wachstumstreiber ist dazu ebenso notwendig, wie die Durchsicht aller Ausgaben, die versteckte Kosten, aber auch neue Einnahmequellen offenbaren kann, sowie die Aufdeckung von Bereichen, in denen keine ausreichenden Kostendaten als fundierte Entscheidungsgrundlagen vorhanden sind. Allerdings erfordert ZBB auch Erwartungen zu setzen, das notwendige Änderungs-management in der Kostenplanung einzuführen und die Beschäftigten in der nullbasierte Budgetierung zu schulen. Schließlich handelt es sich nicht um eine Kostensenkungs-initiative, sondern oft um einen tief greifenden Wandel hin zu einem Ansatz zur Prüfung von Ausgabenanfragen und um Ressourcen sinnvoll einzusetzen, damit einen nach-haltiger Beitrag zur Erreichung strategischer Ziele und zur Prozess- und Leistungsver-besserung der Gesundheitseinrichtung erzielt werden kann.

Beispiel

Die Anwendung des ZBB erfordert für das notwendige Änderungsmanagement Unter-stützung durch die Einrichtungsleitung: „Die Motivation der beteiligten Mitarbeiter in dem Analyseteam ist von grundlegender Bedeutung für die erfolgreiche Durchführung des ZBB. Die Notwendigkeit der Analysedurchführung muss allen Beteiligten bewusst sein, um eine positive Einstellung zu den bevorstehenden Rationalisierungsmaßnahmen im indirekten Gemeinkostenbereich zu erreichen. Die Motivationsvoraussetzung ist nur dann zu gewinnen, wenn sich die Mitarbeiter mit den Analyseergebnissen identifizieren können. Hierzu ist die rückhaltlose Unterstützung durch die Unternehmensführung unabdingbar." (vgl. Zapp et al. 2005, S. 143) ◀

Literatur

Ammenwerth, E., & Haux, R. (2005). *IT-Projektmanagement im Krankenhaus und im Gesund-heitswesen – Einführendes Lehrbuch und Projektleitfaden für das taktische Management von Informationssystemen.* Stuttgart: Schattauer-Verlag.

Andree, U. F. H. (2011). *Wirtschaftlichkeitsanalyse öffentlicher Investitionsprojekte – Investitionen sicher und zuverlässig planen.* Freiburh: Haufe-Lexware-Verlag.

Badertscher, K., & Scheuring, J. (2007). *Wirtschaftsinformatik: Wartung und Betrieb eines Informations- und Kommunikationssystems.* Zürich: Compendio Bildungsmedien.

Bücker, T. (2005). *Operatives Pflegecontrolling im Krankenhaus – Pflegeökonomisches handeln im DRG-System.* Hannover: Schlütersche Verlagsgesellschaft.

Busse, R. (2004). Empirische Methoden in der Gesundheitsökonomie. Vortragsunterlage, Berlin. https://www.mig.tu-berlin.de/fileadmin/a38331600/2004.lectures/Berlin_2004.02.03.rb_GesOekEval.pdf. Zugegriffen: 26. Apr. 2020.

Comperl, P. (2008). XYZ-Analyse. In H. Wannenwetsch (Hrsg.), *Intensivtraining Produktion, Ein-kauf, Logistik und Dienstleistung* (S. 30–31). Wiesbaden: Gabler/GWV-Fachverlage.

Cordts, J. (1992). *ABC-Analyse* (3. Aufl.). Wiesbaden: Springer Fachmedien.

Eggert, W. (2018). Kosten-Nutzen-Analyse. Gabler-Wirtschaftslexikon, Wiesbaden. https://wirt-schaftslexikon.gabler.de/definition/kosten-nutzen-analyse-40767/version-264145. Zugegriffen: 19. Apr. 2020.

Fioranelli, E. (2019). Pflegeroboter – Eine Kosten-Nutzen-Analyse. In: kma-online. Stuttgart: Thieme-Verlag. https://www.kma-online.de/aktuelles/it-digital-health/detail/pflegeroboter-eine-kosten-nutzen-analyse-a-39557. Zugegriffen: 25. Apr. 2020.

Fleßa, S. (2018). *Systemisches Krankenhausmanagement*. Berlin/Boston: Walter de Gruyter Verlag.

Friedag, H. R., & Schmidt, W. (2007). *Balanced Scorecard*. Planegg/München: Rudolf Haufe Verlag.

Frodl, A. (2012). *Logistik und Qualitätsmanagement im Gesundheitsbetrieb*. Wiesbaden: Gabler Verlag/Springer Fachmedien.

Gesetz über Arbeitnehmererfindungen (ArbnErfG) in der im Bundesgesetzblatt Teil III, Gliederungsnummer 422-1, veröffentlichten bereinigten Fassung, zuletzt durch Artikel 7 des Gesetzes vom 31. Juli 2009 (BGBl. I S. 2521) geändert.

Gleich, R., & Quitt, A. (2012). Balanced Scorecard im Vergleich des modernen Performance Measuerment. In R. Gleich (Hrsg.), *Balanced Scorecard – Best-Practice-Lösungen für die strategische Unternehmenssteuerung* (S. 26–45). Haufe-Lexware: Freiburg.

Greiling, D. (2000). Praxis und Probleme der internen Budgetierung. In H. Albach & U. Backes-Gellner (Hrsg.), *ZfB – Krankenhausmanagement 2000. Zeitschrift für Betriebswirtschaft (ZfB), Ergänzungsheft 4/2000* (S. 65–88). Wiesbaden: Gabler-Verlag.

Greiling, M., & Muszynski, T. (2008). *Strategisches Management im Krankenhaus – Methoden und Techniken zur Umsetzung in der Praxis* (2. Aufl.). Stuttgart: Kohlhammer-Verlag.

Haunerdinger, M., & Probst, H. J. (2005). *Kosten senken – Checklisten, Rechner, Methoden*. Freiburg u. a.: Rudolf Haufe Verlag.

Herrmann, F. (2018). *Übungsbuch Losbildung und Fertigungssteuerung –Aufgaben zur operativen Produktionsplanung und –steuerung*. Wiesbaden: Springer Gabler/Springer Fachmedien.

Herschel, M. (2009). *Das KliFo-Buch – Praxisbuch Klinische Forschung*. Stuttgart: Schattauer-Verlag.

Institut für Qualität und Wirtschaftlichkeit im Gesundheitswesen – IQWiG (Hrsg.). (2017). Allgemeine Methoden. Version 5.0 vom 10.07.2017. Köln.

Joos, T. (2014). *Controlling, Kostenrechnung und Kostenmanagement – Grundlagen, Anwendungen, Instrumente* (5. Aufl.). Wiesbaden: Springer Gabler/Springer Fachmedien.

Kasper, N. (2019). *Marktorientierte Gestaltung des Krankenhausleistungsprogramms – Medizinstrategie in Theorie und Praxis*. Berlin/Boston: Walter de Gruyter – Verlag.

Kehl, T., Güntensperger, M., Schmidt, W., & Friedag, H. R. (2005). Strategieentwicklung und ihre Umsetzung mit der Balanced Scorecard – das Praxis-Beispiel der Zürcher Höhenkliniken. *Der Controlling-Berater 20(4)* (S. 2–37). Freiburg: Haufe-Verlag.

Keun, F., & Prott, R. (2006). *Einführung in die Krankenhaus-Kostenrechnung – Anpassung an neue Rahmenbedingungen* (6. Aufl.). Wiesbaden: Gabler-Verlag.

Kirchner, M., & Knoblich, J. (2009). Outsourcing tertiärer Dienstleistungen. In I. Behrendt, H. J. König, & U. Krystek (Hrsg.), *Zukunftsorientierter Wandel im Krankenhausmanagement – Outsourcing, IT-Nutzenpotentiale, Kooperationsformen, Change Management* (S. 104–112). Berlin/Heidelberg: Springer-Verlag.

Koch, H. (1982). *Integrierte Unternehmensplanung*. Wiesbaden: Gabler-Verlag.

Krankenhausentgeltgesetz (KHEntG) vom 23. April 2002 (BGBl. I S. 1412, 1422), zuletzt durch Artikel 7 des Gesetzes vom 22. März 2020 (BGBl. I S. 604) geändert.

Kremin-Buch, B. (2007). *Strategisches Kostenmanagement – Grundlagen und moderne Instrumente* (4. Aufl.). Wiesbaden: Gabler-Verlag.

Krieger, W. (2018). ABC-Analyse. Gabler-Wirtschaftslexikon, Wiesbaden. https://wirtschafts-lexikon.gabler.de/definition/abc-analyse-28775/version-252399. Zugegriffen: 22. März 2020.

Krystek, U. (2009). Outsourcing als strategische Option. In I. Behrendt, H. J. König, & U. Krystek (Hrsg.), *Zukunftsorientierter Wandel im Krankenhausmanagement – Outsourcing, IT-Nutzen-potentiale, Kooperationsformen, Change Management* (S. 39–68). Berlin/Heidelberg: Springer-Verlag.

Kühnapfel, J. B. (2019). *Nutzwertanalysen in Marketing und Vertrieb*. Wiesbaden: Springer Gabler/Springer Fachmedien.

Lehnert, E. (2009). Wer mitdenkt, wird belohnt – Ideenmanagement am Klinikum Ludwigs-hafen gGmbH, Ludwigshafen. https://www.klilu.de/static/ifp/Dokumente_Programm/BVW.pdf. Zugegriffen: 05. Apr. 2020.

Lieb, N. (1996). *Speisenversorgung im Krankenhaus – kochen oder kochen lassen*. Renningen-Malsheim: Expert-Verlag.

Loh, M. (2014). Effizienz, die sich rechnet – Optimieren, Kosten einsparen und dabei die Qualität erhöhen: Krankenhäuser sparen mit Energieeffizienz bis zu 40 Prozent der Energiekosten. In: Deutsches Ärzteblatt 111(7). Köln: Deutscher Ärzteverlag. S. A 277.

Maser, S. (1998). *Controlling in mittelständischen Unternehmen*. Renningen-Malmsheim: Expert-Verlag.

Minter, S. (2018). Nutzwertanalyse. Gabler-Wirtschaftslexikon, Wiesbaden. https://wirtschafts-lexikon.gabler.de/definition/nutzwertanalyse-42926/version-266266. Zugegriffen: 03. Mai 2020.

Monauni, M. (2011). *Fixkostenmanagement – Strategischer Ansatz zur Flexibilisierung von Produktionskapazitäten*. Lohmar/Köln: Eul-Verlag.

Neckel, H. (2018). *Toolbox Ideenmanagement – Wie Unternehmen die Kreativität ihrer Mit-arbeiter systematisch fördern und nutzen können*. Stuttgart: Schäffer-Poeschel.

Polland, R. (2017). Kostenanalyse & -steuerung in KMU – Empirische Bestandsaufnahme und Ableitung einer praxisorientierten Kostenmanagementkonzeption für KMU. In E. Sucky (Hrsg.), *Logistik und Supply Management* (Bd. 17). Bamberg: University of Bamberg Press.

Raubenheimer, H. (2009). *Kostenmanagement im Outsourcing von Logistikleistungen*. Wiesbaden: Gabler/GWV Fachverlage.

Leibniz-Institut, R. W. I., & für Wirtschaftsforschung, (Hrsg.). (2018). *Aktualisierung der Bestimmung des Fixkostenanteils von zusätzlichen Leistungen in der stationären Versorgung – Projektbericht im Auftrag der Niedersächsischen Krankenhausgesellschaft e.V. in Vertretung aller Landeskrankenhausgesellschaften*. Schriftleitung: C. M. Schmidt. Essen.

Schat, H. D. (2017). *Erfolgreiches Ideenmanagement in der Praxis – Betriebliches Vorschlags-wesen und Kontinuierlicher Verbesserungsprozess implementieren, reaktivieren und stetig optimieren*. Wiesbaden: Gabler/Springer Fachmedien.

Schawel, C., & Billing, F. (2018). *Top 100 Management Tools – Das wichtigste Buch eines Managers: Von ABC-Analyse bis Zielvereinbarung* (6. Aufl.). Wiesbaden: Gabler/Springer Fachmedien.

Schlüter, R. G. (2018). Benchmark für den Stellenplan des Ärztlichen Dienstes – Richtig angewendet lassen sich aus den Kalkulationen des Instituts für das Entgeltsystem im Kranken-haus (InEK) die Stellenpläne des Ärztlichen Dienstes ableiten. *Deutsches Ärzteblatt 115(29)* (S. 2–4). Köln: Deutscher Ärzteverlag.

Schneider, B. (1995). Krankenhaus-Informationssystem (KIS). In W. Köhler-Frost (Hrsg.), *Unter-nehmen Krankenhaus – Organisation und Informationsverarbeitung als strategische Erfolgs-faktoren eines marktorientierten Krankenhausmanagements* (S. 61–93). Berlin: Erich Schmidt Verlag.

Sozialgesetzbuch V (SGB V) – Gesetzliche Krankenversicherung – (Artikel 1 des Gesetzes vom 20. Dezember 1988, BGBl. I S. 2477, 2482), zuletzt durch Artikel 5 des Gesetzes vom 22. März 2020 (BGBl. I S. 604) geändert.

Voigt, K. I. (2018). Gemeinkostenwertanalyse. Gabler-Wirtschaftslexikon, Wiesbaden. https:// wirtschaftslexikon.gabler.de/definition/gemeinkostenwertanalyse-34363/version-257867. Zugegriffen: 10. Apr. 2020.

von Eiff, M. C. (2009). Prozessmanagement im OP – Six Sigma als Hebel für Qualität und Wirtschaftlichkeit. In J. Ansorg, M. Diemer, J. Hberer, E. Tsekos, & W. von Eiff (Hrsg.), *OP-Management* (2. Aufl.). Berlin: Medizinisch Wissenschaftliche Verlagsgesellschaft.

Weber, J. (2018). Balanced Scorecard. Gabler-Wirtschaftslexikon, Wiesbaden. https://wirtschafts-lexikon.gabler.de/definition/balanced-scorecard-28000/version-251640. Zugegriffen: 28. März 2020.

Witte, H. (2007). *Allgemeine Betriebswirtschaftslehre*. München/Wien: R. Oldenbourg-Verlag.

Zapp, W., Oswald, J., Neumann, S., & Wacker, F. (2015). *Controlling und Reporting im Kranken-haus*. Stuttgart: Kohlhammer-Verlag.

Zapp, W., & Oswald, J. (2009). *Controlling-Instrumente für Krankenhäuser*. Stuttgart: Kohl-hammer-Verlag.

Zapp, W. (2008). Betriebliches Rechnungswesen. In B. Schmidt-Rettig & S. Eichhorn (Hrsg.), *Krankenhaus-Managementlehre – Theorie und Praxis eines integrierten Konzepts* (S. 427–476). Stuttgart: Kohlhammer-Verlag.

Zapp, W., Strietzel, J., & Weißmann, W. (2005). Zero-Base-Budgeting. In W. Zapp (Hrsg.), *Kostenrechnung und Controlling-Instrumente in Reha-Kliniken* (S. 140–165). Lohmar/Köln: Eul-Verlag.

Einführung eines Kostenmarketings: Wie werden Kostenbewusstsein erzeugt und die Mitarbeiter eingebunden?

8.1 Einbindung in die Einrichtungsorganisation

Da Kostendenken und Kostenbewusstsein wichtige Voraussetzungen für eine proaktive Kostensteuerung sind, ist ihre Verankerung in der Unternehmenskultur der Gesundheitseinrichtung notwendig, die von den Normen und Werten ihrer Beschäftigten geprägt wird. Dadurch lässt sich erreichen, dass die Beschäftigten, die sich mit ihrer Einrichtung identifizieren, kostenbewusstere Verhaltensänderungen entwickeln, zumal sie zugleich Beteiligte und Betroffene des Kostenmanagements sind. Im Hinblick auf eine erfolgreiche Kostensteuerung sind dazu Eigeninitiative und Kreativität zu fördern, aber auch durch Mitarbeitermotivation und partizipative Führungsstile Anreize zu geben, um eine in Hinblick auf das Kostenmanagement proaktive Belegschaft zu entwickeln. Gehen Beschäftigte in einer Gesundheitseinrichtung, in der Kostenbewusstsein zur Unternehmenskultur gehört, verschwenderisch mit den Ressourcen um, erscheint es fraglich, ob deren Werte und Einstellungen zu denen der Einrichtung passen. Ebenso problematisch ist es, wenn Führungskräfte der Gesundheitseinrichtung das Kostenbewusstsein nicht so vorleben, wie es im **Einrichtungsleitbild** verankert ist (siehe auch Abschn. 1.3). Die Folge ist eine negative Vorbildfunktion und eine dadurch bewirkte mangelnde Glaubwürdigkeit, die ein konsistentes kostenbewusstes Handeln und Denken gefährden (vgl. Heiß 2004, S. 107 ff.).

> **Beispiel**
>
> Kostendenken bedeutet, die zur Verfügung stehenden Möglichkeiten zu nutzen, ohne das Patientenwohl zu vernachlässigen: „Patientenzufriedenheit und Kostenbewusstsein schließen sich nicht aus. – Wir stellen uns dem Wettbewerb und sind der Wirtschaftlichkeit verpflichtet. Wir verbessern unsere Strukturen und Prozesse

ständig, um unsere Patientinnen und Patienten sowie unsere Kunden zufrieden zu stellen. Unsere Verbesserungspotentiale erschließen wir in berufsgruppenübergreifenden Teams und durch gezielte Personalentwicklungsmaßnahmen. Wir nutzen die uns zur Verfügung stehenden Möglichkeiten sparsam und umweltbewusst, ohne das Wohl der Patientinnen und Patienten zu vernachlässigen." (vgl. Klinikum Karlsruhe 2020, S. 1). ◄

Neben der Verankerung in Leitbild und Unternehmenskultur der Gesundheitseinrichtung ist die organisatorische Integration der Kostensteuerung in den Einrichtungsalltag zu klären. Insbesondere bei kleineren Einrichtungen kann dies beispielsweise über das Instrument der **Betriebswirtschaftlichen Auswertungen (BWA)** geschehen, da die Finanzbuchführung oft durch den Steuerberater oder eine externe Buchhaltung vorgenommen wird, welche wiederum in der Regel an die DATEV angeschlossen sind und deren Service und Verarbeitungsprogramme nutzen. Neben dem Standard-Schema BWA-Form 01 gibt es kurzfristige Erfolgsrechnungen für soziale Einrichtungen, Bewegungsbilanz und statische Liquidität für stationäre und gemischte Einrichtungen mit und ohne Kennzahlen (BWA-Form 40/41), Controllingreport-BWA (BWA-Form 04), kurzfristige Erfolgsrechnungen für ambulante Einrichtungen (BWA-Form 42), Kapitalflussrechnungen (BWA-Form 51) sowie betriebswirtschaftliche Kurzberichte (BKB). Auf deren Grundlage lassen sich Fragen beantworten, die für die Kostensteuerung von Bedeutung sind, da die in der Finanzbuchführung verarbeiteten Werte nach betriebswirtschaftlichen Aspekten verdichtet werden. Die BWA stellen die Kostensituation und die Kostenentwicklung anschaulich dar. Als Vergleichsgrößen werden Vorjahreskostenzahlen zur Verfügung gestellt, und alternativ lassen sich Kostenplanwerte heranziehen. Die Ergebnisse des Vorjahreskostenvergleichs werden untersucht, die wichtigsten Kostenwerte herausgestellt und textlich kommentiert. Die Auswertungen geben ferner in kurzer und prägnanter Form einen Überblick über die wichtigsten Kostengrößen der Gesundheitseinrichtung.

In der BWA erscheinen die einzelnen (monatlichen) Buchungsperioden, denen die bis zur jeweiligen Buchungsperiode aufgelaufenen Werte der vorausgehenden Buchungsperioden kumuliert sowie Vorjahresvergleichszahlen gegenübergestellt werden. Erst dies ermöglicht beispielsweise anhand besonders hoher Abweichungen oder der absoluten Höhe einzelner Differenzen Aussagen zum gesundheitsbetrieblichen Controlling. So können die absoluten Materialkosten im Monat August auf den ersten Blick niedrig erscheinen. Selbst im Vergleich mit den vorhergehenden Buchungsperioden Juni und Juli können sie relativ abgenommen haben. Betreibt man nun Ursachenforschung, so kann sich im Jahresvergleich feststellen lassen, dass im Urlaubs- und Ferienmonat August jedes Jahr das Behandlungsaufkommen sinkt, die Gesundheitseinrichtung beispielsweise als Zahnarztpraxis vielleicht selbst sogar für einige Tage geschlossen ist. Der Jahresvergleich kann allerdings ans Tageslicht bringen, dass die Praxiskosten in einem bestimmten Monat im Vergleich zum entsprechenden Monat des vorangegangenen Jahres relativ sogar deutlich gestiegen sind. Die Genauigkeit der BWA steigt mit der Berücksichtigung jährlicher Entwicklungen in den einzelnen kurzfristigen Analyseperioden. So sollten einmal jährlich, halbjährlich oder quartalsmäßig zu entrichtende Ausgaben anteilsmäßig auf die einzelne Buchungsperiode verrechnet werden. Wird eine jährliche Haftpflichtversicherungsprämie in einer Arztpraxis mit je einem Zwölftel monatlich kalkulatorisch verbucht, so kommt es im Monat der tatsächlichen Zahlung nicht zu einer Verzerrung der Kostensituation. Entsprechendes gilt für die Buchhaltung des Gesundheitsbetriebs, die aktuell sein und anfallende Buchungen umgehend verarbeiten sollte.

Neben der instrumentellen Einbindung in die Einrichtungsorganisation, die für die Beschäftigten beispielsweise durch die monatliche Befassung mit den BWA die Wirkung eines verlässlich wiederkehrenden Rituals hat und dadurch zur Selbstverständlichkeit wird, ist die institutionelle Integration im Sinne einer **Kostensteuerungsorganisation** insbesondere für größere Gesundheitseinrichtungen eine weitere praktikable Möglichkeit. Die Einrichtung eines ständigen Arbeitskreises Kostensteuerung oder eines Kostenmanagementausschusses sind neben der direkten aufbauorganisatorischen Ansiedlung (z. B. im Controlling) wirkungsvolle Alternativen zur dauerhaften Befassung mit wichtigen Themen wie:

- *Kostenstruktur:* Vorteilhafte Gestaltung der verschiedenen Kostenarten und ihr Verhältnis zueinander
- *Kostenverlauf:* Vermeidung progressiver und damit kaum kalkulierbarer Kostenverläufe, da sie unberechenbare Risiken bergen (proportionale Kostenverläufe sind hingegen in der Regel gut kalkulierbar und stellen eine verlässliche Grundlage für die Kostenkalkulation dar; degressive Kostenverläufe gehen einher mit zunehmender Behandlungs- bzw. Pflegemenge abnehmende Kosten je Fall)
- *Kostenniveau:* Reduzierung der Höhe der Kosten der Gesundheitseinrichtung in Teilbereichen und damit der Gesamtkosten (mögliche Ansatzpunkte: Gesamtkosten, die Kosten einzelner Organisationseinheiten oder die Behandlungsfallkosten)

Das Kostenstruktur-, -verlaufs- und –niveaumanagement (siehe auch Abschn. 6.1) sind wichtige Daueraufgaben, die für die Beschäftigten sichtbar gemacht und kommuniziert werden müssen, um sie darin einzubinden und ihr Kostenbewusstsein dadurch zu stärken.

Die Einbindung der Kostensteuerung in die **Ausbildung** bietet die Möglichkeit, die Beschäftigten bereits frühzeitig und zu Beginn ihrer beruflichen Tätigkeit im Gesundheitswesen mit der Thematik zu befassen. Hierzu lassen sich die in den Ausbildungsordnungen vorgesehen inhaltlichen Möglichkeiten nutzen, um im Rahmen

Tab. 8.1 Auszüge des Ausbildungsrahmenplans für die Ausbildung zum Kaufmann/zur Kauffrau im Gesundheitswesen (vgl. Anlage 1 KflDiAusbV)

Teil des Ausbildungsberufsbildes	Zu vermittelnde Fertigkeiten und Kenntnisse
Kaufmännische Steuerung und Kontrolle	
Betriebliches Rechnungswesen	
	Rechnungswesen als Instrument kaufmännischer Steuerung und Kontrolle beschreiben
	Branchenspezifische Kontenpläne anwenden
	Geschäftsvorgänge für das Rechnungswesen bearbeiten
	Vorgänge des Zahlungsverkehrs und des Mahnwesens bearbeiten
	Steuern, Gebühren und Beiträge voneinander unterscheiden und im Rechnungswesen berücksichtigen
	am Umsatzsteuerverfahren mitwirken
	Bestands- und Erfolgskonten führen
Kosten- und Leistungsrechnung	
	Aufbau und Struktur der betrieblichen Kosten- und Leistungsrechnung erläutern
	Kosten ermitteln, erfassen und überwachen
	Leistungen bewerten und verrechnen
	Kalkulationen betriebsbezogen durchführen
Controlling	
	Betriebliche Planungs-, Steuerungs- und Kontrollinstrumente anwenden
	Betriebswirtschaftliche Kennzahlen für Controllingzwecke auswerten
	Statistiken erstellen, zur Vorbereitung für Entscheidungen bewerten und präsentieren
Finanzierung	
	Unterschiedliche Finanzierungsarten und -formen bewerten
	bei der Erstellung von Finanz- und Liquiditätsplänen mitwirken

der Unterrichte und der Einweisungen in die berufliche Praxis darauf aufmerksam zu machen. In einigen Ausbildungsrahmenplänen wie beispielsweise für die Ausbildung zum Kaufmann/zur Kauffrau im Gesundheitswesen sind Themen wie Kaufmännische Steuerung und Kontrolle, Kosten- und Leistungsrechnung, Rechnungswesen, Controlling und Finanzierung ausdrücklich vorgesehen, in deren Zusammenhang Kostenbewusstsein und Kostensteuerungsinstrumente vermittelt werden können (siehe Tab. 8.1).

Auch in anderen Ausbildungsberufen des Gesundheitswesens lassen sich Kostenthemen im Rahmen der vorgesehenen Ausbildungsinhalte platzieren. Dies sind beispielsweise bei

- *Diätassistentinnen/Diätassistenten:* Krankenhausbetriebslehre mit Betrieb von Krankenhäusern einschließlich Leistungsbereiche und Umgang mit Wirtschaftsgütern oder Organisation des Küchenbetriebs (vgl. Anlage 1 DiätAss-APrV)
- *Fachangestellten für Medien- und Informationsdienste – Medizinische Dokumentation:* Arbeitsorganisation und Bürowirtschaft mit Material beschaffen und verwalten, Eingangsrechnungen kontrollieren, Ausgangsrechnungen erstellen, bei der Kassenführung mitwirken etc. (vgl. Anlage 1 MedInfoFAngAusbV)
- *Fachangestellten für Bäderbetriebe:* Durchführen von Verwaltungsarbeiten mit Kassensysteme unterscheiden und Kassenabrechnungen erstellen, einfache Buchungen durchführen, Zahlungsverkehr abwickeln etc. (vgl. Anlage BäderFAngAusbV)
- *Zahnmedizinischen Fachangestellten:* Praxisorganisation und –verwaltung mit Zahlungsvorgänge abwickeln, Zahlungseingänge und -ausgänge erfassen und kontrollieren, betriebliches Mahnwesen durchführen, Bedarf für den Einkauf von Waren, Arzneimitteln, Werkstoffen und Materialien ermitteln, bei der Beschaffung mitwirken, Bestellungen aufgeben, Wareneingang und -ausgang unter Berücksichtigung des Kaufvertragsrechts prüfen, Materialien, Werkstoffe und Arzneimittel sachgerecht lagern und überwachen sowie Abrechnungsvorgängen mit Gebührenordnungen und Vertragsbestimmungen anwenden, Heil- und Kostenpläne auf Grundlage vorgegebener Therapiepläne erstellen; über Kostenzusammensetzung informieren, erbrachte Leistungen für die gesetzlichen Krankenversicherungen und sonstigen Kostenträger erfassen, die Abrechnung erstellen und weiterleiten, Privatliquidationen erstellen, zahntechnische Material- und Laborrechnungen überprüfen (vgl. Anlage 1 ZahnmedAusbV)

Selbst in der Ausbildung zum Arzt/zur Ärztin wird zumindest auf die Vermittlung der Fähigkeit zur Beachtung der gesundheitsökonomischen Auswirkungen ärztlichen Handelns verwiesen, was in erster Linie auf volkswirtschaftliche Aspekte abzielt, aber betriebswirtschaftliche auch nicht ausschließt (vgl. § 1 ÄApprO).

Die jeweiligen Ausbildungsordnungen beschreiben die Ausbildungsinhalte in ihren Rahmenplänen sachlich und zeitlich gegliedert. Sie legen beispielsweise jedoch nicht fest, wie die Ausbildung im Hinblick auf Kostenbewusstsein und Kostensteuerungsinstrumente in den einzelnen Gesundheitseinrichtungen geplant, organisiert und umgesetzt wird, welche Ausbilder und Ausbilderinnen dabei mit welchen Aufgaben befasst sind, welche Ausbildungsmethoden genutzt und in welchem Maße digitale Medien zur Unterstützung der Vermittlung dieser Themen eingesetzt werden. Grundsätzlich lässt sich festhalten, dass eine hohe Wertschätzung der Behandlung von Kostenthemen in der Berufsausbildung und eine positive Grundhaltung dazu, die sich auch in der ausdrücklichen Anerkennung der diesbezüglichen Leistungen der betrieblichen Ausbilder/-innen und auch der Auszubildenden in den Gesundheitseinrichtungen niederschlägt, als wesentliche Voraussetzung für den Erfolg erscheinen. In den meisten Fällen lassen sich Kostenthemen in die betrieblichen Arbeitsprozesse und Abläufe integrieren, durch begleitende externe Kurse oder internen Unterricht unterstützen, was in der Regel von der Größe der Gesundheitseinrichtung abhängig ist. Da die Ausbilder/-innen, die nur in größeren Gesundheitseinrichtungen hauptberuflich tätig sind, üblicherweise zusätzliche Aufgaben wahrnehmen und als ausbildende Fachkräfte vorrangig ihren beruflichen Behandlungs- und Pflegeaufgaben nachgehen, steht bei ihnen in der Regel die berufliche Qualifikation im Vordergrund und weniger die pädagogische Qualifizierung im betriebswirtschaftlichen Kostenmanagement. Daher ist die Ausbildungskontrolle mit der Überwachung des Ausbildungsverlaufs, des Lernfortschritts und der Kompetenzentwicklung der Auszubildenden in Sachen Kostenbewusstsein ein wichtiger Aspekt der Sicherung der Ausbildungsqualität. Wesentliche Instrumente zur Kontrolle, ob diesbezügliche Lernfortschritte erfolgen, sind dabei die Ausbildungsnachweise, regelmäßige Reflexionsgespräche und Überprüfungen des Ausbildungsstands. Die Weiterbildung und der Erfahrungsaustausch der Ausbilder und Ausbilderinnen zu den Themen Kostenbewusstsein und Kostensteuerungsinstrumente erfolgt in der Regel durch Seminarbesuche und einen organisierten Erfahrungsaustausch in der Gesundheitseinrichtung. Die Vermittlung der Kostenthemen kann über die in der betrieblichen Praxis häufig angewendete, an der Vier-Stufen-Methode orientierte Anleitung und Unterweisung der Auszubildenden durch die ausbildenden Fachkräfte durch Vormachen, Erklären und Übenlassen erfolgen. Die Auszubildenden werden dabei an Kostenthemen herangeführt, die sich unmittelbar aus der Tätigkeit der die Auszubildenden anleitenden Fachkräfte ergeben. Die Auszubildenden sehen zunächst den ausbildenden Fachkräften bei deren Arbeit zu und führen dann selbst die Aufgaben durch, deren Schwierigkeit und Komplexität im Laufe der Ausbildung zunehmen. Während ferner dazu herkömmliche Ausbildungsmethoden, wie das Lehrgespräch im Vordergrund stehen, lassen sich auch Methoden wie Leittexte, Projektarbeit oder Präsentationen zur Aneignung von Kostenbewusstsein und Erlernen von Kostensteuerungsinstrumenten einsetzen.

Beispiel

Im Rahmen der Ausbildung zur/zum Medizinischen Fachangestellten werden die Auszubildenden im 1. bis 18. Ausbildungsmonat in einem Zeitraum von vier bis sechs Monaten und noch vor der Zwischenprüfung mit der Beschaffung von medizinischen Verbrauchsmaterialien vertraut gemacht und beispielsweise auf Kostenaspekte bei den Aufgaben Bedarf an Waren und Materialien ermitteln, Angebote vergleichen oder Bestellungen durchführen hingewiesen (vgl. Ausbildungsrahmenplan für die Berufsausbildung zum Medizinischen Fachangestellten/zur Medizinischen Fachangestellten in den Anlagen 1 und 2 MedFAngAusbV). ◄

8.2 Marketing der Kostensteuerung

Wie lässt sich bei den Beschäftigten Interesse für das Kostenthema entwickeln? Diese zentrale Frage versucht das Marketing der Kostensteuerung zu beantworten, indem es, vereinfacht gesagt, einrichtungsintern Mittel der Werbung und Kommunikation für ein **Kostenmarketing** einsetzt. So wie Marketing als Ausdruck eines marktorientierten unternehmerischen Denkstils verstanden wird, ist eine Grundhaltung bei den Beschäftigten anzustreben, die sich mit einer konsequenten Ausrichtung der Aktivitäten der Gesundheitseinrichtung an den Erfordernissen eines umfassenden Kostenbewusstseins umschreiben lässt. Dabei wird eine systematische Beeinflussung der Mitarbeiter und Mitarbeiterinnen, die in ihrer Gesamtheit als potenzielle Zielgruppe für die Kostenthemen infrage kommen, unter Mithilfe von Marketinginstrumenten und deren kombinierten Einsatz versucht. Es ist somit ein Instrument zur Schaffung von Präferenzen zum bewussten Umgang mit Kosten bei den Beschäftigten durch gezielte Marketingmaßnahmen, insbesondere vor dem Hintergrund der besonderen gesellschaftlichen Aufgabe der Gesundheitseinrichtung, ihres medizinisch-ethischen Selbstverständnisses sowie ihrer Einbindung in das Gesundheitswesen mit der Übernahme von Ansätzen aus dem Non-profit-Bereich.

Wichtig ist dabei die langfristige Ausrichtung, denn der Erfolg etwa einmaliger Maßnahmen zur Erzielung von Kostenbewusstsein bei den Beschäftigten ist zeitlich begrenzt. Im Lebenszyklus einer Gesundheitseinrichtung ergibt sich die Notwendigkeit, dass einmal festgelegte Konzepte überarbeitet und dem sich verändernden Umfeld angepasst werden müssen. In der Umsetzung basiert es daher auf der Kontinuität angewendeter Einzelmaßnahmen und damit auf einer dauerhaften Bearbeitung des Kostenthemas. Das medizinische und pflegerische Personal einer Gesundheitseinrichtung leistet aufgrund seiner Erfahrungen, Qualifikationen und Fähigkeiten einen nicht zu unterschätzenden Beitrag zur Kostensteuerung, wobei es damit indirekt ein wesentliches Oberziel zu verfolgen gilt, unter Berücksichtigung des ökonomisch Vertretbaren die Patientenbedürfnisse weitestgehend zu erfüllen, durch die Berücksichtigung künftiger Entwicklungen im Bereich der Behandlungsmethoden und Medizintechnik den individuellen Patientennutzen zu steigern und den Patienten oder die Patientin durch die damit verbundene Erzielung von Zufriedenheit langfristig an die Gesundheitseinrichtung zu binden.

Kostenbewusstsein ist zunächst überwiegend immateriell und daher gekennzeichnet durch das Fehlen von physischen Sachguteigenschaften. Es kann nicht hergezeigt, begutachtet oder einer Funktionsprüfung unterzogen werden. Die Beschäftigten der Gesundheitseinrichtung können in der Regel dazu weder eine Arbeitsprobe ihres Könnens demonstrieren, noch sich bei ihrer Ausführung zusehen lassen. Demzufolge können sie nur eine Zusage hinsichtlich ihrer Qualität und Bemühung in Sachen Kostenbewusstsein abgeben. Diese Zusage können sie zunächst nur durch die Vermittlung von Kompetenz, Erfahrung, Erfolgen untermauern (siehe Tab. 8.2).

Tab. 8.2   Verankerung des Kostenbewusstseins bei den Beschäftigten

Merkmale	Ausprägungen
Vertrauen	Beschaffungskompetenzen für medizinisches Verbrauchsmaterial, Budget-kompetenzen
Erfolg	Günstiger Verlauf der Kostenentwicklung, Anzahl Prämierungen für Kosten-senkungsvorschläge, wirtschaftliche Erfolgskennzahlen
Kompetenz	Betriebswirtschaftliche Qualifikationen, Weiterbildungsstand zu Kostenthemen, Veröffentlichungen zu Kostenthemen im Gesundheitswesen
Erfahrung	Anzahl beruflicher Stationen mit Bezug zu Kostenthemen, wirtschaftlich erfolg-reiche Bestehensdauer des Gesundheitseinrichtung

Die Qualität des Kostenbewusstseins der Beschäftigten der Gesundheitseinrichtung ist mit Verfahren und Kriterien zu beurteilen, die insbesondere nicht-materielle Aspekte und die besonderen Anforderungen im Hinblick auf die Umsetzung berücksichtigen, wie nachhaltiges und konsequentes Verhalten. Alle Beschäftigten haben unmittelbaren Einfluss auf die Kostensituation der Gesundheitseinrichtung. Ihr Eintreten für kostenbewusstes Verhalten und ihre diesbezügliche Fachkompetenz sind in diesem Zusammenhang von entscheidender Bedeutung. Wichtig sind daher auch geeignete Weiterbildungsmaßnahmen, die dies berücksichtigen und damit auch zur Identifizierung mit der Gesundheitseinrichtung und ihren Zielen beitragen. Hinzu kommt die Komplexität des Einsatzes von Kostensteuerungsinstrumenten in Gesundheitseinrichtungen, die oft aus vielen ineinander greifenden Analysen, Plänen und Maßnahmen bestehen und daher in hohem Maße von der Kompetenz der Beschäftigten abhängen. Die nachhaltige Qualität der Kostensteuerung und des Kostenbewusstseins richtet sich somit hauptsächlich nach den Prozessen der Gesundheitseinrichtung und den beteiligten Mitarbeiterinnen und Mitarbeitern. Die Bildung von Vertrauen in den Erfolg und die Anerkennung der eigenen Handlungen nimmt dabei eine zentrale Stellung ein. Aufgrund mancher Vorbehalte gegen ökonomische Themen im Gesundheitswesen ist das Vertrauen dabei häufig schwerer zu erwerben, als in Branchen mit üblichen wirtschaftlichen Zielsetzungen. Fehler in der Kostensteuerung können daher zu nachhaltigen Störungen des diesbezüglichen Vertrauens bei den Beschäftigten führen.

Da es wichtig zu wissen ist, wie sich die interne Einschätzung der Kostensituation der Gesundheitseinrichtung aus der Sicht der Mitarbeiter darstellt, sollte dazu die **Beschäftigtenbefragung** als effektives Instrument genutzt werden. Ihre in dieser Erhebung ermittelte Einschätzung ermöglicht die Verbesserung bzw. Korrektur der praxisgerechten Ausrichtung der Kostensteuerung in der Gesundheitseinrichtung. Sie trägt zur Feststellung der eigenen Positionierung zu diesem Thema bei und dient zur Verbesserung der Kostensituation durch Ausschöpfung des vorhandenen Kreativitäts-potenzials der Beschäftigten.

Die Befragung kann mit Hilfe von standardisierten Fragebögen oder strukturierten Interviews erfolgen, anonym oder auf freiwilliger Basis, direkt bei allen Mitarbeiterinnen und Mitarbeitern oder in Form von repräsentativen Stichproben und in der Regel in

Zusammenarbeit mit den Arbeitnehmervertretungen. Die ideale Anzahl der Fragen bei einer schriftlichen Mitarbeiterbefragung liegt bei bis zu 50, sodass der Mitarbeiter in 15 bis 30 min die Beantwortung des Fragebogens bewältigen kann. Die Fragen können inhaltlich auf kostenbewussteres Verhalten beispielsweise durch die Verbesserung von Arbeitsabläufen zielen. Es sollte versucht werden, möglichst alle Beschäftigten zu befragen, und sie sollten die Ziele der Befragung kennen und mittragen, um möglichst hohe Rücklaufquoten von 70 % und mehr zu erzielen. Die Wirksamkeit und Akzeptanz der Beschäftigtenbefragung hängt sehr stark davon ab, welche Maßnahmen für die Mitarbeiterinnen und Mitarbeiter als Konsequenz daraus ersichtlich sind. Auch ist es von Bedeutung durch eine Evaluierung festzustellen, wie sich die erhobenen Werte im Laufe der Zeit verändern, wobei es wichtig ist, wichtige Fragen identisch zu wiederholen, um vergleichbare, aussagekräftige Ergebnisse über einen längeren Zeitraum zu erhalten.

Da manche Mitarbeiter entweder selbst von anderen Gesundheitseinrichtungen kommen oder dort ihnen bekannte Berufskollegen haben, die sie vielleicht noch aus der gemeinsamen Studien- bzw. Ausbildungszeit oder von gemeinsam besuchten Weiterbildungsveranstaltungen her kennen, können sie sich ein ganz gutes Bild darüber machen, wie andere Einrichtungen geführt werden, welches Kostenbewusstsein dort herrscht oder welche Kostensteuerungsinstrumente angewendet werden. Durch einen Vergleich mit der eigenen Einrichtung sind sie in der Lage, zu Kostenthemen sehr genaue Verbesserungsvorschläge oder Alternativen zu nennen. Aufgrund ihrer zum Teil langjährigen Mitarbeit kennen sie diesbezüglichen Stärken und Schwächen der eigenen Gesundheitseinrichtung, denn nicht alles fällt der Einrichtungsleitung auf oder wird von ihr wahrgenommen. Daher ist das Erfahrungspotenzial der Beschäftigten nicht nur für die medizinischen und pflegerischen Aufgaben, sondern auch für die Kostensteuerung der Gesundheitseinrichtung ein wertvolles Gut.

Eine weitere Möglichkeit zur Einschätzungsanalyse der Beschäftigten ist die Organisation eines Kosten-Brainstormings. Dabei sollten dann alle Ideen und Gedanken, die die einzelnen Mitarbeiter zur internen Einschätzung der Kostensituation und Kostensteuerung der Gesundheitseinrichtung haben, zunächst gesammelt und anschließend geordnet werden, wobei gleiche Inhalte zusammenzufassen, Unwichtiges zu entfernen und sich wiederholende Äußerungen zu Kernaussagen zu formulieren sind. Wichtig bei einem **Kosten-Brainstorming** ist, dass zunächst alle Ideen, die sich auf das Kostenthema der Gesundheitseinrichtung beziehen, auch wenn sie noch so abwegig oder unrealistisch sein mögen, festgehalten werden. Die Gefahr einer voreiligen Bewertung liegt darin, dass Alternativen vorschnell aussortiert werden, die möglicherweise doch realisierbar und erfolgversprechend sind. Oft sind auch unwichtig erscheinende Nebensächlichkeiten ausschlaggebend für den Erfolg oder Misserfolg eines sensiblen Bereichs, wie die Kostensteuerung. Von besonderer Bedeutung ist ferner, dass sich die Beschäftigten frei äußern können und nicht mit Sanktionen durch die Einrichtungsleitung rechnen müssen. Sie sollen in der Lage sein, auch Kritik äußern zu dürfen. Ansonsten ist eine Befragung der Beschäftigten zur Kostensituation der Gesundheitseinrichtung, die an der Realität vielleicht völlig vorbeigeht, unnütz.

Die **Kostenkommunikation** der Gesundheitseinrichtung im Sinne des Kosten-marketings ist zunächst nach innen gerichtet und umfasst die planmäßige Gestaltung und Übermittlung der an die Beschäftigten gerichteten Informationen, mit dem Zweck, ihre Meinungen, Einstellungen und Verhaltensweisen im Sinne der Kostenzielsetzungen der Gesundheitseinrichtung zu beeinflussen. In einem zielgerichteten Dialog zwischen Beschäftigten, Controllern und Einrichtungsleitung geht es dabei auch um die Steuerung der Beeinflussung zur Veränderung von Einstellungen, Wissen, Erwartungen und Ver-haltensweisen der Beschäftigten, um eine Verbesserung des Kostenbewusstseins, der Einstellungen zu Kostenthemen und des Images der Kostensteuerung in der Gesundheits-einrichtung zu erreichen. Dazu umfasst die Kostenkommunikation beispielsweise:

- die kommunikative Herstellung von Vertrauen in die Kostensteuerung
- die Planung der kommunikativen Maßnahmen
- die Festlegung ihrer Inhalte
- die Definition der Wege, über die die Beschäftigten kommunikativ erreicht werden sollen
- die Bestimmung von Verantwortlichkeiten in der Gesundheitseinrichtung für die Kommunikationsprozesse und ihre Umsetzung (z. B. Interne Kommunikation, Ver-waltung, Personalabteilung etc.)
- der kommunikative Umgang mit kritischen Kostensituationen
- die kommunikative Begleitung von Projekten und Maßnahmen zur Kostenbeeinflussung

Lässt sich kostenbewusstes Handeln bei den Beschäftigten als Marke etablieren, ver-einfacht dies die Vermittlung von Kompetenzen und Vertrauen, wobei das Markenver-trauen zumindest teilweise die ansonsten erforderliche Überzeugungsarbeit durch einen Vertrauensvorschuss in Image und Bekanntheitsgrad des Kostenbewusstseins als eigen-ständige Marke im Verständnis der Beschäftigten ersetzt. Ziel ist es dabei, das Kosten-bewusstsein möglichst als eigenständige, wieder erkennbare und unverwechselbare Marke bei den Beschäftigten zu etablieren. Anhand von Markenzeichen (z. B. „Kostenfuchs") erkennen die Mitarbeiterinnen und Mitarbeiter das Kostenthema an unterschiedlichen Stellen im Arbeitsalltag immer wieder und assoziieren damit möglichst positive Eigen-schaften, sodass sie sich davon angesprochen fühlen und für eine aktive Mitwirkung entscheiden können. Die Verwendung eines entsprechenden Logos, als aus einem oder mehreren Buchstaben, einem Bild oder auch aus einer Kombination dieser Elemente bestehendes Wort- und Bildsignet, übernimmt im Rahmen der Werbung für ein ver-stärktes Kostenbewusstsein gleich mehrere wichtige Funktionen: Es trägt zur verbesserten Wiedererkennung des Themas Kosten als Marke bei, spricht die Beschäftigten emotional an und gestaltet Mitarbeiterinformationen über Kostenprojekte visuell unverwechselbar.

Sie können andere Beschäftigte darauf auch in Form von Mundpropaganda ansprechen, was ihrerseits ebenfalls zu einer Identifizierung mit der Thematik führen kann. Das Markenimage bedeutet aber auch, dass im Interesse einer langfristigen, nach-haltigen Wirkung und im Sinne einer daraus resultierenden Selbstverpflichtung das

Bemühen vorhanden sein muss, die Beschäftigten nicht nur einmalig, sondern immer aufs Neue zufrieden zu stellen, um damit ihre gerechtfertigten Erwartungen zu erfüllen. Kostenbewusstsein als Marke suggeriert dauerhafte Verlässlichkeit, dass die Kostensteuerungsinstrumente in allen Bereichen der Gesundheitseinrichtung jederzeit in der zugesagten und beworbenen Qualität erfolgen.

Da ein möglichst dauerhaftes kostenbewusstes Verhalten angestrebt wird, nimmt die Bindung der Beschäftigten an das Kostenthema und damit die Steigerung der diesbezüglichen Loyalität einen hohen Stellenwert ein, zumal die Gewinnung zusätzlicher Mitarbeiterinnen und Mitarbeiter einen wesentlich höheren Aufwand verursachen kann, als ihre langfristige Bindung daran. Dies geschieht beispielsweise durch:

- Schaffung von Mehrwerten für die Beschäftigten durch kostenbewusstes Verhalten
- Analyse des Verhaltens der Mitarbeiterinnen und Mitarbeiter im Hinblick auf ihre Interessen
- Gewinnung von zusätzlichen Beschäftigten für das Kostenthema durch das Wecken von Interesse
- Ausschöpfung des Beschäftigtenpotenzials für die Kostensteuerung

Während die Gewinnung für die Kostenthematik in erster Linie durch die persönliche Ansprache und die Fortführung des Dialogs aufgrund erster Kontakte oder Befragungen zustande kommt, erfolgt die langfristige Bindung durch regelmäßigen Kontakt, auch nach dem Abschluss von Kostenprojekten, durch Beratung und Hilfestellungen bei kostenbewussten Verhalten, Kosteninformationen über Hauszeitschriften oder Newsletter und vieles anderes mehr.

Grundlage hierfür ist die **Erwartungshaltung** von Beschäftigten und die Annahme, dass sie Vermutungen, Vorahnungen, Hoffnungen, Wünsche, aber auch Befürchtungen hinsichtlich der Kostensteuerung in der Gesundheitseinrichtung im Vorhinein entwickeln und diese dann anhand der tatsächlichen Erfahrungen und Erlebnisse bewerten. Sind die Erwartungen niedriger als der Istwert aus den tatsächlichen Erfahrungen und dem Wahrnehmungswert in Zusammenhang mit der erlebten Kostensteuerung und ihren Auswirkungen, so drückt sich dies in der Regel durch Zufriedenheit aus. Bei höheren Erwartungen und niedrigerem Istwert kann es umgekehrt zu Unzufriedenheit führen. Ein wesentlicher Einflussfaktor auf die Erwartungshaltung ist die eigene Erfahrung, die die Beschäftigten mit Kosteneinsparungen oder anderen Themen bereits gemacht haben. Waren es schlechte Erfahrungen, so wird zukünftig eine Besserung erwartet. Ferner ist die Erwartungshaltung vom Wissen der Beschäftigten abhängig, welches sie sich etwa in Bezug auf das Kostenmanagement oder den Einsatz von Kostensteuerungsinstrumenten aneignen. Oft glauben sie zumindest beurteilen zu können, welche Ansprüche daran zu stellen sind und fordern diese ein. Der Grad ihrer Erfüllung beeinflusst dann in hohem Maße ihre Zufriedenheit mit der Kostensteuerung der Gesundheitseinrichtung. Schließlich weisen die Beschäftigten individuelle Bedürfnisse auf, die ihre Erwartungshaltung beeinflussen. Sie beschreiben Wünschenswertes, oft auch emotionale Dinge, die in Zusammenhang mit der Kostenthematik möglich sein sollten. Ein Beispiel hierzu ist die Arbeitsplatzsicherheit und die hinreichende Ausstattung mit den notwendigen medizinischen und pflegerischen Betriebsmitteln für ihre Arbeit.

Die Erwartungen der Beschäftigten werden mit den konkreten Erfahrungen und Wahrnehmungen in Zusammenhang mit der Kostensteuerung abgeglichen. Hierzu definieren sie unwillkürlich minimale und maximale Erwartungswerte. Die Abweichungen hiervon können sich im Spektrum von nichterfüllten bis weit übertroffenen Erwartungen bewegen. Die Erfahrungen und Wahrnehmungen, die zwischen den maximalen und minimalen Werten liegen, werden sie möglicherweise mehr oder weniger tolerieren. Der jeweilige individuelle Toleranzbereich kann dabei sehr eng aber auch recht weit gefasst sein. Im Falle von Über- und Unterschreitung der Werte ist jedoch häufig eine Tendenz zur Übertreibung festzustellen: Die Beschäftigten werden entweder darüber in höchsten Tönen schwärmen, sodass womöglich anderen Beschäftigten überzogene Erwartungshaltungen entstehen, oder sie werden die Kostensteuerung samt Verantwortlichen in Grund und Boden verdammen. Was dies für die Gewinnung und die Bindung an das Kostenthema bedeutet, braucht an dieser Stelle nicht weiter erläutert zu werden.

Da die Wahrnehmungen und subjektiven Empfindungen häufig unabhängig vom objektiven Qualitätsniveau der Kostensteuerung erfolgen, reicht es aus Sicht einer langfristigen Bindung nicht aus, „nur" gutes Kostenmanagement zu betreiben. Häufig fehlt auch das dazu notwendige Urteilsvermögen, oder die betriebswirtschaftliche Leistung wird unter dem Eindruck der persönlichen Situation emotional bewertet. Somit ist zwar eine qualitativ hochwertige und erfolgreiche Kostensteuerung die wesentliche Voraussetzung für den betrieblichen Erfolg der Gesundheitseinrichtung. Darüber hinaus ist dieses gegenüber den Beschäftigten jedoch immer wieder hervorzuheben und zusammen mit den anderen Leistungen der Gesundheitseinrichtung darzustellen, um die Beschäftigten langfristig mit ins Boot zu holen und ein stärkeres Kostenbewusstsein zu erreichen.

Im Hinblick auf die Äußerungsformen mit der Beschäftigte auf die Erfüllung oder Nichterfüllung ihrer Erwartungen hinsichtlich der Kostensteuerung reagieren können, geht das Erfüllen oder sogar Übertreffen der Erwartungen nicht selten mit dem erwünschten Effekt der Referenz und damit der Weiterempfehlung einher, was einerseits aus Sicht der Bindung der Beschäftigten an das Kostenthema erfolgreich ist, andererseits auch zu neuen Interessenten führt. Im Falle der Erfüllung der Erwartungen, kann von der Zufriedenheit der Mitarbeiter und Mitarbeiterinnen mit dem Kostenmanagement der Gesundheitseinrichtung ausgegangen werden. Bei der Äußerung von Unzufriedenheit mit dem Ergebnis von Kostenprojekten oder anderen Maßnahmen zur Kostensteuerung ist es wichtig, die Gründe hierfür herauszubekommen. Auch kann nicht immer davon ausgegangen werden, dass Beschäftigte ihre Unzufriedenheit zuvor durch Beanstandungen äußern. Nur dann erhält die Gesundheitseinrichtung die Chance, rechtzeitig korrigierend eingreifen zu können. Beschwerden sollten daher nicht als lästiges Übel unwissender Mitarbeiter und Mitarbeiterinnen abgetan werden. Vielmehr sollte sich die Gesundheitseinrichtung bemühen, die dabei nicht selten einhergehenden Emotionen von dem eigentlichen objektiven Beanstandungsgrund zu trennen. Denn oft ist ein sich äußernder einzelner Mitarbeiter oft nur das Sprachrohr einer schweigenden Mehrheit, die sich nicht traut, die Dinge die sie an der Kostensteuerung stören, beim Namen zu nennen. Auch kann es dazu kommen, dass sich negativ äußernder Beschäftigter die Unzufriedenheit auch in das Einrichtungsumfeld trägt und dadurch als Multiplikator wirkt. Durch das Abstellen eines einzelnen Beanstandungsanlasses kann auf diese Weise die Identifizierung aller Beschäftigten mit der Kostensteuerung intensiviert werden.

Diese Zufriedenheit lässt sich erzielen, indem die Erwartungen und Vorstellungen der Beschäftigten bezüglich der Kostensteuerung dauerhaft erreicht und am besten sogar noch übertroffen werden, was aus betriebswirtschaftlicher und strategischer Sicht eine wichtige Investition in die Zukunft bedeutet. Schließlich werden kostenbewusste Beschäftigte vielmehr bereit sein, auch einen angemessenen Anteil für eine vorteilhafte Kostensituation zu erbringen. Dazu muss die Kostensteuerung der Gesundheitseinrichtung so dargestellt werden, dass sie die Mitarbeiter und Mitarbeiterinnen auch bewusst wahrnehmen können, was im Übrigen für den Einsatz aller Kostensteuerungsinstrumente gilt.

8.3 Motivation zu kostenbewusstem Verhalten durch Kostenkultur

Die Beschäftigten sind nicht nur Empfänger von Kosteninformationen oder Betroffene von Kostenentscheidungen. Vielmehr sind sie direkt oder indirekt, aktiv oder passiv, bewusst oder unbewusst an der Kostenentstehung und damit auch am Erfolg- oder Misserfolg von Kostensteuerungsmaßnahmen beteiligt. Daher stellt sich auch die Frage, was sie zu einem kostenbewussten Verhalten in der Gesundheitseinrichtung bewegen kann. In diesem Zusammenhang kann **Motivation** ganz allgemein als Oberbegriff für jene Vorgänge angesehen werden, die in der Umgangssprache mit Streben, Wollen, Begehren, Drang usw. umschrieben werden und somit auch als Ursache für die Ausprägung des Kostenbewusstseins der Mitarbeiter und Mitarbeiterinnen in Gesundheitseinrichtungen aufgefasst werden können.

Als Grundlage zur Erklärung des Verhaltens dienen Motivationstheorien, von denen ein großer Teil davon ausgeht, dass das menschliche Verhalten zunächst von eigenen Antrieben geprägt ist. Bekannte klassische Motivationstheorien sind:

- *Bedürfnishierarchie von Abraham H. Maslow (1908–1979):* Nach dieser Theorie sucht der Auszubildende zunächst seine Primärbedürfnisse (physiologische Bedürfnisse wie Essen, Trinken, Schlafen etc.) zu befriedigen und wendet sich danach den Sekundärbedürfnissen zu, wobei er in folgender Reihenfolge zunächst Sicherheitsbedürfnisse, auf der nächsten Stufe soziale Bedürfnisse, danach Wertschätzung und schließlich auf der höchsten Stufe seine Selbstverwirklichung zu erreichen versucht (vgl. Becker 2019, S. 29 f.) (siehe Abb. 8.1).
- *Zweifaktorentheorie der Arbeitszufriedenheit von Frederick Herzberg (1923–2000):* Sie geht davon aus, dass es einerseits sogenannte Motivatoren gibt, wie beispielsweise

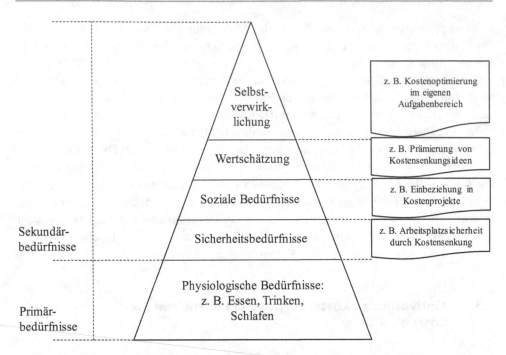

Abb. 8.1 Beispiele zur Kostenmotivation nach der Maslowschen Bedürfnispyramide

Leistung, Anerkennung, Verantwortung etc., die sich auf den Arbeitsinhalt beziehen und die Arbeitszufriedenheit erzeugen und andererseits sogenannte Hygienefaktoren (Rand- und Folgebedingungen der Arbeit, beispielsweise Entlohnung, Führungsstil, Arbeitsbedingungen etc.), die Unzufriedenheit vermeiden.

- *X–Y-Theorie nach Douglas McGregor (1906–1964):* Nach ihr gibt es zwei Arten von Auszubildenden, die entweder antriebslos, träge sind und Anweisungen, Belohnung, Bestrafung und einen eher autoritären Führungsstil erwarten (X-Theorie) oder sie sind fleißig, interessiert, übernehmen aktiv Verantwortung, haben Freude an ihrer Tätigkeit im Gesundheitswesen und erwarten ein eher kooperatives Führungsverhalten (Y-Theorie).
- *Anreiz-Beitrags-Theorie von James G. March (1928–2018) und Herbert Simon (1916–2001):* Sie geht davon aus, dass die Beschäftigten von der Gesundheitseinrichtung Anreize empfangen, die nicht nur monetärer Natur sein müssen, und dass sie dafür ihre Leistung als Beitrag erbringen.

Auf der Grundlage dieser Theorien unterscheidet die neuere Motivationsforschung zwischen intrinsischer Motivation, die durch die Freude an einer Aufgabe, an der damit verbunden Herausforderung oder durch Selbstverwirklichung gekennzeichnet ist, und extrinsischer Motivation, bei der die Erwartung von Vorteilen und die Vermeidung von Nachteilen im Vordergrund steht (vgl. Barbuto und Scholl 1998, S. 1011 ff.). Anhand dieser Einteilung in intrinsische und extrinsische Motivation lassen sich beispielsweise Motivationsquellen für kostenbewusstes Verhalten ableiten (vgl. Tab. 8.3).

Somit ist das Kostenbewusstsein aus eigener Überzeugung sicherlich als eine der wesentlichen intrinsischen Motivationsquellen für die Mitarbeiter und Mitarbeiterinnen in Gesundheitseinrichtungen anzusehen, während die Einrichtungsleitung nach dieser Theorie hauptsächlich die extrinsischen Motivationsquellen durch Wertschätzungen, Erwartungsgestaltungen und gemeinsamen Zielsetzungen verstärken können. Aufbauend auf den motivationstheoretischen Erkenntnissen versucht man üblicherweise durch ein System von Anreizen das Kostenbewusstsein der Beschäftigten zu aktivieren. Ein erfolgsorientiertes Prämiensystem, welches sich beispielsweise nach eingereichten Kostensenkungsideen und dadurch verringerten Kostenzahlen richtet, bietet unter anderem materielle Motivationsanreize (siehe hierzu auch Abschn. 7.5.). Diese vorher in der Höhe festgelegten Prämienzahlungen werden dann geleistet, wenn eine bestimmte, ebenfalls vorher festgelegte Kostenzielgröße erreicht oder übertroffen wird. Das Prämiensystem sollte dabei je nach Übertreffungsweite der vorher festgelegten Werte gestaffelt und so ausgestaltet sein, dass der durch das Prämiensystem erzielte Ergebniszuwachs nicht durch überhöhte Zahlungen an die Beschäftigten kompensiert wird. Auch sollte auf die Nachhaltigkeit des Kostenerfolgs geachtet werden, wobei qualitative Aspekte der Patientenversorgung in jedem Fall ebenfalls einbezogen werden müssen, um eine Fehlleitung zu verhindern. Immaterielle Anreize bieten ebenfalls ein breites Einsatzspektrum für motivationsfördernde Einzelmaßnahmen. Dazu zählen beispielsweise

Tab. 8.3 Motivationsquellen für kostenbewusstes Verhalten

Motivationsquelle	Motivationsart	Originalbezeichnung	Beschreibung
Intrinsische Motivation	Interne Prozessmotivation	Intrinsic process	Beschäftigte zeigen Kostenbewusstsein um seiner selbst Willen
	Internes Selbstverständnis	Internal self concept	Verhalten und Werte der Beschäftigten orientieren sich an eigenen Kostenstandards und -maßstäben
Extrinsische Motivation	Instrumentelle Motivation	Instrumental motivation	Kostenbewusstes Verhalten ist im Wesentlichen geleitet von der Aussicht auf konkrete Vorteile oder Belohnungen durch die Einrichtungsleitung
	Externes Selbstverständnis	External self concept	Quelle des Kostenbewusstseins und die Idealvorstellung hierzu kommen überwiegend aus der Rolle und den Erwartungen des Umfeldes im Gesundheitswesen
	Internalisierung von Zielen	Goal internalization	Mitarbeiter eignen sich die Kostenziele der Gesundheitseinrichtung an und identifizieren sich damit

Ansätze für Mitwirkungsmöglichkeiten in Kostenprojekten, Weiterbildungsmöglich-keiten im Kostenmanagement, Auszeichnungen, Beförderungen und vieles andere mehr.

Beispiel

Kostenbewusstsein und betriebswirtschaftliches Denken lassen sich auch als Anreize zur Qualitätssicherung und Verbesserung der Pflegequalität verstehen. Sie können sich auf die Qualitätsebenen der Pflege folgendermaßen auswirken:

- Optimale Pflege (erstklassig) bzw. angemessene Pflege (gut): Betriebswirtschaft-liches Denken und Handeln wird berücksichtigt.
- Notwendige Pflege (ausreichend): Betriebswirtschaftliches Denken und Handeln wird meistens nicht berücksichtigt.
- Mangelhafte Pflege (gefährlich): Kostenbewusstes Denken und Handeln findet nicht oder planlos statt (vgl. Korečić 2003, S. 46). ◄

Durch den Aufbau einer **Kostenkultur** und damit einer kostenbewussten Ausrichtung der Unternehmens- und Einrichtungskultur lässt sich das Kostenbewusstsein der Beschäftigten intensivieren. Ziel ist es, die Kostenkultur im Einrichtungsalltag so zu verankern, dass bei ihnen intrinsische Motivation für kostenbewusstes Denken und Handeln erzeugt wird, um einen nachhaltigen Erfolg in der Kostensteuerung zu erzielen. Dies kann sich durch ein-fache, kostenbewusste Handlungen in alltäglichen Abläufen oder umfassenden Kosten-einsparungsinitiativen seitens der Beschäftigten zeigen. Die Kostenkultur trägt dazu bei, neben dem Kostenniveau auch das Kostenverhalten zu beeinflussen. Kosteninnovationen der Beschäftigten können langfristig das Kostenniveau senken und gezielte, kurzfristige Maßnahmen eine Kostenreduktion erreichen (vgl. Polland 2017, S. 48 f.).

Beispiel

Der Aufbau einer Kostenkultur lässt das Kostenbewusstsein der Beschäftigten intensivieren: „Eine leistungsorientierte Unternehmenskultur, in der die Mitarbeiter selbstständig entscheiden und die Erfolge belohnt werden, fördert das Kostenbewusst-sein. Erfolgreiche Unternehmen haben die Bedeutung der Unternehmenskultur erkannt und entwickeln und fördern eine Kultur, die ein Kostenbewusstsein schafft, zu Spitzenleistungen motiviert und Erfolge auszeichnet." (vgl. Heiß 2004, S. 111). ◄

8.4   Kostenkommunikation, -information und -berichterstattung

Auf die **Kostenkommunikation** als Instrument des Kostenmarketings wurde bereits ein-gegangen (siehe Abschn. 8.2). Sie mag auf den ersten Blick recht einfach erscheinen, doch sie umfasst mehr als nur die gelegentliche schriftliche Verteilung von Zahlen. So wird beispielsweise auch die „Nichtkommunikation" und somit das Unterlassen von Kosteninformationen als Zeichen verstanden, dass alles in bester Ordnung sein könnte. Hinzu kommt, dass gerade im Gesundheitswesen unterschiedliche „Kommunikations-gruppierungen" aufeinander treffen, etwa von betriebswirtschaftlichem Interesse oder Desinteresse dominierte Gruppierungen, was sich zumindest hinsichtlich des Über-zeugungsaufwandes auf die Art und Weise der notwendigen Kommunikation auswirkt. Ohne beispielsweise auf die sich daraus ergebenden Unterschiede im Kommunikations-verhalten und die damit verbundene Flut an Untersuchungen und Veröffentlichungen an dieser Stelle eingehen zu können, bleibt festzuhalten, dass es zu den Aufgaben der Ein-richtungsleitung und Kostenverantwortlichen zählt, sich auf derartige unterschiedliche „Kommunikationswelten" einzustellen.

Auch für die Kostenkommunikation ist das bekannte Kommunikationsmodell als Grundlage anzusehen, bei dem Sender/in bzw. Empfänger/in die jeweiligen Botschaften „ver-" und „entschlüsseln" (kodieren/dekodieren), wozu auch gerade bei der Face-to-Face-Kommunikation nonverbale Zeichen und Inhalte gehören. Somit ist es notwendig, Überzeugungen in Sachen Kostensteuerung in der Kommunikation auch durch die ent-sprechende Gestik, Mimik, Körperhaltung und Blickkontakt zu unterstreichen und dabei auch auf angemessenen Tonfall, Lautstärke, Stimmmodulation und Betonungen zu achten. Wichtig sind zur verbalen und nonverbalen Vermittlung und Entschlüsselung von Kostenthemen auch das Zuhören und das Stellen der jeweils richtigen Fragen (siehe Tab. 8.4).

Tab. 8.4 Verbale und nonverbale Kostenkommunikation

Äußerung	Beschreibung
Bekräftigungen geben	Vertrauen und Mut zur Offenheit auch für Kritik an Kostenthemen erzeugen durch Verständnis, Nicken und Bestätigung
Einsicht zeigen	Auswirkungen, Konsequenzen und Folgen eines unzureichend kosten-bewusstes Verhaltens aufzeigen und Vorschläge zur Verbesserung ent-wickeln
Fragen stellen	Kosteninformationen erhalten durch offene Fragen und Redefluss des Mitarbeiters
Konkretisierung vor-nehmen	Konkrete Situationen und Verhaltensweisen ansprechen, denn Generalisierungen bei Kostenthemen sind meist nicht zutreffend und angreifbar
Problembewusstsein zeigen	Zulassen von Emotionen und Akzeptanz von Gefühlen, um den Mit-arbeiter zu zeigen, dass er bei den Kostenthemen Ernst genommen wird
Rückmeldung geben	Unmittelbares verbales und nonverbales Feedback geben, sofern es die Stimmung und die Aufnahmefähigkeit des Mitarbeiters zulassen
Zusammenfassungen vornehmen	Durch richtiges Wiedergeben zeigen, dass die Botschaft verstanden wurde
Zuwendung zeigen	Interesse zeigen durch zugewandte Körperhaltung und Blickkontakt

Nicht selten werden ungelegene Kostendiskussionen unterbunden, oft aus Unsicherheit oder mangelnde Sachkenntnis. Dabei handelt es sich allerdings letztendlich um leichtfertig vergebene, nicht genutzte Chancen und – streng genommen – möglicherweise um einen daraus resultierenden Vermögensschaden für die Gesundheitseinrichtung. Daher ist es wichtig, sich auch mit unbequemen Kostenthemen und in vielen Fällen berechtigten Anliegen auseinandersetzen, denn die Dinge werden durch diejenigen verändert, die sich trauen, sie kritisch zu hinterfragen.

Adressaten von **Kosteninformationen** der Gesundheitseinrichtungen sind neben den Beschäftigten auch die Kostenträger des Gesundheitswesens, die als Finanzierungsinstitutionen ihre Aufgaben wahrnehmen. Dazu gehören:

- *Gesetzliche Krankenkassen:* In der gesetzlichen Krankenversicherung (GKV) sind fast 90 % der Bevölkerung versichert. Als eigenständige Kassenarten werden Allgemeine Ortskrankenkassen, Betriebskrankenkassen, Innungskrankenkassen, Ersatzkassen für Angestellte und Arbeiter, See-Krankenkasse, Bundesknappschaft sowie Landwirtschaftliche Krankenkassen unterschieden. Sie sind Körperschaften öffentlichen Rechts und unterliegen als organisatorisch und finanziell selbstständige Selbstverwaltungskörperschaften der staatlichen Rechtsaufsicht.
- *Weitere Sozialversicherungsinstitutionen:* Die Deutsche Rentenversicherung, die Bundesknappschaft und die Sozialversicherung für Sozialversicherung für Landwirtschaft, Forsten und Gartenbau (SVLFG) sind die wesentlichen Träger der gesetzlichen Rentenversicherung, die gewerblichen und landwirtschaftlichen Berufsgenossenschaften sowie die Gemeindeunfallversicherungsverbände der gesetzlichen Unfallversicherung. Die gesetzliche Pflegeversicherung hat keine eigenständigen Versicherungsträger; die Pflegekassen sind organisatorisch unter dem Dach der Krankenkassen angesiedelt.
- *Private Krankenversicherung:* Die Mehrzahl der nicht gesetzlich Kranken- und Pflegeversicherten hat eine private Krankenversicherung gegen finanzielle Risiken im Krankheits- und Pflegefall. Im Gegensatz zu den gesetzlichen Krankenkassen unterliegen die Versicherer der privaten Krankenversicherung (PKV) dem Handelsrecht, und die Versicherungsverträge sind privatrechtlicher Natur. Die Aufsicht über die Versicherungsunternehmen führt das Bundesaufsichtsamt für das Versicherungswesen.
- *Versorgungs- und Fürsorgeinstitutionen:* Für bestimmte Personenkreise und Schadensfälle werden die Kosten der gesundheitlichen Versorgung nicht von der Sozialversicherung abgedeckt. So erhalten Beamte für sich und ihre Angehörigen von ihrem Dienstherrn Beihilfen in Krankheits-, Geburts- und Todesfällen und bei Dienstunfällen wird ihnen Unfallfürsorge gewährt. Angehörige der Bundeswehr, der Bundespolizei und des Strafvollzuges erhalten Hilfen im Rahmen der freien Heilfürsorge. Die Bundeswehr unterhält für ihre Angehörigen eigene ärztliche, zahnärztliche und stationäre Versorgungseinrichtungen. Örtliche und überörtliche Sozialämter leisten u. a. Hilfen für Behinderte und Krankenhilfe für Personen, die sich in einer wirtschaftlichen Notlage befinden. Versorgungsämter, Hauptfürsorgestellen und

Sozialämter tragen die Kosten für die Versorgung von Gesundheitsschäden, die als Folge von Kriegseinwirken und von Gewalttaten entstanden sind (vgl. Statistisches Bundesamt 1998, S. 1).

Neben den Kostenträgern sind die Kontrollinstitutionen der Gesundheitseinrichtungen weitere wichtige Adressaten von Kosteninformationen. Sie nehmen neben den Aufgaben der medizinischen und pflegerischen Qualitätskontrollen auch weitere betriebliche Kontrollfunktionen wahr, zu denen im Hinblick auf die Kostensteuerung insbesondere die Eigentümerkontrolle und die unternehmerische Kontrolle gehören (vgl. Tab. 8.5).

Weitere Kontrollfunktionen insbesondere für den ökonomischen Bereich der Gesundheitseinrichtungen, beispielsweise für Einrichtungen in Form großer und mittelgroßer Kapitalgesellschaften die unter das Publizitätsgesetz (PublG) fallen, sind durch vorgeschriebene Prüfungen gegeben, wie beispielsweise die Jahresabschlussprüfung, die in der Regel nur von Wirtschaftsprüfern und Wirtschaftsprüfungsgesellschaften vorgenommen werden darf. Zu den innerbetrieblichen Kontrolleinrichtungen zählen in diesem Zusammenhang Einrichtungen wie eine Interne Revision, die beispielsweise die Ordnungsmäßigkeit und Zuverlässigkeit des Finanz- und Rechnungswesens überprüft.

Zur Erstellung der Kosteninformationen erfasst das Rechnungswesen der Gesundheitseinrichtung ihre Geld- und Leistungsströme zahlenmäßig, lückenlos, vergangenheits- bzw. zukunftsorientiert und liefert sowohl intern nutzbare, quantitative Informationen für die Kostensteuerung der Einrichtung, als insbesondere auch Informationen, um gegenüber Außenstehenden, wie den Kostenträgern im Gesundheitswesen, Eigentümern, Banken, Finanzbehörden etc. Rechenschaft ablegen zu können. Während das interne Rechnungswesen, insbesondere mithilfe des Instrumentariums der Kosten- und Leistungsrechnung und der Investitionsrechnung, die Planung, Kontrolle und Koordination bewerteter Prozesse der Gesundheitseinrichtung im Hinblick auf die Maximierung dessen Erfolgs zum Gegenstand hat und oftmals zu einem umfassenden

Tab. 8.5 Kontrollfunktionen in Gesundheitseinrichtungen

Kontrollart			Beispiele
Einrichtungsinterne Kontrollen	Prozesskontrolle	Medizinische und pflegerische Qualitätskontrolle	Interne Kontrollen durch Tumorboards, Qualitätszirkel, Doppelbefundungen, Konstanz- prüfungen etc.
	Ergebniskontrolle		
Einrichtungsexterne Kontrollen	Aufsichtskontrolle		Medizinische Dienste (MDK), Gesundheitsämter etc.
	Unternehmerische Kontrolle		Verbandsprüfer, Wirtschaftsprüfer etc.
	Eigentümerkontrolle		Eigentümerversammlung, Aufsichts- oder Verwaltungsräte etc.

Controllingkonzept ausgebaut ist, unterliegt das externe Rechnungswesen handels- und steuerrechtlichen Auflagen bzw. Publizitätspflichten und bildet mithilfe der Finanzbuchhaltung, Inventaraufstellung, Bilanz, Gewinn- und Verlustrechnung die finanzielle Situation mit der Vermögens-, Finanz- und Ertragslage der Gesundheitseinrichtung und damit auch der Kostensituation nach außen ab (siehe hierzu auch Abschn. 2.1).

Die handels- und abgaberechtlichen Vorschriften sehen vor, über die Geschäftstätigkeit Buch zu führen, einen Jahresabschluss in Form einer Bilanz bzw. GuV aufzustellen, alle Vermögensgegenstände und Schulden in einem mengenmäßigen Verzeichnis aufzuführen und diese zu bewerten. Durch eine Vermögensaufstellung soll gesichert werden, dass die in der Bilanz der Gesundheitseinrichtung enthaltenen Werte auch der Wahrheit entsprechen. Aufgrund des Gläubigerschutzes dürfen die Eigentümer oder Fremdkapitalgeber der Gesundheitseinrichtung erwarten, dass diese ihre Vermögen und seine Schulden genau beziffert und die verwendeten Wertangaben nicht nur Schätzungen darstellen, sondern auch tatsächlich belegt werden können. Das Inventar bildet die Grundlage für die Erstellung von einem Jahresabschluss, der aus der Bilanz, der GuV, sowie bei Gesundheitseinrichtungen in Form von mittleren und großen Kapitalgesellschaften aus einem Anhang und einem Lagebericht besteht. Der Lagebericht soll die derzeitige und zukünftige Situation der Gesundheitseinrichtung hinsichtlich der Chancen und Risiken darstellen und muss ein den tatsächlichen Verhältnissen entsprechendes Bild vermitteln (vgl. Müller 2013, S. 185 ff.). Je nach angewendetem Rechnungslegungsstandard können weitere Angaben, wie beispielsweise Kapitalfluss-, Gesamtleistungs- und Eigenkapitalveränderungsrechnung oder Segmentberichterstattung hinzukommen. Für Gesundheitseinrichtungen in Form von größeren Kapitalgesellschaften besteht hinsichtlich des Jahresabschlusses Prüfungs- und Veröffentlichungspflicht.

Bezüglich der Kostensituation und der Kostenentwicklung hat der Lagebericht den Geschäftsverlauf einschließlich des Geschäftsergebnisses und die Lage einer Gesundheitseinrichtung als Kapitalgesellschaft so darzustellen, dass ein den tatsächlichen Verhältnissen entsprechendes Bild vermittelt wird. In die Analyse sind die für die Geschäftstätigkeit bedeutsamsten finanziellen Leistungsindikatoren einzubeziehen und unter Bezugnahme auf die im Jahresabschluss ausgewiesenen Beträge und Angaben zu erläutern. Ferner ist im Lagebericht die voraussichtliche Entwicklung mit ihren wesentlichen Chancen und Risiken zu beurteilen und zu erläutern; zugrunde liegende Annahmen sind anzugeben. Im Lagebericht ist bezüglich der Kostensituation auch einzugehen auf die Preisänderungs-, Ausfall- und Liquiditätsrisiken sowie die Risiken aus Zahlungsstromschwankungen, denen die Gesundheitseinrichtung ausgesetzt ist (vgl. § 289 HGB).

Die **Kostenberichterstattung** umfasst beispielsweise die Meldung von Aufwendungen im Rahmen der Erhebungen als Bundesstatistik. So sind auf der Grundlage der Krankenhaus-Buchführungsverordnung (KHBV) die Aufwendungen der Krankenhäuser nach den Kontenuntergruppen 600 bis 720, 730 bis 742, 781 und 782, nachrichtlich die Zahlungen für Ausbildungsfonds sowie die Höhe der Aufwendungen, die in den vorgenannten Kontenuntergruppen auf Leistungen entfallen, die nicht zu den allgemeinen voll- und teilstationären Krankenhausleistungen gehören (Abzüge), gegliedert nach einzelnen Personal- und Sachkostenarten nach der Krankenhausstatistikverordnung (KHStatV) zu übermitteln. Soweit die Ermittlung der Abzüge mit unverhältnismäßig hohem Aufwand verbunden ist, sind sie wirklichkeitsnah zu schätzen (vgl. § 3 KHStatV). Grundlage hierfür ist das Krankenhausfinanzierungsgesetz (KHG), nach dem die Träger der nach dem Sozialgesetzbuch zur Krankenhausbehandlung zugelassenen Krankenhäuser und die Sozialleistungsträger verpflichtet sind, dem Bundesministerium für Gesundheit sowie den zuständigen Behörden der Länder auf Verlangen Auskünfte über die Umstände zu erteilen, die für die Beurteilung der Bemessung und Entwicklung der Pflegesätze nach diesem Gesetz benötigt werden. Unter die Auskunftspflicht fallen insbesondere die personelle und sachliche Ausstattung sowie die Kosten der Krankenhäuser, die im Krankenhaus in Anspruch genommenen stationären und ambulanten Leistungen sowie allgemeine Angaben über die Patienten und ihre Erkrankungen. Die Bundesstatistik auf Grundlage dieser Erhebungen kann insbesondere beispielsweise die Kosten nach Kostenarten umfassen (vgl. § 28 KHG).

Die Bundesstatistik im Rahmen jährlicher Erhebungen über ambulante und stationäre Pflegeeinrichtungen sowie über die häusliche Pflege kann unter anderem die Erhebung der Kosten der Pflegeeinrichtungen nach Kostenarten sowie Erlöse nach Art, Höhe und Kostenträgern umfassen (vgl. § 109 SGB XI). Für zugelassene Pflegeeinrichtungen wie ambulante Pflegeeinrichtungen (Pflegedienste) sowie teilstationäre und vollstationäre Pflegeeinrichtungen (Pflegeheime), mit denen ein Versorgungsvertrag nach SGB besteht, sind Aufwendungen nach der Pflegestatistikverordnung (PflegStatV) nur indirekt zu berichten beispielsweise in Form von an die Pflegeeinrichtung nach Art und Höhe der Pflegeleistung zu zahlende Entgelte für allgemeine Pflegeleistungen nach Pflegegraden sowie für Unterkunft und Verpflegung (vgl. § 2 PflegStatV).

Literatur

Approbationsordnung für Ärzte (ÄApprO) vom 27. Juni 2002 (BGBl. I S. 2405), zuletzt durch Artikel 5 des Gesetzes vom 17. Juli 2017 (BGBl. I S. 2581) geändert.

Ausbildungs- und Prüfungsverordnung für Diätassistentinnen und Diätassistenten (DiätAss-APrV) vom 1. August 1994 (BGBl. I S. 2088), zuletzt durch Artikel 24 des Gesetzes vom 18. April 2016 (BGBl. I S. 886) geändert.

Barbuto, J., & Scholl, R. (1998). *Motivation sources inventory: development and validation of new scales to measure an integrative taxonomy of motivation. Psychological Reports. Vol. 82. Jahrg. 1998* (S. 1011–1022). Missoula (USA): Ammons Scientific-Verlag.

Becker, F. (2019). *Mitarbeiter wirksam motivieren – Mitarbeitermotivation mit der Macht der Psychologie*. Berlin: Springer-Verlag.

Handelsgesetzbuch (HGB) in der im Bundesgesetzblatt Teil III, Gliederungsnummer 4100–1, veröffentlichten bereinigten Fassung, zuletzt durch Artikel 3 des Gesetzes vom 12. Dezember 2019 (BGBl. I S. 2637) geändert.

Heiß, M. (2004). *Strategisches Kostenmanagement in der Praxis – Instrumente, Maßnahmen, Umsetzung*. Wiesbaden: Gabler-Verlag.

Klinikum Karlsruhe (Hrsg.). (2019). Leitbild. Stand: Juni 2019. https://www.klinikum-karlsruhe.de/ueber-uns/leitbild/.Kralsruhe. Zugegriffen: 10. Mai 2020.

Korečić, J. (2003). *Pflegestandards Altenpflege* (3. Aufl.). Berlin: Springer-Verlag.

Krankenhausfinanzierungsgesetz (KHG) in der Fassung der Bekanntmachung vom 10. April 1991 (BGBl. I S. 886), zuletzt durch Artikel 3 des Gesetzes vom 19. Mai 2020 (BGBl. I S. 1018) geändert.

Krankenhausstatistikverordnung (KHStatV) vom 10. April 1990 (BGBl. I S. 730), zuletzt durch Artikel 1 der Verordnung vom 10. Juli 2017 (BGBl. I S. 2300) geändert.

Müller, J. (2013). *Der Jahresabschluss im Krankenhaus – Leitfaden zur Aufstellung des Jahresabschlusses nach der KHBV und dem Krankenhausfinanzierungsrecht* (5. Aufl.). Düsseldorf: Deutsche Krankenhausverlagsgesellschaft GmbH.

Pflegestatistik-Verordnung (PflegStatV) vom 24. November 1999 (BGBl. I S. 2282), durch Artikel 15 des Gesetzes vom 23. Dezember 2016 (BGBl. I S. 3191) geändert.

Polland, R. (2017). Kostenanalyse & -steuerung in KMU – Empirische Bestandsaufnahme und Ableitung einer praxisorientierten Kostenmanagementkonzeption für KMU. In E. Sucky (Hrsg.), *Logistik und Supply Chain Management* (Bd. 17). Bamberg: University of Bamberg Press.

Sozialgesetzbuch XI (SGB XI)– Soziale Pflegeversicherung – (Artikel 1 des Gesetzes vom 26. Mai 1994, BGBl. I S. 1014, 1015), zuletzt durch Artikel 5 des Gesetzes vom 19. Mai 2020 (BGBl. I S. 1018) geändert.

Statistisches Bundesamt – Destatis (Hrsg.). (1998). Gesundheitsbericht für Deutschland 1998 – Kapitel 2.3 Institutioneller Rahmen des Gesundheitswesens. https://www.gbe-bund.de/gbe10/ergebnisse.prc_pruef_verweise?p_uid=gast&p_aid=2373284&p_fid=752&p_ftyp=TXT&p_pspkz=D&p_sspkz=&p_wsp=&p_vtrau=4&p_hlp_nr=2&sprache=D&p_sprachkz=D&p_lfd_nr=14&p_news=&p_modus=2&p_window=&p_janein=J. Wiesbaden. Zugegriffen: 6. Juni. 2020.

Verordnung über die Berufsausbildung für Kaufleute in den Dienstleistungsbereichen Gesundheitswesen sowie Veranstaltungswirtschaft (KflDiAusbV) vom 25. Juni 2001 (BGBl. I S. 1262, 1878), zuletzt durch Artikel 6 des Gesetzes vom 24. Mai 2016 (BGBl. I S. 1190) geändert.

Verordnung über die Berufsausbildung zum Fachangestellten für Medien- und Informationsdienste/zur Fachangestellten für Medien- und Informationsdienste (MedInfoFAngAusbV) vom 3. Juni 1998 (BGBl. I S. 1257, 2426), zuletzt durch Artikel 1 der Verordnung vom 15. März 2000 (BGBl. I S. 222) geändert.

Verordnung über die Berufsausbildung zum Medizinischen Fachangestellten/zur Medizinischen Fachangestellten (MedFAngAusbV) vom 26. April 2006 (BGBl. I S. 1097).

Verordnung über die Berufsausbildung zum Zahnmedizinischen Fachangestellten/zur Zahnmedizinischen Fachangestellten (ZahnmedAusbV) vom 4. Juli 2001 (BGBl. I S. 1492).

Verordnung süber die Berufsausbildung zum/zur Fachangestellten für Bäderbetriebe (BäderFAngAusbV) vom 26. März 1997 (BGBl. I S. 740).

Glossar

ABC-Analyse Verfahren zur Klassifizierung von Gesamtheiten, wozu die Gesamtheit (Umfang, Komplex) in Einzelelemente zerlegt wird, die eine Bewertung erhalten, indem beispielsweise medizinische oder pflegerische Leistungen oder Materialien mit Preisen bzw. Kosten bewertet werden und sich aus der Einordnung in absteigender Reihenfolge die Möglichkeit ergibt, die wirtschaftliche Bedeutung der sich daraus ergebenden Leistungs- oder Materialpositionen in die Kategorien mit hohen (A), mittleren (B) und niedrigen Werten (C) einzuordnen.

Abschreibungen Buchtechnisches Instrument zur rechnerischen Verteilung des Werteverzehrs zuvor angeschaffter Güter mit der Funktion, die leistungsabhängig oder zeitbezogen auftretende Wertminderung zu erfassen, die Anschaffungskosten und Herstellungskosten auf eine bestimmte Zeitdauer zu verteilen oder nicht planmäßig eintretenden Wertminderungen Rechnung zu tragen.

Abzahlungsdarlehen Zurückzahlung des Kredits durch fallende Jahresleistungen, aufgrund gleich bleibenden Tilgungsanteils, aber gleichzeitig fallendenden Zinsanteils.

AfA Absetzungen für Abnutzung, die als steuerliche Abschreibungen die Steuerbemessungsgrundlage mindern.

Amortisationsrechnung Berücksichtigt sowohl dynamische als auch statische Aspekte von Investitionsbewertungen und beantwortet die zentrale Frage, wie lange die Wiedergewinnung der Investitionssumme aus den Einnahmeüberschüssen der Investition dauert.

Analyseverfahren Mit ihrer Hilfe lassen sich Ursachen von Kostenentstehungen und –entwicklungen, aber auch diesbezügliche Schwachstellen in einer Gesundheitseinrichtung entdecken und Möglichkeiten zu deren Behebung aufzeigen.

Anderskosten Kalkulatorische Kosten, denen Aufwand in anderer Höhe gegenübersteht.

Annuitätendarlehen Häufigste Form der Kredittilgung, wobei das Darlehen durch gleich bleibende Jahresleistungen (Annuitäten) zurückgezahlt und durch die Tilgungsverrechnung mit fortschreitender Darlehenslaufzeit der zu verzinsende Darlehens-

A. Frodl, *Kostensteuerung für Gesundheitseinrichtungen*, https://doi.org/10.1007/978-3-658-32539-8

betrag geringer wird, die Annuität jedoch unverändert bleibt, sodass die jährlichen Tilgungsbeträge um die so genannten „ersparten" Zinsen steigen.

Annuitätenmethode Dynamisches Investitionsrechnungsverfahren, das auf der Kapitalwertmethode aufbaut und Ein- und Auszahlungsbarwerte in gleiche Jahresbeträge (Annuitäten) umrechnet.

Anschaffungskosten Anschaffungspreis von Behandlungseinrichtungen zuzüglich Nebenkosten.

Aufwendungen Werte aller verbrauchten Materialien und Dienstleistungen pro Zeitperiode. Hierzu zählen neben den Auszahlungen und Ausgaben der jeweiligen Zeitperiode auch etwa die Abschreibungswerte von medizinischen Geräten und Instrumenten, die in einer früheren Zeitperiode gekauft wurden und gegenwärtig noch der Nutzung unterliegen.

Ausgaben Anschaffungswerte aller zugegangenen Materialien und Dienstleistungen pro Zeitperiode, die durch eine sofortige Auszahlung oder aber auch durch eine spätere Zahlung, Ratenzahlung usw. beglichen worden sein können.

Auszahlung Bargeldzahlung beispielsweise aus der Handkasse in der Klinikverwaltung oder eine Abbuchung vom Praxiskonto (oder anderen Sichtguthaben, wie Sparbücher, Termingelder usw.).

BalancedScorecard Dient als Instrument zur Kostenbeeinflussung in Gesundheitseinrichtungen dazu, die Erreichung von strategischen Kostenzielen messbar und über die Ableitung von Maßnahmen umsetzbar zu machen, wobei sie anhand von zusätzlichen Patienten-, Entwicklungs- und Prozessperspektiven im Gegensatz zu klassischen Kostenkennzahlensystemen den Blick auch auf qualitative Indikatoren lenkt und somit als ein Verbindungsglied zwischen Strategiefindung und –umsetzung wirkt.

Behandlungsfallkosten Kosten der Gesundheitseinrichtung, die bei dem jeweiligen Behandlungsvorgang und somit bei gleichen Behandlungsvorgängen in gleicher Höhe entstehen.

Bereinigte Kosten Ergeben sich in der Krankenhausstatistik aus der Differenz zwischen den Gesamtkosten und den Abzügen für nichtstationäre Leistungen.

Beschäftigtenbefragung Interne Einschätzung der Kostensituation der Gesundheitseinrichtung aus der Sicht der Mitarbeiter, die zur Feststellung der eigenen Positionierung bei diesem Thema beiträgt und zur Verbesserung der Kostensituation durch Ausschöpfung des vorhandenen Kreativitätspotenzials der Beschäftigten dient.

Betriebliches Vorschlagwesen Erarbeitung von Verbesserungsvorschlägen für oft selbstgewählte Problemstellungen durch die Mitarbeiter und Mitarbeiterinnen eher aus eigenem Antrieb und mit selbstgewählten Methoden, in Abhängigkeit von der Einrichtungsgröße mitbestimmungspflichtig und auf der Grundlage einer Betriebs- bzw. Dienstvereinbarung zu organisieren.

Betriebsabrechnungsbogen Hilfsinstrument zur Verrechnung der Gemeinkosten, das sich als tabellarisch strukturiertes Formular mit einem Tabellenkalkulationsprogramm anlegen lässt und die Gemeinkosten anteilig auf die einzelnen Verbrauchsstellen verteilt.

Betriebswirtschaftliche Auswertungen Geben in kurzer und prägnanter Form einen Überblick über die wichtigsten Kostengrößen der Gesundheitseinrichtung und werden oft durch den Steuerberater oder eine externe Buchhaltung erstellt, welche wiederum in der Regel an die DATEV angeschlossen sind und deren Service und Verarbeitungsprogramme nutzen (z. B. Standard-Schema BWA-Form 01 kurzfristige Erfolgsrechnungen für soziale Einrichtungen, Bewegungsbilanz und statische Liquidität für stationäre und gemischte Einrichtungen mit und ohne Kennzahlen (BWA-Form 40/41), Controllingreport-BWA (BWA-Form 04), kurzfristige Erfolgsrechnungen für ambulante Einrichtungen (BWA-Form 42), Kapitalflussrechnung en (BWA-Form 51), betriebswirtschaftliche Kurzberichte).

Bilanz Bestandteil des Jahresabschlusses einer Gesundheitseinrichtung mit Informationen zur Mittelverwendung und Mittelherkunft bzw. zu Vermögen (Aktiva)/ Eigenkapital und Schulden (Passiva).

Break-Even-Analyse Verfahren zur Bestimmung der Gewinnschwelle, das die Frage beantwortet, ab welchen Umsatz zusätzlich auch die variablen Kosten und somit die Gesamtkosten gedeckt werden: Der Break-Even-Point ist der Schnittpunkt von Gesamterlös- und Gesamtkostenkurve, das heißt, fixe und variable Kosten werden bei einem Gewinn von null gerade durch die Erlöse (Umsatz) gedeckt; unterhalb des Break-Even-Points befindet man sich in der Verlust-, oberhalb in der Gewinnzone.

Budgetkontrolle Setzt die Vorgabe von Kostenbudgets voraus und stellt damit nicht nur auf die Angemessenheit bei der jeweils erreichten Beschäftigung in der Gesundheitseinrichtung ab, sondern ist in erster Linie auf die Einhaltung des Kostenbudgets ausgerichtet, um zu erreichen, dass die Abläufe in der Gesundheitseinrichtung auch möglichst den Planungen entsprechend erfolgen.

Budgetverantwortung Wird häufig mit Leitungsfunktionen beauftragten Mitarbeiter und Mitarbeiterinnen zugeordnet, sodass beispielsweise abteilungsbezogene Budgetverantwortungen in Krankenhäusern beispielsweise Leitende Ärztinnen und Ärzte, abteilungsübergreifende Pflegedienstleitungen, Leitungen von Verwaltungs-, Wirtschafts- und Versorgungsbereichen, Krankenpflegeschulen etc. tragen, wobei mitunter die Budgetverantwortung auch für die ärztlichen und pflegerischen Bereiche aufgeteilt oder im Rahmen einer kollegialen Budgetverantwortung von beiden Bereichen gemeinsam getragen wird.

Cash-flow Umsatzüberschuss oder Finanzüberschuss einer Gesundheitseinrichtung, der sich als Nettozugang an flüssigen Mitteln aus der Umsatztätigkeit innerhalb eines Zeitraums darstellt, sich direkt aus den Einnahmen (zahlungswirksame Erträge) abzüglich der Ausgaben (zahlungswirksame Aufwendungen) oder indirekt als Gewinn (oder -verlust) zuzüglich Zuführung zu Rücklagen (oder abzüglich Auflösung von Rücklagen, abzüglich Gewinnvortrag aus der Vorperiode (oder zuzüglich Verlustvortrag aus der Vorperiode) zuzüglich Abschreibungen und zuzüglich der Erhöhung langfristiger Rückstellungen (oder Verminderung der langfristigen Rückstellungen) ermitteln lässt.

Controlling Umfassendes Steuerungs- und Koordinationskonzept zur Führung der Gesundheitseinrichtung, das mithilfe der Beschaffung, Aufbereitung und Analyse von Informationen und Daten die zielgerichtete Planung, Steuerung und Koordination der betrieblichen Abläufe unterstützt, damit zur Entscheidungsfindung beiträgt und in Gesundheitseinrichtungen häufig als Schnittstelle zwischen den medizinischen, pflegerischen und administrativen Bereichen dient, um die medizinische und die ökonomische Sichtweise der Patientenbehandlung zusammen zu führen.

Darlehen Zählt zu den häufigsten Formen der Fremdfinanzierung, bei der der Gesundheitseinrichtung Kapital in der Regel durch Dritte (Banken, Lieferanten) leihweise zur Verfügung gestellt wird, als ein Kredit, der in einer Summe oder in Teilbeträgen zur Verfügung gestellt wird und in festgelegten Raten (Ratenkredit, Tilgungskredit) oder auf einmal nach Ablauf der vertraglich geregelten Laufzeit zurückzuzahlen ist (Kredit mit Endfälligkeit).

Deckungsbeitragsrechnung Spezielle Form der Teilkostenrechnung, bei der die Erlöse des Kostenträgers mit einbezogen werden und die Differenz zwischen den zurechenbaren Erlösen und Kosten des Kostenträgers den Deckungsbeitrag bildet, wobei die Deckungsbeiträge so groß sein müssen, dass die nicht zugerechneten Kosten gedeckt werden, damit die Gesundheitseinrichtung keinen Verlust erleidet.

Disagio Wird gegebenenfalls bei Festzinsvereinbarungen in Darlehensverträgen vereinbart, sodass durch diesen Unterschiedsbetrag zwischen dem Rückzahlungs- und dem Ausgabebetrag von Krediten der Kreditausgabebetrag an die Gesundheitseinrichtung geringer als die tatsächliche Kredithöhe ist, was üblicherweise durch einen verringerten Nominalzinssatz beglichen wird.

Divisionskalkulation Zählt zu den einfachen Kalkulationsverfahren zur Bestimmung der Kosten je Behandlungsleistung und damit der Ermittlung der Behandlungsfallkosten, die beispielsweise durch Division der gesamten jährlichen Kosten der Gesundheitseinrichtung durch die Gesamtzahl der Behandlungsfälle pro Jahr (= jährliche Behandlungsmenge) errechnet werden.

Doppik Prinzip der doppelten Buchführung in Konten, das sich in erster Linie durch Buchungen und Gegenbuchungen, zweifache Gewinnermittlung in der Bilanz bzw. Gewinn- und Verlustrechnung, sowie doppelte Aufzeichnung von Geschäftsvorfällen nach Leistung und Gegenleistung im Grundbuch/Journal (chronologisch) und Hauptbuch (sachlich) vollzieht.

Effektivzins Ist insbesondere bei Darlehen mit veränderbaren Konditionen (vollvariabler Zinssatz) oder Zinsbindungsfrist (Zinsfestschreibung für einen bestimmten Zeitraum) als anfänglicher effektiver Jahreszins von Bedeutung, beispielsweise wann preisbestimmende Faktoren geändert werden können und auf welchen Zeitraum Belastungen, die sich aus einer nicht vollständigen Auszahlung des Kreditbetrags oder aus einem Zuschlag hierzu ergeben, zum Zweck der Preisangabe verrechnet worden sind, und beziffert den Zinssatz, mit dem sich der Kredit bei regelmäßigem Kreditverlauf auf der Grundlage taggenauer Verrechnung aller

Leistungen und nachschüssiger Zinsbelastung staffelmäßig (360-Tage-Methode) abrechnen lässt.

Einnahmenüberschussrechnung (EÜR) Methode der Gewinnermittlung, die beispielsweise von Praxisinhabern, die nicht aufgrund gesetzlicher Vorschriften zu regelmäßigen Jahresabschlüssen in einer bestimmten Form verpflichtet sind, genutzt werden kann, wobei sich als steuerpflichtiger Gewinn die Einnahmen der Gesundheitseinrichtung abzüglich der Betriebsausgaben, die tatsächlich in dem entsprechenden Wirtschaftsjahr angefallen sind (Zufluss- und Abflussprinzip), ergibt.

Einzelkosten Lassen sich im Gegensatz zu den Gemeinkosten einem Leistungsobjekt in einer Gesundheitseinrichtung direkt zurechnen.

Entscheidungsorientierter Kostenbegriff Die durch die Entscheidung über ein bestimmtes gesundheitsbetriebliches Kalkulationsobjekt, die Beschaffung und Verwendung von Gütern, die Erstellung von Gesundheitsleistungen sowie über Aufbau, Aufrechterhaltung und Anpassung der Kapazität und Leistungsbereitschaft von Gesundheitseinrichtungen ausgelösten Auszahlungen einschließlich der Auszahlungsverpflichtungen.

Erfahrungskurve Annahme, dass bei wiederholtem Auftreten identischer Behandlungs- bzw. Pflegesituationen es in der Regel zu einer Routinisierung und damit Effizienzsteigerung kommt, die Erfahrungseffekte aufgrund von Übungserfolgen durch Wiederholung der Behandlungsvorgänge, medizinischem Fortschritt und Rationalisierung durch Prozessoptimierung in sinkende Behandlungs- bzw. Pflegefallkosten münden und die Erfahrungsrate dabei den Prozentanteil wiedergibt, auf den sich bei einer angenommenen Verdopplung der Behandlungsmenge die Behandlungsfallkosten der letzten Behandlungseinheit senken lassen.

Erfolgsrechnung Aufwands- und Ertragsrechnung, die zur Ermittlung des wirtschaftlichen Erfolgs der Gesundheitseinrichtung innerhalb eines bestimmten Zeitabschnitts dient, auf der Kostenrechnung basiert und Aufschluss darüber gibt, ob die Gesundheitseinrichtung positiv erfolgreich einen Gewinn erwirtschaftet oder, als Misserfolg, einen Verlust als Jahresergebnis erzielt hat.

Erhebungsinstrumente Methoden zur Ermittlung der aktuellen Kostensituation einer Gesundheitseinrichtung, die insbesondere zur Informationsbeschaffung für die Problemlösung dienen.

Fehlmengenkosten Entstehen dann, wenn beispielsweise dringend benötigtes medizinisches Verbrauchsmaterial, das aufgrund einer fehlenden Bestandsüberwachung nicht mehr in ausreichender Menge vorhanden ist, unter großem Aufwand und zu hohen Preisen kurzfristig beschafft werden muss und können sich aus folgenden Kostenanteilen zusammensetzen: Erhöhter Nachfrageaufwand, da das Material nicht bei allen Lieferanten vorrätig ist, Differenz zu Preisangeboten, da nach Gültigkeit des Angebots gekauft werden muss, Differenz zu günstigerem Äquivalenzprodukt, das nicht bevorratet wurde, und ausbleibende Behandlungseinnahmen, da geplante Therapien verschoben werden müssen.

Festdarlehen Kredit, der erst am Ende der Laufzeit in einer Summe zurückgezahlt wird (Fälligkeitsdarlehen bzw. Darlehen mit Endfälligkeit).

Finanzplanung Stellt die systematische Erfassung, die Gegenüberstellung und den gestaltenden Ausgleich zukünftiger Zu- und Abnahmen liquider Mittel dar, mit dem Ziel, eine optimale Liquidität zu ermitteln, zu erreichen und zu erhalten, und den dazu nötigen Bestand an Zahlungsmitteln und damit einen möglichen Finanzierungsbedarf vorauszuplanen.

Fixkosten Konstante Kosten, die unabhängig von ihrer Leistungsausbringung entstehen, somit beschäftigungsunabhängige Kosten darstellen und beispielsweise auch bei Nichtbehandlung von Patienten anfallen und bei unterschiedlicher Leistungsmenge konstant bleiben.

Fixkostenmanagement Setzt eine ganzheitliche Betrachtung der einzelnen Kostenfaktoren voraus und dient zur Erhöhung der Transparenz der Fixkosten in der Gesundheitseinrichtung sowie zur möglichst vorteilhaften Gestaltung ihres Fixkostenblocks.

Gemeinkosten Lassen sich im Gegensatz zu den Einzelkosten nur indirekt, unter Zuhilfenahme von Verteilungsschlüsseln einzelnen Behandlungs- oder Pflegeleistungen zurechnen, wobei die einer einzelnen Kostenstelle nicht direkt zurechenbaren Gemeinkosten mithilfe der Verteilungsschlüssel (bspw. über den Betriebsabrechnungsbogen, BAB) auf die einzelnen Kostenstellen der Gesundheitseinrichtung umgelegt werden.

Gemeinkostenwertanalyse (GWA) Verfahren zur Reduzierung von (Kostenträger-) Gemeinkosten, insbesondere im Bereich der mit Verwaltungsaufgaben befassten Kostenstellen einer Gesundheitseinrichtung, das somit die indirekten Leistungsbereiche mit einem hohen Gemeinkostenanteil als bevorzugtes Anwendungsgebiet hat.

Gesamtkosten Setzen sich aus der Summe der fixen und variablen Kosten zusammen: Fixe Kosten (Kf_G) + Variable Kosten (Kv_G) = Gesamtkosten (GK_G).

Gesamtkostenrechnung Verfahren der Kostenrechnung zur Ermittlung des Betriebsergebnisses im Rahmen einer kurzfristigen Erfolgsrechnung, bei dem eine Gegenüberstellung der Gesamtkosten, gegliedert nach Kostenarten, den Gesamtleistungen der Gesundheitseinrichtung durchgeführt wird: Nettoerlöse aus Kassen- und Privatliquidation + Sonstige Erlöse – Gesamtkosten der Periode = Betriebserfolg.

Gewinn- und Verlustrechnung Als periodische Erfolgsrechnung Bestandteil des Jahresabschlusses, wird nach handelsrechtlichen Bestimmungen erstellt und stellt die Erträge und Aufwendungen eines Geschäftsjahres gegenüber.

Gewinnvergleichsrechnung Statisches Investitionsrechenverfahren mit dem Ziel, die bei den verschiedenen Investitionsalternativen zu erwartenden Jahresgewinne miteinander zu vergleichen, etwa im Fall von Ersatzinvestitionen den Vergleich des durchschnittlichen Jahresgewinns des alten Geräts mit dem durchschnittlichen geschätzten Jahresgewinn des neuen.

Grenzplankostenrechnung Weiterentwicklung der Plankostenrechnung unter Berücksichtigung von Teilkosten, die das Verursacherprinzip verwendet, um die Grenzkosten auf die Kostenträger umzurechnen.

Goodwill Immaterieller Praxiswert, der nach der Ertragswertmethode ermittelt wird, wobei die Umsatz- und Kostenstruktur der Praxis sowie das alternative Arztgehalt zu berücksichtigen sind, sodass der ideelle Wert den nachhaltig erzielbaren Gewinn im Prognosezeitraum wiedergibt: Der übertragbare Umsatz abzüglich der übertragbaren Kosten ergibt den übertragbaren Gewinn, davon abgezogen das alternative Arztgehalt ergibt den nachhaltig erzielbaren Gewinn, dessen Multiplikation mit dem Prognosemultiplikator zum ideellen Praxiswert führt.

Herstellkosten Ausgaben, die zur Erstellung der Behandlungs- oder Pflegeleistungen entstanden sind.

Ideenmanagement Mitarbeiterbeteiligungsinstrument um einrichtungsinterne Vorschläge zu entwickeln, zu bewerten und umzusetzen, beispielsweise zum Thema Kostensenkung.

Inventar Genaues Bestandsverzeichnis aller Schulden, Forderungen und sonstigen Vermögensgegenstände nach Wert, Art und Menge einer Gesundheitseinrichtung, das die Grundlage eines ordnungsgemäßen Jahresabschlusses bildet.

Investitionsrechnung Finanzmathematische Verfahren, die Aussagen über die Wirtschaftlichkeit einer Investition oder mehrerer Investitionsalternativen liefern und als Planungsrechnung vor der Entscheidung und als Kontrollrechnung während und nach der Entscheidungsdurchführung durchführbar sind, um die Kosten verschiedener Investitionsalternativen beurteilen zu können.

Inventurmethode Ermittlung des Materialverbrauchs in einem Zeitraum (Monat/Jahr) als Differenz zwischen Anfangsbestand und Endbestand, wozu zu Beginn und zum Ende des Zeitraumes der Materialbestand gezählt werden muss: Anfangsbestand − Endbestand = Verbrauch.

Istkostenrechnung Ist vergangenheitsorientiert, kann auf Voll- oder Teilkostenbasis erfolgen, gibt Aufschluss darüber, welche Kostenarten in welcher Höhe in einer abgeschlossenen Periode angefallen sind, liefert Informationen über die im Rahmen des externen Rechnungswesens gesetzlich nachzuweisenden tatsächlichen Aufwendungen und ermöglicht Soll-Ist-Vergleiche zur Wahrnehmung der Kontroll- und Steuerungsfunktion der Gesundheitseinrichtung.

Kapital Dient als wertmäßiger Ausdruck für die Gesamtheit der Sach- und Finanzmittel, die einer Gesundheitseinrichtung zur Verfügung stehen, zur Deckung ihres Liquiditätsbedarfs, und ist aufgeteilt nach der Überlassungsform in Eigen- und Fremdkapital.

Kapitalwertmethode Dynamisches Investitionsrechenverfahren bei dem der Kapitalwert als Differenz zwischen dem jeweiligen Gegenwartswert (Barwert) aller Einnahmen und Ausgaben ermittelt wird, wobei unter Barwert auf den Entscheidungszeitpunkt abgezinste Zahlungen zu verstehen sind und eine Investition vorteilhaft erscheinen kann, bei der der Barwert aller Einzahlungen größer als der aller Auszahlungen ist.

Kontokorrentkredit Barkredit in laufender Rechnung, den Banken und Sparkassen auf einem laufenden Konto zur Verfügung stellen und den die Gesundheitseinrichtung als

Kreditnehmerin innerhalb der vereinbarten Laufzeit im Rahmen der abgesprochenen Kreditlinie in Anspruch nehmen kann.

Kontinuierlicher Verbesserungsprozess Prozessual gelenkte Ideenfindung als Teil der Arbeitsaufgabe.

Kosten Wert aller verbrauchten Materialien und Behandlungs-, Pflege- und Dienstleistungen pro Zeitperiode, die zur Erstellung der eigentlichen betrieblichen Leistung der Gesundheitseinrichtung nötig sind.

Kostenartenrechnung Dient der Erfassung und Gliederung aller im Laufe der jeweiligen Abrechnungsperiode angefallenen Kostenarten und beantwortet die Fragestellung, welche Kosten für die Gesundheitseinrichtung angefallen sind.

Kostenberichterstattung Umfasst beispielsweise die Meldung von Aufwendungen im Rahmen der Erhebungen als Bundesstatistik und ist auf der Grundlage der Krankenhaus-Buchführungsverordnung (KHBV) als Aufwendungen der Krankenhäuser nach den Kontenuntergruppen 600 bis 720, 730 bis 742, 781 und 782, nachrichtlich die Zahlungen für Ausbildungsfonds sowie die Höhe der Aufwendungen, die in den vorgenannten Kontenuntergruppen auf Leistungen entfallen, die nicht zu den allgemeinen voll- und teilstationären Krankenhausleistungen gehören (Abzüge), gegliedert nach einzelnen Personal- und Sachkostenarten zu übermitteln.

Kostenbudget Eine für einen Zeitabschnitt und in der Höhe vorgegebene Kostensumme, die als Maßgabe für die Aufwendungen in diesem Zeitraum einzuhalten ist, nicht überschritten werden darf, auf Voll- oder Teilkostenbasis aufgestellt wird und für einzelne Kostenarten periodisch als Planungsgrundlage festgelegt werden kann.

Kostencontrolling Umfasst die Koordination von Kostenplanung und -kontrolle mit der Steuerung der Kosten und hat zur Aufgabe, die Leitung des Betriebs mit Informationen zu versorgen, die für die Planung, Steuerung und Kontrolle der Kosten erforderlich sind.

Kosteneinrichtungsvergleich Gegenüberstellung von Kostenzahlen der eigenen Gesundheitseinrichtung und Vergleichszahlen einer oder mehrerer anderer Einrichtungen.

Kostenkennzahlen Vordefinierte Zahlenrelationen, die durch Kombination von Kostendaten des Rechnungswesens entstehen, regelmäßig ermittelt werden und aus denen sich Aussagen zu kostenrelevanten Sachverhalten der Gesundheitseinrichtung komprimiert und prägnant ableiten lassen.

Kostenkennzahlensystem Systematische Zusammenstellung einzelner Kostenkennzahlen einer Gesundheitseinrichtung, die in einer sachlich sinnvollen Beziehung zueinander stehen, sich ergänzen und insgesamt auf ein übergeordnetes Kostenziel ausgerichtet sind, mit den Zielen, mittels einer umfassenden Systemkonzeption Mehrdeutigkeiten in der Interpretation auszuschalten und Abhängigkeiten zwischen den Systemelementen zu erfassen, einen Beitrag zur frühzeitigen Erkennung von Kostenabweichungen, zur optimalen Lösung von Kostenzielkonflikten, zu eindeutigen Vorgaben von Kostenzielen für die Gesundheitseinrichtung und ihren einzelnen Verantwortungsbereichen, zur systematischen Suche nach Schwachstellen und ihren

Ursachen sowie zur Erschließung von Rationalisierungspotentialen in der Gesundheitseinrichtung zu leisten.

Kostenkommunikation Umfasst die planmäßige Gestaltung und Übermittlung der
in erster Linie an die Beschäftigten gerichteten Informationen, mit dem Zweck, ihre
Meinungen, Einstellungen und Verhaltensweisen im Sinne der Kostenzielsetzungen
der Gesundheitseinrichtung zu beeinflussen, wobei es in einem zielgerichteten
Dialog zwischen Beschäftigten, Controllern und Einrichtungsleitung dabei auch
um die Steuerung der Beeinflussung zur Veränderung von Einstellungen, Wissen,
Erwartungen und Verhaltensweisen der Beschäftigten geht, um eine Verbesserung des
Kostenbewusstseins, der Einstellungen zu Kostenthemen und des Images der Kosten-
steuerung in der Gesundheitseinrichtung zu erreichen.

Kostenkultur Kostenbewusste Ausrichtung der Unternehmens- und Einrichtungskultur, mit den Zielen, das Kostenbewusstsein der Beschäftigten zu intensivieren und
die Kostenkultur im Einrichtungsalltag so zu verankern, dass bei ihnen intrinsische
Motivation für kostenbewusstes Denken und Handeln erzeugt wird, um einen nach-
haltigen Erfolg in der Kostensteuerung zu erzielen.

Kostenmarketing Lässt sich als Ausdruck eines marktorientierten unternehmerischen
Denkstils verstehen, bei dem eine Grundhaltung bei den Beschäftigten angestrebt
wird, die sich mit einer konsequenten Ausrichtung der Aktivitäten der Gesundheitseinrichtung an den Erfordernissen eines umfassenden Kostenbewusstseins
umschreiben lässt, und ist damit ein Instrument zur Schaffung von Präferenzen
zum bewussten Umgang mit Kosten bei den Beschäftigten durch gezielte
Marketingmaßnahmen, insbesondere vor dem Hintergrund der besonderen
gesellschaftlichen Aufgabe der Gesundheitseinrichtung, ihres medizinisch-ethischen
Selbstverständnisses sowie ihrer Einbindung in das Gesundheitswesen mit der Übernahme von Ansätzen aus dem Non-profit-Bereich.

Kosten-Nutzen-Analyse Verfahren zur vergleichenden Bewertung von Objekten
oder Handlungsalternativen, mit dem sich in Gesundheitseinrichtungen die kostenrelevanten Auswirkungen von Handlungsalternativen einschätzen lassen, wobei es
als wichtige Entscheidungshilfe dient, mit der diejenigen Alternativen ausgewählt
werden, die das Kostenziel der Gesundheitseinrichtung am besten erfüllen.

Kosten-Nutzen-Bewertungen Sind im Gesundheitswesen gesetzlich vorgesehen, beispielsweise bei der Bewertung von Arzneimitteln, wobei insbesondere festzulegen
ist, für welche zweckmäßige Vergleichstherapie und Patientengruppen die Bewertung
erfolgen soll sowie welcher Zeitraum, welche Art von Nutzen und Kosten und
welches Maß für den Gesamtnutzen bei der Bewertung zu berücksichtigen sind.

Kostenprojekt Verfahren zur Lösung einer einmaligen und fest definierten Aufgabe
im Kostenbereich, die ein fachübergreifendes Zusammenwirken erfordert und erhebliche Auswirkungen auf Situation und Abläufe der Gesundheitseinrichtung hat. Es
hat einen festgelegten Anfang, wird nach einer Realisierungsphase durch die Zielerreichung beendet und lässt sich anhand unterschiedlicher Merkmale von anderen
Organisationsformen abgrenzen.

Kosten-Soll/Ist-Vergleich Planvorgabe von aus den Einrichtungszielen abgeleiteten Kosten-Sollwerten, mit denen die am Ende der Vergleichsperiode erreichten Kosten-Istwerte verglichen werden.

Kostenstellenplan Legt fest, wie die in der Kostenartenrechnung erfassten Kosten-arten als Stelleneinzelkosten und Stellengemeinkosten einer Gesundheitseinrichtung ermittelt und welchen Stellen sie zugeordnet werden.

Kostenstellenrechnung Verteilt die vorher erfassten und nach Arten gegliederten Kosten auf die einzelnen Organisationsbereiche, wodurch eine Zuordnung von Kosten auf abgegrenzte Verantwortungsbereiche nach dem Verursachungsprinzip erfolgt, und beantwortet dadurch die Frage, wo bzw. in welchem Verantwortungsbereich die Kosten angefallen sind.

Kostensteuerungsorganisation Insbesondere für größere Gesundheitseinrichtungen eine praktikable Möglichkeit der institutionellen Integration der Kostensteuerung beispielsweise als ständigen Arbeitskreis Kostensteuerung oder eines Kosten-managementausschusses neben der direkten aufbauorganisatorischen Ansiedlung (z. B. im Controlling) zur dauerhaften Befassung mit wichtigen Themen wie der vor-teilhafte Gestaltung der verschiedenen Kostenarten und ihr Verhältnis zueinander (Kostenstrukturmanagement), Vermeidung progressiver und damit kaum kalkulier-barer Kostenverläufe (Kostenverlaufsmanagement) und Reduzierung der Höhe der Kosten der Gesundheitseinrichtung (Kostenniveaumanagement).

Kostenstrategien Lassen sich auf der Grundlage der strategischen Ziele der Gesund-heitseinrichtung ausgehend von strategischen Erfolgspotentialen entwickeln und sind dauerhaft angelegt, um eine längerfristig ausgerichtete Kostensteuerung zu planen.

Kosten- und Leistungsrechnung Bestandteil des internen Rechnungswesens einer Gesundheitseinrichtung, dient unter anderem der Informationsbereitstellung für die kurzfristige Planung der Kosten, deren Kontrolle anhand von Ist-Daten und zur Erfassung bzw. Planung der Erlössituation.

Kosten Wirksamkeits-Analyse Stellt nicht wie die KNA auf in Geldeinheiten bewertete Nutzen ab, sondern auf nichtmonetäre Wirksamkeiten, die in einer Kosten-Wirksamkeits-Matrix den Kosten gegenübergestellt, ein Bezug zu den Bewertungs-kriterien hergestellt, nach einer Gewichtung der Ziele bzw. der Kriterien alle ermittelten Einzelwirksamkeiten jeder Variante summiert und durch die Kosten dividiert werden, um eine Reihung von Alternativen als Ergebnis der Bewertung zu erhalten, wobei das Ziel ist eine Aggregation zu einem Kosten-Wirksamkeits-Koeffizienten ist, der eine Priorisierung der Alternativen ermöglicht.

Kostenvergleichsrechnung Vergleich der in einer Periode anfallenden fixen Kosten, variablen Kosten und Kapitalkosten von Investitionsobjekten, wobei die Kapital-kosten aus den kalkulatorischen Abschreibungen bestehen, welche die gleichmäßige Verteilung der Anschaffungskosten auf die gesamte Nutzungsdauer sowie den Rest-wert des Investitionsobjektes berücksichtigen, und den kalkulatorischen Zinsen, die entgehende Erträge oder Kreditkosten darstellen, weil das entsprechende Kapital im Investitionsobjekt gebunden ist und der Gesundheitseinrichtung nicht für andere Zwecke zur Verfügung steht.

Kostenzeitvergleich Vergleich entlang der Zeitachse anhand absoluter oder relativer Kostenwerte.

Kostenziele Definieren sich in der Regel über Zielinhalt, Zielausmaß und Zeitpunkt und unterscheiden sich hinsichtlich der Zielart beispielsweise in strategische und operative Kostenziele, oder auch in langfristige und kurzfristige Kostenziele. Sie können zueinander in unterschiedlichen Zielbeziehungen stehen, beispielsweise verschiedene Ränge aufweisen oder unterschiedlich aufeinander einwirken.

Lebenszykluskonzept Geht ursprünglich auf die Marketingliteratur zurück und betrachtet die allgemeine Entwicklung einer Gesundheitseinrichtung als eine Art „Lebensweg".

Leitbild Gibt als dokumentierter Handlungsrahmen Selbstverständnis, und gemeinsame Ziele einer Einrichtung im Gesundheitswesen wieder, hat eine Außenwirkung und wirkt vor allen Dingen auch nach innen, die Basis für Themen wie Kostenbewusstsein und Organisationskultur, sowie den Handlungsrahmen für alle medizinischen und pflegenden Aufgaben bildend.

Lieferantenkredit Wird der Gesundheitseinrichtung von Lieferanten für medizinische Verbrauchsmaterialien oder medizintechnischen Geräten durch das Einräumen von Zahlungszielen gewährt.

Losgröße Bezeichnung von Mengenangaben zur Beschaffung oder Erstellung von Gütern oder Leistungen, in der Logistik auch als einzelne Lose benannt, weshalb man bei der Berechnung von optimalen Losgrößen spricht.

Make-or-buy-Analyse Dient in Gesundheitseinrichtungen überwiegend dazu, eine Entscheidung darüber herbeizuführen, ob eine Eigenerstellung oder ein Fremdbezug von Leistungen oder Materialien für die Gesundheitseinrichtung günstiger erscheint, wobei diese Entscheidung in der Regel weniger für medizintechnische Betriebsmittel oder für Verbrauchsmaterialien für Behandlung und Pflege zum Tragen kommt, es sei denn, es handelt sich um medizinische Neuerungen oder bspw. therapeutische Eigenentwicklungen, die auf dem Markt noch gar nicht verfügbar sind, sondern häufiger bei nachgeordneten Prozessen zu treffen ist, etwa bei Reinigung, Hygiene, Wäscherei, Verpflegung, Wartung, Fahr- und Hausmeisterdienste etc.

Maximalprinzip Bei gleichen Kosten ist die Alternative mit dem höchsten Nutzen vorzuziehen.

Minimalprinzip Bei gleichen Nutzwerten mehrerer Alternativen ist diejenige mit den geringeren Kosten zu wählen.

Normalkostenrechnung Lässt sich auf Vollkosten- oder Teilkostenbasis durchführen und versucht die Nachteile der Istkostenrechnung, wie Vergangenheitsorientierung oder Zufallsschwankungen auszugleichen, indem sie durchschnittliche Istkosten mehrerer vergangener Perioden berücksichtigt, wobei erwartete Kostenveränderungen in die Kostenrechnung einfließen können.

Nutzwertanalyse Bietet Möglichkeiten zur Quantifizierung von Nutzen bei Entscheidungsalternativen, indem sie die einzelnen Alternativen entsprechend der Nutzenpräferenzen gewichtet, bewertet und in einer Reihenfolge ordnet, womit sie dadurch der systematischen Entscheidungsvorbereitung bei einer komplexen Alternativenauswahl dient und somit insbesondere für Entscheidungsprobleme geeignet ist, bei denen qualitative, nichtmonetäre Aspekte bei der Auswahl mitberücksichtigt werden sollen.

Nutzwertmatrix Führt zur Durchführung einer Nutzwertanalyse die Bewertungskriterien in den Zeilen und die Entscheidungsalternativen in den Spalten auf, sodass jede Alternative für sich hinsichtlich jedes Kriteriums direkt bewertbar ist, wobei die Vor- und Nachteile der einzelnen Alternative einheitlich als Nutzengrößen erfasst und zur Auswertung die Nutzenwerte je Alternative addiert werden, sodass im Ergebnis der relative Nutzen der einzelnen Handlungsalternativen im Verhältnis zueinander dargestellt wird.

Outsourcing Liegt vor, wenn bislang in der Gesundheitseinrichtung erstellte Leistungen und Materialien auf einen Zulieferer oder Dienstleister übertragen werden, um beispielsweise mögliche Kostenvorteile zu realisieren.

Pagatorischer Kostenbegriff Orientierte sich ursprünglich an den tatsächlichen Anschaffungsauszahlungen und definiert Kosten als die im Rahmen des gesundheitsbetrieblichen Prozesses entrichteten Entgelte.

Patientenanzahlung Kredit, bei dem der Patient vorfällig medizintechnische Produkte, Behandlungs- oder Therapieleistungen anzahlt, sodass die Gesundheitseinrichtung bis zum Zeitpunkt der Leistungserstellung und der damit verbundenen Kostenentstehung über diesen Anzahlungsbetrag verfügen kann.

Patienten-Nutzen Angemessene Berücksichtigung insbesondere der Verbesserung des Gesundheitszustands, der Verkürzung der Krankheitsdauer, der Verlängerung der Lebensdauer, der Verringerung der Nebenwirkungen sowie der Verbesserung der Lebensqualität im Rahmen von Kosten-Nutzen-Bewertungen.

Pareto-Prinzip Auch 80:20-Regel genannt, die nach V. Pareto (1848–1923) die Konzentration auf wenige, wichtige Aktivitäten beinhaltet, statt die Zeit mit vielen, nebensächlichen Problemen zu verbringen, wobei von der allgemeinen Erkenntnis ausgegangen wird, dass häufig bereits 20 % der richtig eingesetzten Zeit und Energie 80 % des gewünschten Ergebnisses erbringen und ein wesentlich größerer, weiterer Aufwand erforderlich wäre, um ein oft nur ohnehin theoretisch mögliches 100 %iges Ergebnis zu erzielen.

Plankostenrechnung zukunftsbezogenes Kostenrechnungsverfahren, das als klassische Plankostenrechnung eine Vollkostenrechnung darstellt, sich in die starre und flexible Plankostenrechnung einteilen lässt insbesondere zur Lösung von Planungs- und Kontrollaufgaben (bspw. Soll-Ist-Vergleiche) eignet, wobei die darin eingehenden Kostendaten geschätzt oder berechnet werden.

Prozesskostenrechnung Vollkostenrechnung, die sowohl variable als auch fixe Kosten auf die Kostenträger verrechnet, wobei die kostenstellenweise Zuordnung der Kosten durch eine kostenstellenübergreifende Betrachtungsweise ersetzt und versucht wird, die Gemeinkosten den ablaufenden Prozessen zuzuordnen.

Rating Wird von Banken im Firmenkundenbereich zur Bonitätsprüfung und Risikoabschätzung durchgeführt und stellt eine standardisierte Bonitätsbeurteilung nach einheitlichen und konsistenten Verfahren dar, die den Grad des Risikos einer Kreditvergabe an die Gesundheitseinrichtung verdeutlicht und dadurch bedeutenden Einfluss auf die Konditionen des Geld- bzw. Kapitalmarktes nimmt.

Rentabilitätsrechnung Statisches Investitionsrechenverfahren als Weiterentwicklung der Gewinnvergleichsrechnung, das die Rentabilität verschiedener Investitionsalternativen vergleicht, insbesondere dann, wenn einzelne Investitionsalternativen einen unterschiedlichen Kapitalbedarf aufweisen oder nur begrenztes Kapital für die Investition zur Verfügung steht.

Return on Investment Beschreibt die Rentabilität des gesamten Kapitaleinsatzes, stellt dar, wie das eingesetzte Kapital durch die Leistung der Gesundheitseinrichtung verzinst wird, errechnet sich im Rahmen der Analyse von Kennzahlen üblicherweise aus dem Verhältnis des gesamten investierten Kapitals und des Umsatzes zum Gewinn, wobei bei der Berechnung des investierten Kapitals Bruttoanlagewerte für die Einrichtung (Anschaffungskosten) wie auch Nettoanlagewerte (Anschaffungskosten minus Abschreibungen) verwendet werden.

Risikoentscheidung Kostenentscheidung, bei der die Eintrittswahrscheinlichkeiten beispielsweise durch Berechnung ermittelbar sind oder sich aus Vergangenheitswerten ableiten lassen.

Selbstfinanzierung Stellt die Einbehaltung von Teilen des in der Geschäftsperiode erzielten Gewinns aus dem Überschuss für erbrachte Leistungen der Gesundheitseinrichtung und dadurch die Erhöhung des tatsächlich vorhandenen Eigenkapitals dar.

Sicherheitsentscheidung Kostenentscheidung unter völliger Sicherheit, die in einer Gesundheitseinrichtung eher die Ausnahme bildet, da sich in den seltensten Fällen sämtliche Konsequenzen aus einer Handlung (alle denkbaren Kostenfolgen) voraussagen lassen.

Skontrationsmethode Benötigt zur Anwendung eine dauerhafte, ständige Führung des Materialbestands, wobei aus dieser Materialbestandsführung die jeweils entnommenen Materialmengen addiert werden, was die Summe des Materialverbrauchs je kontrollierten Zeitraum ergibt: Summe der Materialentnahmen = Verbrauch.

Sollzinssatzverfahren Dynamisches Investitionsrechenverfahren als Verallgemeinerung der Methode des Internen Zinsfußes, das eng mit der Vermögensendwertmethode zusammenhängt.

Stelleneinzelkosten Kosten, die verursachungsgerecht und nachweisbar durch die Leistungserstellung innerhalb einer Kostenstelle entstanden sind.

Stellengemeinkosten Kosten, die durch die Leistungserstellung innerhalb mehrerer Kostenstellen entstanden sind und durch Kostenschlüsselungen so weit wie möglich verursachungsgerecht auf mehrere Kostenstellen aufgeteilt werden.

Substanzwert Materieller Praxiswert, der auf der Grundlage des Anlageverzeichnisses aus der GuV oder der Bilanz und die darin aufgeführten Güter ermittelt wird und sich aus den Marktwerten für jedes einzelne Wirtschaftsgut zusammensetzt, wobei technische Neuerungen, amtliche Auflagen und die Preisentwicklung zu berücksichtigen sind.

Target Costing Ermittelt im Gegensatz zu einer üblichen Kalkulation, bei der ein Gewinnzuschlag zu den vorliegenden Kosten die Erlöserzielung bestimmt (cost-plus-calculation) wird, zunächst einen Zielpreis (target price) für eine Behandlungs- oder Pflegeleistung, der beispielsweise durch die vorgesehene Vergütung im Rahmen der Privat- und Kassenliquidation vorgegeben ist und von dem die geplante Ergebnismarge (target profit) abgezogen wird, so dass sich die maximale Kostenhöhe (allowable costs) für diese Leistung ergibt.

Teilkostenrechnung Berücksichtigung nur der die für den jeweiligen Zweck der Kostenrechnung relevanten Kosten, wobei nur einen Teil der insgesamt angefallenen Kosten auf den Kostenträger verrechnet (bspw. variable Kosten, Einzelkosten) und im Vergleich zur Vollkostenrechnung dadurch die Verrechnung von bestimmten Kostenarten (bspw. fixe Kosten, Gemeinkosten) vermieden werden.

Ungewissheitsentscheidung Kostenentscheidung unter Ungewissheit, bei der zumindest deren möglichen Auswirkungen bekannt sind, aber nicht die jeweiligen Eintrittswahrscheinlichkeiten.

Unsicherheitsentscheidung Mit Unsicherheit behaftete Kostenentscheidung, bei denen die Auswirkungen und/oder deren Eintrittswahrscheinlichkeiten nicht mit völliger Sicherheit vorausgesagt werden können.

Variable Kosten Hängen von der Menge der Behandlungs- bzw. Pflegeleistungen der Gesundheitseinrichtung ab und sind veränderliche, beschäftigungsabhängige Kosten, deren Höhe sich im Gegensatz zu den Fixkosten bei Schwankungen der Beschäftigung bzw. der Leistungserstellungsmenge ändert.

Vermögensendwertverfahren Dynamisches Investitionsrechenverfahren als Verfeinerung der Kapitalwert- und Annuitätenmethode mit dem Ziel der Endwertmaximierung.

Vollkostenrechnung Berücksichtigung sämtlicher Kosten und Verteilung über die Kostenartenrechnung auf die Kostenstellen und –träger als jeweilige Bezugsgrößen, was den Vorteil hat, dass beispielsweise falsche Investitionsentscheidungen aufgrund fehlender oder unberücksichtigter Kosteninformationen vermieden werden können.

Vorfälligkeitsgebühr Betrag, der bei vorzeitiger Kündigung eines langfristigen Kredits in Rechnung gestellt wird und der den dadurch der Bank entstehenden Zinsschaden (Zinsmargenschaden bzw. Zinsverschlechterungsschaden) und üblicherweise eine Bearbeitungsgebühr, abzüglich der Einsparungen der Bank an Verwaltungsgeldern und an Risikokosten umfasst.

Wertmäßiger Kostenbegriff Bewerteter sachzielbezogener Güterverbrauch, wobei grundsätzlich je nach Zweckbezogenheit unterschiedliche Bewertungsansätze zur Anwendung gelangen können.

Wertstellung Festsetzung des Tages, mit dem die Verzinsung (Valutierung) für einen neuen, durch einen Zahlungsein- oder -ausgang veränderten Saldo auf den Konten der Gesundheitseinrichtung beginnt.

XYZ-Analyse Zweckmäßige Ergänzung zur ABC-Analyse, die die beispielsweise kostenwertmäßige Einteilung in A-, B- und C-Klassen um eine Bedarfskategorisierung hinsichtlich Verbrauchsverlauf und dessen Vorhersagegenauigkeit ergänzt.

Zero Base Budgeting Verfolgung der Analyse und Planung der Gemeinkosten wie bei einer Neugründung der Gesundheitseinrichtung als nullbasierte Planung, mit dem Ziel, die Ressourcen möglichst wirtschaftlich einzusetzen und damit die Kosten der Einrichtung zu senken.

Zusatzkosten Kalkulatorischen Kosten, denen kein Aufwand gegenübersteht.

Zuschlagskalkulation Führt im Vergleich zur Divisionskalkulation zu aussagekräftigeren und genaueren Ergebnissen der Kostenträgerrechnung, wobei zunächst die Einzelkosten für die jeweilige Leistung (beispielsweise Behandlungsfallkosten) ermittelt und die Gemeinkosten dann gemäß den in der Kostenstellenrechnung erarbeiteten Verteilungsschlüsseln der jeweiligen Leistung zugeschlagen werden.

Stichwortverzeichnis

Printed in the United States
By Bookmasters